인사행정론

오성호 · 황성돈 · 이선우 · 서원석 · 김영우

다 산 출 판 사

머리말

인사행정론은 행정학에서 핵심과목으로 다루어지는 학문분야이다. 모든 조직에서 인력은 목표달성을 위해 필수적으로 갖추어야 할 수단이자 자원이라는 것을 감안하면 이는 당연한 현상이라고 할 수 있다. 그리고 많은 인사행정론 교과서들이 출간되어 행정학도들이나 인사행정에 대해 알고자 하는 사람들에게 큰 도움을 주었다.

이번에 출간하는 「인사행정론」도 기본 취지는 기존의 교과서들과 다르지 않다. 인사행정을 공부하는 사람들에게 좋은 길잡이가 되고자 하는 것이다. 그러면서 필자들이 나름대로 애쓴 것은 독자들이 궁금해 할 내용을 좀 더 명확하게 전달하고자 하는 것이었다. 이것은 필자들 모두 공공분야에서 인력을 어떻게 관리할 것인가를 자신의 전공분야로 삼고 연구해 오며, 20여 년간 대학에서 인사행정을 강의하면서 느꼈던 아쉬운 점을 해소해 보고자 하는 욕구가 컸기 때문이다.

또한 1998년 중앙인사위원회가 우리나라 역사상 최초로 전문적으로 인사기능을 수행하는 독립된 기관으로 설립된 이래 인사행정이 많은 발전과 변화를 해 온 현실이 필자들로 하여금 새로운 교과서를 쓰도록 자극하였다. 이전까지는 1963년에 제정된 국가공무원법의 틀에서 크게 벗어나지 않는 인사행정과 그에 관한 제도적 설명이 인사행정론의 중심 내용이었다. 그러나 중앙인사위원회의 설립과 함께 전략적 인력관리, 성과중심의 인력관리가 강조되었으며, 목표달성을 위한 다양한 정책들이 논의되고 실시되었다. 그러므로 인사행정을 전문적으로 공부하는 필자들이 이러한 변화가 반영된 인사행정론 교과서를 쓰고자 한 것은 자연스러운 일이라고 할 것이다.

이런 점에서 본 「인사행정론」은 다음과 같은 특징이 있다. 첫째, 인사행정론이 단순히 인력을 관리하는 제도를 설명하는 분야가 아니라, 사회의 변화에 대한 조직의 대응을 설명하는 분야임을 강조하였다. 그러므로 독자들이 인사행정의 개념과 관련된 용어의 변화, 인사행정의 발전 과정, 인사기관의 역할 등을 이해할 때 사회변화에 대한 대응성을 분명히 알 수 있도록 하기 위하여 노력하였다.

둘째, 조직의 목표달성을 위한 전략적 도구로서의 인사행정을 염두에 두었다. 이를 위하여 '인사행정의 의의' 부분에서 전략적 인력관리를 강조하였으며, 이후 각 장에서의 인사행정의 주요 과정에 대한 설명에서도 먼저 그 개념을 명확히 하고 논의를 시작하고자 하였다. 왜냐하면 채용이나 배치, 평가, 보수, 복무 등의 각 과정은 그것이 실행되는 이유가 있기 때문이다. 즉, 개념을 분명히 함으로써 각 과정이 어떤 목적을 달성하기 위한 수단으로 작용한다는 것과 목적에 따라 구체적으로는 다양한 제도가 실시될 수 있음을 보여주고자 하였다.

셋째, 우리나라에서 인사행정이 강의되는 현실을 감안하였다. 인사행정이 강의되는 첫 번째 목적은 실무에서 운영되는 인력관리의 제도적 기초와 실제 내용을 알리는 것이며, 그와 동시에 각종 공무원시험에서의 출제에 대비해야 한다. 그러나 동시에 길어야 16주라는 시간의 범위 내에서 강의가 마무리되어야 한다. 이로 인해 서로 모순되는 요구가 나오게 되는데, 최대한 많은 지식을 제공하면서도, 최대한 압축적으로 지식을 제공해야 한다. 이러한 요구를 충족시키기는 매우 어려운 일이지만, 필자들은 최대한 대응코자 노력하였다. 따라서 가급적 복잡하고 다양한 설명은 피하고, 인사행정을 공부하는 가운데 독자들이 의문을 가질 만한 사항을 중심으로 대답을 제공한다는 입장에서 서술하였다. 그런 점에서 이 책의 전체적인 분량이나 장(章)의 구성은 다른 교과서들에 비해 적다. 그러나 대학에서 한 학기 동안 강의하는 데나 독자들이 알고자 하는 내용을 전달하는 데에는 부족하지 않을 것이라고 생각한다.

넷째, 같은 맥락에서 기존의 교과서에서 제공된 내용을 충분히 활용하고자 하였다. 우리나라의 대학에 행정학이 도입된 지도 어느새 반세기가 넘었기 때문에 그동안 많은 인사행정의 교과서들이 출간되었다. 그러므로 어느 정도 공통적으로 다루어지고 설명되는 부분들이 많아졌다. 따라서 보편적으로 알려진 설명들은 필자들이 독창적으로 설명하려고 하기보다는 기존의 교과서에 수록된 내용들을 인용하였다. 이러한 것이 설명의 다양성을 줄임으로써 오히려 독자들이 인사행정을 쉽게 이해하는 데 도움을 줄 것이라고 생각하였다. 이 과정에서 당연히 출처를 상세히 밝히려고 노력하였다. 다만, 이 책이 서술되는 기간이 좀 오래 걸리면서 인용이 부실해진 면이 있을 것으로 우려된다. 이에 대한 지적은 앞으로 충실히 반영하여 책을 고칠 것이다.

막상 책을 발간한다고 하니까 이런저런 부족한 점이 눈에 많이 띄어 출판을 미루고 싶은 마음이 굴뚝같다. 그러나 미흡한 점은 앞으로 책을 개정하면서 충실히 보완하기로 하고, 부끄러움을 무릅쓰고 책을 내기로 하였다. 이것은 그래도 인사행정을 전공으로 하는 학자라는 필자들의 작은 자존심이 작용한 때문일 것이다. 그렇기 때문에 이 책에서 발견되는 오류는 온전히 필자들의 미흡함 때문임을 미리 밝혀둔다. 앞으로 여러 선후배, 동료들께서 고맙고도 따끔한 지적을 많이 해주실 것으로 기대한다.

이 책이 출판되기까지는 많은 분들의 도움이 있었다. 먼저 밝히기도 송구할 정도의 오랜 기간을 기다리면서 격려해 주신 다산출판사의 강희일 사장님, 그리고 자꾸 나태해지려고 하는 필자들을 독촉하며 심부름의 수고를 아끼지 않은 이상호 과장님 외 여러분들께 감사한 마음을 표한다. 언제나 힘이 되어 주는 가족들의 고마움도 감출 수 없다. 작은 보답이라도 되었으면 좋겠다. 부족하나마 부모님께 대한 효도의 의미가 더해진다면 더 바랄 것이 없을 것이다.

2014년 8월

저자들 씀

차례

제1장 | 인사행정의 이해

제1절 인사행정의 개념 | 18
1. 정부의 활동 | 18
2. 인적자원의 관리 | 20
   1) 용어와 강조점의 변화 | 20
   2) 인사행정의 수단성 | 23
   3) 인적자원의 특징 | 24
3. 인사행정의 특징 | 27
4. 전략적 인력관리 | 28

제2절 인사행정의 발달 | 32
1. 역사적 고찰의 필요성 | 32
2. 미국 인사행정의 변화 | 34
   1) 건국초기시대(1789~1829) | 34
   2) 엽관주의 시대(1829~1883) | 35
   3) 개혁의 시대(1883~1938) | 35
   4) 현대인사행정의 대두(1938~1960) | 36
   5) 다양성, 성과, 가족친화(1960~) | 37
3. 영국 인사행정의 변화 | 38
   1) 정실주의의 시대 | 38
   2) 노스코트-트레빌리안 보고서와 근대적 인사제도 | 39
   3) 풀턴보고서와 현대적 인사제도 | 40
   4) 성과강조의 시대 | 41
4. 우리나라의 인사제도 | 43

1) 미군정시대 | 43
2) 건국초기 | 44
3) 현대인사행정제도의 수립과 실시 | 44
4) 성과중심의 인사제도 개혁 | 44
5. 직업공무원제의 발달 | 46
1) 직업공무원제의 개념 | 46
2) 직업공무원제의 특성과 수립요건 | 47
3) 직업공무원제의 장·단점 | 47
제3절 인사행정이 추구하는 주요 가치 | 48
1. 인사행정의 가치판단성 | 49
2. 인사행정이 추구하는 주요 가치 | 50
1) 주요 가치의 개관 | 50
2) 실적주의(실적제)의 필요와 한계 | 52
3) 정치적 책임성 강조(엽관제)의 필요와 한계 | 54
4) 대표관료제의 필요와 한계 | 56
5) 개인 발전 추구의 필요와 한계 | 58
6) 인사행정상의 균형 | 59
제4절 전략적 인력관리와 핵심인력 | 59
■참고문헌 | 61

제2장 | 인사행정의 제도적 기초

제1절 인사기관 | 64
1. 인사기관의 의의 | 64
1) 인사기관의 필요성 | 64
2) 관리기능의 통합과 분화 | 65
3) 인력관리의 집권화와 분권화 | 67
2. 중앙인사기관의 주요 기능 | 70
3. 인사기관의 역할 | 74
1) 전략적 인력관리와 인사기관의 역할 | 74
2) 인사기관의 역할 | 75

4. 중앙인사기관의 구조 | 79
1) 합의제형 기구 | 80
2) 단독제형 기구 | 81
3) 절충형 | 82

제2절 공직의 분류 | 84
1. 공직분류의 의의 | 84
2. 공직분류의 기준(방법) | 85
1) 공직근무의 생애성과 임용의 객관성 요구 | 85
2) 공직분류의 기준대상에 따른 분류 : 계급제와 직위분류제 | 92
3. 직무의 분석 및 직위분류제의 실시 | 98
1) 용어 및 개념 | 98
2) 직위분류제의 실시절차 | 100
3) 직무분석의 의의와 목적 | 102
4) 직무분석의 방법 | 103
5) 직무평가의 방법 | 110

■ 참고문헌 | 116

제3장 | 임 용

제1절 임용의 의의 | 120
1. 임용의 의미 | 120
1) 임용과 임명 | 120
2) 임용의 주요 과정 | 120
2. 임용의 원칙 | 121
1) 타당성 | 121
2) 공정성 | 122
3) 대표성 | 122

제2절 인력계획 | 123
1. 인력계획의 의의 | 124
1) 인력계획의 유용성 | 124
2) 인력계획의 과정 | 125

2. 수요와 공급의 분석 | 126
1) 수요의 예측기법 | 127
2) 공급의 예측기법 | 129
제3절 채 용 | 132
1. 모 집 | 133
1) 모집의 의의 : 정보의 제공 | 133
2) 적극적 모집과 정보의 제공 | 134
3) 자격요건 | 136
4) 한국 정부의 모집의 문제점 | 145
2. 선 발 | 146
1) 선발의 기준 | 146
2) 선발방법 | 151
3) 임용추천 | 155
3. 시 보 | 156
1) 시보의 의미 | 156
2) 시보공무원의 지위 | 157
4. 한국 공무원의 채용제도 : 공개채용과 경력경쟁채용(특별채용) | 157
제4절 내부충원 | 159
1. 승 진 | 159
1) 승진의 의의 | 159
2) 승진의 기준 | 160
3) 우리나라 승진제도 운영에 있어서의 문제점 | 163
2. 수평이동 | 166
1) 수평이동의 의의 | 166
2) 수평이동의 종류 | 167
3. 강 임 | 168
제5절 퇴 직 | 169
1. 퇴직의 의의 | 169
2. 퇴직의 종류 | 169
제6절 겸임, 휴직, 직위해제, 정직, 복직 | 171
■ 참고문헌 | 172

제4장 | 성과평가

제1절 성과평가의 의의 | 176

1. 필요성 | 176
    1) 인사행정기준 제공과 공무원의 능력발전 | 176
    2) 전략적 인력관리를 위한 활용 | 178
2. 성과평가의 기본요소 | 178
    1) 타당성 | 179
    2) 공정성 | 179
    3) 참여성 | 180
    4) 실용성 | 181
3. 평가대상 | 182
    1) 실 적 | 182
    2) 행 태 | 183
    3) 가치관 | 184

제2절 성과평가의 방법과 평가오류 | 185

1. 평가대상에 의한 분류 | 185
    1) 실적평가방법 | 185
    2) 특성평가방법 | 186
    3) 행태평가방법 | 189
2. 평가자에 의한 분류 | 191
    1) 감독자평가 | 192
    2) 자기평가 | 192
    3) 다면평가 | 193
    4) 전문가평가 | 195
3. 피평가자에 의한 분류 | 195
4. 평가도구에 의한 분류 | 196
    1) 도표법 | 196
    2) 체크리스트법 | 199
    3) 사실기록법 | 200
5. 평가오류 | 201
    1) 평가자의 인식오류 | 201
    2) 조직환경적 오류 | 203

3) 도구의 오류 | 203

제3절 한국의 평가제도 | 203

1. 근무성적평가제 | 204
2. 성과계약제 | 205
3. 다면평가제 | 206
4. 기 타 | 207
   1) 경력평정 | 207
   2) 가점평정 | 207

■ 참고문헌 | 208

제5장 | 보수와 연금

제1절 보수제도 | 212

1. 보수의 의의 | 212
   1) 보수의 의미 | 212
   2) 보수수준 결정의 근거와 보수체계의 종류 | 214
2. 보수체계의 구조 | 218
   1) 기본급과 부가급 | 218
   2) 보수가 | 219
   3) 보수등급 | 219
   4) 보수범위 | 219
3. 한국 공무원 보수체계 | 220
   1) 보수결정의 원칙 | 220
   2) 고정급적 연봉제 | 222
   3) 성과연봉제 | 222
   4) 호봉제 | 223
   5) 부가급(수당) | 223
   6) 보수수준에 관한 논란과 총량보상(Total reward)의 개념 | 224

제2절 연금제도 | 227

1. 연금의 의의 | 227
   1) 사회보험 | 227

2) 공무원연금의 발달과 쟁점 | 231
2. 연금재정의 운영 | 234
1) 연금급여 | 234
2) 연금의 조성 | 236
3) 지 출 | 239
3. 우리나라의 공무원연금제도 | 240
1) 제도 일반 | 240
2) 퇴직연금의 지급 | 240
■ 참고문헌 | 242

제6장 | 능력발전

제1절 능력발전의 의의 | 244
1. 능력발전의 필요 | 244
2. 능력발전의 방법 | 245
1) 교육훈련 | 245
2) 경력개발 | 246
3) 성과평가 | 247
제2절 교육훈련 | 248
1. 교육훈련의 필요성 | 248
2. 교육훈련의 종류 | 248
1) 기본교육 | 249
2) 전문교육 | 249
3) 소양교육 | 249
3. 교육훈련의 방법 | 250
1) 정보제공의 방법 | 250
2) 모의연습방법 | 252
3) 실무실습 | 254
4) 액션러닝 | 256
4. 교육훈련 실시기관 | 257
1) 교육훈련기관 교육훈련 | 257

2) 직장훈련 | 259

제3절 경력개발 | 259

1. 경력개발의 개념 | 259
2. 경력개발의 원칙 | 261
3. 경력개발제도의 운영 | 262
   1) 직무분석 | 263
   2) 전문분야의 분류 | 263
   3) 경력경로의 설계 | 263
   4) 보직관리 | 266
   5) 역량강화 프로그램의 운영 | 266
4. 경력개발을 통한 능력발전 | 266

제4절 역량기반 교육훈련 | 268

1. 역량기반 인력관리 | 268
   1) 역량 개념 | 268
   2) 역량중심 인력관리와 역량모델 | 269
   3) 역량모델의 개발 | 270
2. 역량기반 교육훈련 | 275
   1) 역량기반 교육훈련의 개념 | 275
   2) 역량기반 교육훈련의 유용성과 한계 | 276
   3) 역량기반 교육훈련의 실시 | 277

■ 참고문헌 | 278

제7장 | 공직윤리

제1절 공직윤리의 의의 | 282

1. 공직윤리의 의미 | 282
2. 공직윤리 개념의 속성 | 283
3. 공직윤리의 중요성 | 284

제2절 공직윤리의 내용 | 287

1. 실체론적 관점에서 본 공직윤리의 내용 | 287

1) 헌법상의 공직윤리 | 287
2) 국가공무원법상의 공직윤리 | 288
3) 공직자윤리법상의 공직윤리 | 291
4) 선언적 강령상의 공직윤리 | 315
2. 과정론적 관점에서 본 공직윤리의 내용 | 317

제3절 공직부패 | 319
1. 공직부패의 의미 | 319
1) 부정부패행위를 구성하는 요건에 초점을 맞춘 이해 | 319
2) 부정부패가 초래하는 결과에 초점을 맞춘 이해 | 322
2. 부정부패의 발생원인에 초점을 맞춘 이해 | 325
3. 공직부패의 통제원리 | 330
1) 부정부패행위에 수반하는 이익(*Vg*)은 줄이고 자발적 처벌비용(*Vip*)은 크게 하는 방법 | 330
2) 부정부패와 관련된 이익의 발생확률(*Prg*)을 낮추는 방법 | 331
3) 부정부패 행위에 따른 외부적 비용(*Vep*)을 키우는 방법 | 331
4) 부정부패 행위의 발각확률(*Prd*)을 높이는 방법 | 332
5) 실제로 처벌될 확률(*Pre*)을 높이는 방법 | 332
4. 공직부패 통제를 위한 고려사항 | 332
1) 어떤 부정부패를 통제할 것인가? | 333
2) 어떤 통제방법에 주력할 것인가? | 334

■ 참고문헌 | 337

제8장 | 공무원의 기본권 제한과 복무규율

제1절 공무원의 정치적 중립 | 343
1. 정치적 중립의 의미 | 344
2. 정치적 중립의 필요성과 한계 | 345
3. 정치적 중립을 위한 제도 | 348
4. 정치적 중립의 확보 | 350

제2절 공무원 노동조합 | 352
1. 공무원 노동조합의 의의 | 352

1) 정부의 특수성 | 353
2) 공무원 노동조합에 대한 찬성과 반대의 논리 | 354
2. 노동조합의 결성과 운영 | 356
1) 노동3권 | 356
2) 한국 공무원 노동조합 | 357
3. 환경요인에 따른 제도변화의 사례 : 미국 | 357
4. 공무원 노동조합의 발전을 위한 조건 | 359
제3절 충 성 | 360
1. 공무원 충성의 의미 | 360
2. 충성과 기본권 | 361
■ 참고문헌 | 362

찾아보기 | 363

제 1 장

인사행정의 이해

제1절 인사행정의 개념
제2절 인사행정의 발달
제3절 인사행정이 추구하는 주요 가치
제4절 전략적 인력관리와 핵심인력

제1절 인사행정의 개념

인사행정을 공부하고자 하는 사람이라면 누구나 인사행정의 의미에 대하여 나름대로 이해하고 있을 것이다. 그럼에도 불구하고 인사행정의 개념을 다시 설명하려는 것은 논의의 초점을 맞춤으로써 연구 · 학습 · 적용되어질 내용을 좀 더 분명히 하기 위해서이다.

인사행정의 사전적 의미는 "정부조직에 필요한 인적자원을 동원하고 관리하는 체계"(세계민족대백과) 또는 "행정기능의 효과적인 수행을 위한 정부의 인적자원에 대한 관리"(네이버 백과사전)라고 되어 있다. 이러한 정의에서 두 가지의 중요한 용어를 찾을 수 있는데, 하나는 '정부'이고 다른 하나는 '인적자원'이다. 전자는 인사행정이 시행되는 곳을 의미하고 후자는 인사행정의 내용을 의미한다. 그리고 이 용어들은 인사행정에 관하여 알아야 할 핵심요소들을 포괄적으로 표현하고 있다.

1. 정부의 활동

어느 조직이든 그 조직에 소속되어 활동하는 사람들을 관리해야 하는 것은 공통된 점이다. 인사행정은 그중 '정부'에서 이루어지는 활동이다. 기업, 학교, 병원 등의 다른 조직들과 마찬가지로 정부도 모든 조직이 지니는 일반적인 면이 있지만, 구별되는 특징도 있다. 그리고 정부가 가지고 있는 구별되는 특징은 인사행정이 다른 조직의 인력관리와 다른 점 또는 달라야 하는 점에 반영된다.

정부조직이 다른 조직과 구별되는 특징에 대해서는 기존의 저술들에서 많은 언급이 있었는데, 한마디로 요약하면 '공공성'이라고 할 수 있다. 이는 정부조직이 특정 개인이나 조직에 속한 것이 아니라, 국가라는 공동체의 불특정 다수에게 속한 것에서 비롯되는 특징이다. 일반적으로 공행정과 사행정 또는 행정과 경영을 구분짓는 요소라고 제시되는 중요한 특성들을 구체적으로 보면 다음과 같다.[1)]

---

1) 이러한 특징들 외에도 여러 특징들을 기술할 수 있다. 그러나 대부분 공공성의 개념에 의해 이해될 수 있는 것들이다. 또 한 가지 유념해야 할 것은 공공성에 입각한 정부조직과 다른 조직의 구분이 절대적이지 않다는 점이다. '공공성'에서 어떤 면에 초점을 맞추는가에 따라서 구별이 달라질 수도 있

첫째, 정부의 활동은 특정 집단의 이익을 위한 것이 아니라, 국가 공동체 전체의 공익을 위한 것이다. 그러므로 이해관계가 특정 집단에 치우쳐서는 안 되기 때문에 중립성과 공정성이 강조된다.

둘째, 공동체 전체를 위한다는 것은 그만큼 관련 집단이 다양하고 많다는 것을 의미한다. 정부의 활동은 다양한 집단 간에 이해관계의 조정이 있어야 하기 때문에 정치적 과정을 거치는 것을 피할 수 없다. 정치적 과정의 의미에 대하여 수많은 정의가 가능하겠으나 기본적으로는 여러 집단 간에 사회적 이익을 배분하는 과정이라고 할 수 있다. 그렇기 때문에 정부의 활동은 본질적으로 그 사회에서 작용하는 정치적 영향을 받을 수밖에 없다. 여기에는 사회가 추구하는 정치적 가치판단의 적용이 포함되는데, 이것은 누구나 동의하는 정답을 찾는 활동을 의미하지는 않는다. 그보다는 합의, 다수결, 타협과 같이 서로 다른 의견이 존재하며, 정답이 없음을 전제로 하는 개념들을 적용하는 것이 더 적절하다. 그렇기 때문에 정부의 활동에 있어서 명확한 합리적 근거가 부족한 결정이나 행위가 예외적이거나 부자연스러운 일은 아니다. 이것이 규범적으로 당연시되거나 항상 발생하는 일로 간주될 수는 없지만, 현실적으로 발생할 가능성이 충분히 높은 현상으로 인식되어야 할 것이다.

셋째, 행정의 중립성, 공정성, 정치성 등은 그 결과로 엄격한 규제가 적용될 것이 요구된다. 개인이나 집단 간의 합의를 도출하기 위한 정치성은 당연히 의사결정과정에 있어서 이해관계자 사이의 균형을 유지해야 하는데, 이를 위해서는 각 집단들의 활동이 동일한 규정이나 절차에 의해 통제되어야 한다. 이것은 결국 개인이나 개별 집단이 자신들이 원하는 대로 자유롭게 행동할 수 없음을 의미하는 것이다. 또한 이러한 규제가 효과적이기 위해서는 가급적 예외가 인정되지 않아야 하기 때문에 적용의 엄격성도 요구된다. 따라서 정부의 활동은 다른 부문의 조직활동과 달리 법규와 절차를 잘 정비하고, 누구에게나 예외없이 엄격히 적용될 것이 강조되며, 그만큼 개별 집단의 자율성이 제한받게 된다.

넷째, 위에서 본 것과 같은 특징들은 정부활동의 결과에 대한 선악의 판단을 어렵게 한다. 다양한 집단 간에 추구하는 목표나 결과에 대한 판단기준이 다르기 때문에 특정 시점에서의 정부활동의 선악을 판별하기가 어렵고, 동일한 활동에 대한 평

고, 조직의 어떤 측면을 보는가에 따라서도 구별이 달라질 수 있다. 더욱이 점점 복잡해지는 사회환경으로 인하여 공공부문과 민간부문의 경계가 모호해짐에 따라 혼합적인 특성을 지니는 조직이 점점 증가하고 있다.

가가 시점에 따라 달라질 수 있다. 그렇기 때문에 정부활동의 선악을 판단할 때에는 결과보다 절차의 정당성을 따지는 경우가 많다. 절차는 누구에게나 동일하게 제시되어 있기 때문이다. 또한 정부활동에 대한 규제, 절차중심의 판단으로 인해 정부활동에서는 합법성이 강조된다.[2)]

2. 인적자원의 관리

인사행정은 인적자원을 관리하는 활동이다. 그러므로 이전에는 '인사행정', '인사관리' 란 용어가 많이 사용되었으나, 1990년대부터는 '인적자원의 관리' 란 용어가 많이 사용되고 있으며, 2000년대부터는 '인적자본의 관리' 란 용어도 자주 사용되고 있다. 이러한 변화는 인사행정에서 강조되는 특징의 변화를 보여주는 것이다. 그리고 이러한 특징들은 인력관리의 본질을 설명하고 있다.

1) 용어와 강조점의 변화

(1) 인사행정

조직에서 인력을 관리하는 활동을 의미하는 용어는 관리대상인 인력을 어떻게 이해하는가에 따라 변화되었다. 전통적으로 조직에서의 인력의 활용은 '소비' 의 개념으로 이해되었다고 할 수 있다. 어떤 활동에 비용이 들어갈 때 이를 '투자' 로 인식하는가 '소비' 로 인식하는가는 지출에 대하여 무엇을 기대하는가에 따라 달라진다. 단기간의 효용획득을 기대하면 소비이고, 장기적으로 지출 이상의 편익이 회수될 것이 기대되면 투자이다. 조직에서의 인력의 활용이 '소비' 로 이해되었다는 것은 인력관리에 비용이 투입될 때 장기적 편익의 회수보다는 조직에서 필요로 하는 단기적 효용의 획득이 더 강조되었다는 것이다. 그렇기 때문에 인력의 활용을 위한 지출(예: 인건비)은 회계상 비용으로 처리되었고, 그에 따른 어떠한 가치의 회수가 기대되지 않았다. 그러므로 조직의 환경이 어려울 때, 인력은 비용절감의 차원에서 그 규모를 축소하는 것이 바람직한 것으로 이해되었다.

이러한 개념이 전통적인 인사행정의 근간을 이루고 있는 개념이다. 즉, 조직의

2) 정부를 다른 조직과 구별짓는 특징에 대해서는 이종수 외(2012), 강성철 외(2008), Rainey *et al.*(1976), Meier *et al.*(2011) 등 참고.

필요에 의해 인력이 동원 · 활용되지만 그것은 현재의 필요를 충족시키기 위한 것이며, 건물이나 설비나 혹은 다른 자본처럼 미래의 어떠한 가치를 창출하는 지렛대로 이해되는 것은 아니었다. 그렇기 때문에 인력관리는 다분히 수동적 입장에서 이해되었다.[3)]

(2) 인적자원의 관리

전통적인 인사행정의 개념에서 한걸음 더 나아간 것이 인적자원의 관리이다. 이것은 인력관리에 있어서 목표의 달성이라는 개념이 강조되는 것이다. 즉, 인력을 관리하는 활동은 조직에서 목표를 의식하지 않고 수행되는 활동이 아니라, 달성해야 할 목표를 전제로 하고, 그 목표를 달성하기 위한 주요 수단(자원)을 관리하는 활동이라는 것이다.

모든 조직은 달성해야 할 목표가 있는데, 이 목표를 달성하기 위하여 여러 자원들이 투입된다. 이전에는 자원이라 하면 자본이나 물적자원에 초점이 맞춰졌으나, 인력도 조직의 주요한 자원으로 인식되게 된 것이다. 그렇기 때문에 조직에서 달성해야 할 목표가 있을 경우 인력의 운용은 당연히 그 목표의 달성에 맞추어져 이루어져야 하며, 특정한 인력관리활동을 할 경우 어떤 목표지향성을 가지고 있는가, 주어진 목표를 얼마나 달성했는가가 그 활동의 효과를 가늠하는 중요한 기준이 된다. 이것은 인력관리가 조직의 장기적이고 근본적인 목표에 상관없이 단기적이고 현재적인 필요에 의해서만 이루어지는 비용의 개념에서 벗어난 것으로 이해될 수 있다.

(3) 인적자본의 관리

조직의 장단기 목표달성의 수단성뿐 아니라, 장기적으로 조직의 가치를 얼마나 향상시킬 수 있는가에 대하여 초점이 맞춰진 것이 '인적자본'의 개념이다. 이는 '인적자원의 관리'에서 한걸음 더 나아간 것이라고 볼 수 있는데, 인력관리가 조직의 목표를 달성하였는가의 관심에 더하여 '인력관리를 위하여 비용을 투입하였을 경우 얼마나 많은 부가가치를 생산할 수 있는가, 그리고 그 결과로 조직은 장기적으로 얼마나 더 가치가 향상되었는가'에까지 관심이 확대된 것이다.

---

3) 예를 들면 조직에서 몇 명이 필요하니까 그만큼을 선발한다든지, 어떤 자리가 비었으니까 사람을 승진시키거나 새로 채용한다는 입장이다. 이러한 것을 유지(maintenance)의 개념이라고 한다. 유지의 개념은 '고전적인 과학적 관리(Taylorism), 통제(control), 능률(efficiency), 비용절감(low cost), 갈등의 억제' 등으로 특징지어진다(Lundy and Cowling, 1996:49-50).

즉, 인적자본의 관리라고 할 때는 투자에 대한 회수의 개념이 포함된 것으로 이해되어야 하며, 이러한 개념하에서는 인력관리활동을 통하여 조직에 어떠한 부가가치가 창출되었는가를 따질 수 있어야 한다. 그리고 이러한 부가가치는 조직의 목표달성에 기여하는 것이라야 의의가 있다.[4] 그러므로 인적자본의 관리라고 하면 인력관리활동이 조직의 목표달성에 기여하고 있는가, 그리고 그 활동을 통하여 목표에 부합되게 부가가치가 얼마나 증진되었는가가 효과성의 판단기준이 된다.[5] 이것은 인력관리활동을 수동적 입장에서 매우 능동적 입장으로 전환시키게 한다. 인력관리 담당자는 조직의 목표를 이해하고, 그에 합당한 관리활동을 하여야 할 뿐 아니라, 경우에 따라서는 인적자원의 재고에 맞추어 조직의 목표를 조정하게 할 수도 있고, 더 나아가 조직의 목표달성을 위한 부가가치의 창출에 인력이 기여할 수 있도록 제도나 관리활동을 조정하기도 하여야 한다. 요약하면, 조직의 전략적 파트너 역할을 하여야 하는 것이다.

용어의 문제

조직에서 인력을 관리하는 개념이 변화되어 왔지만, 우리나라에서 그것을 표현하는 용어는 별로 달라지지 않고 있다. 보통 '인사행정(또는 인사관리; (public) personnel management),' '인적자원관리(human resource management),' '인적자본관리(human capital management)'와 같은 용어들이 사용된다. 그러나 이러한 용어들은 아직은 특별한 구별의 필요성이 있을 때 —예를 들면 이론적 설명이 필요할 때— 활용되고 있으며, 실제로 인력관리가 이루어지고 있는 현장에서는 인사행정이나 인사관리란 용어가 더 일반적이고 포괄적으로 사용되고 있다. 그러므로 각 용어의 구체적이고 사전적인 의미에 주목하기보다는 같은 표현이

4) 조직의 목표와 조직이 창출하는 부가가치의 관계가 항상 긍정적인 것만은 아니다. 예를 들어 기업이 단기매출이나 단기이익을 늘리는 정책을 편다고 해도, 그것이 장기적으로 조직의 경쟁력이나 생존에 해롭다면, 단기성과라는 부가가치가 조직의 목표와 반드시 일치한다고 보기는 어렵다.

5) 예를 들어, 조직이 고객의 만족도를 높이는 것을 목표로 하고, 그것을 위해 조직원의 업무능력을 향상시키기 위한 교육훈련을 실시하기로 했다고 하자. 이때 중요한 것은 우선 교육훈련이 고객만족도를 높일 수 있는 유용한 수단으로 확인되어야 하는 것이며, 다음으로는 교육훈련의 결과가 고객의 만족도를 얼마나 높였는가를 확인하는 것이다. 이때, 고객만족도의 향상 정도는 조직에게 그만큼의 부가가치를 부여한 것이라고 볼 수 있다. 즉, 단순히 고객의 만족도가 높아졌다가 아니라, 고객의 만족도가 높아진 정도를 통하여 (반드시 금전적이지는 않더라도) 조직에게 얼마만큼의 이익을 가져다 주었는가를 판단할 수 있어야 한다. 그러므로 자본의 개념은 구체적 측정의 문제를 내포하고 있다.

라고 하더라도 그 의미가 변화되고 있음에 더 유의해야 할 것이다. 동일한 용어가 그 포함하고 있는 의미나, 실제 나타나는 관리방식의 동일화를 가리키는 것은 아니며, 용어들이 한정된 의미로만 쓰이는 것도 아니다. 또한 용어의 사용이 반드시 시간적 순서가 있다든지, 어떤 용어는 과거의 인력관리방식을 의미하고 어떤 용어는 현재나 미래의 인력관리방식을 의미하는 것도 아니다. 그보다는 인력관리가 조직의 목표달성과 관련하여 인식되어야 한다는 점이 더욱 강조되어 가고 있으며, 그러한 흐름에서 새로운 표현들이 나타나는 것으로 이해하여야 할 것이다. 경향상으로는 '인적자원관리'라는 용어의 사용이 점차 보편화되어 가고 있다.

2) 인사행정의 수단성

인사행정은 정부의 목표달성을 위한 수단적 성격을 가진다. 인사행정은 정부의 실질적이고 구체적인 사업계획의 수립이나 집행에 직접 관여하지는 않는다. 인사행정은 정부의 활동에 필요한 적격자를 선발하여 적재적소에 배치하고, 그들의 능력을 개발하고 근무의욕을 고취시킴으로써 정부의 목표달성에 기여한다. 그러나 정부의 목표달성에 직접적으로 책임지는 것이 아니라, 정부의 목표달성에 직접적인 책임을 지는 계선기관의 활동을 지원하는 보좌적 기능(staff function)을 수행함으로써 정부의 목표달성에 기여한다(강성철 외, 2008:21).

즉, 인사행정은 그 내용을 어떤 용어로 표현하든지 조직의 목표를 달성하기 위한 수단을 관리하는 활동이다. 이것은 정부조직의 인적구성인 공무원이 정부의 목표달성을 위한 주요한 수단임을 의미한다. 그렇기 때문에 정부조직에서 인력을 관리할 때는 인력관리 자체가 목표나 관심사항이라기보다는 인력관리를 통해서 무엇을 달성할 것인가가 관심사항이 되어야 한다. 예를 들어 공무원에게 보수를 지급한다면, '공무원에게 어느 정도의 금전적 보상을 제공할 것인가'에 앞서서 '공무원에게 무엇 때문에 금전적 보상을 제공하는가' 또는 '무엇을 위하여 공무원에게 금전적 보상을 제공하는가'가 고려되어야 한다.

인사행정의 수단성이 소홀히 인식될 경우 이는 정부운영에 낭비를 초래하는 원인이 될 수 있다. 예를 들어 기존의 공무원이 퇴직할 경우 그만큼 새로운 인력을 충원하여 보충하는 것은 당연하게 생각된다. 그러나 만약 퇴직한 공무원이 담당하고 있던 기능이 과거에는 중요한 것이었지만, 현재는 중요성이 감소하고 곧 불필요해질 기능이라면 그 일을 위해 신규인력을 충원하는 것은 곧 정부 내에 불필요한 인력이 발생할 가능성을 높이는 것이다. 다른 예로 정부의 비능률적 운영을 감소시키기 위해 구조조정을 할 경우, 인력의 활용목적을 고려하지 않고 규모를 줄이는 데만 집중하게 되면, 실제로 일을 할 수 있는 자원이 부족하게 되어 국민들에게 양질의 공공서비스를 제공하기 어렵게 되고, 이는 오히려 비생산적인 정부운영을 가져오게 된다. 그러므로 인사행정의 수단성은 정부에서 인력을 관리할 때 언제나 가장 앞서 고려해야 할 요소이다.

3) 인적자원의 특징

인력을 조직의 목표달성에 필요한 중요한 자원이라고 이해할 때, 주목해야 할 두 가지 특징이 있으며, 이것은 인적자원의 관리가 다른 자원들의 관리와 달라야 하는 원인이 된다.

(1) 무형자산으로서의 인력(인적자원)

인적자원은 소위 '무형자산(intangible asset)' 이다. 무형자산이란 "브랜드, 인재, 기업문화처럼 회계장부에는 명시적으로 드러나지 않는 자산"(김종년 외, 2008:1)이라고 정의될 수 있으나, 통일된 개념이 분명하게 확립되었다고 하기는 어렵다. 왜냐하면 무형자산이라는 개념이 대두된 기간이 길지 않기 때문이다. 무형자산은 명시적으로 확인하기 어렵지만, 그 자산을 가지고 있는 조직의 가치를 결정하는 데 중요한 역할을 하는데, 이는 '정보화사회' 나 '지식사회' 로 규정되는 현대사회의 특징과 관련이 있다. 현대사회에서는 '정보' 나 '지식' 이 가장 중요한 생산요소이며 가장 중요한 '가치재' 이다. 그런데 '지식(혹은 정보)' 은 그 자체가 형상화되어 있지 않기 때문에 무형의 요소이다. 그러므로 현대사회에서 조직의 가치를 올바로 판단하기 위해서 '무형자산' 이라는 용어가 활용되는 것이다. 그리고 이러한 맥락에서 무형자산의 개념을 정의하기 위한 노력은 주로 회계학에서 활발히 이루어지고 있는데, 이는 본질적으로 기업의 가치를 정확히 측정할 필요성이 있기 때문일 것이다. 그러나 무형자산이라고 할 때, 조직에 이로운 모든 활동을 가리키는 광범위한 입장도 있다. 그러므로 무형자산의 개념에 대해서는 앞으로도 더욱 정밀한 정의와 합의를 이루려는 노력이 기울여질 것이다.

무형자산에 대한 보편적 정의를 내리기는 어렵지만, OECD에서 발표한 보고서에 의하면 무형자산이라고 하면 최소한 다음의 세 가지 요소가 포함된다(Johanson *et al.*, 2002:9-13).

첫째, 기존의 고정자산(fixed-asset)과 구별되면서 가시적이지 않다. 그러므로 그에 대한 투자나 비용의 지출효과를 파악할 수 있지만, 손에 잡힐 수 있는 존재로 나타나지는 않는다.

둘째, 소유주체에게 이익이 되는 장래의 결과를 기대할 수 있거나, 최소한 소유주체의 의도적 목적을 달성하는 수단으로 활용될 것이 기대된다.

셋째, 무형자산을 통하여 그 소유주체의 가치가 상승할 것이 기대된다. 즉, 무형자산은 그 존재를 직접 확인할 수는 없지만, 그것이 있는 것과 없는 것은 그 소유주체의 가치의 차이를 가져오게 된다.

이러한 특징을 가진 무형자산 중 대표적인 것이 조직이 가지고 있는 '인력'이다. 인력의 가치는 가시적이지 않지만, 그 활용에 따라서 소유주체에게 큰 이익을 가져오거나, 소유주체의 의도적 목적을 달성하는 수단으로 활용된다.

무형자산으로서의 인력은 유형자산과 달리 관리상의 어려움이 있다. 대표적인 것이 인력이 가지고 있는 가치 또는 조직에 미치는 영향력에 대한 평가의 문제이다. 전통적으로 조직에서 인적자원에 대한 측정은 언제나 시행되었다. 그러나 그것은 오늘날의 조직환경에서 조직이 필요로 하는 정보를 충분히 제공해 주지 못한다는 비판이 있다. 이는 다음과 같이 두 가지로 정리할 수 있다. 첫째, 전통적인 방법은 인력관리활동 자체에 대한 측정이지 그것이 조직의 사업에 어떤 영향을 주는가와 관련된 측정이 아니라는 점이다. 예를 들어 훈련 프로그램의 수, 신규 고용인력의 수 등인데, 이는 인력관리활동에 대한 측정이지, 그것이 조직의 사업과 관련하여 어떤 의미가 있는지에 대한 측정은 아니다. 둘째, 과거에 대한 자료는 되지만, 일선관리자가 활용할 수 있는 미래에 대한 정보는 제공하지 못한다는 것이다. 예를 들면 이직률, 결근율, 사기의 정도 등인데, 과거의 측정은 되지만, 미래에 대한 예측은 어렵다. 그러므로 전통적인 방법에 의하여 측정된 자료는 수정되거나 사용할 수 없다는 것이 일반적인 견해이다(Yeung, 1997:299).

이러한 문제는 종종 조직이 인력에 대한 투자를 소홀히 여기게 만드는 원인이 된다. 이것은 전술한 바와 같이 전통적인 '유지'의 개념에서의 인력관리가 인력에 들어가는 비용을 단지 소비로 인식하는 것과 맥락을 같이한다. 그러므로 현대사회에서 인력을 조직의 가장 중요한 '무형자산'으로 인식해야 할 필요성이 커지고 있는데, 그만큼 인력이 가지고 있는 '가치'라든지, 인력이 미치는 '영향의 정도'를 어떤 형태로든지 가시적으로 측정할 수 있는 수단을 개발하는 것이 중요한 과제로 대두되고 있다.

(2) 독립적 개체로서의 인력(인적자원)

인적자원은 무형자산이지만 독립된 유기체라는 점에서 다른 무형자산과 다르다. 예를 들어 '브랜드(brand)' 라는 무형자산은 그 소유주체와 별도로 '브랜드' 만의 목적을 가지지 않는다.[6] 그러나 인력은 독립된 유기체로서 자신을 고용한 조직과는 별도의 자신만의 목적을 가지고 있다. 조직에 유익한 것이 반드시 개별 인력에 유익한 것은 아니며, 그 반대의 경우도 발생한다.

그렇기 때문에 조직은 언제나 조직의 목적과 개별 인력의 목적을 일치시키는 별도의 노력을 기울여야 한다. 소위 '인간관계론' 의 초기 연구에서 이미 밝혀진 바와 같이 인력이 반드시 투입된 자극에 대응하여 기대되는 반응을 보이지 않는다는 것은 다 알고 있지만, 실제로는 인력을 마치 기계와 같이 투입된 자극에 대하여 일정

1990년대 후반부터 공공부문에서 성과급을 도입하였을 때, 많은 지방자치단체에서 소위 '나눠먹기' 식으로 제도가 운영되기도 하였다. 기관에서는 생산적 동기부여를 위하여 성과급제도를 도입하였지만, 현장에서는 차별적으로 지급된 성과급을 조직구성원들이 비공식적으로 다시 회수하여 균등하게 배분한 것이다.

각 기업에서 조직의 생존을 위하여 구조조정을 단행하는 경우가 있다. 그러나 이것은 조직원들의 격렬한 반발을 불러일으켜서 오히려 조직의 생존을 위협하는 수준의 갈등으로 발전하는 경우가 있다. 2009년도의 '쌍용자동차 사태' 를 예로 들 수 있다.

조직이 당면한 어려움을 극복하기 위하여 조직구성원들이 자진하여 봉급의 일부를 반납 또는 삭감하는 경우가 있다. 2009년 전남 장흥군 공무원들은 관내 일자리 창출을 위한 기금을 마련하기 위하여 봉급의 1~5%를 자진반납하여 1억여원의 기금을 마련하였다. 1998년 울산의 효성금속은 부도난 기업의 회생을 위하여 근로자들이 임금인상 동결, 전년도 연말 상여금 유보 및 연차수당 반납, 매일 30분~1시간씩 무보수 연장근무를 한 예도 있다(연합뉴스 참조).

---

6) 때로는 '브랜드' 와 그 브랜드를 소유하고 있는 '기업' 을 분리시키는 경우도 있다. '토요타' 와 '렉서스', '조선맥주' 와 '하이트' 등을 예로 들 수 있다. 그러나 이 경우에도 '브랜드' 자체가 '기업' 과 분리하려고 하는 것이 아니라 기업을 소유하고 있는 사람(경영진, 주주)들이 어떤 목적에 의해 양자를 분리하는 것이다.

한 반응을 보이는 생산요소로 간주하는 실수가 매우 자주 발생한다. 그리고 이는 기대한 만큼의 생산성이 향상되지 않는다든지, 조직의 개혁노력이 성과가 없다든지, 경우에 따라서는 기대와는 달리 조직에 매우 파괴적인 결과를 낳기도 하고, 때로는 전혀 예상하지 않았던 긍정적 결과를 나타내기도 한다.

3. 인사행정의 특징

지금까지의 논의를 종합하면 인사행정, 즉 정부를 비롯한 공공부문의 인력관리는 다음과 같은 점에서 민간부문과 유사점 또는 차이점이 있음을 알 수 있다.

민간부문과의 유사점은 인력관리의 수단성에서 비롯된다. 인력은 공공부문이나 민간부문에서 모두 중요한 조직의 자원 또는 자산이다. 그리고 이것을 관리하는 것은 조직의 목적을 달성하기 위해서이다. 그러나 양 부문의 인력관리가 동일한 원칙이나 방법에 의해 운영될 수는 없다. 이것은 민간부문에 대한 공공부문 특히 정부부문의 특성에 기인하는 것이다. 중요한 것으로는 다음과 같은 것을 들 수 있다.

첫째, 정부부문의 인력관리는 중립성과 공정성이 강조된다. 인력관리가 수행되는 절차나 개인에게 돌아가는 혜택과 부담이 누구에게나 공정하게 적용되는 기준에 따라 이루어져야 한다. 예를 들어 최고위직에 있는 공무원의 자녀라고 하더라도 정해진 절차와 기준에 부합되지 않으면 최하위직이나 임시직에도 임용되기 어렵다.

둘째, 중립성과 공정성을 유지하기 위해서 정부부문의 인력관리에는 보다 명시적이고 엄격한 법규가 적용된다. 정부의 인력관리는 '국가공무원법'이나 '지방공무원법', '공무원임용령' 등 여러 법규에 근거를 두고 시행되며, 이에 어긋나거나 근거를 찾기 어려운 관리활동은 수행되기 어렵다. 이러한 엄격성은 정부부문 인력관리의 공정성을 확보하는 데에는 유리하나, 관리자의 재량권 확보 및 정부의 생산성 향상을 위한 탄력적 인력관리에는 제약이 될 수 있다.

셋째, 다른 한 편으로 공공부문의 인력관리는 정치적 영향을 받는다. 국가나 시대에 따라 정도의 차이는 있을 수 있으나, 인사행정에서 정치성을 배제하는 것은 불가능하다. 이것은 단순히 공무원의 임용에 있어서 정치적 영향력이 작용하는가의 문제만이 아니라, 사회적 가치판단이 정부의 인력관리에 반영되고 또한 반영되어야 한다는 것을 의미한다. 공공부문 인력관리에 작용하는 정치적 판단은 때로 중립성이나 공정성의 확보와 배치되는 것 같을 때도 있다. 예를 들어 공무원 임용에 있어서 '양성평등제'의 실현을 위한 조치들은 실적이나 성과라는 측면에서 보면 공정성을 훼손하는 것일 수도 있다. 그러나 정부활동의 목적이 궁극적으로는 국민의 복리증진이라면, 이에 관한 가치판단은 그것이 비록 주관적이고 정치적이라고 할지라도 인력관리에 반영되는 것이 당연하다고 할 수 있다.

넷째, 공공부문의 인력관리는 결과에 입각한 의사결정을 하기 어렵다. 이보다는 법규의 준수여부, 절차상의 정당성 등에 근거한 의사결정이 더 보편적이다. 예를 들어 공무원을 채용할 때, 조직의 필요에 맞는 공무원이 선발되었는가보다는 정해진 절차에 부합되게 공무원이 선발되었는가가 인력관리의 정당성을 판단하는 기준이 된다.

4. 전략적 인력관리

'전략적 인력관리'는 새롭게 대두되고 있는 개념이다. 이는 민간부문에서 선도적으로 나타났지만 공공부문에서도 그 중요성이 강조되고 있다.

인력관리에 대한 전략적 접근은 Devanna 등이 발표한 1981년의 논문에서 그 기원을 찾을 수 있다. 이 논문에서 저자들은 인력관리가 기업의 전략기획(strategic planning)과 좀 더 긴밀하게 통합되고, 조직의 산출(outcomes)에 더욱 영향을 줄 수 있도록 인사기능들을 통합할 것을 요구하고 있다(Holton, *et al.*, 2009:87). 전략적 인력관리의 개념정의에 대해서는 여러 견해가 있으나 일반적으로 사용되는 것은 라이트(Wright)와 맥마한(McMahan)이 1992년에 내린 정의이다. 이들은 "전략적 인력관리는 조직이 그 목표를 달성할 수 있도록 할 의도로 인적자원을 계획적으로 활용하고 관리하는 활동"으로 개념정의를 하고 있다. 여기에는 두 가지 의미가 내포되어 있는데, 첫째는 인력관리활동과 조직의 전략적 관리활동이 수직적으로 연계되어야 한다는 것이고, 둘째는 인력관리활동이 조직의 목표달성을 최적으로 지원할 수 있도록 하는 다양한 활동들과 일관되도록 협조적으로 작용하여야 한다는 것이다(전게서:87).

인력관리의 전략성을 강조할 때 그 특징은 전통적 인력관리와 많은 부분에서 달라지게 된다. 이것을 클링그너(D.E. Klingner)는 아홉 가지로 정리하였는데(Klingner, 1995:643-653),[7] 핵심적인 것은 다음 세 가지라고 할 수 있다.

첫째, 인력관리의 초점이 직위관리(Position Management)에서 과업관리(Work Management)와 피고용인 관리(Employee Management)로 전환된다. 전략적 인력관리라는 것은 인력관리의 성격이 전통적으로 통제중심의 직위관리로부터 조직의 목표(mission)를 달성하기 위한 과업관리 및 피고용인 관리로 전환되는 것이다.[8]

둘째, 인력이 자산(asset)과 소비성 인력(Kleenex)으로 구분되어 관리되며, 자산적 인력은 조직의 인사행정체제를 통해 관리하고, 소비적 인력은 간접적인 방법(예: 계약방식이나 임시직 활용 등)으로 관리된다.

셋째, 인력관리를 조직의 가장 핵심적인 기능의 하나로 인식한다.

인력관리의 초점의 변화는 인력관리가 어떤 자리에 인력을 배치하는 활동에서, 인력을 활용하여 과업이 수행되도록 하는 활동으로 인식이나 강조점이 변한 것을 의미한다. 즉, 정해진 절차에 따라 자리를 채우는 활동에서 '무엇이 수행되며, 무엇이 달성되는가'를 의식해야 하는 활동이 된 것이다. 직위중심의 인력관리는 유지(maintenance)중심의 인력관리라고 할 수 있다.

---

7) 클링그너의 설명은 다분히 미국정부의 인력관리의 변화현상을 염두에 두고 있는 것이다. 그러나 변화의 원인이 '정부재창조(reinventing government)', 인력에 들어가는 비용의 증가, 정부의 법률적 책임(legal liability)의 증가, 인력의 다양성 인식, 이중적 노동시장의 형성, 인력을 자산적 인력과 비용적 인력으로 구분하는 견해의 대두, 공공서비스 제공에 있어서 정부 외의 대안적 기구의 활용 증대 등에 있음을 볼 때 미국 외에서도 보편적으로 적용될 수 있다고 본다. 위에서 설명한 세 가지 외에 클링그너가 제시한 전략적 인력관리의 특징은 ① 자산적 인력에 대해서는 능력발전을 위한 조치를 강화한다. ② 자산적 인력에 대해서는 참여적 관리를 실시한다. ③ 자산적 인력관리는 인사상 자주 문제가 되는 '차별'이라는 문제점을 시정해야 할 때, 이것을 불평등의 해결이 아니라 인력 다양성의 활용이라는 관점에서 접근한다. ④ 자산적 인력에 대해서 가족중심의 복지혜택을 확대한다. ⑤ 인적자원관리에서 정보시스템의 활용을 증대시킨다. ⑥ 인사담당관(public personnel manager)은 기업가(entrepreneur)와 같은 역할을 한다. 전통적인 인사행정에서는 인사담당관은 정해진 가치를 단순히 실현하는 존재로서 기능적 전문가(technical specialist)로 정의되었다. 그러나 현재는 인력관리가 상황변동적(emergent)이며, 동적인(dynamic) 분야로 간주된다. 그리고 인력관리자도 서로 경합하는 체제와 관련자, 가치 사이에서 판단자(interpreter)와 조정자(mediator)의 기능을 수행하는 것으로 정의된다. 그러므로 인력관리자들도 스스로를 기능적 기술과 윤리적 의사결정을 혼합한 역할을 수행하면서, 조직의 인적자원관리의 전략을 수립하는 데 핵심적 역할을 수행하는 전문가(professional)로 간주한다. 이러한 특징들은 결국 '어떻게 하면 자산으로서의 인력을 확보하고 가치를 높일 것인가' 그리고 '어떻게 하면 자산으로서의 인력의 가치를 지속적으로 향상시킬 수 있을 것인가'와 관련된 것이라고 볼 수 있다.

8) 직위관리란 공무원의 수나 직위를 통제하는 것에 초점을 둔 관리이며, 과업관리는 과업이 효과적으로 배분되고, 보상이 공정하게 분배되는 데 초점을 둔 관리를 말한다. 피고용인 관리는 조직원으로서의 공무원들이 그들의 능력이 충분히 발휘되면서 조직의 생산성 향상과 그들의 경력발전에 도움이 되도록 하는 인력관리를 의미한다.

인력을 자산과 소비재로 구분하는 것은 전통적 인력관리와 매우 달라지는 점이며 전략적 인력관리의 출발이라고 할 수 있다. 이는 인력을 활용목적에 따라 다른 방식으로 관리하는 것이다. 조직에서 인력은 자산으로도, 소비재로도 활용할 수 있다. 만약 조직이 어떤 인력을 장기적 관점에서 육성한다고 한다면—이를 흔히 '핵심인력'이라고 표현하기도 한다—, 이 인력의 유지를 위해 들어가는 비용은 투자가 될 것이며, 이 인력은 자산으로 분류할 수 있을 것이다. 이에 비해 현재의 단기적 필요를 충족시키기 위해 인력을 활용한다면, 그에 들어가는 비용은 소비가 될 것이고, 그 인력은 소모품이 될 것이다.

만약 정부가 인력을 채용하였을 때, 그가 장차 좋은 공무원으로서 올바른 정책입안과 집행을 통하여 국민의 복리를 증진시키고, 정부에 대한 국민의 신뢰를 높일 수 있는 인력이라고 판단하였다고 가정하면, 정부는 그를 계속 정부에 근무하도록 적절한 근무조건을 제공하고, 그의 능력이 지속적으로 발전할 수 있도록 필요한 조치를 취할 것이다. 이것은 그의 현재 업무수행을 위해서도 필요하지만, 장차 더 큰 이득을 정부에 가져다줄 것이 기대되기 때문이다. 이 경우 이러한 인력에 들어가는 비용은 투자의 개념으로 이해되어야 한다. 그리고 그 비용은 일정시점에서 어느 정도의 효과가 있는지가 확인되어야 한다. 반면에 정부가 어떤 인력을 채용하였을 때, 그의 장기적 근무에는 큰 관심이 없고, 현재의 필요를 충족시키기 위한 목적이 우선시된다고 한다면, 그 인력의 활용에 들어가는 비용은 소비이다. 정부업무가 일시적으로 많아졌을 때 임시로 활용하는 인력이나, 업무가 매우 단순하여 일용직으로 활용할 수 있는 인력이 그 예가 될 수 있을 것이다. 이러한 인력에 들어가는 비용은 그 효과성을 앞으로 조직에 가져다줄 이익에 의해 판단하기보다는 현재 주어진 업무가 수행되었는가에 의해 판단할 수 있다.

그러므로 자본재적 인력과 소비재적 인력은 근본적으로 그 활용의 목적이 다르다고 할 수 있으며, 이에 따라 관리방식도 달라져야 한다. 자본재로서의 인력은 가능한 한 유지하고 발전시킬 수 있도록 인력관리가 이루어져야 한다. 반면에 소비재로서의 인력은 가능한 한 비용을 적게 들이면서도 당면한 목표를 달성할 수 있도록 관리가 이루어져야 한다. 요약하면 자본재로서의 인력은 투자의 효과를 높일 수 있도록 관리되어야 하고, 소비재로서의 인력은 능률성을 높일 수 있도록 관리되어야 한다.

이러한 인력의 구분은 인력의 적재적소 활용의 출발이라고 할 수 있다. 과거에는 인력을 적재적소에서 활용한다고 하면, 단순히 능력에 맞게 업무를 부여하는 것으로 이해하였다. 그러나 이제는 이에서 더 나아가, 그 인력이 조직에서 장기적으로 활용될 인력인가, 단기적으로 활용될 인력인가를 먼저 구분하고, 각 범주 내에서 그 능력에 맞게 업무를 부여하거나, 경력관리를 하는 것이 요구되는 것이다. 이와 같은 인력관리는 한 번 공무원이 되면 거의 예외없이 평생 공무원으로 종사토록 하는 종래의 정부의 인력관리방식과는 잘 맞지 않는다. 종래의 방식으로 이해하면 거의 모든 공무원이 자본재적 인력으로 분류될 수 있다. 그러나 자원의 제약과 성과의 제시 및 향상이라는 압력을 받고 있는 현대 정부가 더 이상 과거의 인력관리방식을 지속시킬 수 있다고 보기는 어렵다. 그렇기 때문에 인력관리에도 새로운 개념과 방식이 도입될 필요가 있다.[9)]

인사기능이 조직의 핵심기능으로 인식된다는 것도 전략적 인력관리가 전통적 인력관리와 크게 달라지는 점이다. 인사기능은 단지 정해진 인사관련 법규를 집행하는 것이 아니라, 조직의 목표에 따라 필요한 수단을 동원하고 활용하는 활동이다. 인력의 관리는 조직의 목표달성을 위해 기여해야 한다. 동시에 조직의 목표는 인력의 활용가능성을 염두에 두고 정해져야 한다. 이러한 필요성은 인력관리기능이 조직의 최고의사결정자의 중요한 전략적 파트너의 역할을 수행해야 하는 것을 의미한다.

전략적 인력관리를 하면 인력관리기능은 그 기능적 혹은 행정적 활동에 의해서보다 조직의 전략에 의해 추진된다. 즉, 인력관리는 조직의 전략 혹은 전략적 필요에 완전히 부응하는 것이어야 하며, 인력정책이 조직의 정책과 조직계층상에서 핵심적 위치를 점하고 있어야 한다. 또한 인적자원관리의 방식은 일선관리자의 관리활동과 조화를 이루어야 하고, 그들에게 인식되어야 하며, 그들에 의해 활용될 수 있어야 한다. 그러므로 전략적 인력관리는 인력관리가 조직의 관리에서 변화에 수동적으로 반응하는 것이 아니라 조직의 변화를 능동적으로 주도하는 데 일조를 하는 것을 의미한다(Pynes, 1997:18).

---

9) 이는 조직에서의 계층상 직위와 반드시 일치되는 것은 아니다. 즉, 고위직은 자본재적 인력이, 하위직은 소비재적 인력이 담당하는 것이 아니다. 고위직이라고 하더라도 임시적 인력을 활용할 필요가 있고, 하위직에라도 장차 더 큰 부가가치를 창출할 수 있는 인력이 배치될 수 있다.

제2절 인사행정의 발달

1. 역사적 고찰의 필요성

모든 사회제도는 환경의 영향을 받는다. 그리고 환경은 고정되어 있는 것이 아니라, 시간이 흐르는 것과 더불어 변화한다. 그 변화는 제도의 변화를 가져오고, 그것은 다시 환경에 영향을 주어 새로운 변화가 나타나는 원인이 된다. 이것은 인사행정에서도 예외가 아니며, 환경과 인사제도는 영향을 주고받으면서 시간의 흐름과 함께 변화되는 것이다. 그러므로 현재의 인사제도는 단지 현재의 어느 시점에서 갑자기 나타난 것이 아니라, 역사적 산물로서 현재의 모습을 가지고 있는 것이다.

그렇기 때문에 현재의 공무원제도를 제대로 이해하기 위해서는 그 제도에 영향을 주고 있는 환경적 요소와 함께, 역사적 배경도 이해하여야 한다. 이러한 고찰을 소홀히 할 경우 제도의 본질 또는 현재의 제도가 달성하려고 하는 바를 제대로 이

2004년의 제17대 국회의원 선거를 앞두고 당시의 노무현 대통령은 자신의 지지기반인 '열린우리당'이 국회에서 다수를 차지하도록 하기 위해서, 기자와의 간담회 등의 자리에서 국민들이 열린우리당을 지지해 주었으면 좋겠다는 의사를 표명하였다. 이에 대해 중앙선거관리위원회에서는 대통령이 '공무원의 정치적 중립 의무'를 위반했다고 경고했으나, 노무현 대통령과 그 지지자들은 정치인인 대통령이 정치적 견해를 밝힌 것, 특히 자신의 지지기반인 정당을 지지해 달라고 요구하는 것은 당연하다고 반발하였다. 이와 관련해 2004년 4월 당시 국회에서는 다수당이었던 한나라당을 비롯하여, 열린 우리당을 제외한 다른 정당 소속의 국회의원들은 노무현 대통령을 관련 법률 위반 및 기타 다른 사유를 근거로 탄핵소추하였다. 2004년 5월 판결을 담당한 헌법재판소는 노무현 대통령이 '공무원의 정치적 중립 의무'를 위반한 것은 사실이며, 정무직 공무원도 공무원의 정치적 정립 의무에서 예외일 수 없다고 판시하였으나, 그 위반사항이 탄핵을 할 정도로 중한 것은 아니라는 것을 이유로 탄핵소추를 기각하였다. 반면에 미국에서는 선거가 있을 때, 여당 후보들은 현직 대통령이 인기가 있을 경우 자신들을 방문해 주기를 바란다. 의원 선거든 주지사 선거든 대통령이 선거운동 기간 중 후보자를 방문해 그의 지지를 호소하면서 친밀감을 과시하면 그만큼 선거운동에 도움이 되기 때문이다.

해하지 못할 수 있다. 또한 우리나라의 제도를 발전시키기 위하여 다른 나라의 제도를 참고하는 경우가 있는데, 이때도 각국의 역사적 맥락과 환경의 요인을 감안하지 않으면 잘못된 판단을 하기 쉽다. 이런 의미에서 인사행정의 역사적 발달과정을 살펴보는 것은 꼭 필요한 일이다.

인사행정의 역사적 변화(혹은 발달)를 고찰한다고 할 때 일정한 기준을 유지할 필요가 있다. 왜냐하면 인사행정의 분야가 매우 넓으며, 사람들이 어떤 대상을 파악하는 관점이나 흥미도 각각이기 때문이다. 즉, 기준 없는 역사적 고찰은 그 초점을 흐리게 함으로써 대상에 대한 이해의 정도를 떨어뜨릴 우려가 있다.

이런 점에서 인사행정의 역사적 변화를 고찰하기 위해서는 크게 두 가지 점에 관심을 두면 좋을 것이다. 하나는 인사행정에 중요하게 작용하고 있는 지배적 원리를 중심으로 보는 것이다. 예를 들면, 현대인사행정에서 국가를 불문하고, 가장 중요한 지배원리인 실적주의가 어떻게 발전되어 왔는가를 보는 것이다. 같은 맥락에서 다른 원리들이 인사행정에 어떻게 반영되어 왔는가를 볼 수도 있다.

다른 하나는 인사행정의 변화를 야기시키는 문제점과 그에 대한 대응에 주목하는 것이다. 환경에 어떠한 문제점이 있을 때, 그것이 어떻게 인사행정에 반영되어 제도의 변화를 가져왔는가를 살피는 것은 매우 의미있는 일이다. 왜냐하면 원인을 이해하여야 결과를 이해할 수 있으며, 우리에게 필요한 제도를 수립하여 활용할 수 있기 때문이다.

이러한 문제와 대응 중심의 이해는 인사행정의 지배원리가 발달한 과정을 이해하는 데에도 도움이 된다. 각 원리는 역사적으로 사회에서 해결해야 할 여러 문제점에 대한 대응과정에서 제도가 형성되면서 지배적 가치로 자리 잡은 것이기 때문이다. 용어상으로는 같은 원리라고 하더라도 시대나 국가에 따라 그 내용이 달라질 수 있는데, 사회문제와 그에 대한 대응 중심의 고찰은 각 원리나 제도의 본질을 보다 잘 이해할 수 있도록 한다.

인사행정의 발달을 무엇을 중심으로 볼 것인가 하는 기준을 정한다고 하더라도 현대사회에서는 나라별로 다양한 제도가 나타나기 때문에 이를 어떻게 종합적으로 고찰할 것인가를 정할 필요가 있다. 이것도 크게 두 가지 방법이 있을 수 있다. 하나는 여러 나라를 각 나라별로 고찰하는 것이고, 다른 하나는 제도 자체에 초점을 두고, 특정 제도가 각 나라에서 어떻게 나타났는가를 고찰하는 것이다.

여기에서는 시대적으로 발생하는 사회문제에 대해 대응하는 과정에서 어떤 원리나 제도가 형성되게 되었는가를 고찰하는 방식으로 서술하고자 한다. 사회적 문제와 대응을 중심으로 고찰한 것은 그것이 제도의 역사적 배경을 이해하는 데 더 용이하기 때문이다.

또한 미국과 영국에 초점을 맞추어 인사행정의 발달과정을 고찰하였다. 이것은 이들 국가에서 일어난 변화가 인사행정에 영향을 준 사회적 배경을 좀 더 분명하게 보여주기 때문이다. 미국과 영국을 중심으로 고찰한 또 다른 이유로는 이들 국가가 우리나라에 미친 영향 때문이다. 우리나라의 행정제도는 미국의 영향을 많이 받고 있으므로 미국의 제도를 볼 필요가 있는데, 영국은 미국의 제도와 대비되는 특성이 있기 때문이다. 그리고 우리나라 인사행정의 발달은 별도로 서술하였다.

2. 미국 인사행정의 변화

미국의 인사제도가 발달되는 과정은 제도화의 계기가 되는 사건을 중심으로 다음과 같이 크게 5단계로 구분하여 설명할 수 있다(Nigro and Nigro, 1986:4-29; Riper, 2007:23-41 참조).

1) 건국초기시대(1789~1829)

이 시기는 제한된 의미에서의 실적제와 정치적 고려가 인사행정의 주요 기준이었다. 워싱턴(G. Washington)부터 아담스(John Quincy Adams)까지 건국초기의 미국 대통령들은 공직자를 임명할 때 그들과 정치적 견해를 같이하는가를 중요한 기준으로 삼으면서도, 지지자들 중에서는 적절한 사람을 임명하려고 하였다. 이 시기에는 어떤 공식적인 실적제는 없었다. 그러나 식민지정부에서의 착취적인 엽관제의 폐해에 대한 기억이 생생하게 남아 있었으며, 대통령들은 새로운 국가를 건설하려고 노력하였기 때문에 인물의 특성이나 역량이 공직임용에 고려되었다.

이 시기의 중요한 특징의 하나는 공직이 사회계층적으로 폐쇄적이었다는 점이다. 이 당시 미국사회는 사회계층상 구별이 뚜렷했으며, 정부는 잘 교육받고, 집안 배경이 좋으며, 부유한 사람들과 그 후손들에 의해 운영되었었다. 그러므로 공직이 모든 국민에게 개방된 것은 아니었으며, 이런 의미에서 현대적 실적제가 적용되었다고 보기는 어렵다. 그러나 성실하고 능력 있는 정부라는 평을 받았던 시대이다.

2) 엽관주의 시대(1829~1883)

엽관제의 제도화는 1820년 미국 3대 대통령인 제퍼슨에 의해서 대통령 임명직의 임기를 대통령의 임기와 일치시키는 '4년 임기법(Four Year' s Law)' 을 제정하면서 이루어진다. 정권의 변화에 따라 공직을 점유하고 있던 공무원의 운명도 함께하는 엽관제는 공직의 임명이 민주적이고 개방적이어야 한다고 주장한 잭슨(Andrew Jackson) 대통령이 1829년 취임하면서 꽃을 피우기 시작하였다. Jackson 대통령은 공직에서의 직무는 단순하고 경험이 필요치 않으므로 사회의 모든 계층에 개방되어야 한다고 주장하면서 공직임명의 가장 적합한 방법을 순환제(rotation system)라고 정의한다. 이와 함께, 공직에의 임명이 정치적 충성에 따라 이루어지는 엽관제(spoil system)가 더욱 발전하게된다. 이후 남북전쟁을 겪으면서 공직사회는 선거에서 승리한 정당의 전리품(to the victor, belong the spoils)이란 구호를 당연한 진실로 받아들이게 된다. 이에 따라 공직취임을 평등화하려는 본래의 취지보다는 정당에 의해 지배되는 구조가 강화되었으며, 엽관제의 폐해가 큰 사회문제로 대두되었다.

3) 개혁의 시대(1883~1938)

엽관제의 폐해는 사회 전체의 부정부패를 만연시켰으며, 인사제도를 개혁하고자 하는 움직임이 일어나게 되고, 마침내 1883년 펜들턴법(Pendleton Act)이 제정되어 실적제 원리가 인사행정에 도입되었다. 펜들턴법의 제정은 선거 후 공직임명에 불만을 품은 자에 의해 당시 가필드(James Abram Garfield) 대통령이 암살되는 사건과, 대통령 선거에 패배함으로써 많은 공직을 잃을 것에 대한 공화당의 우려가 직접적인 계기가 되었다.

펜들턴법의 제정으로 연방정부에는 준독립적인 인사위원회(Civil Service Commission)가 설치되어, 정당에 의한 정치적 통제로부터 공무원제도를 보호하는 역할을 담당하게 되었다. 이 제도는 처음에는 큰 호응을 얻지 못했으나 1883년 뉴욕주를 시작으로 지방정부들이 채택함으로써 확산되어 갔다.

펜들턴법은 처음에는 영국의 인사제도와 유사하게 법안이 만들어졌었다. 핵심은 공직에 들어오고자 하는 인력은 정치적으로 중립적인 인사제도를 통해 임명되어야 하는데, 젊을 때, 공직의 제일 아래 계급부터, 시험을 통과해야 한다는 것이다. 그런데 미국 상원은 이러한 안에서 시험이 너무 이론적으로 치우치지 않도록 '실무적 특성(practical in character)'을 가져야 한다는 것을 내용에 첨부하여 수행될 직무와의 관련성을 높였으며, 제일 아래 계급부터 출발해야 한다는 내용은 완화하였다. 이로써 직업적 전문성에 의한 개방형 인사제도라는 미국식 제도가 수립되었다.[10)]

이러한 개혁의 핵심은 공직의 임명이 정치적 충성에 따라 이루어지는 것이 아니라, 실제로 공무를 수행할 수 있는 능력에 따라 이루어지도록 하자는 것이다. 공무원이 능력과 실적에 따라 임용되는 것을 실적제라고 한다. 펜들턴법이 제정된 19세기 후반의 미국은 이미 상식만으로 사회문제를 다루기에는 너무 복잡한 산업사회가 도래되었다. 따라서 공무원은 사회문제를 다룰 수 있는 전문적 능력을 갖추어야만 했다. 공직의 임용방식이 엽관제에서 실적제로 전환되어야 하게 된 것이다. 실적주의는 지금까지 현대인사행정의 주요 원리로 작용하고 있다.

4) 현대인사행정의 대두(1938~1960)

펜들턴법 제정으로 비롯된 초기의 인사제도 개혁이 공직에서 무능력한 자를 제거하기 위한 노력에 초점이 맞추어졌었다면, 20세기에는 과학적 관리법의 대두로 인해 능률의 개념이 도입되고, 관리(management)의 필요성이 강조되었다. 1938년 루즈벨트(Franklin D. Roosevelt) 대통령은 그 전 해의 브라운로우위원회(Brownlow Committee: 공식명칭 President's Committee on Administrative Management)의 건의에 따라 전문가들로 구성된 인사기구를 설치하는 내용의 대통령령을 제안하였다. 비록 이 안이 실현되지는 않았지만, 이를 계기로 현대적 인사행정의 제도화가 이루어졌다. 이 시기에 공직분류라든지, 선발을 포함한 임용에서의 과학적 방법의 도입, 공무원의 교육훈련과 같은 많은 인사행정기술들이 제도화되고 발전되었다. 그리고 인사행정이 행정수반의 관리적 도구(managerial tool)라는 인식이 확산되게 되었다.

그러나 한편으로는 인사담당자들이 지나치게 규정에 얽매임으로써 현장의 필요를 제대로 반영하지 못한다는 비판과, 인간의 필요를 외면하는 행정이라는 비판도 제기되었다. 따라서 제2차 세계대전 이후 점차 인간중심성(accent-on-people)이 강조되어 동기부여, 능력발전, 인간행태의 이해 등 인간적 필요에 대한 관심이 고조되었다.

---

10) 라이퍼(P.P. Riper)에 의하면 당시의 상원의원들이 어떤 이론적 기반을 가지고 이런 제도를 만든 것은 아니다. 의원들은 실무관련성과 함께, 사회적으로나 직업적으로 이동성이 높아야 한다는 일반적 전제를 염두에 두었을 뿐이다. 또한 미국에서 채용시험은 민간부문에서 정부부문으로 도입된 것이 아니라, 정부부문에서 민간부문으로 도입된 것이다(Riper, 2007:33-34).

5) 다양성, 성과, 가족친화(1960~)

제2차 세계대전 이후의 냉전의 시대와 월남전, 흑백갈등, 여권신장 등 1960년대 이후의 미국은 다양한 사회적 가치갈등이 표출되는 시기이다. 그리고 이것은 정부의 인력관리에도 영향을 미쳐 다양한 제도들이 실시되고 있으며, 현재도 변화하고 있다. 무엇보다도 사회적인 성차별과 인종차별을 제거하기 위해서 평등고용정책(Equal Employment Policy)이 실시되었으며, 노조설립을 비롯한 공무원의 헌법적 권리가 대폭 인정되었다. 또한 1978년의 인사개혁법의 제정을 통하여 근 100여 년간 중앙인사기구로 운영되었던 인사위원회 대신 인사관리처(Office of Personnel Management)가 설치되었다. 이는 인사제도가 실적제 보호기능에서 관리적 도구로서의 기능으로 그 강조점이 전환되었음을 확실히 나타내는 것이다. 이와 함께 고위공무원단(Senior Executive Service)제도도 실시되었다.

1960년대에 들어서 두드러진 변화는 공직의 임용에 대표관료제 개념이 도입 내지 강화되었다는 점이다. 즉, 사회의 다양한 집단들의 가치가 불평등하게 취급되지 않도록 한 것이다. 대표관료제의 개념은 정부정책은 사회 내의 지배적 세력의 가치나 사조, 신념을 반영하는 것이므로 이들 세력들의 대표성이 공직임용에 반영되어야 한다는 것이다. 즉, 정부의 구성이 특정 집단들의 비율에 따라 이루어지도록 하는 것이다. 이를 통하여 사회적 배경에 따른 다양한 가치와 이익이 정책과정에 반영될 수 있다고 본다.

1964년 공민권법(Civil Right Act of 1964)이 제정되어 고용에 있어서 인종, 성(性), 출신국가, 종교 등을 이유로 차별을 하는 것이 금지되었으며, 평등고용기회위원회(Equal Employement Opportunity Commission)가 설치되었다. 그러나 평등고용에 대한 시민의 권리를 인정하는 것만으로 평등고용이 달성되는 것은 아니다. 적극고용정책(Affirmative Action)은 이러한 인식에서 비롯된 것으로서, 평등고용을 달성하기 위하여 적극적인 공공정책을 실시하는 것을 의미한다. 이러한 개념은 트루먼(Truman) 대통령 때 도입되었으나, 공식적인 용어로 사용된 것은 1961년에 케네디(Kenndey) 대통령이 발표한 행정명령 10925(Excutive Order 10925)에서였다. 그리고 그 다음 존슨(Johnson) 대통령 때부터 차별시정을 위한 노력이 더욱 적극적으로 실시되었다. 평등고용은 단지 차별행위의 중지라는 개념에서 더 나아가 과거 또는 현재의 차별을 시정하고, 차별에 대한 보상을 실시하는 것으로 진화된 것이다(Desario and Slack,

2007:356-357).

성과중심의 인력관리는 1900년대 후반부에 나타난 인사개혁 노력의 하나이다. 이는 보수체계를 중심으로 진행되었다. 1970년 우정국(U.S. Postal Service)에 허용된 무제한의 단체협상권은 새로운 집단성과급제(group incentive pay system)가 도입되는 계기가 되었다. 1978년의 인사개혁법에서는 관리자에게 보수를 결정할 수 있는 재량권이 주어졌는데 대부분의 보수인상은 성과를 기준으로 이루어진다. 보수와 관련하여 일어난 또 하나의 변화는 직무분류체계가 느슨해졌다는 것이다. 이로 인해 다수의 직무군(occupational groups)을 포함할 수 있는 광범위한 직무규준(occupational guide)이 도입되었으며, 이는 관리자나 각 기관(agency)에 보다 많은 권한을 부여하고 있다(Riper, 2007:36-37).

1990년대 이후 '신공공관리론'의 대두와 클린턴정부의 '정부재창조(reinventing government)' 정책은 성과지향성을 더욱 강화하였다. 인력관리에 있어서도 성과급뿐 아니라 정부의 생산성을 향상시키기 위하여 민간화, 탄력적 인력관리 등이 시도되었다. 이러한 변화는 실적주의가 출발할 당시의 엄격한 인사관리와 배치되는 면이 있다. 그러나 이것이 엽관제로의 회귀를 의미하는 것은 아니다. 다만, 실적주의 및 인사의 공정성과 생산성 향상을 위하여 관리자에게 재량권을 부여하는 것 사이의 적절한 조화를 모색하여야 한다.

1978년 인사개혁법이 제정된 후 나타난 가장 반향이 큰 것은 좀 더 가족친화적인 직장(family friendly workplace)을 만들고자 하는 정책이었다. 가족친화적인 근무제도는 공공부문이나 민간부문에서 모두 발전하였는데, 부가적 복지혜택, 탄력적 근무시간, 가족을 돌보기 위한 무급휴직제도 등을 필요에 따라 적절히 혼합한 카페테리아식 제도가 도입되었다. 이러한 변화는 정보기술의 발달, 파트타임근로의 증가, 여성노동인구의 증가 등의 사회적 변화에 많은 영향을 받았다(Riper, 2007:36).

3. 영국 인사행정의 변화

1) 정실주의의 시대

19세기 중엽까지 영국의 관료제에는 두 경향의 정실주의가 있었다. 하나는 국왕에 의한 은혜적 정실주의이고 다른 하나는 정치적 정실주의이다. 정부기관이 제도화의 단계에 들어서기 시작한 튜터왕조부터 스튜어트왕조까지 영국의 관계에는 은혜적 정실주의가 지배적이었으나, 1714년 하노버왕조 이후부터는 정치적 정실주의가 등장하였다.

은혜적 정실주의는 국왕이 개인적으로 가까운 총신(寵臣)이나 또는 의회를 조종하기 위하여 자기 편이 될 의원에게 고위관직이나 고액의 연금 등을 국왕의 특권으로 은혜적으로 부여하는 것을 말한다. 정치적 정실주의는 의회의 유력한 정치가들에 의한 정실주의를 말한다. 1688년 명예혁명 후 내각책임제가 발전함에 따라 의회에 대한 국왕의 세력이 약화되었을 뿐 아니라, 관리(官吏)에 대한 실권이 국왕에서 의회의 다수당으로 이동하게 되었고, 따라서 인사행정제도에서도 의회의 유력한 정치가들의 영향력이 강해지게 되었다. 정당의 지도자들은 선거운동의 공로자들에게 관직과 연금을 부여함으로써 이른바 정치적 정실주의를 발달시켰던 것이다.

정실주의는 영국의 관계에 많은 부정적 영향을 끼쳤다. 예를 들면 무능한 공무원의 배출, 고액의 보수만 주어지고 실질적인 직무는 거의 없는 소위 공직(空職)의 증설, 연금수급자의 증가 및 필요 이상으로 많은 공무원의 수 등이 그것이다. 이는 공무원제도의 마비와 부패를 단적으로 드러내면서 결과적으로 행정능률의 저하와 재정의 낭비를 초래하였다(박연호, 1996:90-91).

2) 노스코트-트레빌리안 보고서와 근대적 인사제도

영국은 산업혁명의 영향으로 정부의 기능이 확대 · 강화되었다. 당시 정실주의하의 무능력하고 비능률적인 인사행정제도로서는 도저히 이러한 행정기능을 감당할 수 없었다(박연호, 1996:95). 1953년에 재무성은 트레빌리안(Trevelyan)과 노스코트(Northcote)에게 정부의 모든 부처에서 유능한 공무원을 임명하고, 그들이 적극적으로 그들의 임무를 수행할 수 있도록 할 방법을 연구토록 요청하였다. 6개월 후 이들은 보고서(Northcote-Trevelyan Report)를 제출하였는데,[11] 주요 건의내용은 '공개경쟁시험에 의한 충원, 실적에 의한 승진, 공직의 단일화(unification of the service), 대학졸업자에 의해 수행될 지적인 업무(intellectual work)와 그보다 못한 능력의 소유자가 수행할 기계적 업무(mechanical work)의 구분'의 네 가지로 요약할 수 있다.

---

11) 영국의 관료제도에 대한 조사가 이때 갑자기 시행된 것은 아니다. 이 이전에 단편적이지만 지속적으로 효율적인 정부운영에 대한 연구가 진행되어 왔다.

이 보고서는 당시는 매우 급진적인 것이었으므로 그 건의내용은 천천히 실행되어 20세기 초에 이르러서야 모든 건의내용이 집행되었다.

건의내용 중 특히 업무의 구분이 중요한 것으로서 그것은 인사제도에서 계급제의 구분에 영향을 끼쳤으며, 일반행정가(general administrator)의 개념을 공고히 하였다. 1850년대에는 행정업무의 능률적 수행은 일반적 능력(general ability)과 관련된 것으로 이해되었으며, 전문가(specialist)의 기술은 별로 필요없었다(Greenwood and Wilson, 1986:88-89).

이 보고서에 기초하여 3대 계급으로 구분되어진 공직구조, 폐쇄적 공직체계, 실적에 의한 승진, 공개경쟁시험에 의한 충원 등의 제도가 실시되었다.

3) 풀턴보고서와 현대적 인사제도

노스코트-트레빌리안 보고서에 기초하여 수립된 영국 인사제도에 대하여 근본적으로 다시 분석하고 개선을 건의한 것이 1968년의 풀턴보고서(Fulton Report)이다.[12] 이 보고서에서 지적한 주요 문제점은 다음과 같다(Greenwood and Wilson, 1986:90-94).

첫째, 인사제도가 근본적으로 아마튜어(또는 일반행정가(generalist), 만능가(all-rounder))의 철학에 기초하고 있다.

둘째, 계급제는 정부가 그 임무를 수행하는 데 심각한 장애를 초래한다.

셋째, 고위 공직자가 그들의 직무와 관련 있는 분야의 전문가들로 충원되는 다른 나라(미국이나 프랑스, 서독)와 달리 영국은 고위직에 전문가(specialist)가 배제되어 있다.

넷째, 주요 관리직에 있는 공무원들도 스스로를 부서의 관리자(manager)라기보다는 정책조언자(policy adviser)로 생각하고 있다.

다섯째, 공무원이 사회의 다른 부분과 유리(遊離)되어 있다.

여섯째, 인사행정이 제대로 수행되지 못하고 있다. 이는 특히 계급제의 문제와, 재무성이 인사행정을 책임지고 있기 때문인 것으로 지적되었다.

---

12) 1966년부터 1968년까지 활동한 풀턴위원회는 일반행정가의 전통이 강한 영국의 인사제도가 기술의 발전과 함께 점점 복잡해져 가는 사회변화에 대응하여 그 역할을 감당할 수 있는가에 대하여 의문을 가진 윌슨(Harold Wilson) 수상에 의해 설치되었다.

이러한 문제의 인식에 따라 다음과 같은 내용이 건의되었는데, 1970년대까지 많은 논쟁을 일으키며 일부는 시행되었고 일부는 시행되지 못하였으며, 시행된 것 중에도 이후에 변경된 것들이 있다(Drewary and Butcher, 1991:51-54).

첫째, 임용시 관련분야 학위취득을 우대할 것; 실행되지 못하였다.

둘째, 행정가들의 분야별 전문화; 실행되지 못하였다.

셋째, 공무원대학(Civil Service College)의 설립; 설립되었으나 대부분의 훈련은 부처별로 실시하고 있다.

넷째, 인사성(Civil Service Department)의 설치; 설치되었으나 1981년 폐지되었다.

다섯째, 공직구조의 단일화(unified grading); 직종에 대한 계급구분이 없어졌으며, 대부분의 공직이 단일그룹(occupational group)으로 묶여졌다. 그러나 계급 간 이동을 제한했던 수직적 장벽이 실제적으로 제거된 것은 아니었다. 오직 개방구조(open structure)라고 불리는 상위직만 단일화된 등급구조(unified grading structure)를 가지게 되었다(Greenwood and Wilson, 1986:100).

여섯째, 공무원집단과 다른 부분과의 이동성 증대; 이를 위하여 연금제도를 변경하였으나, 특별한 효력이 있는 것 같지는 않았다.

요약하면 풀턴보고서는 영국의 인사제도가 환경의 변화에 따라 공무원의 전문성을 강화하고, 사회변화를 쉽게 받아들일 수 있도록 하자는 것으로 이해할 수 있다. 그러나 일부 외형적 변화는 있었지만, 대체로 노스코트-트레빌리안 보고서 이후 수립된 영국 인사제도의 근간은 크게 변화되지 않았다고 볼 수 있다.

4) 성과강조의 시대

1980년대와 1990년대는 영국의 행정체계에 커다란 변화가 진행된 시기이다. 중요한 내용은 민간화(privatisation)의 확대, 공공서비스의 공급방식에 있어서 계약방식(contracting-out)의 확대, 분권화의 확대로 요약할 수 있다. 이는 결국 조직과 개인의 분명한 목표설정과 그 달성으로 연결된다. 즉, 성과중심의 관리가 강조되며, 공무원의 행태와 기술, 그리고 그들을 관리하는 인사체계가 성과중심으로 변화하는 것이다. 이 시기의 주요 변화는 다음과 같다.

첫째, 대부분의 공무원이 책임운영기관(executive agency)에 소속되었다. 1990년대 후반까지 거의 75%의 공무원이 여기에 속하게 되었다. 또한 민영화와 계약방식이 자연스러운 것으로 인식되었다(Mallaband, 2002:146).

둘째, 인력관리에도 분권화가 촉진되어 일선관리자들에게 관리책임이 많이 부여되었다. 1991년에는 중견공무원 이하에 대한 채용권한이 부처로 위임되었으며, 각 부처의 관리자들로 하여금 그들의 업무특성이나 업무처리절차에 맞도록 채용할 수 있는 자율권이 부여되었다. 보수결정권한도 각 기관에 부여하고, 보수수준을 성과와 연계시키도록 하였다. 1992년에 제정된 '국가공무원(관리기능)법'에서는 공무원에 대한 계약 및 근무조건에 대한 책임권한을 재무성에서 각 부처 및 사업소에 이양하는 것을 법률로 명문화하였으며, 이에 따라 법률상의 보수협상 및 보수관련 결정권한이 각 부처 장관에게 위임되었다(OECD, 1996:92; 총무처 직무분석기획단, 1997:307-309).

셋째, 고위공무원단(Senior Civil Service)이 재편되었다. 고위공무원단에 소속된 공무원에 대해서는 '계급'이 폐지되었으며 '직위' 개념만 남아 있게 되었다. 이들에 대해서는 1996년 4월 1일부터 새로운 보수체계와 계약체제가 적용되었다. 고위공무원단에 편입된 순간부터 해당 공무원은 단체교섭에 의해 결정되는 임금체계에서 벗어나 개인별로 결정되는 보수를 지급받게 되며, 문서화된 근무계약서(written contract of service)를 수용하게 된다.

넷째, 중앙인사기관은 풀턴보고서 이후 인사성(Civil Service Department)이 설립되었다가 1981년에 폐지되고, 중앙인사기능은 재무성과 내각부(Cabinet Office)로 분산되었다. 내각부에서 중앙인사기능을 담당하는 기구는 관리인사실(Management and Personnel Office), 공무원장관실(Office of Minister for Civil Service), 공공관리과학실(Office of Public Service and Science), 공공관리실(Office of Public Service)로 변천되었으며, 현재는 행정관리를 책임지는 장관이 인사기능의 수장 역할을 겸하고 있다.[13] 이는 인사관리팀(The Civil Service Corporate Management Team)의 보좌를 받는데, 이 팀은 인사수장(人事首長)과 인사관리위원회(the Civil Service Management Board)를 보좌한다(Cabinet Office 홈페이지 참조). 인사관리위원회는 리더십 함양을 비롯한 공무원의 능력을 향상시키고, 전체로서의 공무원의 응집력을 높이기 위한 인

13) 2002년 현재 윌슨경(Sir Richard Wilson)이 인사책임자로 있다. 그의 직함은 내각장관 겸 인사수장(The Secretary of the Cabinet and Head of the Home Civil Service)이다. 그의 임무는 헌법과 관련된 문제나, 정부의 기구, 선거기간 동안의 정부의 행위 등에 대해 수상이나 다른 장관들에게 조언하고, 고위공직자의 임명에 관계하며, 인사개혁을 추진하는 것이다(영국 Cabinet Office 홈페이지 참조).

사개혁을 위하여 1999년에 구성되었다. 이들은 대규모 조직의 관리경험이 있는 주요 부처의 책임자들로 구성되었으며, 리더십, 사업계획의 향상, 성과관리의 강화, 다양성 증대, 능력향상 등에 초점을 맞춘 개혁방안을 5년의 기간 동안 이끌도록 되어 있다(Mallaband, 2002:149).

다섯째, 공직의 개방성이 향상되었다. 고위공무원단의 경우 1999년부터 2년간 공개경쟁을 통하여 공석의 2/3가 외부에서 충원되었으며, 100명 이상의 전직자(secondee)가 주요 보직을 맡았고, 2001년에는 4000여 개의 교류기회가 제공되기도 하였다(Mallaband, 2002:150).

4. 우리나라의 인사제도

우리나라는 이미 통일신라시대부터 집권화된 국가를 형성하였다. 그러므로 그 당시부터 정비된 국가관료제를 운영하였다고 볼 수 있다. 그러나 특별한 목적이 있지 않다면 해방 이후의 인사제도 발달을 고찰하는 것만으로도 현재 실시되는 우리나라 인사행정의 배경을 이해하는 데에는 충분하다고 판단된다.

1) 미군정시대

해방 후 미군정 정부는 미국식 직위분류제를 한국에 처음 도입하였다. 모든 직위는 네 개의 직무(service)로 분류되었으며, 별정직무(excepted service)를 제외한 세 개의 직무는 다시 직무의 곤란도와 책임성에 따라 15등급으로 구분되었다. 그러나 이러한 직위분류제는 오랫동안 계급제에 익숙해 온 한국의 관료들에겐 매우 낯선 것으로 운영상 무리가 따랐으며, 군정 직후 한국 정부에 의해 폐지되고 말았다.

미군정 정부는 공개경쟁시험에 의한 임용을 원칙적으로 천명하였으나, 실제로는 서기적 업무의 경우에만 불규칙적으로 몇 차례 실시되었을 뿐 시험제도를 제대로 정비하지도 못하였다. 근무성적평정과 교육훈련제도 역시 시행되었으나 형식에 그치고 말았다. 결론적으로 미군정 정부는 미국식의 실적주의적 공무원제도를 한국에 이식시키려 하였으나, 한국 실정에 대한 군정 관리들의 무지와 준비부족으로 실패하고 말았다(강성철 외, 2008:88).

2) 건국초기

제1공화국 시기는 국가건립의 시기로 정치적으로 혼란이 거듭되고, 행정도 정상적으로 운영되지 못하고 있던 시기였다. 1948년에 정부조직법이 제정되었으며, 1949년 8월 12일에는 국가공무원법이 제정 · 공포되었다. 이를 통하여 실적주의에 바탕을 둔 인사행정을 도입하려고 하였으나, 실제로는 정실주의와 엽관주의의 경향이 짙었다.

제2공화국은 내각책임제를 택하였으나, 정부를 운영할 수 있는 힘을 갖추지 못한 채 사회 각 계층의 요구에 제대로 대응하지 못하다가 5·16 군사혁명으로 무너지고 말았다. 따라서 인사제도의 발전에도 특별히 기여한 바가 없으며, 내각제하에서의 공무원제도의 운영에 대한 뚜렷한 흔적도 남기지 못하였다.

3) 현대인사행정제도의 수립과 실시

우리나라 현대인사행정제도의 수립은 제3공화국에 들어와서이다. 1963년에 국가공무원법이 제정되었으며, 이는 오늘날까지 우리나라 공무원제도의 근간을 이루고 있다. 이를 통하여 실적주의 원리가 적용되기 시작하였고 고시제도, 공무원 분류제도, 교육훈련제도, 보수에 관한 제도 등이 확립되었다.

공직의 분류에 대해서는 1963년에 직위분류법을 제정하여 시행하였으나, 문화적 차이와 충분한 준비가 부족했던 이유로 제대로 정착되지 못하였으며, 1973년에 이 법은 폐지되었다. 그러나 국가공무원법에는 그 원칙이 살아 있다(제21조 · 제24조).

제3공화국 이후 총무처가 중앙인사기관으로서의 역할을 담당하였다. 그러나 총무처는 인사관리기능 외에 청사관리, 상훈 등 다양한 업무를 수행하는 기구였기 때문에 전문 중앙인사기관으로서 미흡하다는 비판이 계속하여 제기되었다.

4) 성과중심의 인사제도 개혁

1963년의 국가공무원법 제정 이후 약간의 법 개정만을 한 채 거의 골격을 유지하던 우리나라의 인사제도는 1998년의 'IMF사태' 라는 국가위기상황을 극복하는 과정에서 성과지향적 인사체제를 갖추기 위하여 큰 변화를 겪게 되었다. 주요한 변화의 내용은 다음과 같다.

첫째, 전문성과 경쟁의 강화를 통한 성과향상을 위해 공직의 개방화가 진전되었다. 2000년부터 3급 국장급 이상의 고위 공직에 개방형 임용제도가 도입되어 고위직이 주로 승진에 의해 충원되던 폐쇄적 계급제의 전통이 변화되게 되었으며, 차츰 과장급으로 그 범위가 확대되고 있다. 또한 2006년부터 조직 내 결원발생 시 기관 내외를 막론하고 공무원을 대상으로 적격자를 선발하여 임용하고자 하는 공모직위제도도 실시되고 있다. 또한 2004년부터 직무성과계약제가 도입되었다.

둘째, 성과급제도가 도입되었다. 3급 국장급 이상 공무원에게는 성과연봉제가 그 이하 직급의 공무원에게는 성과상여금제도가 도입되었으나 기본골격은 같다. 즉, 해당 직급에서 기본적으로 받는 봉급액에다가 평가에 따라 성과급을 더 지급하는 방식이다. 성과연봉은 목표관리제에 의한 평가에 따라 결정되며, 성과상여금은 근무성적평정 중 근무실적 평가에 의해 지급된다. 이 제도의 실시는 아직 완전히 정착되었다고 보기 어려우나, 의의를 살리기 위한 많은 노력이 기울여지고 있다.

셋째, 공무원의 단체활동의 폭이 넓어졌다. 1999년부터 공무원직장협의회가 결성되도록 허용되었으며, 이를 통하여 공무원들은 근로조건의 개선을 위한 집단적 노력을 기울일 수 있게 되었다. 같은 시기에 교원들의 노동조합(전국교직원노동조합)이 합법화되었고, 2006년부터 '공무원의노동조합설립및운영등에관한법률'이 시행되어 일반공무원도 노동조합을 결성하고 조합원으로 활동할 수 있게 되었다.

넷째, 5급 이상 공무원의 주요 충원수단이었던 고시제도의 대폭적인 변경이 계획되고 있다. 종래 필기시험 2차례와 면접시험으로 시행되던 고시제도의 과정은 바뀌지 않았다. 그러나 선택형 시험에 의한 지식측정 위주의 1차시험이 공직적격성 테스트로 바뀌어 종합적 판단능력과 분석능력의 측정에 비중이 두어졌으며, 영어시험의 경우도 토플, 토익 등 실용적 어학능력의 측정으로 변화되었다. 2차시험의 과목이 5과목으로 축소되어 수험생의 부담을 덜도록 하였고, 3차 면접시험의 비중이 높아지도록 하여, 응시자에 대한 종합적 판단이 가능토록 하였다. 이러한 고시제도는 2004년부터 시행되었다.

다섯째, 사회특성의 변화에 따라 가족친화적 제도가 도입되고 있다. 2000년대에 들어와 주5일근무제, 탄력근무제, 맞춤형복지제도 등이 실시되고 있다.

여섯째, 중앙인사기관의 변화가 있었다. 1998년에 내무부와 총무처가 통합되어 행정자치부가 설치되었으며, 1999년에는 행정자치부와 별도로 중앙인사위원회가 설립되어 인사기능을 전담하는 중앙인사기관이 처음으로 설치되었다. 대통령 직속의 위원회로 위원장을 포함한 5인의 위원으로 구성된 중앙인사위원회는 2000년대 초반의 각종 인사개혁을 주도적으로 정책 입안 · 추진하였으나, 2008년 이명박 대통령이 취임하여 조직통폐합을 하면서 다시 행정자치부와 통합되어 행정안전부가 되었다가, 박근혜 대통령 정부에서는 안전행정부로 되었다. 2014년 6월 현재에는 인사기능을 분리하여 국무총리 산하의 인사혁신처(가칭)를 설치하는 법개정이 추진되고 있다.

이외에도 직무분석의 실시, 인력관리 데이터베이스의 구축, 교육훈련제도의 개선 등 개혁노력이 이루어지고 있다.

5. 직업공무원제의 발달

1) 직업공무원제의 개념

직업공무원제는 공직을 직업으로 삼는 제도를 말하는 것으로서 일반적으로 사용하기는 하나 학술적 개념은 아니다. 또한 현대사회에 있어서 공직에의 근무가 하나의 직업인 것이 보편적 현상이기 때문에 직업공무원제라는 용어 자체가 어색할 수 있다. 그러나 '공무원'이라는 직종이 처음부터 별도의 직업이었던 것은 아니며, 이는 근대국가에 있어서의 관료제 개념의 출현과 그 맥을 같이한다.

17세기부터 왕이나 귀족이 아니면서 전문적 지식과 능력을 사용하여 왕의 통치에 봉사하는 직업이 생겨나게 되는데, 이를 관료제라고 지칭하게 되었다. 직업으로서의 공무원은 이 때부터 비롯된 것이라고 볼 수 있다. 즉, 귀족이 아니면서 다른 어떤 생산수단을 가지지 않은 채 왕의 통치에 전문성을 가지고 봉사하는 일을 직업으로 삼는 집단이 나타난 것이다. 그러나 왕에게 봉사하는 것이 목적인 이들을 공무원이라고 할 수는 없다. 공무원의 개념은 주권재민의 민주정치가 확립되고 공직을 담임하는 자는 특수인이나 특정 집단이 아닌 국민에게 봉사한다는 의미에서 나온 것이다. 따라서 공직수행의 직업성이 먼저 나타나고 이것이 민주주의의 발달과 함께 공무원제도로 발전되어 온 것이다.

그러므로 직업공무원제는 공무수행을 위한 잠재적 능력을 가진 인력이 전 생애에 걸쳐 공직에서 봉사할 것을 전제로 하여 공직에 임용되는 제도를 의미한다. 그러므로 이들은 일반적으로 공직의 최하위의 직위에 임용되며, 단계적으로 승진하고, 공직을 평생직업으로 삼는다. 그리고 공직을 명예로 생각한다.

2) 직업공무원제의 특성과 수립요건

직업공무원제는 다음과 같은 특성이 있다.

첫째, 장기적 근무 특히 전 생애에 걸친 근무를 전제로 한다. 따라서 젊고 유능하며 잠재력 있는 인재를 충원하는 것이 기본적 특성이다.

둘째, 현재 활용할 수 있는 능력을 보유하는 것도 중요하지만, 장기적 근무를 전제로 한 잠재력의 보유가 매우 중요하다.

셋째, 전 생애에 걸친 근무를 전제로 하므로 조직구조에서의 중간계층의 신규채용보다 최하위계층에서의 신규채용이 지배적으로 활용된다.

넷째, 폭넓은 시각과 안목을 가진 일반행정가로서의 특성이 강조된다.

직업공무원제가 효율적으로 기능하기 위해서는 다음과 같은 요건이 충족되어야 한다.

첫째, 공직에 대한 사회적 평가가 높아야 한다. 그래야 유능한 젊은 인력이 공직에 매력을 느끼고 자신의 생애를 투자하려고 한다.

둘째, 공직이 우수인력을 유치할 수 있는 매력이 있어야 한다. 이는 사회적 평가 외에도 공직 자체에서 제공하는 보상이 인력을 유치할 수 있어야 함을 의미한다.

셋째, 체계적으로 경력을 발전시킬 수 있어야 한다. 즉 경력발전경로를 매력적으로 구축함으로써 개인의 발전욕구가 지속적으로 충족될 수 있도록 하여야 한다.

넷째, 장기근무를 유도할 수 있는 각종 제도를 갖춤으로써 생애성에 대한 동기부여를 하여야 한다. 이것이 결여될 경우 우수인력을 유치했다고 하더라도 중간이탈이 많아짐으로써 직업성이 상실된다.

다섯째, 공무원의 신분이 보장되어야 한다. 외부의 압력에 노출되어 신분이 불안정해질 경우 직업으로서의 공무원의 매력이 상실될 수 있다.

여섯째, 퇴직관리가 잘 이루어지도록 해야 한다. 직업공무원제의 특징은 생애성에 있으므로 생애를 바쳐 봉사한 후에도 생활의 안정을 기할 수 있어야 직업으로서의 매력을 확보할 수 있다.

3) 직업공무원제의 장·단점

직업공무원제의 장점은 다음과 같다.

첫째, 장기적으로 공직에 근무함으로써 구성원 간에 동일화된 의식을 갖게 된다.

이는 공무원으로 하여금 높은 자부심과 일체감을 갖게 한다.

둘째, 다양한 동기부여 수단과 공직에 대한 사회적 평가로 인하여 공무원의 사기가 높아지고, 봉사정신을 가질 수 있다.

셋째, 공직에서의 경험과 능력을 축적한 고급공무원을 양성할 수 있다.

넷째, 장기근무로 인하여 행정의 안정성과 일관성을 유지할 수 있다.

그러나 직업공무원제는 다음과 같은 단점도 있다.

첫째, 공직의 일체감 형성은 자칫 폐쇄성으로 왜곡될 수 있다. 관료주의화나 보수적 시각의 유지는 이러한 문제점이 나타난 것이다.

둘째, 일정한 집단 내에서 오래 근무하는 것은 자칫 타성에 젖게 하고, 분위기의 침체로 인한 행정의 질 저하를 가져올 수 있다.

셋째, 상위직에 대하여 내부충원이 일반화되므로 외부의 인력이 유입될 수 있는 통로가 제한되어 외부환경에 둔감하게 되고, 행정수요에 제대로 대응하지 못하게 된다.

넷째, 일반행정가적 특성에 대한 선호는 행정의 전문성을 갖추는 데 불리하게 작용할 수 있다.

그러나 공무원의 직업성이 반드시 공직의 폐쇄성과 연계되는 것은 아니다. 전 생애는 아니더라도 주요 생계수단으로 공직에 종사할 경우도 공무원의 직업성 개념에 포함시켜 생각할 수 있다. 즉, 중간계층으로부터의 충원 또는 공직과 타 직종과의 교류가 직업공무원제의 장점을 저해하지 않으면서도 실시될 수 있다고 보아야 할 것이다.

제3절 인사행정이 추구하는 주요 가치

각국에서 인사행정이 발달해 온 역사를 보면 사회적으로 대두된 문제를 해결하는 과정에서 정부의 인력운영에 어떤 기본적인 가치가 정부정책의 방향성을 결정하고 그에 맞추어 구체적 제도들이 정비되는 것을 알 수 있다. 그리고 그 결과 인사제도에는 사회가 추구해야 할 바람직한 가치들이 반영되어 있다. 현대인사행정에 반영되어 있는 주요한 가치들에 대하여 고찰하고자 한다.

1. 인사행정의 가치판단성

인사행정에 관한 전통적 입장에서는 인사행정을 단순히 법령을 집행하는 기술적인(technical) 활동 또는 가치판단이 배제된 가치중립적인 활동으로 인식하는 시각이 있다.[14] 그러나 정부의 모든 활동이 그 사회의 가치기준(value)의 영향을 받듯이 인사행정도 영향을 받는다. 이러한 가치기준의 영향은 제도의 수립 및 집행으로 구체화되며, 제도운영의 중심원리로 작용한다. 즉, 인사행정도 사회적 가치관을 반영한 중심원리에 따라 제도화가 이루어진다. 그러므로 정부의 인력관리는 정부를 둘러싼 다양한 사회적 구성체로부터 영향을 받게 되므로 복잡성을 띠게 된다. 특히 인사행정이 조직뿐 아니라 개인이나 사회의 시각을 반영해야 하기 때문에 가치개입성은 불가피하다.

더군다나 인사행정을 조직의 목표달성을 위한 전략적 관리방법으로 이해한다면, 조직이 달성하려는 목표의 가치판단성에 따라 인사행정이 추구해야 하는 가치기준도 다양해지게 된다. 예를 들어 인사행정을 통하여 생산성이라는 가치를 추구할 수도 있으며, 정치적 중립, 고용안정 등의 가치를 추구할 수도 있는 것이다. 그리고 이러한 가치들은 특정 시점에 어느 한 가지만 추구되는 것이 아니라 동시에 여러 가치를 추구해야 할 수도 있다. 또한 각 가치들은 서로 조화를 이룰 수도 있지만, 서로 경합할 수도 있다. 그러므로 인사행정이 추구해야 하는 가치의 문제는 매우 복잡한 것이다. 그리고 이것은 인사행정이 언제나 법규 혹은 물리적 합리성에 의해서만 시행되기 어려운 한계를 가지게 되는 이유이다. 또한 역사적으로 인사제도를 개혁하기 위한 많은 노력들이 많은 저항에 부딪치거나 의도한 대로의 효과를 가져오지 못하는 원인이기도 하다.

---

14) 우리나라에서 이런 인식이 특히 심하였다. 이는 인사행정을 단순히 공무원법과 같은 법규에 규정된 내용을 집행만 하면 되는 것으로 인식하는 것이다. 인사행정에 대한 이러한 인식은 공무원제도가 사회변화에 대응하여 발전함으로써, 정부활동의 성과를 높이는 데 커다란 장애요인으로 작용한다.

2. 인사행정이 추구하는 주요 가치

1) 주요 가치의 개관

사회적 가치라고 하면 그 내용이 매우 포괄적이며, 사람에 따라 의미하는 바가 다 다를 수 있다. 그렇지만 역사적으로 인사행정의 주요 제도를 만드는 데 큰 영향을 미쳤던 주요 가치들을 정리할 수 있는데, 이것은 또한 이미 언급한 개인 · 조직 · 사회에서의 여러 영향요인들과 관련이 있다. 이러한 요인들과 가치 및 인사행정의 관계를 드레상(D.L. Dresang)은 다음과 같이 그림으로 요약하여 제시하였다.[15]

그림 1-1 인사행정에 대한 다양한 영향관계

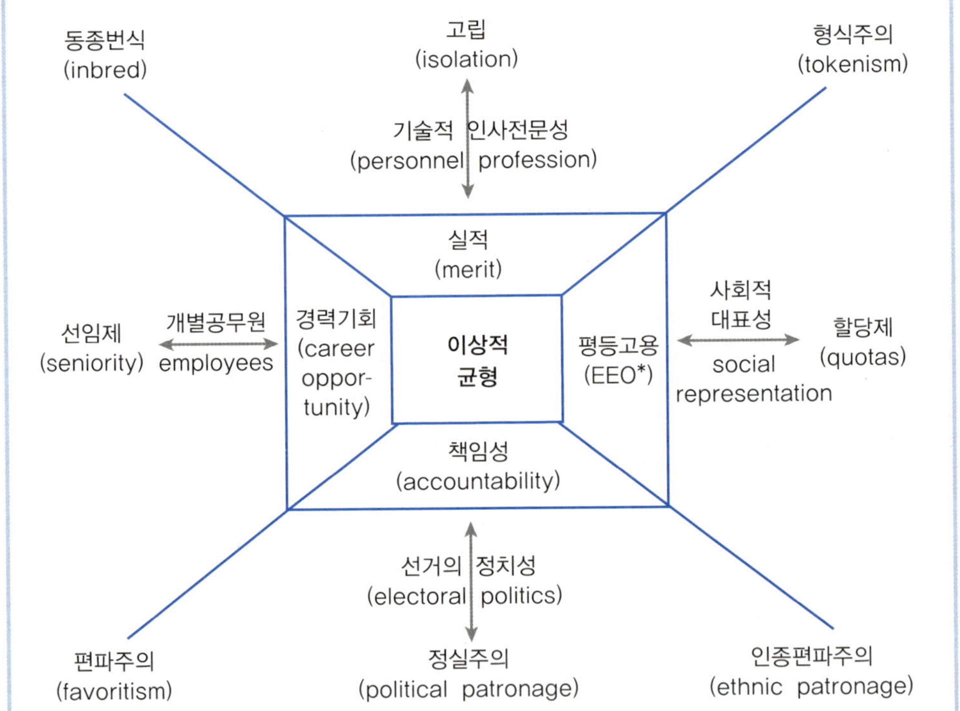

* EEO: Equal Employment Opportunity

출처 : Dresang(1999), *Public Personnel Management and Public Policy*, 3rd ed.

15) 드레상은 특히 공무원의 임용에 초점을 맞추었지만, 인사행정의 의의가 공직에 적절한 인력이 활동

[그림 1-1]에 나타나듯이 이상적인 인사행정이란 크게 네 가지의 수요를 충족시킬 수 있어야 한다. 첫째, 기술적 인력관리의 유능성, 둘째, 선거를 통하여 나타나는 사회의 정치적 요구에 대한 대응성, 셋째, 사회의 다양한 집단들에 대한 대표성, 넷째, 공무원들의 개인적 경력발전의 욕구에 대한 충족성이다. 이 네 가지 수요가 균형 있게 반영되면 이상적인 인사행정제도가 되겠지만, 어느 쪽으로든지 불균형적으로 강조되면 부작용이 나타난다.

첫째, 인사행정은 유능한 인력들이 공직에 근무하도록 관리하는 활동이다. 유능한 인력을 활용하기 위해서는 그들의 능력이나 업적이 인력관리의 기준이 되어야 한다. 따라서 실적주의가 중요한 운영원리로 작용하게 된다. 실적주의를 반영한 인사제도를 실적제라고 하는데, 공무원의 선발이나 승진, 보수지급 등이 실적에 따라 이루어지는 것이며, 실적을 정확히 반영하는 제도를 개발하고, 운영하기 위하여 전문적 인사관리 능력이 요구된다. 즉, 공개경쟁시험, 근무평정, 성과급 등은 실적제가 반영되도록 개발된 인사제도인 것이다.

둘째, 정부의 활동은 국민의 요구에 부응하는 것이어야 한다. 그런데 정부업무에 종사하는 모든 공무원들이 직접 국민의 의사를 확인하기는 불가능하다. 이들이 국민의 의사를 확인하는 것은 선거를 통해 국민의 대표로 선출된 정치인을 통해서이다. 따라서 공무원들은 정치인의 정책결정에 따름으로써, 국민의 의사를 국정에 반영할 수 있다. 즉, 정치인은 국민들에게 약속한 공약을 실현시킬 책임이 있고, 공무원은 정권을 담당한 정치인들에게 복종해야 할 의무가 생긴다. 이는 공무원들이 국민에게 간접적으로 책임을 지는 것이다. 그리고 정치인은 공무원을 임용하는 데 있어서, 자신들이 국민에게 약속한 정책을 충실히 집행할 수 있는 인력을 활용할 수 있어야 하는 것이다. 그러므로 인사행정에 있어서 책임성의 원리가 작용하게 되며, 어떤 형태로든 공무원의 임용에 있어서 정치적 고려는 피할 수 없는 것이다. 장·차관과 같은 정무직뿐 아니라 실·국장급의 인사에 장관의 신임도가 작용하게 되는 것은 이러한 이유에서이며, 엽관제적인 임명이 불가피하다.

셋째, 정부의 활동은 사회의 어느 한 집단에게만 유리하게 작용해서는 안 된다. 공무원은 중립적인 입장에서 공직을 수행해야 하지만, 개인으로서의 공무원은 사회적 존재이기 때문에 혈연, 지연, 성, 종교 등 자신이 속한 사회적 집단에 대한 선호

하도록 하는 것이므로 이 그림은 인사행정 자체에 관한 것이라고 할 수 있다.

나 호감으로부터 완전히 자유로울 수 없다. 따라서 가능한 다양한 사회적 집단으로부터 공무원이 구성되어야 한다. 이것을 사회적 대표성이라고 한다. 사회적 대표성의 원리가 인사행정에 적용되어야 할 필요성은 다민족국가인 미국과 같은 나라에서 매우 크지만, 우리나라에서도 성이나 지연, 학연에 따른 갈등이 있기 때문에 그 필요성이 있다. 공무원시험에서의 여성고용 할당제라든지, 승진에서 지역안배를 한다든지 하는 것은 사회적 대표성이 적용된 예라고 할 수 있다. 미국에서는 평등고용제(EEO)나 적극적 평등정책(Affirmative Action)과 같은 제도를 시행하고 있다.

넷째, 인사행정은 공무원 개개인이 공직에 근무함으로써 만족을 느낄 수 있도록 개인적 욕구도 충족시켜 줄 수 있어야 한다. 특히, 평생을 공직에 종사함으로써 자신의 능력과 경력을 발전시키고, 지위상승의 만족도 얻도록 하는 것은 매우 중요하다. 이를 위해서는 경력발전의 원리가 작용되어야 한다. 즉, 공무원들이 안정적으로 경력을 발전시킬 수 있도록 해 주어야 하는 것이다. 승진에 있어서 근무경력이 중요 고려요인이 되는 것은 경력이 많으면 그만큼 근무능력도 향상되었을 것이라는 전제가 작용하기도 하지만, 이러한 경력발전의 원리가 적용되기 때문이기도 하다.

이러한 원리들은 공무원의 인력관리가 적절하게 이루어지도록 하는 데 필요한 것이지만, 편중되면 부작용이 나타나기도 한다. 대표적인 것이 인사행정의 고립화, 정실주의, 나눠먹기식 할당제, 공직의 침체를 가져오는 선임제 등이다. 각 가치별로 다음과 같이 긍정적인 면과 부정적인 면을 정리할 수 있다(이선우 · 오성호, 2009 참조).

2) 실적주의(실적제)의 필요와 한계

실적주의 또는 실적제는 공무원의 능력과 실적을 임용의 기준으로 삼음으로써 정부운영의 생산성과 효율성을 높이는 것을 목표로 한다. 그러나 실적의 의미가 단순히 점수를 따지는 것과 같이 기계적으로 강조되면, 인사행정이 사회적 수요나, 정부의 필요, 공무원들의 요구와 상관없이 비현실적 법규의 집행에 그치게 될 염려도 있다. 이는 인사행정이 다른 정부활동과 조화를 이루지 못한 채 고립되는 결과를 낳고, 이는 다시 정부에 대한 적절한 인력의 공급에 악영향을 미치게 된다. 실적주의를 공직에 적용하였을 때 기대되는 효과와 한계를 구체적으로 보면 다음과 같다.

기대되는 효과로는 첫째, 전문성과 능률성을 확보할 수 있다. 실적제는 전문성과 능률성을 강조한다. 능력과 실적에 따라 공직이 운영됨으로써 행정의 능률성이 향상될 수 있다. 전문적 능력을 갖춘 인력에 의한 공직수행은 정부의 생산성을 향상시키게 된다.

둘째, 경쟁성과 형평성이 강화된다. 실적제의 장점으로는 공개경쟁과 형평성을 들 수 있다. 공개경쟁은 그야말로 모든 것을 열어 놓고 경쟁에 의하여 인사운영을 하는 것을 의미하는 것이다. 가까운 사람을 뽑는 것이 아니라 어떤 자격요건이 되고, 경력이 되고, 그리고 갖추어야 할 최소한의 요건을 갖추게 되면 지원을 할 수 있게 된 것이다. 이 중에서 우수한 실적을 가진 사람이 우대되는 공개적 경쟁체제를 실적제는 강조한다. 공개경쟁은 한편으로 형평의 원칙과도 잘 어울린다. 실적제에서 주장하는 형평성은 동일한 업무에 대한 동일한 급여(equal pay for equal work)이다.

셋째, 정치적인 중립성과 공정성이 강화된다. 실적주의는 공무원이 가진 능력과 실적을 우선적인 임용기준으로 한다. 그러므로 정치적으로 어떤 성향을 가지는가보다는 주어진 업무를 얼마나 잘 처리할 수 있는가가 더 중요하다. 그리고 정치적 친소관계보다는 공무원의 업무처리 결과에 따라 인사가 진행되므로 그만큼 공정하다고 할 수 있다.

넷째, 실적제의 도입 이유 중 하나는 공무원에게 정치적 영향이 가해짐으로써 비생산적인 근무환경이 조성되거나 업무상황이 발생하는 것을 방지하는 것이다. 이를 위하여 공무원의 신분을 보장함으로써 공직의 안정을 기하고자 하였다. 즉, 공무원은 능력과 실적이 있는 한 정해진 기간까지 그의 지위를 보장받는 것이다. 이로써 행정의 안정성과 지속성을 기할 수 있다.

다섯째, 능력과 실적에 따라 임용되기 때문에 매관매직이나 충성심을 보이기 위한 부패를 방지할 수 있다. 신분의 보장, 월급지급, 정치와의 분리로 결국에는 부패가 줄어들 수 있다.

이와 같은 효과에 비해서 다음과 같은 한계가 발생할 수 있다.

첫째, 소극적이고 경직적인 행정이 발생할 수 있다. 실적제의 적용을 받는 공무원들은 자신들에게 적용되는 기준만 충족시키면 신분이 보장되므로 굳이 적극적으로 행정수요에 대응할 필요성을 느끼기 어렵다. 또한 인력관리의 경직성을 초래할 수 있다. 반드시 정해진 절차에 따라 규정된 요건을 충족시켜야 공직임용이 가능하도록 할 경우 예외성이 많은 현대사회의 행정수요에 적절히 대응하기 어렵다. 이는 행정이 다른 사회부문으로부터 고립되게 되는 문제를 초래할 수 있다.

둘째, 행정부나 공무원에 대한 통제력이 약화될 수 있다. 행정부가 정부로부터 독립되다 보니 행정부에 대한 대통령이나 정당의 통제력은 약화될 수밖에 없고, 그러다 보니 정치적인 효과성이 자연스럽게 약화될 수밖에 없게 된다. 즉 행정부에 대한 정치권의 통제력이 약화된다. 정치권은 국민에게 한 정치적 공약을 실현해야 할 책임이 있다. 그러나 실적주의는 관료들이 반드시 정치권의 요구에 반응해야 할 압력을 상당히 경감시키기 때문에 정치권은 효과적인 정책집행수단을 잃게 되는 것이다. 관료들도 신분보장으로 인하여 국민과 정치권의 요구에 무감각해지고, 자신들만의 인식에 매몰될 수 있다.

셋째, 타당성이 떨어지는 기준을 적용하여 유능한 인력의 확보가 오히려 저해될 수 있다. 실적제를 시행하기 위해서는 능력이나 실적을 판단할 수 있는 타당한 기준과 방법이 확보되어야 한다. 그런데 채용을 위한 검증의 타당성이나 근무수행의 실적과 능력을 측정할 경우 그 측정수단의 타당성을 어떻게 확보하는가가 매우 어렵다. 많은 경우 공직자 요건과 직무수행능력을 연계시킬 수 있는 적절한 수단을 찾기 어렵고 이는 미비하거나 잘못된 기준에 의한 공직임용이 이루어질 우려를 낳게 한다. 이는 불합리한 인사로 연결될 수 있다.

3) 정치적 책임성 강조(엽관제)의 필요와 한계

민주국가에서 국민의 의사는 정치인을 통하여 정부에 반영된다. 그러므로 선거에 의해 임명된 정치인은 공무원을 통제할 수 있어야 하고, 이를 위하여 공직임용에 정치적 책임성을 강화할 수 있는 장치가 필요한데, 대표적인 것이 엽관제이다. 인사행정에서 정치적 책임성의 확보는 매우 중요하지만, 잘못할 경우 여러 문제점이 발생할 수 있다. 이를 구체적으로 고찰하면 다음과 같다.

인사행정에 엽관제가 적용될 경우 기대되는 첫 번째 장점은 공직의 민주화이다. 미국의 경우에서 보았듯이 엽관제의 장점은 공직이 일반 대중(public)에게 공개된다는 점이다. 엽관제 이전에는 귀족 중에서도 출신에 따라 공직에 나갈 수 있는 경우가 달랐으나, 엽관제를 운영하면서 정당의 공헌도와 개인적인 요인에 따라 선발의 범위가 넓어지게 되었다. 더욱이 정부의 규모가 점점 확대되면서 사람들을 더 많이 필요로 하게 됨으로써 귀족은 물론 출신에 상관없이 공직에 나아갈 수 있게 되어, 공직의 개방이 확대되었다.

둘째, 정치적 책임성과 반응성을 확보할 수 있다. 공무원임용에 정치적 영향이 강하여지면 행정부는 정치권의 요구에 적극적으로 반응하게 된다. 또한 정치권은 유권자들의 표를 의식할 수밖에 없으므로 그들의 요구에 적극적으로 반응한다. 이러한 관계에 따라 유권자들이 무엇을 요구하면 행정부 공무원들은 그것을 적극적으로 의식할 수밖에 없게 된다. 역사적으로도 대통령과 정치적 지도자 또는 조직의 장에 대한 관료들의 충성은 행정부의 정치적 반응성을 높이는 결과를 가져왔다.

셋째, 정당정치의 발전을 기대할 수 있다. 공무원을 선발한다는 것은 최고위직부터 최하위직까지를 모두 뽑는 것인데, 이것을 정당공헌도를 기준으로 하다 보니 자연스럽게 정당정치에 발전을 가져오게 되었다. 즉, 정당에 대한 충성도를 향상시키고 정당에 사람이 모이게 됨으로써 정당정치를 발전시킨다.

넷째, 대통령의 지도력 상승을 기대할 수 있다. 행정부의 높은 정치적 반응성은 대통령제 국가에서 자연스럽게 대통령의 지도력 상승을 가져올 수밖에 없다.

이상과 같은 기대사항에 비해서 여러 가지 한계도 지적할 수 있다.

첫째, 공직의 사유화 또는 정실주의가 만연할 수 있다. 정권을 잡으면 행정부에 있는 모든 조직이 정권을 잡은 당의 소유가 되어버리기 때문에 대통령, 지사, 의원을 중심으로 공직이 사유화되고, 능력보다 정실에 의한 인사가 이루어지기 쉽다.

둘째, 부패가 심화될 수 있다. 공직의 사유화는 매관매직과 같은 공직부패의 심화로 연결된다. 또한 능력보다는 충성심에 의해 공직이 충원되기 때문에 무능과 비능률이 만연하게 된다. 공직에서의 공식조직보다 정치지도자와의 친소관계에 따라 실질적 권한이 달라지므로 정상적인 조직운영도 어려워지게 된다.

셋째, 행정의 비효율성 및 비일관성이 발생하게 된다. 정권이 바뀌면 공무원의 모든 자리가 바뀌는 현상이 나타나게 되어 업무 자체가 비효율적이고 일관적이지 않을 뿐더러 계속성과 안정성이 떨어지게 되었다. 오늘날에 이르러서도 미국의 전체 연방정부의 85% 정도는 실적제를 적용하고 있고, 15% 정도는 엽관주의에 의거하여 공무원을 임용하고 있다. 이러한 엽관주의에 의거한 임용의 경우, 정권이 바뀌면 그 자리가 새로운 사람들로 바뀌게 되기 때문에 대규모의 자리이동이 발생하게 된다.

넷째, 전문화가 저해된다. 정권이 바뀔 때마다 공무원이 바뀌거나, 장관이 바뀔 때마다 주요 보직자가 바뀌게 되면 업무에 대한 인지도나 숙련도가 떨어지므로 그만큼 전문화가 저해된다. 또한 능력보다 정실에 의해 임명될 경우 무능력으로 인한 전문성 약화가 발생할 수 있다. 전리품으로 주기 위하여 공직을 불필요하게 증설하게 되고, 이는 재정낭비를 가져온다. 정당에 공헌한 사람에게 무언가 보답을 해야 하기 때문에 자리를 계속 만들게 된다는 것이다. 예산과 사회적 규범이 받아들일 수 있는 한계 내라면 문제가 없는데, 인위적으로 자리를 더 만들고 운영비 충당을 위하여 세금을 더 거두게 되어 행정의 효율성이 떨어지게 되었다.

다섯째, 집단 간 불공정한 행정이 야기될 수 있다.

불필요한 공직설치로 인한 낭비가 발생할 수 있다. 정당중심으로 행정이 운영되다 보니 전체적으로 중심, 균형 있는 행정을 하기가 어려워진다. 즉, 정당중심의 행정운용을 하게 되므로 정책판단이 공정성을 잃게 된다.

4) 대표관료제의 필요와 한계

다양한 사회구성원의 이해관계가 정부정책에 균형 있게 반영되도록 하는 수단으로 주장되는 대표관료제는 공직임용에 있어 집단 간 안배를 추진한다. 그러나 중요한 사회적 집단 간에 안배를 강조하게 되면, 국민에 대한 책임이나 실적중심의 인력관리가 저해될 수 있다. 즉, 할당에 의해 유능한 인력의 활용을 막게 되는 것이다. 이러한 대표관료제의 적용은 여러 장점과 함께 문제점도 가지고 있다.

장점으로는 첫째, 사회집단 간 형평성을 달성할 수 있다. 공직임용에 집단 간 안배를 하게 되면, 사회 각 집단 간에 공직에 임용될 수 있는 기회가 골고루 주어진다. 경직적으로 실적주의에 의존할 경우 역사적으로나 구조적으로 불평등한 취급을 받아 온 집단의 공직취임 기회는 사실상 매우 제약을 받게 된다. 대표관료제적 접근은 이러한 문제점을 해결할 수 있다. 사회적으로 다양한 집단들로 관료제가 구성될 경우 그들 사이의 상호작용으로 공직에의 민주화를 촉진시킬 수도 있으며, 민주적 정책결정의 가능성도 높이게 된다. 사회적 지배집단이나 엘리트의 권력은 약화되는 반면 소외계층이 정책결정에 참여할 수 있는 기회는 많아진다. 이것은 결국 사회적 형평성의 제고에 도움을 줄 수 있다.

둘째, 정책의 효과성을 높일 수 있다. 대표관료제의 적용은 정부구성이 다양한 사회적 집단의 욕구에 대한 대응성을 증가시킬 수 있다는 장점이 있다. 만약 특정 집단으로부터 임용된 관료가 대표관료제의 전제와 같이 그 집단의 가치나 이익을 대표하려 한다면 그만큼 관료의 책임성이나 대응성도 증가될 수 있을 것이다. 따라서 효과성도 높고, 관료책임이 높아지고, 시민들의 욕구에 대응하는 것이 빨라지고 민주적인 정책결정을 할 수 있는 구조를 가지고 있는 것이 대표관료제의 역할이다.

셋째, 좀 더 적극적으로, 최근에 논의되는 바와 같이 다양성의 관점에서 정책의 탄력성, 효과성, 대응성을 높일 수 있다. 세계화의 흐름 속에 다양한 특성을 가진 집단의 대표들이 임용되면, 그만큼 다양한 능력을 활용할 수 있다. 이는 사회수요에 대한 탄력적 대응을 가능하게 하고, 정책의 효과성과 대응성도 강화시킨다.

반면에 대표관료제의 적용은 다음과 같은 한계가 있다.

첫째, 공무원은 사회 전체의 봉사자라는 민주성의 원리에 배치된다. 대표관료제의 개념에서는 관료가 특정 집단의 이익을 위해 활동하는 것을 당연시하게 된다. 이는 특히 관료는 그 출신집단을 위해 적극적으로 활동해야 한다는 적극적 대표관료제의 개념에서 문제가 될 수 있다. 즉, 사회적 의견조율과 다수의 의사에 의한 정책결정, 그리고 그 결정에 대한 관료의 충실한 이행이라는 민주주의의 원리에 위배될 수 있는 것이다. 이에 비해 관료는 단순히 특정 집단을 대표할 뿐이고 적극적으로 그 이익을 위해 활동하는 것은 아니라는 소극적 대표관료제의 개념은 공직에서 사회적 집단의 대표성을 보장하려는 근본적 취지를 약화시키게 된다.

둘째, 역차별의 문제를 낳을 수 있다. 대표성의 확보는 소외집단에 특별한 배려를 하게 되는데, 이것이 역차별의 문제를 낳는다. 미국의 경우 소수집단의 공직취임을 장려하는 적극고용정책(Affirmative Action)이 백인 남성에게 역차별로 작용한다는 사례가 많이 있으며, 이는 정치적 · 사법적 쟁점이 되기도 한다.[16)]

셋째, 공직임용에서의 할당이 정부의 유능성을 저해할 수 있다. 특정 집단의 배려를 위해 할당제를 실시할 경우, 능력이나 실적이 우수한 공무원이 할당에 의해 인사에서 불이익을 받을 수 있다. 이는 유능한 인력이 공직에 취임하거나 공직 내에서 보다 중요한 직위에 임용되는 것을 막을 수 있기 때문에 유능한 정부의 구성에 장애가 된다. 그러므로 이를 방지하기 위해서는 할당이 실적주의 원리를 크게 저해하지 않도록 하는 장치를 구비할 필요가 있다.

---

16) 'Affirmative Action'은 적극적 고용정책이라고도 하고 소수집단보호정책이라고도 한다. 이는 왜곡된 사회현상을 바로잡을 수 있을 때까지 한시적으로 차별을 합법화하는 정책으로서 사회적 합의과정을 거치게 되며, 이 과정에서 갈등이 생기게 되면 사법부에 의존하게 된다. 1997년 미국 캘리포니아주 의회는 Affirnative Action을 무력화시키는 'Reverse Discrimination Act(RDA)'를 통과시켰고, 연방대법원도 합헌판결을 내렸다. 물론, 미국은 주법이 연방법에 앞서기 때문에 RDA의 도입은 각 주의 판단에 따르겠지만, 그동안 여성, 장애인, 유색인종 등 소수집단에 대해서 왜곡되었던 사회현상이 상당히 시정되었다고 보고 이에 대한 다수집단을 중심으로 한 국민들의 불평불만을 해소할 필요가 있는 시점이 되었다고 미국 정치권과 사법부는 판단하고 있는 것이다.

넷째, 대표집단의 선정이나 할당은 정치적 판단이므로 정책의 적절성에 대한 명확하고 합리적인 근거를 제시하기 어렵다. 이는 자칫 정부의 생산성을 저해하고, 사회집단 간 갈등을 첨예화시키는 원인이 된다.

이러한 문제점이 있으나, 1990년대부터 평등고용정책은 단순한 불평등의 시정이라는 소극적 시각에서 벗어나 다양한 가치관과 능력을 가진 인력의 활용이라는 다양성의 적극적 개념으로 변화하고 있다. 즉, 행정수요가 다양하고 복잡해지는 만큼 그에 상응하여 다양한 인적 자원을 활용할 수 있는 제도적 틀을 갖추어야 한다는 것이다. 대표관료제의 개념이 정치적 성격에서 효율적 관리의 개념으로 전환된 것이라고도 볼 수 있을 것이다.

5) 개인 발전 추구의 필요와 한계

공직은 그에 종사하는 공무원 개인에게는 개인의 생계를 유지하는 수단이면서, 동시에 그의 생애에 지위나 경력을 발전시킴으로써 부나 명예와 같은 사회적 가치를 획득하는 수단이 된다. 그러므로 인사행정은 공무원들이 이러한 욕구를 적절히 충족시킬 수 있도록 운영되어야 한다. 인사행정이 개인의 욕구를 충족시킬 수 있게 운영되면 다음과 같은 장점이 있다.

첫째, 공직을 통해 자기발전을 추구할 수 있으므로 공직에 오래 있으려고 하는 욕구를 자극한다. 그러므로 공무원은 보다 충실하게 업무에 종사함으로써 그의 지위를 유지하고자 하는 노력을 강화시키게 된다.

둘째, 공무원은 그의 경력이 발전할 수 있음을 알기 때문에 사기가 올라가게 된다. 또한 조직에의 충성심을 적극적으로 발휘하게 된다.

그런데 공직에서의 경력을 발전시키기 위해서는 오래 있을수록 혜택을 받도록 할 필요가 있고, 이런 면에서 선임제는 유용한 수단이 된다. 그러나 다음과 같은 문제점도 발생할 수 있다.

첫째, 선임제의 운영은 공무원들만의 집단성을 강화시킴으로써 공무원집단이 특수집단화하여 사회의 요구에 둔감하게 한다.

둘째, 능력향상이나 수요에 부응하는 행정서비스의 공급보다 공직의 유지에 더 치중하게 함으로써 무사안일한 근무태도와 공직의 침체를 가져올 수 있다.

6) 인사행정상의 균형

인사행정에는 다양한 원리들이 복합적으로 작용한다. 그리고 어느 것도 절대적인 지배성이나 가치를 갖지 못한다. 사회가 변화하기 때문에 시대에 따라 강조되는 원리도 달라지게 된다. 인사행정의 기본원리들 간에 균형을 유지한다는 것은 각 원리 간의 비중을 동일하게 한다는 것보다 사회적 수요가 적절히 반영되도록 한다는 것이다. 이것이 인사행정이 단순한 기술적 집행업무에 그칠 수 없는 이유이다.

인사행정이 효율적으로 수행되기 위해서는 추구되는 가치들 간의 균형과 함께, 여러 주체들로부터의 요구가 인사제도에 반영되는 정도에도 균형을 이루어야 한다. 드레상(Dresang)이 설명하였듯이 인사행정에는 여러 주요 가치 및 영향요인들이 작용한다. 그런데 인사행정의 가시적 표현인 인사제도는 그 안에 어느 한 가치만을 반영하고 있는 것이 아니다. 예를 들어 공개경쟁임용제도가 반드시 실적제에만 국한되는 것은 아니며, 실적제와 정치적 고려 혹은 실적제와 할당제가 함께 반영될 수도 있다. 또한 사회가 변화하는 것처럼 관련되는 가치도 변화한다. 그리고 이러한 가치들이 역사적으로 나타나고 반영되었기 때문에 새로운 가치들이 반영되어야 하거나 기존에 추구되던 가치들이 소멸할 가능성도 있다.

그러므로 인사제도는 지속적으로 개혁되는데, 개혁의 결과로 시행되는 제도들이 언제나 원하는 효과를 나타내지는 않는다. 오히려 의도적이든지 비의도적이든지 부작용을 낳기도 한다. 그렇기 때문에 인사행정의 개혁이 바람직한 효과를 가져오도록 하기 위해서는 이상적 제도를 추구하는 것만으로는 부족하며, 인사제도의 내용을 구축하는 데 따른 다양한 요구에 대하여 충분한 검토와 적절한 반영이 필요하다.

제4절 전략적 인력관리와 핵심인력

이번 장에서는 인사행정의 의의, 발달과정, 인사행정에 반영된 사회적 가치에 대하여 고찰하였다. 인사행정이 발달하는 과정에서 최근에 새롭게 대두되는 개념이 인적자원 또는 인적자본, 전략적 인력관리, 핵심인력 등이다. 이 개념들은 현대사회에서 왜 인사행정이 연구되어야 하며 또 대학에서 학습할 필요가 있는가에 대한 대답도 제공해 준다.

먼저 인사행정이 연구되어야 할 이유는 자명하다. 인력이 현대조직의 가장 중요한 자원이며, 조직이 생존하고 발전하는 데 꼭 필요한 자본이라면, 그리고 그것을 조직의 목표달성을 위하여 장·단기적으로 적절하게 활용하여야 한다면, 정부를 비롯한 조직의 입장에서는 당연히 가장 좋은 방법을 찾기 위한 연구를 해야 할 것이다.

그렇다면 대학에서는 왜 학습되어야 할 필요가 있는가? 대학의 기능 중 하나가 사회에 진출하는 인력이 전문지식이나 능력을 갖추도록 하는 것이라면, 다시 말해서 대학생의 주요 목표가 대학교육을 통해 사회에서 활동할 때 필요한 전문능력을 갖추는 것이라면, 인사행정은 사회에서 유능한 인력이 되기 위해서는 무엇을 염두에 두어야 하는가를 알려주기 때문이다. 이번 장에서 논의된 여러 개념 중 특히 '핵심인력'의 개념은 매우 중요하다. 조직에서 핵심인력과 기타 인력을 전략적 차원에서 구별하여 관리할 필요가 있으며, 이 때 관리에 사용되는 도구들은 선발, 평가, 처우, 교육훈련 등 인사행정의 주요 과정들이다. 그리고 이 과정들은 조직의 목표와 필요에 따라 적절히 사용되는데, 개별 제도들이 추구하는 목적이 있다. 예를 들어 정부에서 어떤 유형의 시험도구를 사용하여 공무원을 선발하려고 한다면, 그 도구를 사용하여 측정하려고 하는 능력의 종류가 있는 것이다.

이것은 개인에게 중요한 의미가 있다. 누구든지 자신이 속한 조직에서 기타 인력이 아닌 핵심인력이 되기를 원할 것이다. 조직은 자신들이 필요로 하는 핵심인력이 있고, 핵심인력이 갖추어야 할 조건들을 구별하고 있으며, 이러한 조건들을 갖춘 인력을 선별하고 유지하기 위하여 다양한 인사제도들을 사용한다. 즉, 인사제도를 통하여 그 조직에서 요구하는 핵심인력의 특징이 무엇인가를 알 수 있다. 그러므로 개인의 입장에서는 이러한 도구들에 대하여 잘 알고 있으면, 자신이 조직의 핵심인력이 되기 위하여 어떤 조건을 갖추어야 할지에 대한 방향을 잡을 수 있을 것이다.

관리자의 입장에서는 인사행정의 어떤 제도가 조직의 목표달성에 가장 적합한 인력을 확보하기 위하여 유용할 것인가를 알기 위해서, 개인의 입장에서는 자신이 조직의 핵심인력이 되기 위해서 갖추어야 할 특성에 대한 통찰력을 얻기 위해서 인사행정을 연구할 필요가 있는 것이다.

참고문헌

강성철 외. 2008.「새 인사행정론: 개정6판」. 서울: 대영문화사.

김종년 · 한일영 · 정호상. 2008. "무형자산과 기업경쟁력."「CEO Information 655」. 서울: 삼성경제연구소.

박연호. 1996.「인사행정신론: 신정판. 서울: 법문사.

이선우 · 오성호. 2009.「인적자원관리론」. 서울: 한국방송통신대학교출판부.

이종수 외. 2012.「새 행정학: 제6판」. 서울: 대영문화사.

총무처 직무분석기획단. 1997.「(신)정부혁신론: OECD국가를 중심으로」. 서울: 동명사.

Desario, Jack P. and Slack, James D. 2007. "Equal Opportunity, Affirmative Action, and the Constitution: New Challenges Facing Public Human Resource Management." in Farazmand, Ali. ed., *Strategic Public Personnel Administration: Building and Managing Human Capital for the 21st Century*, Vol. 2. Westport, CT: Praeger.

Devanna, M.A., Fombrun, C. and Tichy, N. 1981. "Human Resource Management: A Strategic Perspective." Organization Dynamics 9(3): 51-58.

Dresang, Dennis L. 1999. *Public Personnel Management and Public Policy*, 3rd ed., New York: Longman.

Drewary, Gavin and Butcher, Tony. 1991. *The Civil Service Today*, 2nd ed., Oxford: Blackwell.

Greenwood, John and Wilson, David. 1986. *Public Administration in Britain*. London: George Allen and Unwin.

Guy, Mary E. and Killingworth, Jennifer A. 2007. "Framing Gender, Framing Work: The Disparate Impact of Traditional HRM Practices." in Farazmand, Ali. ed., *Strategic Public Personnel Administration: Building and Managing Human Captial for the 21th Century*, Vol.2. Westport, CT: Praeger.

Holton, Elwood F. Ⅲ, O' Keefe, Sean C., Novak, Vicki A. and Walker, David M. 2009. "Strategic Human Capital Management in Federal Government: Principles, Strategies, and the Case of NASA." in Sistare, Hannah S., Shiplett, Myra Howze and Buss, Terry E. *Innovations in Human Resource Management: Getting the Public's Work Done in the 21st Century*. New York: M.E. Sharpe.

Johanson, Ulf, Eklöv, Gunilla, Holmgren, Mikael. and Mårtensson, Maria. 2002. *Human Resource Costing and Accounting versus The Balanced Scorecard: A Literature Survey of Experience with The Concepts*. Paris: OECD.

Klingner, Donald E. 1995. "Strategic Human Resource Management." in Ravin, Jack, Vocino, Tomas, Hredreth, W. Bartely and Miller, Gerald J. eds., *Handbook* *of Public Personnel Administration*. New York: Marcel Dekker, Inc.

Lundy, Olive and Cowling, Alan. 1996. *Strategic Human Resource Management*. Thomson Learning.

Mallaband, Graham. 2002. "Human Resource Development and Change Management in the UK Civil Service." prensented in the Seoul International Conference on Public Sector Human Resource Management.

Meier, Kenneth J. and O' Toole, Laurence J. 2011. "Comparing Public and Private Management: Theoretical Expectations." *Journal of Public Administration Research and Theory*, 21(3): 283-299.

Nigro, Felix A. and Nigro, Lloyd G. 1986. *The New Public Personnel Administration*, 3rd ed, Itasca, Ill.: F.E. Peacock Publishers.

OECD. 1996. *Integrating People Management Into Public Service Reform*. Paris: OECD.

Pynes, Joan E. 1997. *Human Resource Management for Public and Nonprofit Organizations*, 1st ed., SF: Jossey-Bass.

Rainey, Hal G., Backoff, Robert W. and Levine, Charles H. 1976. Comparing Public and Private Organizations. *Public Administration Review*, 36(2): 233-244.

Riper(Van Riper), Paul P. 2007. "U.S. Public Personnel Administration in Historical Perspective." in Farazmand, Ali. ed., *Strategic Public Personnel Administration: Building and Managing Human Capital for the 21st Century*, Vol.1. Westport, CT: Praeger.

Yeung, Arther K. 1997. "Introduction: Meaning Human Resource Effectiveness and Impact." *Human Resource Management*, 36(3): 299-301.

제 2 장

인사행정의 제도적 기초

제1절 인사기관
제2절 공직의 분류

제 1 절 인사기관

1. 인사기관의 의의

1) 인사기관의 필요성

인사기관은 정부의 관리활동 중에 인력관리를 전문적이고 집중적으로 담당하는 기관을 말한다. 인력이 조직의 목표를 달성하는 데 활용되는 가장 중요한 자원임을 인식한다고 하더라도 그것을 체계적으로 관리하지 않으면 조직이 원하는 성과를 얻을 수 없다. 조직의 효과성을 높이기 위해서는 적절한 인력을 적절한 위치에 배치하여야 하며, 배치된 인력이 기꺼이 조직에 기여할 수 있도록 동기를 부여하고, 필요한 능력을 지속적으로 보유할 수 있도록 지원할 필요도 있다. 이러한 활동들은 조직이 인력을 보유하고 있다고 해서 저절로 이루어지는 것은 아니며, 누군가에 의한 의도적인 관리 노력이 기울여져야 한다.

그러므로 정부를 비롯한 모든 조직은 인력관리활동을 담당할 주체가 필요하며, 이것을 담당하는 것이 인사기관이다. 그렇기 때문에 정부뿐 아니라 모든 조직에서는 반드시 인사를 담당하는 조직단위를 갖추어야 한다. 정부에는 크게 두 종류의 인사기관이 있다. 정부 전체의 인력관리를 담당하는 기관을 일반적으로 중앙인사기관이라고 하며, 각 부처나 기관의 인사관리를 담당하는 조직단위를 인사부서 또는 인사담당기구라고 한다. 그러므로 대부분의 국가에서는 공무원의 인력관리가 중앙인사기관, 인사부서, 그리고 각 집행기관이나 부서의 관리책임자에 의해 수행된다.

그런데 인사담당 조직단위의 필요가 반드시 외형상으로 다른 조직단위와 구별되고, 인사행정만을 담당하는 기구를 갖추어야 하는 것을 의미하는 것은 아니다. 조직이 갖추어야 할 필수적인 요소는 '인사기능'이며 이것을 누가 수행하느냐 하는 조직단위의 문제는 다양한 대안이 있을 수 있다. 이것은 인사행정관리에서 기관의 통합과 전문화의 문제, 그리고 인사기능의 집권과 분권의 문제에 대한 논의를 필요로 한다.

2) 관리기능의 통합과 분화

모든 기관이나 조직에서 인사기능은 필수적으로 수행되지만, 이것이 인사행정만을 전담하는 조직단위에 의해 수행되는 경우도 있고, 다른 기능도 수행하는 조직단위에 통합되어 수행되는 경우도 있다. 이 문제는 특히 정부의 조직개편 시에 '정부 내에 구별된 중앙인사기관을 두어야 하는가'를 주제로 자주 논란의 대상이 된다.

이와 관련하여 기관의 변화를 잘 보여주는 예를 영국에서 볼 수 있다. 영국에서는 1968년 풀턴(Fulton)보고서의 건의에 따라 인사성이 설치되었는데, 이 보고서에서는 인력관리의 비전문성을 개혁이 필요한 문제점의 하나로 지적하였다. 풀턴은 상위직 공무원의 관리능력 부족, 계급 간의 이동제한, 비전문가의 지배 등 영국 인사제도의 문제점은 재무성이 인사문제를 담당함으로써, 인력관리보다 재정적 문제가 먼저 고려되고, 보수문제를 다루는 부서에는 인력도, 전문가도 부족한 상태이므로 중앙관리기관으로서의 역할을 수행하기 어렵다고 지적한 것이다. 그 결과 재무성은 단지 조언적 기능을 수행하는 데 그치고 관리문제는 각 부처에 위임하게 되었다 (Greenwood and Wilson, 1984:94). 그리고 수상 직속으로 정부의 인력관리를 전문적으로 수행할 인사성이 설치된 것이다. 전문화된 인력관리의 필요는 미국에서의 인사위원회의 설치나 일본의 인사원 설치의 배경이 된다(佐藤達夫, 1997:13). 이 기관들은 종래에는 없었던 전문적인 공무원 관리기구로 출범하였던 것이다.

반면에 1981년 이후 영국의 인사기관의 변화는 인력관리의 기능이 다른 기능에 흡수되는 것을 보여준다. 인력관리가 재정지출의 대상으로서 더욱 인식되면서 정부지출에 대한 관리를 강화하고, 능률향상을 위하여 인사성을 폐지하고, 인사기능이 재무성에 다시 이관된다든지, 그 후 행정개혁의 진전에 따라 인력관리가 각 부처나 책임운영기관으로 분권화되면서 내각부의 외청형태로 존재하던 인사관리기구들[1]이 1998년에는 마침내 내각부의 계선조직으로 흡수되는 것은 환경 및 인식의 변화에 따른 인력관리기구의 변화를 보여주는 것이다. 이 과정에서 1993년부터 재무성이 가지고 있던 공무원 채용에 관한 권한은 각 부처로 이관되었다(外國公務員制度硏究會, 1997:125). 그러므로 이 이후에는 중앙인사기관의 역할은 내각부의 외청이 수행한 것

1) 이 경우에도 인사관리만을 전담하는 것이 아니라 공공관리의 한 부분으로 인사관리를 담당한 것이다. 정부조직의 개편을 위해서는 법개정이 전제되어야 하는 우리나라와는 달리, 영국의 경우 성문화된 정부조직법이 없는 만큼 우리나라에 비해 쉽게 조직개편이 이루어질 수 있다(박재희, 1997:1).

으로 볼 수 있는데, 이것도 전문적인 인사기구로서의 존재가 아니라 행정능률의 향상이 우선적인 목표였고, 인력관리는 그 수단으로 볼 수 있다(오성호, 1999:58-59).

영국의 예를 보았을 때, 인사기능을 분리하여 운영하는가, 다른 기능과 통합하여 운영하는가는 인력관리가 얼마나 전문적 기능을 필요로 하는가에 대한 인식에 따라 달라지는 것을 알 수 있다. 이 문제에 있어서 전략적 인력관리는 기능의 분화와 통합의 필요성을 모두 내포하고 있다. 현장에서의 다양한 요구에 대한 탄력적 대응과 문제해결을 위한 인사기능의 분권화의 필요는 그만큼 중앙에 인사기능을 집권화할 필요성을 감소시킴으로써, 전담기관을 설치하기에는 기능적 범위가 미흡하게 될 수 있다. 반면에 조직의 목표달성을 위한 인적자원의 활용을 전문적으로 기획하고 정책집행을 주도하며, 무엇보다 정부의 최고책임자에게 영향력 있는 정책조언을 하기 위해서는 구별되고 강력한 기관이 설립될 필요가 있다.[2)]

인사기능의 전문화 요구는 인사기능이 하나의 기관이나 조직단위에 의해 수행되는 것에서 더 나아가 여러 기관 간에 인사기능을 분리하여 담당하는 결과를 가져오기도 한다. 예를 들어 미국은 인사관리처(Office of Personnel Management)가 주요 인사기능을 대부분 담당하지만, 노사관계는 연방노동위원회(Labor Relations Authority), 실적제 및 공무원 보호는 실적제보호위원회(Merit Systems Protection Board)가 담당하고 있다.

2012년 현재 우리나라는 안전행정부에서 다른 기능들과 함께 중앙인사기관으로서의 인력관리기능도 담당하고 있다. 공무원의 보호를 위해서는 소청심사위원회가 설치되어 있는데, 독립적으로 기능을 수행할 것이 전제되어 있지만, 그 위치는 안전행정부 산하에 소속되어 있다. 안전행정부는 인사기능 외에 조직관리, 지방자치, 재난관리 및 민방위 등의 업무도 담당한다. 그러므로 우리나라는 인사기능이 다른 기능과 통합되어 운영된다고 볼 수 있다. 그렇지만 2014년 6월 현재 다시 인사기능을 분리하여 인사혁신처(가칭)를 설치하고자 하는 논의가 진행되고 있다. 인사혁신처가 어느 정도 범위의 업무영역을 어떤 구조로 갖출지는 법제가 완성되어야 알 수 있을 것이다.

---

2) 인사기능이 구별된 기관에 의해 수행되었을 때 얼마나 전문화된 정책수립과 인력관리가 이루어질 수 있는가 하는 것은 우리나라의 중앙인사위원회의 설치가 잘 보여준다. 중앙인사위원회는 1998년부터 2007년까지 설치되었었는데, 이 시기에 1963년 국가공무원법의 제정 때부터 유지되어 오던 우리나라의 공무원제도에 대한 많은 개혁이 시행되었다. 대표적인 것으로는 개방형 임용제도의 도입, 역량평가제도의 도입, 성과급제도의 강화 등을 들 수 있다.

3) 인력관리의 집권화와 분권화

(1) 집권화와 분권화의 의미

인력관리는 조직의 모든 부분에서 이루어지는 분산적 활동이므로 어떤 특정 조직단위에서만 집중적으로 수행되는 것은 아니다. 개별 조직단위를 책임지는 관리자의 궁극적 역할은 소속된 인력을 잘 활용하여 조직의 목표를 달성하는 것이기 때문에, 인력관리는 관리자가 수행해야 할 기본적 기능이다. 특히 전략적 관점에서 보면 일선업무의 책임을 지는 관리자는 인력관리가 조직의 목표달성과 연결될 수 있도록 하는 매개적 역할을 수행하여야 한다. 그러므로 인력관리는 조직 내의 모든 부서에 의해 이루어지는 보편적 기능이다.

그러나 인력관리는 또 한편으로는 조직의 운영에 있어서 누군가가 집중적으로 책임을 지고 수행해야 하는 전문적 분야이다. 현대사회에서 인력관리의 보편적 기능으로 인식되는 선발, 배치, 보수지급, 교육훈련 등의 업무는 매우 전문화되고 복잡화되었기 때문에 그런 일을 담당하는 것 자체가 전문분야가 되었다. 뿐만 아니라 조직이 지속적으로 그 목표를 달성하고 발전하기 위해서 조직의 가장 중요한 자원을 어떻게 활용할 것인가, 또는 자원의 활용과 관련하여 조직의 전략을 어떻게 수립해야 하는가에 대하여 조직의 최고책임자에게 전략적 파트너로서의 역할을 수행하는 것은 단순한 업무가 아니다. 그렇기 때문에 인력관리를 전담하는 기구가 필요한 것이다.

그러므로 정부의 인력관리는 중앙인사기관, 각 기관의 인사부서, 각 집행부서의 관리자에 의해서 수행된다고 할 수 있는데, 이들 사이에 어떤 기능을 어느 정도의 권한과 책임을 수반하여 수행토록 할 것인가의 문제가 발생한다. 이것은 인사기능의 집권화와 분권화의 문제로서, 중앙인사기관과 일선관리자를 양끝에 대비시켰을 때, 중앙인사기관 쪽으로 기능과 권한이 집중될수록 집권화된 것이다. 반면에 일선관리자에게 인사의 모든 기능과 권한이 집중된 극단적인 분권화의 경우에는 중앙인사기관이나 인사부서의 설치가 불필요해질 것이다. 인사기능의 집권화와 분권화 중 어느 쪽이 바람직한가는 획일적으로 결론내릴 수 없으며, 행정환경의 요구, 정부의 필요성 등을 감안하여 결정해야 할 사항이다.

(2) 집권화의 필요성

인사기능을 집권화할 경우의 긍정적인 점은 공정성 및 중립성의 강화, 통일성의 확보, 대표성의 확보, 능률성의 확보, 전문성의 확보 등을 들 수 있다.

첫째, 인사행정에 있어서 공정성 · 중립성의 강화 필요성이다. 인사행정은 원래 막료적 기능으로서 각 부청별로 분산되어 있었으나 미국의 경우 엽관주의의 폐해가, 영국의 경우 정실주의의 폐해가 극심하고 인사 운영권자의 자의에 의한 인사행정이 자행됨에 따라 인사기능을 중앙인사기관으로 집권화시켰다. 미국의 경우는 펜들턴법이 통과되고, 연방인사위원회가 설치되면서 반(反)엽관제적 인사행정을 수행하기 위한 인사행정의 집권화가 시작되었다. 영국의 경우는 1870년 추밀원령에 의한 실적주의 인사행정을 확립하기 위하여 재무부가 인사행정에 대한 통제권을 강화하기 시작하면서 인사행정의 집권화가 시작되었다. 이러한 실적제의 확립을 위한 반엽관주의적 · 반정실주의적 인사행정은 인사행정의 중립성과 공정성을 달성하여 실적주의 인사행정을 정착시키는 데 크게 기여하였다(강성철 외, 2008:139).

둘째, 인사기능을 집권화하면 부처별 인사할거주의를 방지할 수 있다. 스탈(Stahl)은 중앙인사기관의 기능의 하나로서 인사행정의 할거주의 방지와 범정부적 통일성의 확보를 들고 있으며(Stahl, 1983:200),[3] 셀던(Selden)은 인사기능을 집권화할 경우 얻을 수 있는 장점의 하나로 공무원들을 공정하게 대우(equitable treatment)할 수 있다고 하였다(Selden, 2009:4). 인사기능이 집권화되면 모든 공무원들에게 동일한 기준이 적용되기 때문에 소속에 따라 동일한 업무를 수행하고도 다른 기준을 적용받거나, 다른 대우를 받는 문제점이 발생하는 것을 방지할 수 있다.[4] 또한 동일한 기

3) 스탈은 중앙인사기관이 수행하는 기능을 다음 7가지로 제시하였다. 이는 인사기능이 집중적으로 수행될 필요성으로 해석할 수 있다. 첫째, 중앙인사기관은 엽관주의나 정실주의의 정치적 폐해를 배제하고 인사관리의 공정성과 중립성을 확보한다. 둘째, 중앙인사기관은 엽관주의적이고 정실주의적인 인력운영을 배제함으로써 공무원의 신분과 권익을 보장하게 한다. 셋째, 인사행정상의 할거주의를 방지함으로써 인사행정의 범정부적 통일성을 확보한다. 넷째, 인사행정의 전문화와 기술발전을 통하여 인사행정의 능률성과 효과성을 제고할 수 있다. 다섯째, 중앙인사기관의 인사관리 기술과 인력운영의 효율화를 통하여 각 부처와 지방자치단체의 인사관리를 지원한다. 여섯째, 정부 인사정책의 변화 및 개선을 위한 행동을 취하거나 정부 최고책임자와 입법부에 이를 권고한다. 일곱째, 인사행정이나 정책에 대한 각종 세력집단의 요구를 정당하게 반영할 수 있으며, 국가의 인사정책을 위하여 이들 세력집단의 지원을 확보할 수 있다(Stahl, 1983:200-201; 오석홍, 1993:91; 강성철 외, 2008:99).

4) 지방자치단체 중 서울특별시는 7급 이하 공무원의 승진의 경우에도 승진시험을 볼 수 있도록 규정하고 있다(서울시 인사규칙 제35조). 또한 근속승진의 경우에도 승진후보자 명부상의 승진가능 범위에 들지 않으면 승진을 시키지 않고 있다. 이에 비해 다른 광역자치단체에는 이러한 규정이 구비되어 있지 않으며, 하위직의 경우에는 대부분 심사승진과 근속승진에 의해 승진한다. 그러므로 서울시의 7급 이하 공무원이 타 자치단체에 비해 승진이 더 까다로움을 알 수 있다. 지방자치단체는 각각 독립된 자치권을 행사하므로 큰 문제가 되지 않으나, 타 자치단체에 비해 어려운 승진규정은 서울시 공무원들의 불만족요인의 하나이다. 만약 자치권에 의한 개념이 없는 중앙의 부처들에게 인사자율권을 부여하고, 각 부처가 서로 다른 승진규정을 운영한다면, 공무원들 사이에 문제가 될 소지가 크다.

준에 의해 인사행정이 이루어지기 때문에 소속기관에 상관없이 동일한 능력이나 자격의 공무원들을 임용하게 되어 각 기관 간에 단순한 절차를 통하여 인력을 교환 활용할 수 있다.

셋째, 인사정책을 수립하고 집행하는 데 있어서 정부를 대표하는 대외적 창구 역할을 할 수 있다. 공무원의 보수나 후생복리 또는 권리와 의무 등에 관한 사항은 사회에 미치는 영향이 크기 때문에, 의회나 공무원노조, 일반시민들의 관심의 대상이 된다. 이들을 상대로 정부의 정책을 발표하거나, 정부의 정책에 대하여 홍보 내지 의견교환을 할 경우 중앙인사기관은 대표성을 갖춘 창구의 역할을 할 수 있다.[5)]

넷째, 인사행정의 전문화에 기여할 수 있다. 채용, 평정, 보수, 교육훈련 등 인사행정의 각 부문은 이미 매우 전문적인 영역으로 인식되고 있다. 인사기능을 분권화하더라도 이러한 기능들의 전문성을 강화할 수 없는 것은 아니지만, 제한된 정부자원을 감안하면 집합화된 인력이 인사기능에 집중할 경우 전문성을 효율적으로 강화할 수 있다. 또한 개혁적 인사정책을 선도적으로 도입할 수 있고, 각 기관의 인사행정을 전문적으로 지원할 수 있다.

(3) 분권화의 필요성

인사기능의 분권화에는 업무가 집행되는 현장에서의 요구를 반영하고자 하는 수요가 크게 작용한다. 인사기능을 분권화하고자 하는 요구는 20세기 초에서부터 지속적으로 제기되어 왔는데, 신공공관리론에 입각한 정부의 개혁흐름과 함께 더욱 강하게 추진되는 경향이 있다. 대표적인 예가 클린턴정부의 개혁을 들 수 있다. 1992년에 발간된 행정개혁보고서에서는 정부운영의 효과성을 높이기 위한 방법의 하나로 인사행정의 분권화를 추진할 것을 천명하고 있다. 이 보고서에서는 정부가 추진할 인사행정의 분권화로 인사정책에 관한 권한의 분권화, 채용권한의 분권화, 각 기관이 공직분류와 보수체계를 탄력적으로 운영할 수 있도록 하기 위한 분류체계의 단순화, 성과관리체계 구축의 분권화를 제시하였다(NPR, 1993:20-25).

분권화의 필요성은 신공공관리론의 대두 이전에도 제시되었는데, 스탈(Stahl)은 분권화에 대한 요구를 다음과 같이 정리하였다(Stahl, 1983:218-220; 강성철 외,

5) 일본의 중앙인사기관은 인사원과 총무성이다. 인사원이 있음에도 불구하고 총무성이 인사기관의 역할을 하게 된 주요 이유는 총무성의 전신인 총무청이 노조와의 관계에서 정부측 대표기능을 수행하기 위해 설립되었기 때문이다. 인사원은 중립기관으로서의 역할이 강조되었으므로 노사교섭에서 정부의 대표 역할을 하는 것이 적절치 않다고 인식되었다(總務廳, 1996; 오성호, 1999:58).

2008:139-140).

첫째, 정부에서 실적주의 원칙을 확립하고 실천하기 위한 초기의 노력은 중앙인사기관을 설립하여 강화하는 것이었지만, 중앙인사기관만이 실적주의 인사행정을 정착시키는 데 기여한 것은 아니었다. 정부가 확대되고 각 부처도 그들 나름의 관료제를 정착시킴으로써 각 부처 인사기관의 인사기능에 관심이 집중되기 시작하였다.

둘째, 인사기능은 행정수반뿐만 아니라 모든 부처 단위 기관장의 일상적인 관리수단이다. 인사관리는 행정업무를 수행하는 데 필수적으로 따르는 보조적·막료적 기능이므로 각 부처에 인사기능이 이양되어야 한다. 각 부처의 장들은 자신의 일상적인 업무수행 과정에서 공무원의 불평과 불만, 그리고 그들의 적성과 능력 등을 멀리 떨어져 있는 중앙인사기관보다 더 잘 파악할 수 있다. 따라서 인사의 적재적소 배치와 그들에 대한 동기부여나 능력개발 등 적극적 인사관리는 각 부처 인사기관이 훨씬 용이할 수 있다.

셋째, 인사행정의 집권은 각 부처의 실정을 무시하고 인사행정의 획일성과 형식성을 초래해 행정의 능률을 저하시킨다. 따라서 각 부처의 특수성을 고려한 인사행정을 수행하기 위해서는 분권화가 필요하다.

스탈이 정리한 것은 공무원을 어떻게 관리할 것인가에 초점이 맞추어져 있지만, 전략적 인력관리의 요구와도 그 흐름이 매우 일치한다. 관리자는 목표를 달성하기 위하여 자원을 효율적으로 사용할 필요성이 있다. 또한 현대사회와 같이 환경으로부터의 요구가 다양하고 변화가 클 경우에는 목표의 달성을 위하여 업무가 수행되는 현장에서 발생하는 여러 요구에 신속하게 대응해야만 한다. 그러므로 관리자에게는 많은 재량권이 부여될 필요가 있고, 여기에는 인력관리를 위한 권한도 포함된다. 즉, 인사기능의 분권화는 인력관리에 대한 관리자의 재량권을 강화시키며, 현장의 요구에 대한 신속한 대응을 가능하게 하는 것이다. 실제로 정부의 성과관리가 강조되는 1990년대부터 각국의 정부에서는 인사기능의 분권화가 주요한 흐름으로 나타났다 (OECD, 1995).

2. 중앙인사기관의 주요 기능

중앙인사기관이 수행하는 기능이 분명하게 구별되어 있는 것은 아니다. 또한 동일한 기능이라고 하더라도 중앙인사기관과 각 부처 인사부서, 일선관리자 사이에 어떻게 권한이 분배되느냐에 따라 그 내용이 달라질 수 있다. 그러나 일단 인사행정의 전문기구로서 중앙인사기관을 전제한다면 일반적으로 다음과 같이 그 기능을 구별할 수 있으며, 구체적인 내용은 인사의 분권화에 따라 달라진다고 할 수 있다(강성철 외, 2008:105-108; 박천오 외, 2000:64-66; Stahl, 1983:200-201; Dresang, 1999:112).

첫째, 준입법기능이다. 이는 법률의 범위 내에서 인사행정에 적용되는 규칙을 제정하는 것을 의미한다. 인사행정과 관련된 행정명령이나 규칙의 작성 등은 이러한 준입법기능의 수행이다.[6)]

그런데 입법활동은 근본적으로 정책입안활동의 한 부분이라고 할 수 있다. 왜냐하면 입법활동은 정부가 추구하는 바를 법규로 제정하는 것이기 때문이다. 즉 정부의 정책이 강제적 규정으로 구체화되는 것을 입법활동이라고 할 수 있다. 따라서 중앙인사기관의 준입법기능은 좁은 의미에서의 규칙의 제정만을 의미하는 것이 아니라 넓은 의미에서 인사정책을 수립하고 최고관리자나 의회에 대하여 인력관리에 관하여 전문적 정책건의를 하는 것까지 포함시켜 이해되어야 한다. 그러므로 전략적 인력관리에서는 무엇보다 준입법기능이 중요해진다. 이를 통하여 중앙인사기관은 조직의 목표달성에 기여할 수 있는 인력관리의 방안들을 제시하고, 조직에서 실시될 수 있도록 주도적 역할을 할 수 있다.

그러나 중앙인사기관이 정책형성에 주도적 역할을 한다고 해서, 이것이 인사기능의 집권화를 의미하는 것은 아니다. 중앙인사기관이 정책의 방향은 주도적으로 설정한다고 하더라도, 구체적인 시행권한은 각 기관에 위임하는 분권화를 추진할 수도 있기 때문이다.

둘째, 준사법기능이다. 인력관리와 관련된 다툼이 있을 경우 중앙인사기관은 이를 중재하거나, 결론을 내리는 기능을 수행한다. 이는 공무원의 권익을 보장하기 위한 방안으로 위법 · 부당한 처분을 받은 공무원에 대한 소청을 재결하는 것은 준사법기능의 대표적인 예이다. 우리나라의 소청심사위원회나 미국의 실적제보호위원회가 수행하는 기능을 예로 들 수 있다.

준사법기능의 효과적 수행을 위해서는 중앙인사기관이 인사권을 가진 관리자로

6) 우리나라의 경우 중앙인사기관이 일선 행정기관에 시달하는 지침이 있는데, 이 지침작성의 기능을 준입법기능으로 볼 것인가는 좀 더 분석할 필요가 있다. 지침을 의미대로 해석하면 일종의 자문기능으로 보아야 할 것이다. 그런데 우리나라에서는 상당한 강제력이 부여되므로 그 성격이 모호해진다.

부터 독립성을 확보하여야 한다. 또한 인사기능의 분권화를 추구한다고 하더라도 준사법기능은 독립성, 공정성, 형평성을 확보하여야 하기 때문에 분권화하기 어렵다.

이외에도 기관과 개인 간 혹은 기관 간에 인사관리상의 갈등이 존재할 때[7] 이를 중재하는 기능도 준사법기능에 포함시켜야 할 것이다.

셋째, 집행기능이다. 이는 인사행정에 관한 구체적 사무, 즉 임용이나 직위분류, 보수, 평정, 교육훈련 등 인력을 관리하는 활동을 법규에 따라 수행하는 것을 말한다. 중앙인사기관과 각 부처의 인사부서 사이에는 특히 집행기능과 관련하여 그 역할을 어떻게 나눌 것인가의 분권화 문제가 발생한다. 인사행정이 집권화되어 있으면 중앙인사기관이 집행기능의 구체적 부분—예를 들어 임용시험을 직접 실시하는 것—까지 담당하며, 분권화된 경우에는 중앙인사기관은 넓은 범위의 정책방향을 정하고, 구체적 규정의 구비나 집행업무는 각 부처의 인사부서가 담당하게 된다. 인사행정의 통제적 성격, 조직 전체의 동질성 등이 강조되면 집행기능은 집권화된다. 반면에 행정의 탄력성, 문제해결 지향성 등이 강조되면 집행기능은 분권화된다.

인사행정이 발달하지 못한 경우에는 집행기능의 집권화가 바람직하다. 왜냐하면 각 기관에서 주도적으로 인사정책을 수립하고 집행할 수 있는 능력이 부족하기 때문이다. 이런 경우에는 전문적 능력을 갖춘 중앙인사기관이 권한을 가지고 인사행정을 실시하면서, 각 기관을 지원하도록 하여야 할 것이다.

또한 인사기능이 분권화되었다고 하더라도 조직 전체의 통일성을 기해야 할 부분은 반드시 있게 마련이다. 인사기관은 이러한 전체적 기준을 만든다든지, 전체 조직에 공통적으로 적용될 집행기능을 집권적으로 실시할 수 있다. 또한 각 부서의 요청이 있을 경우 인력관리에 관한 전문적 능력을 활용하여 필요한 사무를 대신 수행할 수 있다.[8]

집행기능과 관련하여 특히 유념해야 할 점은 집행기능이라고 해서 가치판단의 필요가 없이 정해진 절차와 기준에 따라 진행되는 기계적 업무로 이해해서는 안 된다는 것이다. 모든 법규가 현실의 모든 상황을 사전에 규율할 수는 없으므로 인사담당자의 자유재량은 필연적이다. 인사담당자는 인사업무를 수행함에 있어 환경적 요소

7) 예를 들어 기관 간 인사교류상의 갈등이 있다든지, 각 부처의 인사전문가들은 인사규정의 엄격한 해석을 원하는데, 일선 관리자들은 탄력적 해석을 원한다든지 하는 등의 갈등이 발생할 수 있다.

8) 예를 들면, 신규임용을 위한 선발시험을 실시하여 준다든지, 요청받은 인력의 교육훈련을 실시한다든지 하는 등의 역할을 수행할 수 있다.

들의 영향을 받으며 그에 따라 의사결정의 방향을 정할 수 있다. 그러므로 집행기능도 단순한 법규의 적용이 아닌 가치판단적이고 동적인 개념으로 이해하여야 할 것이다.

넷째, 감사기능이다. 감사기능이란 중앙인사기구가 실무에서의 인사행정을 통제 · 지도하고 인사업무의 위법성이나 부당성을 조사하며, 공무원을 징계 처리하는 것을 말한다. 감사기능은 크게 '통제'와 '지원' 부분으로 나눌 수 있는데, 전자가 인사행정이 얼마나 법규에 맞는가를 감독하는 것이라면, 후자는 각종 인사제도가 제 기능을 발휘할 수 있도록 조언 혹은 기술적 도움을 주는 것이다.

각 기관에 대한 통제는 인사의 공정성 확립을 위하여 필요하다. 인사행정의 모든 기준을 중앙인사기관에서 마련한다고 하더라도 그 구체적인 집행은 각 부서를 통해서 이루어지므로 중앙인사기관은 이를 감독할 필요가 있다. 만약 감독이 없다면 각 기관에서 정해진 기준을 자의적으로 집행함으로써 불공정의 문제가 발생할 수 있기 때문이다. 통제의 문제는 인력관리가 분권화되어도 중요성이 감소하지 않는다. 분권만 해 놓고 사후감사가 없다면 전체적인 조화나 통일을 기하기 어렵고, 인사기준을 마련한 의의가 없어지게 된다.

그런데 감사기능에 있어 점차 그 경향이 바뀌어야 한다는 주장이 있다. 즉, 중앙인사기관은 각 기관에 대한 통제기능보다 그들이 효율적으로 인력관리를 할 수 있도록 도와주는 기능을 강화해야 한다는 것이다. 그러므로 통제적 성향은 최소화하고 조언이나 서비스 제공의 역할이 강조되어야 한다는 것이다(Siegel and Myrtle, 1985:7). 이를 위해서는 중앙인사기관이 집행된 인사행정의 합법성 여부를 판단하는 것에서 한걸음 더 나아가 환경의 변화를 파악하고 시행되는 인사행정제도의 효과성을 판단하며, 조직이 환경의 요구에 적응토록 지원하는 인사정책의 기능을 강화하여야 할 것이다.

중앙인사기관이 수행하는 위의 기능들[9] 중에 어떤 기능이 강조되어야 할지는 행정환경에 따라 달라질 수 있다. 이것은 정부 내에서 중앙인사기관이 어떤 역할을 수행하여야 하는가와 관련이 있다.

9) 이외에도 행정수반의 인력관리를 전문적으로 보좌하는 보좌기능, 인사행정의 발전을 위한 연구 및 조사기능 등이 제시되기도 하나, 이는 정책입안과 관련된 준입법기능의 일부로 보아도 무방할 것이다.

3. 인사기관의 역할

1) 전략적 인력관리와 인사기관의 역할

인사기관이 인력관리에 관한 전문성을 갖춘 기구라는 데에는 이론이 있을 수 없다. 단, 개혁과정에서 정책주도기관으로서의 역할을 하는 인사기관은 그렇지 않을 때와 전문성의 특징이 달라지게 된다.

조직에서 인사기관 또는 인사담당자의 전통적 역할은 복잡한 인사관련 법규의 집행이나 보수와 같이 일상적인 행정활동을 수행하는 것으로, 다분히 다른 집행조직의 필요에 의해 정해진 절차에 따라 인력을 공급하는 수동적인 것이었다. 그러나 이러한 역할의 필요성이 계속 있다고 하더라도, 변화하는 행정환경에 비추어 볼 때, 일상적인 인사기관의 활동이 실무 현장에서는 비능률적인 것으로 생각될 때도 있으며, 법규의 획일적 준수를 강요하는 인사관리체제는 일선 관리자들에게 목표달성을 돕기보다는 장애요인으로 작용한다는 불만요인이 될 수도 있다. 따라서 일상적이고 법규중심인 인사기관의 역할 및 갖추어야 할 전문성의 내용도 달라져야 한다. 이는 인사기관의 환경이 다음과 같이 변하고 있기 때문이다.

첫째, 인사기관 혹은 인사담당관의 역할이 법규의 적용에만 머물지 않는다는 점이다. 즉, 충원이나 보수지급 등의 인력관리활동에 있어서 어떤 법적 규정이 적용되어야 하는가를 따지는 것이 아니라, 조직의 목표를 달성하기 위하여(그것이 일선관리자의 개인적 필요 수준이든지, 조직 전체의 목표달성을 위한 수준이든지) 유능한 인력을 확보하고 확보된 인력이 목표에 맞게 활용될 수 있는 방법을 찾는 데에 그 역할의 초점이 맞추어지는 것이다.

둘째, 인사기관과 인사담당관의 역할이 더욱 중요해진다. 단순히 법규의 해석과 적용에만 머무는 것이 아니라, 적절한 통제와 자문, 정책방향의 제시까지 담당한다면, 그 직위도 영향력이 있는 수준이 되어야 한다.

셋째, 인사의 분권화가 추구된다. 법규로 얽매인 인사관리체계에서 인사담당관에게로, 그리고 더 나아가 일선 관리자에게로 관리권한이 위임되는 것이다. 이렇게 하는 것이 현장에서의 필요에 상응하는 인력관리가 이루어질 수 있도록 하는 것이다.

넷째, 탄력적 인사관리가 이루어진다. 분권화나 의사결정에의 참여는 그만큼 상황에 맞는 인력관리가 시행되도록 하는 것이다(오성호 · 권경득, 2002:116).

이것은 인사기관이 정부에서 목표에 맞는 변화를 주도하는 전략적 기관으로서의 역할을 수행해야 함을 의미한다. 그러므로 인사기관이 단순히 인사관련 법규를 정확히 집행하였다고 해서 충분한 기능을 수행하였다고 하기 어렵다. 통제중심의 인력관리에서는 법규를 잘 숙지하여 필요한 때에 적절한 규정을 적용하는 것이 전문적 능력으로 인정받을 수 있지만, 성과지향적 · 상황적응적 · 탄력적 인력관리에서는 법규의 내용뿐 아니라 필요한 인력관리방법을 고안하고 적용하며, 중요한 의사결정을 내릴 수 있는 능력을 갖출 것이 요청된다. 인력의 선발, 공직의 분류, 교육훈련, 보수 등 인력관리의 각 분야에서 기술적 전문성을 갖추어야 하는 것과 함께 일선 관리자들이 인력관리의 능력을 향상시키고자 할 때 그들에게 전문가로서의 도움을 줄 수 있는 기능도 수행하여야 한다. 또한 정부의 인사관리가 사회의 다양한 갈등을 반영한다는 것을 이해하고, 이러한 가치들의 반영을 조정하는 기능도 가져야 한다.

2) 인사기관의 역할

공사부문을 막론하고 인사기관이 수행하는 역할이 다양하다는 견해는 지속적으로 제시되어 왔다. 시겔(G.B. Siegel)과 미틀(R.C. Myrtle)은 조직이 당면한 환경변화의 정도와 그 대응방식에 따라, 인사기관은 다른 조직단위에 대해 단순한 보완적 역할에서부터 적극적 정책선도의 역할까지 다양한 역할을 수행할 수 있다고 하였으며(Siegel and Myrtle, 1985:8-9), 클링그너(D.E. Klingner)와 사벳(G. Sabet)은 미국에서의 인사담당자의 역할은 인사행정의 법규와 기법들을 잘 알면서 그것들을 실시하는 기술자의 역할에서부터 최근에는 다양한 사회적 가치 간의 갈등을 인사정책에 조화롭게 반영하고, 조직이 환경변화에 적응할 수 있도록 법규를 해석하며, 변화와 그 영향을 예측하고, 정부의 생산성이 향상될 수 있도록 일선 관리자들을 지원하기 위한 프로그램이나 시스템을 개발하는 역할로까지 점차 진화해 오고 있다고 하였다(Klingner and Sabet, 2007:54-56). 한편, 민간부문의 인사관리를 연구해 온 울리히(David Ulrich)는 인사담당자가 수행해야 할 역할로서 전략적 파트너(Strategic Partner), 종업원의 보호자(Employee Advocate), 인적자본의 개발자(Human Capital Developer), 기능적 전문가(Functional Expert), 그리고 이 역할들을 상호 연계시키고 통합하는 인적자원관리의 리더(HR Leader) 등 다섯 가지를 제시하였다(Ulrich and Brockbank, 2005; Mayo, 2012:170-172).

이들 사이에는 인사기관의 역할을 조직과 환경과의 관계에서 이해하고 있다는 것, 인사기관의 역할이 점차 확대되고 중요해진다고 인식하는 것 등의 공통점이 있다. 그러므로 다양하고 변화가 빠른 사회적 요구에 대응해야 하는 정부의 행정환경을 생각할 때, 인사기관이 담당해야 할 역할은 다음과 같이 정리할 수 있다.

첫째, 공정성의 감시자 역할이다. 조직 전체를 통제하는 인사의 원칙이나 법규는 조직의 모든 부분에서 동일하게 적용되어야 한다. 일선의 집행기구에서는 자신들에게 더 편리하게 법규를 해석하고 적용하려는 경향이 있으므로, 이를 적절히 통제하지 않으면 조직 내에서 각 부분 간의 인사상 균형을 무너뜨리고 조직 내 갈등을 유발시킬 수 있다. 그러므로 인사기관은 인사원칙이나 법규가 조직의 모든 부분에 정확하게 적용되도록 감독하고, 잘못된 것은 시정토록 하여야 한다. 인사기관의 이러한 역할은 민간부문보다 공공부문에서 더 요구된다. 왜냐하면 공공부문은 관리자의 재량권 행사보다 법규의 정확하고 공정한 적용이 더 강조되기 때문이다.

둘째, 인사행정의 기술자 역할이다. 즉, 인사법규나 인사행정상의 여러 기법들을 정확히 이해하고, 현장에서 정확하게 집행되도록 하는 것이다. 일선 집행조직들은 자신들의 고유한 업무영역이 있기 때문에 지원업무에 해당하는 인사상의 법규나 기법의 내용에 대해서는 그리 집중하지 않는다. 그러므로 이들이 필요한 지식이나 기술 또는 집행상의 지원을 받을 수 있도록 인사기관은 필요한 서비스를 공급해 주는 역할을 하여야 한다. 예를 들면 채용에 필요한 여러 기법들을 시행하는 것을 지원한다든지, 아니면 채용업무를 대행하여 주는 것이다. 이러한 역할은 전통적으로 인사행정기관에게 요구되는 역할이었다.

셋째, 정책선도자의 역할이다. 이 역할은 '전략적 인력관리'의 개념이 강조되면서 가장 요구되는 역할이라고 할 수 있다. 조직의 목표달성을 위하여 필요한 인력을 공급할 수 있는 정책을 수립하고 실시할 뿐만 아니라, 조직이 활용할 수 있는 인적자원에 따라 조직의 목표나 정책방향을 정하는 데에도 주도적 역할을 수행한다. 환경변화를 예측하고, 조직이 그에 대응할 수 있도록 인력정책을 수립하고 필요한 혁신을 주도한다. 이 과정에서 조직의 최고책임자에게 정책조언을 하고, 조직의 목표나 전략의 수립에 함께 참여하는 인사담당 파트너의 역할을 수행한다.

넷째, 조직능력의 배양자의 역할이다. 이는 인적자원의 능력을 발전시키는 것뿐 아니라, 인적자원을 활용하는 조직의 능력 자체가 향상되도록 하는 것이다. 이를 위해서 인사기관은 조직의 인력들의 능력을 향상시킬 수 있는 교육훈련제도를 운영하는 것 외에도 조직원들이 자발적으로 최대한의 능력을 발휘토록 하기 위한 각종 인사정책을 개발하고 실시한다. 또한 인사제도들이 현장에서 최대한의 효과를 거둘 수 있도록 일선 관리자들을 지원하고, 정책자문이나 조언 등을 실시하는 역할을 한다.

다섯째, 환경의 각 부문 간 또는 조직과 환경 간의 중재자 역할이다. 조직에서의 인력관리는 우선 조직의 필요를 반영하는 것이지만, 환경으로부터의 여러 요구도 반영된다. 환경과의 관계는 조직의 규모가 커질수록 비중이 높아지는데, 정부는 민간부문에 비해 환경과의 관계가 인사행정에 더욱 큰 영향을 미친다. 예를 들면 사회에서 학력으로 인한 차별이 문제가 될 경우 정부나 대기업은 학력을 반영하지 않거나, 문제를 시정할 수 있는 채용정책을 실시하는 경우가 있다. 이와 같이 인사기관은 조직의 인력정책을 조율함으로써 사회의 요구를 반영하고, 또 그것이 조직에 미치는 긍정적 효과는 최대화하고, 부정적 효과는 최소화하는 역할을 수행하여야 한다.

시겔(Siegel)과 미틀(Myrtle)은 환경변화에 따른 인사기구의 역할을 변화의 정도와 조직의 대응태도에 따라 네 가지 유형으로 분류하였다.

표 2-1 | 환경변화에 따른 인사기구의 역할

환경에 대한 조직의 대응 (Organizational Responses to Differing Environmental Contexts)	행정환경의 상황 Environmental Conditions	
	낮은 불확실성 (Low Uncertainty)	높은 불확실성 (High Uncertainty)
반응적/수동적 대응 (responsive/reactive)	감사(audit) 통제(control) 감독(oversight)	위기대응(fire fighting) 조정(conciliation) 적응(adaptation)
전략적/능동적 대응 (strategic/proactive)	자문(consultation) 촉진(facilitation) 기술적 원조 (technical assistance)	정책주도(policy initiation) 혁신(innovation) 독려(stimulation)

① 안정적 환경과 수동적 대응

행정환경이 안정적이어서 변화의 예측 가능성이 높을 경우 인사기구의 역할은 통제중심적이거나, 현상중심으로 비교적 작은 변화를 모색하는 역할을 한다. 환경이 안정적이면서도 조직이 그에 수동적으로 대응할 때는 조직의 운영이 집권적이 되며, 관리자들의 자유재량의 여지가 적다. 따라서 인사기구는 조직의 각 부분이 현재의 기준을 잘 준수하고 있는가를 감독하는 역할을 수행하게 된다.

② **안정적 환경과 능동적 대응**

안정적 환경이지만, 조직이 주도적으로 발전을 추구할 경우에는 그 자원의 활용에 적극성을 띠게 되며, 광범위한 사람들이 참여하게 된다. 따라서 인사기구도 변화를 촉진하거나 지원하는 역할을 하게 된다.

③ **불안정한 환경과 수동적 대응**

행정환경이 불안정하여 변화의 예측 가능성이 낮을 경우 인사기구도 변화지향적 기능을 수행한다. 조직이 수동적 입장을 택할 경우 인사기구는 최대한 무리 없이 변화가 수용되도록 하는 완충의 역할을 담당한다. 따라서 변화로 말미암아 발생한 긴장이 조직이나 개인에게 부정적 영향을 주지 않도록 완화시키는 역할을 하며, 특히 새로이 발생한 행정수요에 대해 충분한 자원이 투입될 수 있을 때까지 임시적으로 그 문제를 다루게 된다. 이러한 역할은 마치 소방수와 같은 것이다.

④ **불안정한 환경과 능동적 대응**

조직의 정책이 변화가 조직에 유리하도록 적극적으로 환경을 통제하려는 것이라면, 인사기구는 그러한 정책을 주도적으로 추진하는 역할을 담당한다. 이 경우에 전통적으로 수행하던 역할도 지속적으로 수행하지만, 좀 더 전략적인 차원에서의 역할수행이 강조된다. 인력관리에서 지속적인 기획, 조직원의 능력발전과 조직화된 경력체계가 강조된다.

출처 : Siegel and Myrtle(1985), *Public Personnel Administration: Concepts and Practices*, Boston: Houghton Mifflin Company, pp.8-9.

울리히(D. Ulrich)는 인사부문 책임자(HR)는 인력관리의 리더(HR Leader)로서의 역할을 수행하는데, 이는 네 가지 역할이 종합된 것으로 규정하였다.

인사부문 책임자(HR Leader) : 인력관리의 기능적 리더십을 제공하는 역할

전략적 파트너(Strategic Partner) : 조직의 전략방향과 그에 상응하는 조직의 능력을 비판적으로 점검하고, 고객의 수요에 맞추어 인적자원을 정비하며, 전략적 사고를 할 수 있는 고위관리집단(senior management team)을 개발하고 전략의 수행과 변화의 역군역할을 하며, 문제를 진단하고 조직의 활동과 학습을 촉진하거나 통합하는 역할을 수행한다.

기능적 기술자(Functional Expert) : 기본적 인력관리업무와 조직의 효과성을 높일 수 있는 역할을 수행한다.

그림 2-1 HR 역할 모형

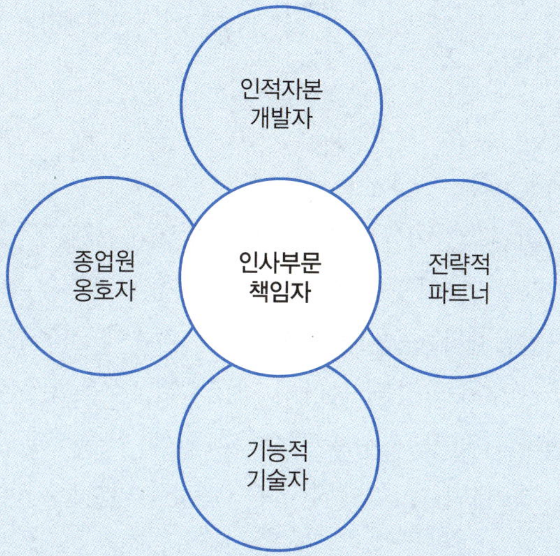

종업원 옹호자(Employee Advocate) : 종업원들이 적절한 근무환경과 복지제도하에서 근무할 수 있도록 정책을 개발하고 제도를 실시하며, 조직 내 의사소통을 원활히 하고, 종업원의 애로사항을 해결하는 역할을 수행한다.

인적자본 개발자(Human Capital Developer) : 조직원들 개인 또는 팀의 능력을 개발하고, 신뢰를 형성할 수 있도록 리더들을 훈련하며, 조직원들의 행태나 태도에 관련된 역할을 수행한다.

출처 : Andrew Mayo(2012), *Human Resources or Human Capital?* Farnham, Surrey: Gower Publishing Ltd., pp.170-172.

4. 중앙인사기관의 구조

일반적으로 인사기관은 최고책임자의 막료기능을 수행하기 때문에 한 사람의 관리책임자 아래 세부기능들이 배치되어 운영되는 구조를 가진다. 그러나 정부 전체를 담당하는 중앙인사기관의 경우에는 사회의 다양한 요구를 반영해야 하는 정치적 역할이 중요하다. 그러므로 어떤 요구에 더 민감하게 반응토록 하는가, 즉 어떤 사회적 필요를 더 우선해서 반영하려고 하는가에 따라서 여러 사람의 관리책임자를 둘 수 있다. 또한 중앙인사기관의 의사결정이 행정수반으로부터 어느 정도의 독립성을 유지하도록 하는가도 관건이다. 이에 따라 중앙인사기관의 구조는 합의제형 기구와 단독제형 기구로 구분할 수 있다.[10)]

1) 합의제형 기구

합의제형 기구는 위원회형이라고 하는데, 중앙인사기관의 의사결정권자를 복수로 하는 조직유형을 말한다. 이것은 중앙인사기관이 엽관주의나 정실주의의 폐해를 방지하고, 인사행정의 정치적 중립성을 보장하는 기능에 강조점을 둔 경우이다. 따라서 행정수반으로부터의 독립성도 상당히 강조된다.[11)] 독립성을 강화하기 위한 방법으로는 의사결정권자(위원)를 복수로 하는 것 외에 이들에게 임기를 부여하고 이를 엄격히 보장하며, 자격요건에 양당적 혹은 초당적 인물로 구성이 되도록 하는 것 등이 활용된다.

이러한 합의제형 기구의 장점은 다음과 같다(강성철 외, 2008:102).

첫째, 엽관주의나 정실주의의 영향력을 배제함으로써 인사행정의 정치적 중립성을 보장하여 실적제를 발전시키는 데 유리하다.

둘째, 한 사람의 책임자에 의한 인사행정의 전횡과 독단을 막고 다수의 위원들에 의해서 인사행정에 관한 결정을 함으로써 신중한 의사결정을 할 수 있다.

셋째, 합의체 구성원의 임명시기를 서로 다르게 함으로써 인사행정의 계속성을 확보할 수 있다.

넷째, 중요한 이익집단의 대표자를 합의제에 참여시킴으로써 인사행정에 대한 이익집단의 요구를 균형 있게 수용할 수 있다.

다섯째, 단독책임자가 아닌 여러 명의 위원으로 중앙인사기관이 구성되기 때문

---

10) 학자들에 따라서는 중앙인사기관의 조직형태를 합의성의 기준과 독립성의 기준에 따라 독립합의형, 독립단독형, 비독립합의형, 비독립단독형으로 나누기도 한다. 그러나 이 중에서 독립단독형과 비독립합의형에 대해서는 설명이 없기 때문에 결국 독립합의형과 비독립단독형의 두 가지 유형으로 압축된다(오석홍, 1993:86; 강성철 외, 2008:100-105 참고). 이를 간단하게 위원회형과 부처조직형으로 구분하기도 한다(유민봉, 1997:147-150).

11) 영국과 미국 모두 최초의 인사기관은 위원회형으로 출발하였다. 초당파적 내지 범당파적 위원들로 위원회를 구성하고, 법적으로 이들의 신분을 엄격히 보장하며, 위원의 임기를 교차시키는 등 독립성과 합의성이 갖는 장점을 기대한 것이다(유민봉, 1997:147-148).

에 다른 기관과의 밀착이나 소원한 관계를 방지하고 입법부나 일반 국민 및 행정부와의 관계를 원만하게 유지할 수 있다.

반면에 합의제형은 다음과 같은 단점이 있다(강성철 외, 2008:102-103).

첫째, 합의체의 위원들이 중앙인사기관의 지도층을 형성하므로 인사행정의 책임이 분산되고, 결정주체가 확연히 드러나지 않아, 책임소재가 불분명해짐으로써 상대방에게 인사정책의 책임을 전가할 가능성이 높다.

둘째, 중요한 인사정책이 다수의 위원들로 구성된 합의체의 합의과정을 통하여 결정되므로 인사정책의 결정이 지나치게 지연된다.

셋째, 합의체 구성원들은 양당적 혹은 초당적인 비전문가들이기 때문에 전문적 인사문제를 다루게 될 때 비능률적이고 비합리적인 과오를 범하기 쉽다.[12)]

넷째, 합의형 조직형태의 근본목적은 엽관주의를 방지하기 위한 것이었기 때문에 인사행정의 적극화나 전문화를 기하기 어렵다.

다섯째, 중앙인사기관이 행정수반에 대해서도 독립적인 지위를 유지하기 때문에 행정수반은 막료기능으로서의 인사관리 수단을 확보하지 못하므로 자신의 정책을 강력하게 추진할 수 없다.

이상과 같은 합의제형 중앙인사기관의 예로는 1978년 이전에 미국의 중앙인사기관이었던 인사위원회(Civil Service Commission)와 일본의 인사원을 들 수 있다. 우리나라에 설치되었던 중앙인사위원회도 이 유형에 속한다.

2) 단독제형 기구

이는 정부의 집행부처의 하나로 설치되는 경우가 많으므로 정부부처형이라고도 한다. 조직의 최고 의사결정권자가 한 사람이며, 집행부처의 하나이기 때문에 행정수반으로부터의 영향을 많이 받게 되어 종속성이 높다. 따라서 독립성을 확보하기가 어렵지만, 그만큼 행정수반의 정책적 의지를 받아들여 집행에 반영하는 막료기능을 수행하기가 용이하다. 인사행정을 행정수반의 주요한 관리수단으로 간주하고, 그 운영의 효율성을 강조할 때 많이 선택되는 조직유형이다.

단독제형 기구의 장점은 다음과 같다(강성철 외, 2008:103-104).

---

12) 위원들이 반드시 비전문가들로만 구성되는 것은 아니다. 그러나 대표성과 합의성, 특히 정당성을 배제하지 않고 정당 간 균형을 유지하려고 할 때는 비전문가가 위원으로 임명될 가능성이 높다.

첫째, 중앙인사기관이 단일의 지도층을 형성하므로 인사행정의 책임소재를 분명히 할 수 있다.

둘째, 지도층이 한 사람의 기관장에 의해 이루어지기 때문에 중요한 인사정책을 신속하게 결정할 수 있다.

셋째, 행정수반은 인사행정을 자신의 국정관리 수단으로 삼아 국가의 주요 정책을 신속하고 강력하게 추진함으로써 능률적 행정을 수행할 수 있다.

넷째, 인사행정의 지도층이 한 사람에 의하여 구성되기 때문에 일상적 행정의 필요성과 변화에 신축적으로 대응할 수 있다.

반면에 단점은 다음과 같다(강성철 외, 2008:104).

첫째, 인사행정의 정치적 중립성(독립성)이 결여되므로 인사행정의 엽관화 내지 정실화를 막기 어렵다. 그리고 행정수반이나 내각의 그릇된 인사정책을 견제하기 어렵다.[13)]

둘째, 단독제 기관장의 독선적 · 자의적 결정을 견제하기 어렵다.

셋째, 중앙인사기관의 장이 바뀔 때마다 인사정책 방향이 다를 수 있으므로 인사행정의 일관성과 계속성이 결여되기 쉽다.

넷째, 행정수반이 인사행정을 자신의 국정관리 도구로 활용하여 행정 프로그램의 능률적이고 신속한 집행에 더 큰 비중을 두기 때문에 자칫 공무원의 권익이 침해될 가능성이 크다.

다섯째, 단독형의 중앙인사기관은 행정수반이나 내각에 소속되므로 양당적이거나 초당적 문제를 적절히 반영하기 어렵다.

이러한 조직유형으로는 미국의 인사관리처(Office of Personnel Management), 우리나라의 총무처(1998년 이전)나 안전행정부를 들 수 있다.

3) 절충형

절충형은 합의형 기관에서 위원장의 권한을 다른 위원보다 강화시켜 단독형의 효과를 가미한다든지, 단독형에 합의형 자문기구를 부설한다든지 하는 방법을 생각할 수 있다. 그러나 이보다 더 일반적인 것은 그 기능에 따라 합의형 기구와 단독형 기구를

13) 단독제형이라고 하더라도 기관장에게 임기를 부여함으로써 독립성 확보를 시도할 수 있다. 그러나 단독제의 기관장이 행정수반의 의사를 거스리며 그 임기충족을 고수하기는 쉬운 일이 아니다.

복수로 설치하여 중앙인사기관을 운영하는 것이다. 실제로 합의형 기구 혹은 단독형 기구만을 설치하는 것보다 복수형 기구를 설치하여 운영하는 국가가 더 많다.

예를 들어 미국의 경우는 단독제형의 인사관리처가 중앙인사기구로서의 대부분의 기능을 수행하지만, 노사관계는 연방노동위원회(Federal Labor Relation Authority), 실적제 보호는 실적제보호위원회(Merit System Protection Board)라는 합의형 기구가 담당한다. 일본도 합의제인 인사원과 단독제인 총무성에 기능이 나뉘어 있고, 우리나라에서도 중앙인사위원회(합의형)와 행정자치부(단독형)로 이원화된 중앙인사기관을 운영하기도 하였으며, 2009년부터는 단독제인 행정안전부(2013년부터는 안전행정부) 내에 소청심사위원회(합의형)가 설치되어 있다.

각 나라의 중앙인사기관으로 어떤 것이 있으며, 그 기능이 무엇인지를 학습하는 것은 인사행정을 연구하는 데 있어서 매우 유용하다. 과거에는 정보의 유통이 매우 제한적이었으므로 교과서에서 각 나라의 중앙인사기관을 상세히 설명하였다. 그러나 현재는 관련 정보를 수월하게 획득할 수 있다. 그러므로 여기서는 많이 참고되는 나라들의 중앙인사기관을 소개하고, 자세한 내용은 개별 학습자들의 탐구노력에 맡긴다.

미국 : 인사관리처(Office of Personnel Management), 실적제보호위원회(Merit System Protection Board), 특별심의관실(Office of Special Counsel), 연방노사관계청(Federal Labor Relation Board)

영국 : 내각사무처(Cabinet Office)

일본 : 인사원(人事院), 총무성(總務省)

한국 : 안전행정부

* 한국은 총무처-행정자치부-중앙인사위원회와 행정자치부-행정안전부-안전행정부로 변화되는 과정을 학습하는 것이 유용하다.

제2절 공직의 분류

1. 공직분류의 의의

공무원제도에 있어서 분류(classification)란 공무원 또는 직위를 일정한 기준에 따라 구분하여 정부조직 내의 직업구조를 형성하는 것을 의미한다. 이것은 정부 내에서 시행되는 여러 일과 그것을 수행하는 사람들을 기준에 의해 질서 있게 배열하는 것이며, 이에 따라 공무원에게 직무가 부여되며, 그의 책임과 의무, 권리가 정해지고 직무수행에 대한 보상이 이루어지게 된다. 공직을 분류하는 기준이나 방법은 국가 혹은 정부마다 전통이나 필요에 따라 다양하다.

공무원을 분류하여 직업구조를 형성하고, 그에 따른 인력관리를 하는 것은 정부가 수행하는 업무가 매우 광범위하고 다양하기 때문이다. 정부 내에는 거의 반영구적으로 수행되는 업무가 있고, 임시로 수행되는 업무가 있다. 반복적으로 수행되는 업무와 상황마다 변화하는 업무가 있으며, 명확한 절차와 법규에 따라 수행되는 업무와 공무원의 재량적 판단에 의해 수행되는 업무들이 혼재되어 있다. 또한 담당하는 업무분야가 매우 특수하여 민간을 포함한 다른 부문과는 업무에 따른 권한과 책임, 업무수행방법이 매우 다른 직종들도 있다.

그러므로 이와 같이 다양한 업무들을 수행하는 공무원들을 일정하게 분류하지 않고 동일하게 취급하는 것은 오히려 인력을 비합리적으로 관리하는 것이다. 분류와 관련된 인력관리의 비합리성은 크게 두 종류가 있는데, 하나는 동일한 직무를 동일하지 않은 기준과 방법에 의해 관리할 때 발생하는 것이고, 다른 하나는 동일하지 않은 직무를 동일한 기준과 방법에 의해 관리할 때 발생하는 것이다.

동일한 직종에 속하는 직무라면, 그 소속기관에 상관없이 동일한 기준에 의해 관리되어야 한다. 기관별 특성이 반영되어야 하지만, 지나치게 차이가 나는 관리를 하게 되면 정부 내 공무원 간에 갈등이 발생하고 불만이 누적될 수 있다. 예를 들어 일반행정업무를 담당하는 공무원이라면, 그 소속기관이 행정부서이든, 경찰과 같은 특수한 조직이든, 국공립학교와 같은 교육기관이든 대체로 같은 기준과 절차에 의해 관리되는 것이 합리적이다.

반면에 동일하지 않은 직종에 속하는 직무라면, 같은 공무원이라고 하더라도 관리방식이 달라져야 한다. 예를 들어 직무의 내용상 계층구조가 달라야 하는 직종 간에는 충원이나 승진, 업무수행에 대한 보상방법 등이 달라져야 하며, 이를 동일하게 한다는 것은 오히려 합리적 인력관리를 어렵게 할 수 있다.

그렇기 때문에 공직은 정부가 수행하는 업무들과 정부가 필요로 하는 인력의 특성에 따라 정확하게 분류되고 관리되어야 한다. 전략적 인력관리를 위해서도 공직의 분류는 필요하며, 분류된 직무들은 그 목적에 맞게 관리되어야 한다. 전략적 관점에서는 직무의 특성에 따라 인력을 채용하고 관리하여야 정책목표의 달성과 인력관리의 효율성을 높일 수 있다. 예를 들어 사회에서 희소하고 높은 능력을 요구하는 인력을 활용해야 하는 직무와, 사회에서 공급이 충분하고 언제든지 필요한 인력을 특별한 조건이 없이 충원해서 활용할 수 있는 직무는 인력관리의 방법이나 절차가 달라야 한다.

2. 공직분류의 기준(방법)

공직의 분류는 무엇을 기준으로 하는가에 따라 여러 구조를 가질 수 있으며, 각 기준은 배타적으로 작용하는 것이 아니고, 상호 독립적이며 중첩되어 작용한다. 즉, A라는 분류기준에 의한 분류와 B라는 분류기준에 의한 분류는 서로 별개로 존재하지만, 한 직무는 A라는 분류기준의 특성과 B라는 분류기준의 특성을 동시에 지니게 된다.

공직을 어떻게 분류할 것인가에 대해서는 반드시 따라야 하는 기준이 없고, 국가마다 다를 수 있다. 그러나 대부분의 국가에서 시행되는 공직분류를 보면, 공직종사의 생애성에 따른 분류와 수행되는 직무의 기술적 특성에 따라 분류하는 경우가 많다.

1) 공직근무의 생애성과 임용의 객관성 요구

(1) 분류의 의의

공무원은 그 직무 및 직위의 특성에 따라 한시적으로 공직에 근무할 것이 기대되는 경우와 전 생애에 걸쳐 공직에 근무할 것이 기대되는 공무원으로 나눌 수 있다. 전자의 예로는 대통령이나 장관과 같이 선거나 정치적으로 임명되는 공무원 또는 특별한 사업을 위하여 임시로 고용되는 공무원들을 들 수 있고, 후자의 예로는 각 기관에서 근무하는 대부분의 공무원이나 경찰, 교원 등을 들 수 있다.

일반적으로 이들 사이에는 법률상 인정되는 권리와 의무가 달라진다. 무엇보다 전 생애에 걸쳐 근무할 것이 기대되는 공무원에게는 신분보장이 주어지며, 임시로 근무하는 공무원에게는 신분보장이 인정되지 않는 것이 원칙이며, 인정되는 경우는 특수한 조건이 전제가 된다. 그리고 이에 따른 인력관리의 방식이 달라진다. 예를 들면 이들 사이에는 공무원의 임용절차나 우선 적용되는 인사기준이 다르며, 적용되는 법규도 달라지게 된다.

이렇게 법률상의 취급이 달라지는 공무원의 종류는 어느 나라에서든지 크게 두 가지로 나누어지는데, 임용이 객관적 절차에 의해 이루어지며 신분보장이 되는 공무원과, 임용이 객관적이라기보다 임용권자의 주관적 판단 혹은 선거와 같은 정치적 절차에 의하여 이루어지며 신분보장도 되지 않는 공무원으로 나눌 수 있다.[14] 어느 경우든지 그 직무의 특성에 따라 더 세분된다.[15]

이와 같은 공직의 이분법(二分法)에 있어서 그 기준은 나라마다 약간씩 다르겠으나 대체로 다음과 같은 공통점을 찾을 수 있다.

첫째, 공직의 생애성이다. 예를 들어 일본에서는 통상 일반직의 직원은 종신직으로 되어 있다. 즉, 한 번 정규공무원으로 임용된 경우에는 특정한 사유, 예를 들면 정년이나 징계 등의 사유에 해당하지 않는 한 그 의사에 반하여 이직당하는 일이 없으며, 그 신분은 법률에 의하여 보장되어 있다(鹿兒島重治, 1990:39).

둘째, 직무의 특성상 직무수행 능력이나 결과의 예측 혹은 평가에 상대적으로 객관적 기준의 적용이 가능한가이다. 다시 말하면 경쟁시험과 같이 실적제의 원리에 입각하여 평가결과를 따지는 제도의 적용이 가능한가 하는 점이다. 분류의 명칭에서 보듯이 미국에서는 임용절차에서의 경쟁시험의 적용이 매우 중요한 분류기준이 된

14) 전 생애에 걸친 근무가 기대되는 공직은 항상 신분보장과 임용의 객관성이 요구되고, 한시성이 있는 공직은 항상 신분보장이 안 되고 임용의 객관성이 요구되지 않는 것은 아니다. 즉, 공직근무의 한시성과, 신분보장 및 임용의 객관성이 언제나 동일하게 묶여지는 것은 아니다. 그러나 제도상으로 이 두 요소가 같이 묶여서 실시되는 경우가 많으며, 그렇지 않을 경우에는 특수한 조건이 전제가 된다.

15) 이러한 공직의 구분을 미국에서는 경쟁직(the competitive service)과 제외직(the excepted service)으로 나누며, 일본은 일반직과 특별직으로 구분하고 있고, 우리나라는 경력직과 특수경력직으로 분류되어 있다.

다. 경쟁시험의 적용은 그 직위가 곧 실적제의 적용의 대상이 됨을 말한다. 공직에서 봉사할 최적의 인력은 일반적으로 다수의 응시자를 대상으로 한 경쟁을 통하여서만 선발될 수 있다.[16]

이 두 가지 기준은 공무원의 신분보장과 관련하여 매우 중요하게 작용한다. 일본의 예에서 보듯이 공직의 생애성은 공무원의 신분을 보장하는 데 필요한 요소이다. 직무의 생애성과 신분보장이 연결되는 것은 행정의 안정성과 중립성을 확보하기 위해서이다. 국민들의 생활에 결정적 영향을 미치면서, 사회 각 부문의 요구를 균형 있게 반영해야 하는 정부업무의 특성상, 행정은 안정성을 확보하여야 한다. 그리고 국민들 사이에 어떤 차별이 있어서는 안 되기 때문에 정치적으로 중립이어야 하며, 부당한 정치적 압력을 받아서도 안 된다. 그러므로 공무원에게 신분보장을 해 줌으로써 장기적으로 안정적이며, 중립적인 직무수행이 가능토록 하는 것이다.

반면에, 미국에서는 생애성이 공직구분의 중요한 기준이 되지 못한다. 미국에서는 보편적으로 소위 '개방형'의 공직제도를 택하고 있다. 공직의 각 직급마다 원칙적으로 공직에 들어오는 것이 허용되어 있으며(Stahl, 1983:176 참조),[17] 전 공무원의 15% 이상이 매년 이직한다는 통계도 있다(박동서, 1990:86). 즉, 공직과 외부와의 자유로운 수평적 이동이 허용되고 있으며, 많이 이루어지고 있는 것이다.

미국에서는 실적제의 원리가 적용될 수 있는가 하는 것이 신분보장을 위해 중요하다. 실적제의 원리는 공무원에 대한 부당한 인사조치로부터 공무원을 보호하는 데에도 그 목적이 있으므로 미국에서의 경쟁직에 임용된 공무원들은 법규에 의한 경우가 아닌 한 그 의사에 반하여 불리한 인사조치를 당하지 않도록 보호받는다.

그러므로 공직의 생애성과 실적주의의 적용 가능성은 공무원을 분류하고 법률상의 취급을 다르게 하는 중요한 기준임을 알 수 있는데, 미국에서는 실적주의의 적용이 더 중요하게 작용하지만, 일본에서는 공직의 생애성과 실적주의 적용 가능성이 같은 맥락에서 제도화되어 있다.[18] 이것은 나라마다 제도화의 배경이 차이가 날 수

16) 스탈은 경쟁시험 없이 충원될 수 있는 직위의 종류를 네 가지 제시하고 있는데 노동직, 개인적 신임이 필요하거나(confidential) 또는 정책결정의 성격이 강한 직위, 임시직, 시험의 방법에 의해서는 적절히 충원될 수 없는 직위들이다(Stahl, 1983:45).

17) 그러나 미국에서 모든 정부가 모든 직급에서 개방성을 유지하는 것은 아니다. 예를 들어 L.A. 시의 경우는 각 국(department)에서 충원의 경우 최상의 직급과 최하의 직급은 개방적으로 운영되나 중간단계는 승진에 의해서만 충원된다(1996.2.8. 인사국장과의 인터뷰).

18) 일본에서의 일반직은 원칙적으로 수험성적이나 근무성적에 따라서 채용, 승임 등의 신분취급이 행하여지고, 성적주의의 원칙이 전면적으로 적용됨에 대하여, 특별직의 공무원은 주민의 선거, 의회

있음을 보여주는 것이다. 우리나라도 일본과 같이 두 가지 기준이 같은 맥락에서 적용되는 분류체계를 운영하고 있다. 그러나 우리나라는 고위공무원단과 같이 중간적 성격의 제도도 운영하고 있다.

(2) 우리나라의 분류

우리나라의 국가공무원법은 공무원의 종류를 크게 경력직 공무원과 특수경력직 공무원으로 구분하고 있다(제2조).[19] 경력직 공무원은 실적과 자격에 의하여 임용되고 그 신분이 보장되며 평생토록 공무원으로 근무할 것이 예정되는 공무원을 말하며, 특수경력직 공무원은 경력직 이외의 공무원을 말하는데 실적제의 적용이나 신분보장이 약한 공무원이다. 그 종류는 다음과 같다.

① 경력직 공무원

경력직 공무원은 실적과 자격에 따라 임용되고 그 신분이 보장되며 평생토록 공무원으로 근무할 것이 예정되는 공무원을 말하며, 그 종류는 다음과 같다.

- 일반직 공무원 : 기술 · 연구 또는 행정 일반에 대한 업무를 담당하는 공무원
- 특정직 공무원 : 법관, 검사, 외무공무원, 경찰공무원, 소방공무원, 교육공무원, 군인, 군무원, 헌법재판소 헌법연구관, 국가정보원의 직원과 특수분야의 업무를 담당하는 공무원으로서 다른 법률에서 특정직 공무원으로 지정하는 공무원

② 특수경력직 공무원

특수경력직 공무원은 경력직 공무원 외의 공무원을 말하며, 그 종류는 다음과 같다.[20]

의 의결, 또는 임명권자의 특별의 신임, 특별한 지식경험 등에 따르고, 필히 통상의 의미로서의 성적주의만에 의하지 않고 임용되는 것이다(鹿児島重治, 1990:93).

19) 지방공무원은 지방공무원법에 의하여 운영되지만, 공무원의 분류내용은 거의 일치한다.

20) 특수경력직 공무원에는 단순한 노무에 종사하는 고용직 공무원이 있었다. 이 직종의 성격은 일용직과 같은 것인데, 2011년 5월에 법개정을 통하여 고용직 공무원은 국가공무원 및 지방공무원의 종류에서 삭제되었다. 이것은 그동안 해 온 인력관리 내용에 비추어 볼 때 고용직 공무원을 구별할 실익이 없는 반면에 신분상의 차별이나 불이익의 가능성이 있기 때문이다. 그러나 직종의 성격상 합리적인 관리가 이루어졌는가, 그리고 개정의 방향이 옳은가 하는 것은 '효율적 인력관리'란 측면에서 고려해 볼 필요가 있다. 반면에 인사행정이 추구하는 바가 '효율성'에만 있지 않다는 것을 감안할 수도 있다. 직종의 필요성에 대한 논란은 경력직 공무원 중 기능직 공무원에도 해당된다. 2012년에 일반직으로 통합되었는데 직종의 필요성과 관리원칙에 대해 논의의 여지가 있다. 그러므로 직종구분의 변화는 다양한 측면에서 연구해 볼 가치가 있다.

- 정무직 공무원 : 선거로 취임하거나 임명할 때 국회의 동의가 필요한 공무원, 고도의 정책결정업무를 담당하거나 이러한 업무를 보조하는 공무원으로서 법률이나 대통령령(대통령비서실 및 국가안보실의 조직에 관한 대통령령만 해당한다)에서 정무직으로 지정하는 공무원[21)]
- 별정직 공무원 : 비서관 · 비서 등 보좌업무를 수행하거나 특정한 업무 수행을 위하여 법령에서 별정직으로 지정하는 공무원

별정직 공무원의 채용조건 · 임용절차 · 근무상한연령, 그 밖에 필요한 사항은 국회규칙, 대법원규칙, 헌법재판소규칙, 중앙선거관리위원회규칙 또는 대통령령으로 정하도록 규정되어 있다.

우리나라 공무원의 분류에 있어서 직종의 변화는 '기능직', '고용직'의 폐지 외에도 '연구직' 또는 '계약직'으로 분류되었던 한시적 임용의 직종이 폐지된 것이 있다. 이는 직종의 차이라기보다 임용방식의 차이라고 보기 때문이다. 그 결과 소위 '임기제 공무원'의 임용이 규정되었다. 이들은 전문지식 · 기술이 요구되거나 임용관리에 특수성이 요구되는 업무를 담당하게 하기 위하여 경력직 공무원을 임용할 때 일정한 기간을 정하여 근무하도록 한 공무원이다(국가공무원법 제26조의 5, 지방공무원법 제25조의 5).

(3) 고위공무원단제도[22)]

① 고위공무원단제도의 의의

고위공무원단제도는 정부의 주요 정책 결정 및 관리에 있어서 핵심적 역할을 담당하는 실·국장급 공무원을 범정부적 차원에서 적재적소에 활용하고 개방과 경쟁을 확대하며 성과책임을 강화함으로써 역량 있는 정부를 구현하고자 하는 제도이다. 고위공무원단제도를 고급공무원에 대한 이전의 관리방식과 비교했을 때 여러 가지 구별되는 점이 있으나, 두드러진 특징은 통합관리 및 개방성의 강화이다. '고위공무원단'이란 명칭에서 알 수 있듯이 어느 기관의 고위공무원이란 의미보다 정부의 고위공무원이란 의미가 강조된다. 그러므로 고위공무원의 활용에 있어서 기관 간 구별의 의미가 약화된다. 또한 민간부문과의 구별도 약화시키고 이전보다 외부인력의 유입

---

21) 2002년 이전에는 정무직 공무원의 종류가 상세히 규정되어 있었으나, 2002년부터 그러한 규정이 삭제되었다.

22) 고위공무원단제도에 대해서는 안전행정부 정책자료의 설명을 참조.

을 용이하게 함으로써 개방성도 강화하였다. 고위공무원단제도는 미국이 1978년 공무원개혁법에 의해 최초 도입한 이후 영국, 호주, 캐나다 등 OECD 정부혁신 선도국가들이 도입·시행 중이며 우리나라에서는 2006년 7월 1일부터 시행되었다.

② 고위공무원단의 구성

고위공무원단은 행정기관 국장급 이상 공무원으로 구성된다. 일반직·별정직·계약직과 외무공무원 약 1,500여 명이 고위공무원단의 구성원이 되며, 부지사·부교육감 등 지방자치단체에 근무하는 고위직 국가공무원도 고위공무원단에 포함된다.

③ 고위공무원단제도 운영상의 특징

고위공무원단제도는 고위공무원들에 대한 일종의 관리방식이라고 할 수 있다. 즉, 고위공무원단이라고 할 때 이는 고위공무원들을 모아놓은 집합체의 의미도 있지만, 고위공무원을 관리하는 제도를 의미하기도 한다. 고위공무원단제도는 이전의 관리방식에 비해 다음과 같은 특징이 있다.

첫째, 고위공무원은 신분보다 일 중심으로 인사관리된다. 고위공무원단에서는 이전의 신분개념이 강했던 1~3급의 계급을 폐지하고 직무와 직위에 따라 인사관리를 시행한다. 따라서 공무원 간에 계급의 구분은 없고, 담당하는 직무의 책임과 난이도에 따라 등급으로 구분된다. 이에 따라, 계급에 구애되지 않는 폭넓은 인사로 적격자를 임용할 수 있게 되었다.[23] 보수의 지급도 계급과 연공서열에 의한 것이 아니라 담당하는 업무의 등급에 따라 하며, 이에 덧붙여 성과에 따른 보수를 지급한다. 즉 직무의 중요도·난이도 및 성과에 따라 보수를 차등 지급하게 된다.

둘째, 고위직의 개방을 확대하고 경쟁을 촉진한다. 고위공무원단제도에서는 민간과 경쟁하는 개방형 직위제도와 함께 타 부처 공무원과 경쟁하는 공모직위제도를 도입·운영하고 있다. 각 부처는 그 부처에 소속된 고위공무원직위를 개방형 직위 20%, 공모직위 30%, 부처 자율인사직위 50%로 구분하여 인선할 수 있으며, 공모직위의 경우에 각 부처 장관은 소속에 관계없이 전체 고위공무원단 중에서 적임자를 인선할 수 있다.

셋째, 고위공무원에 대한 성과관리가 강화되었다. 고위공무원단제도에서는 성과

23) 계급에 의한 관리를 할 경우 상위계급의 공무원을 하위계급의 직위에 보직할 경우 강등이 되기 때문에 실시할 수 없다. 그러나 직무등급에 의한 관리는 신분상의 변동이 없이 담당하는 업무의 난이도만 달라지는 것이므로 이론적으로는 임용의 폭이 넓어지게 된다.

목표 · 평가기준 등을 상급자와 협의하여 성과계약을 체결하고, 목표달성도 등을 평가하는 성과계약 등 평가제가 시행되고 있다. 평가결과에 따라 성과급이 책정되는데, 현년도 성과급은 차년도의 기본보수액 산정에 포함되므로 그 영향이 누적적으로 작용할 수 있다. 또한 직업공무원제의 근간을 유지하되, 고위직의 책임성을 높이기 위하여 성과평가 결과가 신분에 영향을 미치도록 하였다. 고위공무원의 인사는 실적주의 원칙과 정치적 중립성이 보장되며, 정년 및 신분보장제도도 시행된다. 다만, 평가를 통하여 성과와 능력이 현저하게 미달되는 공무원은 객관적이고 공정한 판단을 거쳐 공직에서 탈락되도록 하였다.[24)]

또한, 고위공무원이 되기 위해서는 후보자교육과 역량평가를 거쳐야 한다. 후보자교육은 기관의 과장급을 대상으로 고위공무원단 직위로의 진입 전에 고위공무원으로서 갖추어야 할 핵심역량에 대해 사례중심의 현장감 높은 교육형태로 운영된다. 역량평가는 고위직이 갖추어야 할 역량[25)]을 구별하여 이를 다양한 방법으로 평가함으로써, 적정수준의 역량을 갖추었다고 판정된 인력을 고위공무원단에 편입시키는 제도이다. 역량평가에서 일정수준 이상의 점수를 획득한 공무원은 고위공무원단 후보가 되며, 승진을 통하여 고위공무원으로 임용된다. 개방형직위와 같이 민간부문에서 인력이 유입될 경우에도 임용후보자는 역량평가를 받도록 하고 있다.

넷째, 고위공무원에 대한 통합관리의 개념이 강화되었지만, 각 부처의 인사자율성도 강화하였다. 종전에는 1~3급의 채용 및 승진 시마다 중앙인사기관인 중앙인사위원회의 심사를 받도록 하였지만, 고위공무원단제도에서는 진입 시에만 안전행정부의 심사를 받도록 하였다. 이후 임용은 부처가 자율적으로 실시한다. 부처에 소속된 고위공무원에 대해서는 소속장관이 인사와 복무를 관리하며, 안전행정부는 초과현원의 관리와 부처 간 이해관계를 조정하는 역할을 수행한다.

---

24) 고위공무원은 고위공무원으로 임용된 날부터 매 5년이 되는 경우 적격성심사를 받아야 한다. 또한 성과평가에 있어서 최하위등급을 총 2년 이상 받은 경우 또는 부정당한 무보직 기간이 2년에 달한 경우 심사를 거쳐 인사조치할 수 있다.

25) 역량이란, 조직의 목표달성과 연계하여 뛰어난 직무수행을 보이는 고성과자의 차별화된 행동특성과 태도를 의미한다. 곧 기존의 '능력' 개념이 개인 측면의 보유 자질에 초점을 맞춘 것이라면, 역량은 조직 측면에서 조직의 성과창출을 위한 자질이라 할 수 있다. 최근 민간부문과 해외 각국은 고위직의 선발과 능력개발의 기준으로 역량모델을 적극 활용하는 추세이다. 이는 고위직으로 갈수록 표면적인 지식 · 기술보다는 조정통합 · 전략적 사고 · 고객지향 등과 같은 역량이 직무성과에 더 큰 영향을 미치기 때문일 것이다.

2) 공직분류의 기준대상에 따른 분류: 계급제와 직위분류제

실적제의 적용과 생애성이 보장되는 공무원이라고 하더라도 사람에게 직무를 배분하기 위해서는 일정한 기준에 의한 분류가 필요하다. 이때 어떤 요소를 대상으로 하여 기준을 정하는가에 따라 분류의 방법이 달라지는데 일반적으로 공무원의 개인적 요소를 중심으로 하는 것을 계급제적 분류(rank-in-corps)라고 하고 직무의 내용을 중심으로 하는 것을 직위분류제적 분류(rank-in-job or position classification)라고 한다.

(1) 계급제

공직의 계급제적 분류는 사람에 초점을 두어 그의 특성 즉 그의 신분 · 지위 등을 기준으로 공직을 분류하는 것이다. 직무의 부여(assignment), 훈련(training), 인력활용(utilization), 계급(rank), 그리고 그에 대한 인식이 직위의 계층(hierarchy of positions)과의 관계에서보다 개인과 그가 속한 집단(corps)과 관련하여 이루어지며, 계급은 수행되어야 할 직무의 수준이나 특정한 직무의 달성 정도보다도 근무기간(length of service), 같은 집단(group) 내의 타인과의 관계 그리고 일반적 소질(general aptitude)의 제시 등과 관련이 있다(Stahl, 1983:177). 즉, 계급제는 공무원의 계급이라는 관념에 기초를 두고 사람들의 상대적인(비교적인) 지위에 따라 계급을 구분한다. 직무가 지니는 특성과 그에 결부된 조직의 구조적 특성보다는 인적 특성을 기준으로 계급구조를 형성하기 때문에 조직의 구조설계와는 별도로 직위분류설계가 이루어진다(오석홍, 1993:101).[26] 계급제는 전통적인 계급사회에 근원을 두고 있기 때문에 그 역사가 직위분류제도보다 깊다. 오늘날 계급제를 중심으로 한 분류제도를 채택하고 있는 나라는 영국 · 프랑스 · 독일 등을 들 수 있다(박연호, 1996:135).

---

26) 예들 들면, 과거 영국의 경우 중앙정부의 일반행정직을 3대계급으로 나누어 상위의 행정계급(administrative class)은 대졸학력을 가진 자로 충원하고 중간의 집행계급(executive class)은 고졸학력을 가진 자로 충원하며 하위의 서기계급(clerical class)은 그 이하의 학력을 가진 자로 충원하였고 계급 간의 이동을 제한하였다. 이러한 계급구조는 그 계급 내에 속한 각 직위가 수행하는 일의 난이도나 책임의 정도에 따라(즉, 직무의 내용에 따라) 상하가 구분되는 것이 아니고 교육정도라는 각 계급에 속한 사람의 인적 특성에 따라 계급을 구분하는 것이다. 그러므로 경우에 따라서는 상이한 계급의 직위에서 행하는 직무의 곤란도나 책임도가 같거나 역전되는 경우도 생길 수 있다. 영국은 풀턴(Fulton)위원회의 개혁안이 나온 이래 이러한 계급적 구분을 형식적으로 철폐하였으나 실질적으로는 이의 문제점을 완전히 극복하지 못하고 있다(Greenwood and Wilson, 1984:90-91, 98-101 참조).

(2) 직위분류제

직위분류제는 말 그대로 공직을 직무의 내용에 따라 분류하는 것이다. 직무는 그 직무에 부과되는 의무나 달성해야 할 책임, 그리고 그것을 달성하기 위하여 요구되는 지식과 기술에 기초하여 분석되고 같은 범주끼리 조직화된다(Stahl, 1983: 184). 직위분류는 직무의 내용을 기술하고, 범주화하며, 분석 · 평가하기 위한 기본적 과정이다. 직위의 분류를 통하여 다양한 관리목적(management purposes)이 달성될 수 있는데, 이는 개별 직위들을 그 책임이나 요구되는 자질에 따라 분류하고, 동일한 직무에 동일한 보수를 지급하고자 하는 원리(principle of equal pay for equal work)를 달성하는 데 활용될 수 있다. 즉, 직무에서 요구하는 질을 정하거나 보수수준을 정하는 데 활용될 수 있다(Warman, 1986:27). 따라서 직위분류제에서 기초로 삼는 직위는 한 사람이 수행할 수 있는 업무와 책임의 단위이므로, 그것을 담당하는 사람과는 구별되고, 개인이 직무가 요구하는 능력을 갖추었는가가 중요하지 그의 신분이나 교육의 정도와 같은 인적 특성은 중요하지 않다. 직위분류제의 효시는 1909년 미국의 시카고 시의 공무원제도에서 찾아볼 수 있고, 제도의 발달도 전적으로 미국에서 이루어졌다. 미국에서 직위분류제는 인사개혁운동의 일환으로 발달 · 적용되었다. 즉 그것은 엽관주의와 그 영향하에 만연된 과대한 보수격차에 대한 반동으로 발달되었다. 실제로 직위분류제는 개혁운동의 초기에 있어서 인사관리에 많은 공헌을 하였을 뿐 아니라, 공무원에게는 동일직무에 대한 동일보수의 실현에 확신을 안겨주었다. 오늘날 직위분류제를 중심으로 하고 있는 나라는 미국을 비롯하여, 캐나다 · 브라질 · 필리핀 등이다(박연호, 1996:135).

(3) 계급제와 직위분류제의 특성

계급제와 직위분류제의 상대적 특성을 보면 전자의 경우 장기적이고 신축적인 인력의 활용이 가능한 반면, 후자의 경우는 객관적이고 현재의 필요성에 적합한 인력활용이 가능하다고 할 수 있다.

① 계급제의 특성

계급제의 경우는 충원에서 개인적 특성과 일반적 소양을 중시하므로 동일한 인적 요소를 지닌 인력이 담당할 수 있도록 되어 있는 직위면 별다른 장애 없이 해당 인력에게 담당시킬 수 있다. 따라서 순환보직이 가능하고 조직의 변동에 대한 신축적 인력관리가 가능하다. 이러한 분류체계에서는 현재의 적합성보다 장기적 가능성에 초점을 두어 충원이 이루어지게 되며, 행정 전반에 걸친 공무원의 시야가 넓어질 수 있고 공무원 간에 협조가 용이할 수 있다.

② 직위분류제의 특성

직위분류제의 경우는 직무가 요구하는 특성에 따른 분류와 충원이 이루어지므로 현재 필요한 인력을 충원할 수 있는 등 보직관리의 합리화를 기할 수 있다. 또한 공무원에 대한 대우가 합리적 기준에 따라 이루어지며, 현재의 조직구조와 일치하는 직무구조를 형성하게 된다. 공무원의 전문성을 높일 수 있는 반면 공무원의 이동이 제한되고 협조나 조정의 문제가 발생할 경우 해결이 어렵고 신축적이지 못하다. 계급제와 직위분류제의 특성은 상대적이라고 할 수 있다.

(4) 계급제와 직위분류제의 경험[27)]

공직을 분류할 때 계급제적 분류와 직위분류제적 분류는 상호 배타적으로가 아니라 보완적으로 활용될 수 있다. 다만, 국가별로 역사적 배경에 따라 더 중점적으로 활용된 방식에 있어 차이가 나는데, 계급제적 공직구조가 근간인 대표적인 국가로 영국을 들 수 있으며, 직위분류제의 대표적인 국가로 미국을 들 수 있다.

① 계급제 실시의 경험

영국의 계급제는 일반사무계라고 할 수 있는 재무부 계급에 그 특성이 잘 나타나 있다. 재무부계급은 1921년 행정계급(administrative class), 집행계급(executive class), 서기계급(clerical class), 서기보계급(clerical assistant class)으로 구분된 이래 오랫동안 이 구조에 입각하여 운영되었다. 초기에는 각 계급의 최하위계층에서만 신규채용이 허용되고, 중간계층에서는 외부채용이 금지되는 폐쇄형 체계로 운영되었다. 또한 계급 간 이동은 제한되었다.

그러나 제2차 세계대전 후 사회적으로 전문적인 직업분야가 급속도로 진행되고, 행정서비스에 대한 수요도 증가하면서 공직구조의 개혁에 대한 요구도 많아졌다. 1968년 풀턴위원회의 보고서에 따라 이루어진 개혁에서는 종래의 4대계급을 행정직군으로 통합하였으며, 종래 행정계급에 포함되어 있던 최고위 3계층(사무차관, 부차관, 차관보)을 분리시켜 개방구조(Open Structure)라는 새로운 통합 계급구조를 설치하였다.

---

27) 공직분류의 국가별 경험에 대해서는 강성철 외(2008), pp.226-234를 중심으로 요약 정리하였음.

이후 영국의 공직구조는 공직의 개방성과 전문성을 추구하는 지속적인 개혁을 통하여 고위공무원단(Senior Civil Service)을 만들고, 고위공무원단에 속하지 않는 공무원들은 각 개별 부처 및 책임운영기관별로 별도의 분류체계를 수립하여 운영하도록 하는 데까지 변화하였다. 이제 영국의 공무원제도에서는 직종, 직군, 계급이라는 용어에 의한 구분은 더 이상 존재하지 않는다. 다만 보수(salary)와 책임도(responsibility level)에 의하여 공무원을 구분할 수 있는데, 보수는 보수등급이 직위 간의 비교를 위한 기준이며, 책임도는 8개의 수준(level)으로 구분되어 있어 이를 통하여 공무원의 직위나 등급을 어느 정도 구분할 수 있다. 그러나 각 부처에 위임된 고위공무원단 이외의 공무원은, 1996년 이전의 계급체계를 일부 가진 부처와 직무내용에 상응한 직명(job title)만을 사용하는 부처도 있기 때문에, 다양한 분류체계와 보수체계를 갖게 되어 공무원을 횡적 · 종적으로 비교하기는 어렵다(하태권 외, 1999:93-109).

이러한 공무원제도의 변화는 미국의 직위분류제보다 신축적이고 융통성 있는 공직분류체계를 형성함으로써 공무원의 능력에 따라 직무를 부여하고 이를 통하여 조직의 성과와 연계하는 공직분류체계를 형성하는 것을 보여주고 있는 것 같다. 다만 모든 부처가 계급제를 완전히 탈피하지는 못하였으나, 점점 직명과 책임도에 따라 공무원을 분류하는 경향으로 흐르고 있어 영국의 공무원제도는 이제 계급제를 포기하고 좀 더 철저한 직위분류제에 접근시켜 나가고 있다고 할 것이다.

② 직위분류제 실시의 경험

직위분류제 실시의 대표적인 국가는 미국이다. 직위분류제는 실적주의 원칙과 엽관주의에 의한 공직취임의 기회균등 사상이 부합된 결과이며, 사회의 구조분화에 의한 행정의 전문화 · 기술화의 요청을 충족시키는 것이었다. 즉, 미국의 직위분류제는 외부로부터의 채용이 언제든지 이루어지며 특정 직무의 수행능력을 중시하는 행정의 기술적 전문성을 강조하여 전문가들이 행정을 이끌어 나가게 하였다.

이러한 미국의 공무원제도는 미국적 민주주의의 이상인 기회균등의 평등사상에 부합하지만, 지나친 전문성 요구와 공무원들의 빈번한 교체로 행정의 지속성을 유지하고 분화된 행정업무를 통합하는 데 많은 어려움을 가져다주었다. 그리고 기관장들이 신축적이고 탄력적인 인사관리를 할 수 없어 자신이 원하는 공무원들을 주요 직위에 배치하기도 어려웠다. 즉, 직위분류제하에서의 고급공무원의 교류와 재임용 기회의 제한은 그들의 능력을 최대한으로 활용하는 데 지장을 초래하였다. 또한 행정의 기능이 확대되고 국가의 장기적인 계획수립과 행정의 연계성이 요청됨에 따라 전문화로 인한 세분화된 작업구조는 여러 가지 문제점을 드러내었다.

그러므로 계급제적 요소를 도입할 필요성이 여러 차례 제기되었으나 고위직에 계급제적 요소를 도입할 경우 새로운 엘리트집단 또는 새로운 계급집단을 만든다는 우려와 엽관제 폐해에 대한 인식으로 의회에서 계속 반대되었었다. 그러나 1978년 인사개혁법(Civil Service Reform Act of 1978)이 통과되어 고위공무원단(Senior Executive Service)이 설치되면서 계급제적 요소가 도입되었다.

고위공무원단에 포함되는 공무원은 특정 직무의 직위에 한정되지 않고, 기관 내에서나 기관 간의 횡적 이동이 자유롭기 때문에 기관장의 인사관리의 탄력성과 신축성을 확보해 준다. 또한 그들의 다양한 경험과 지식의 축적은 일반행정가로서의 역할과 기능을 수행하게 한다. 그리고 보수도 직무급 체계가 아니라 업적과 능력에 따라 지급되며, 기관장이 이를 결정할 수 있는 재량도 있다.

공직분류체계는 1990년 연방공무원 보수균등법(Federal Employee Pay Comparability Act)에 의하여 직위분류제를 좀 더 탄력적으로 운영하는 방향으로 개편된다. 고위공무원단으로 될 수 있었던 GS-16, 17, 18의 등급을 없애고 이들을 상위직 공무원으로 통합하였으며, 여기에도 보수지급 범위 내에서 개인에게 다양한 보수율을 통합하여 적용시키는 탄력적 분류체계(broad-banding classification 혹은 pay-banding system)를 도입하였다. 이는 등급을 없앤 상위직 공무원에게도 고위공무원단에게 적용하던 계급제적 요소를 도입하여 행정의 신축성과 탄력성을 향상시키려는 것이다.

그리하여 미국의 공무원제는 1978년 이전에는 일반직 보수표에 의한 공무원과 고위직 보수표에 의한 공무원의 2계층으로 구분하던 것을 지금은 상위계층을 더욱 세분하여 계급제적 요소를 강화하였다. 그러면서 각 계층의 계급제적 운영을 지양하기 위하여 개인의 능력과 성과에 따라 보수체계를 탄력적으로 운영함으로써 인사행정의 신축성과 행정의 전문성을 동시에 확보하려 한다.

③ 우리나라의 경험

우리나라 공직의 분류체계는 일반적으로 계급제라고 알려져 있다. 그러나 직렬과 직급으로 구분된 분류체계는 외형상 오히려 직위분류제적인 모습을 보여준다. 우리나라의 공무원제도는 1963년 전면 개정된 국가공무원법의 내용을 기본골격으로 하고 있다. 직종, 직렬, 직군과 같은 용어는 1961년부터 공무원임용령에 언급되었으나, 1963년부터 직위분류제가 국가공무원법에 규정되어 일반직의 직위는 직위분류제에 의하여만 분류되도록 하였다. 그리고 이에 근거하여 1963년 11월에는 직위분류법이 제정되어, 1967년부터 직위분류제를 시행토록 하였다. 그러나 직위분류제의 실시는 직무분석과 같이 많은 준비를 필요로 할 뿐 아니라 제도 자체에 대한 공무원들의 이해도 있어야 한다. 그런데 당시에는 이러한 준비를 할 수 있는 역량도 충분치 않았었으며, 준비가 미흡한 채로 시도되었던 직위분류제는 1973년 직위분류법이 폐지됨으로써 중단되었다. 그리고 국가공무원법에서 일반직을 직위분류제에 의해서만 분류하도록 한 조항도 삭제되었고, 직위분류제는 그 실시가 용이한 기관이나 직무의 종류 및 직위부터 단계적으로 실시한다고 규정되었다. 그러나 그 이후 아직까지 직위분류제를 전면적으로 다시 실시하려는 시도는 없었고, 그 필요성의 주장과 직무분석에 대한 요구 및 부분적인 직무분석 실시 그리고 고위공무원단제도의 도입이 있었다.

그럼에도 불구하고 우리나라 공무원의 분류체계는 직위분류제적 형태를 띠고 있다고 할 수 있다. 다만, 그 운영에 있어서 다음과 같은 점 때문에 계급제적 특성이 더 강하게 부각된다고 할 수 있다.

첫째, 각 직위의 직무내용에 대한 명확한 분석과 설명이 부족하다. 각 직위는 직급이 부여되어 있으나, 구체적으로 어떤 종류의 직무를 수행하는지, 직무를 수행하기 위하여 어떤 자격요건이 필요한지, 어느 정도의 책임성이 요구되는지에 대하여는 알 수 없으며, 조직의 계층구조에 의하여 계급이 부여되어 있다. 그러므로 직위분류제의 특징인 직무내용에 입각한 합리적인 보직관리와 임용, 보상이 이루어지기 어렵다. 그보다는 개인의 교육정도나 경력 등의 인적 특성이 보직관리에 더 영향을 미친다.

둘째, 매우 다양한 직렬을 설정하고 있으나 행정직렬에 포함된 직위가 불균형적으로 많다. 그런데 행정직렬이 포함하고 있는 직위의 종류가 많고 다양한 데 비해서 동일직렬에 속해 있으므로 보직에 제한을 두기 어렵다. 그렇기 때문에 직무내용에 따른 전문적 보직관리를 하기가 어렵고, 공무원 개인도 순환보직을 통해서 같은 직급이라면 다양한 업무영역을 경험하게 된다. 전문성 확보의 요구에 따라 직렬을 직류로 세분화하였지만, 신규채용 시에는 이러한 세분화가 반영되더라도, 이후 보직관리에 적극적으로 반영되고 있지는 않다. 이러한 보직관리는 직위분류제의 개념과는 거리가 있는 것이며, 개인적 특성에 맞다면 폭넓게 직무를 담당할 수 있는 계급제적 특성을 나타내는 것이다.

셋째, 공직의 운영이 폐쇄적이었다. 직위분류제에서는 직무의 내용에 근거한 임용을 하기 때문에 업무전문성과 능력만 확인이 되면 중간계층의 직위를 외부인력으로 충원하는 것에 대한 제한이 없다. 그러나 계급제에서는 계급의 맨 하위계층에서만 외부충원이 이루어지는 폐쇄성을 보인다. 그런데 우리나라에서는 외부충원이 주로 5급, 7급, 9급에서만 거의 이루어지며 특히 상위직의 충원은 거의 승진에 의해서만 이루어졌기 때문에 폐쇄성을 띠고 있다.

그러나 우리나라도 행정환경의 변화에 따라 변화하고 있다. 특히 1990년대 후반부터는 많은 제도개혁이 있었다. 고위공무원단제도는 공직의 개방성과 전문성을 강화한 중요한 변화이며, 이의 시행을 위하여 직무분석도 실시되었다. 또한 성과중심성의 강화, 개방형제도의 도입과 확대 등은 자연스럽게 직무분석의 필요성을 높임으로써 이것도 지속적으로 시도되고 있다. 따라서 앞으로는 직위분류제적인 특성이 우리나라의 공직분류체계에 좀 더 많이 반영될 것이 예상된다.

3. 직무의 분석 및 직위분류제의 실시

직위분류제의 특성에서 언급했듯이 현재의 합리적 인사행정을 위해서는 직무중심으로 공직구조를 형성하는 것이 바람직하다. 그런 의미에서 우리나라에서도 직위분류제를 충실히 수행할 것이 요구된다. 공직을 직위분류제의 개념에 따라 분류할 경우 반드시 필요한 절차가 직무분석이다. 왜냐하면 직위분류제는 직무를 중심으로 공직을 분류하는 것이기 때문에 각 직위에서 수행되는 직무의 내용이 정확하게 밝혀져야 하기 때문이다. 이에 비해서 계급제적 분류는 사람의 신분이나 특성에 초점을 맞추므로 직위가 가지고 있는 직무의 내용에 대하여 상세하게 확인할 필요성이 적어진다. 그러므로 직위분류제를 실시한다면 반드시 직위에서 수행되는 직무의 내용을 확인하는 직무분석이 수행되어야 한다.

1) 용어 및 개념

인사행정은 공직에 공무원을 배치하고 직무를 부여하는 것이 핵심이다. 그리고 이를 위하여 공직을 분류하고, 공직구조를 형성한다. 이러한 과정을 정확하게 이해하기 위해서는 먼저 사용되는 주요 용어와 개념을 이해할 필요가 있다. 특히 직위분

류제를 실시함에 있어서는 다음의 개념을 사용하여 직무의 종류를 구분한다.[28]

직위(Position) : 한 개인에 의해 수행되는 책임과 의무의 집합이다. 이 책임과 의무가 그 직위에서 수행해야 되는 일의 내용이 된다. 그러므로 직위란 분류의 기초가 되는 일의 단위이며, 한 사람의 직원이 맡아 수행할 것을 전제로 한다. 조직에는 조직원 수만큼의 직위가 있다.

직렬(series) : 직무의 종류가 유사하고, 그 곤란성과 책임의 정도가 서로 다른 직무의 군(群)을 의미한다. 예를 들어 행정직렬과 교정직렬이라고 하면 각각의 직렬에 포함되는 직무의 특성이 달라지지만, 행정직렬에 포함되어 있는 직무들은 그 특성이 비슷하다고 볼 수 있다. 그러나 같은 행정직렬에 포함되어 있는 직무라고 하더라도 더 어려운 직무가 있고 더 쉬운 직무가 있기 때문에 직무 간 곤란성과 책임의 정도는 달라진다.

직류(sub-series) : 동일한 직렬 내에서 담당분야가 동일한 직무의 군(群)을 말한다. 즉, 직렬을 더 세분한 것이 직류이다. 예를 들어 행정직렬이라고 하더라도 그 분야에 따라 일반행정, 재경, 법무 등의 직류로 더 세분화할 수 있다.

직군(occupational group) : 직무의 종류가 광범위하게 유사한 직무의 군(群)을 말한다. 즉, 직류와는 반대로 비슷한 성격을 가진 직렬끼리 묶어놓은 것이 직군이다. 예를 들면 행정직렬, 세무직렬, 사회복지직렬 등을 기계직렬, 전기직렬, 금속직렬 등과 구분해서 전자를 행정직군으로 후자를 광공업직군으로 묶을 수 있다.

직급(class) : 직무의 곤란성, 책임도 및 종류가 상당히 유사한 직위의 군(群)을 의미한다. 같은 직급 내의 직무는 그 곤란성과 책임도가 유사하기 때문에 동일한 대우를 할 수 있다. 또한 직무의 종류가 유사하므로 임용자격이나 시험 등에 있어서 같은 취급을 할 수 있다.

등급(grade) : 직무의 곤란성과 책임도, 자격수준이 상당히 유사하여 동일한 보수를 지급할 수 있는 직위의 군(群)을 의미한다. 직무의 종류가 유사한지를 따지지 않는 면에서 직급과 개념상 구별된다. 또 하나의 유사한 개념으로는 계급이 있다. 계급도 직무의 곤란성과 책임도 등의 차이에 의하여 직위를 구분하는 개념이지만, 보수지급이라는 관점에서 보는 것이 아니라 직위의 높고 낮음을 나타내는 신분의 관점에서 사용하는 개념이다. 그러므로 어떤 직위를 등급으로 구분할 때는 그 직위가

---

28) 이러한 용어 또는 개념들은 인사행정에서 매우 자주 사용되는 것들이다. 그러므로 이에 대하여 정확히 알고 있는 것이 현상을 이해하는 데 도움이 된다.

수행하는 직무의 난이도나 책임성이 차이가 있음을 나타내는 것이며, 계급으로 구분할 때는 그 직위가 위치한 신분상의 높낮이를 나타내는 것이다.[29]

예를 들어 우리나라의 일반직 국가공무원은 최고 고위공무원단부터 최하 9급까지 8개 계급으로 구분되어 있는데 행정직렬의 5급 공무원은 계급은 5급이고 직급은 행정사무관이며, 기계직렬의 5급 공무원은 직급이 기계사무관이다. 등급은 고위공무원단의 직위에만 적용되고 있는데, 가등급과 나등급으로 구분한다.

2) 직위분류제의 실시절차

직위분류제를 실시한다는 것은 직무내용이 비슷한 직위끼리 수평적 · 수직적으로 묶어주는 것이다. 그러므로 직위분류제를 수립하는 과정은 먼저 직무의 내용을 조사하고, 조사된 내용을 분석 · 평가하여 비슷한 직위끼리 묶어주는 것이 일반적인 절차이다. 이를 그림으로 나타내면 다음과 같다. 이 중에서 핵심적인 직위분류제의 수립절차는 직무조사에서부터 정급까지이다.

그림 2-2 직위분류제의 수립절차

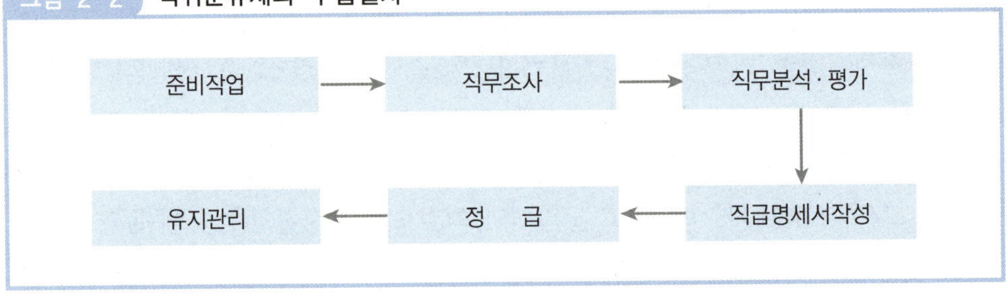

(1) 준비작업

직위분류제를 실시하기 위해서는 사전에 충분한 준비를 하여야 한다. 무엇보다 직위분류제를 실시한다는 사실과 그 의의에 대해서 공무원들이 충분히 인식하고 있

29) 우리나라의 고위공무원단에서는 고위공무원의 직위를 계급이 아닌 직무등급으로 구분한다. 계급제는 공무원을 개인이 가진 능력 · 자격 · 학력 등을 기준으로 분류하는 사람 중심의 인사제도인 반면, 직무등급제는 다수의 직위를 직무의 곤란성과 책임도를 기준으로 분류하는 직무 중심의 인사제도이다. 계급제하에서는 공무원이 계급에 따라 인사 · 보수상 달리 취급되나, 직무등급제하에서는 직위에 부여된 직무등급에 따라 보수가 차등지급되며, 이외에 인사상 달리 취급하는 것은 아니다(행정안전부, 2010:234).

어야 하며, 가능하면 공무원들의 적극적인 동참을 유도할 수 있어야 더 효과적이다. 왜냐하면 직무의 내용을 확인하기 위해서는 그 직무를 수행하는 공무원들로부터 필요한 정보를 정확하게 획득하여야 하므로 공무원들의 적극적 협조가 반드시 필요하기 때문이다. 이외에도 필요한 법령의 제정, 분류기술의 확보, 주도기관의 선정이 있어야 하며, 직위분류제를 적용할 대상 기관 및 직위의 범위도 정해야 하며, 작업기간, 분류된 공직구조의 점검주기도 충분히 검토되어야 한다.

(2) 직무조사

분류할 직위들의 직무내용 및 관련 자료를 수집하는 것이 직무조사의 단계이다. 주요 자료로는 수행하는 과업의 내용, 책임과 권한의 정도, 필요한 지식, 기술 또는 자격요건, 다른 조직원과의 업무관계 등이다. 구체적인 방법은 직무분석에서 다시 설명할 것이다.

(3) 직무분석

직무분석은 각 직위의 직무내용을 분석하여 같은 종류별로 묶는 작업이다. 이를 통하여 직렬과 직군이 형성된다. 이는 정해진 공식이나 기계적 절차에 의해 시행될 수 없으며, 논리적 사고를 통해 진행된다. 즉, 어떤 기준과 요소들에 의해 직위의 종류를 나눌 것인가를 정하고 이를 논리적이고 일관되게 적용하여 분류를 하는 것이다.

직무분석을 통하여 유사한 직위들을 묶어서 직렬을 만들 경우 가능하면 직렬 간 균형을 맞추는 것이 좋다. 이것은 직렬에 포함되는 직위의 수, 승진계통 등을 감안하여 직렬구분을 하는 것이다. 또한 직무의 전문성도 감안하여야 한다.

(4) 직무평가

직무평가는 직위들 간의 높낮이를 구분하는 것이다. 넓은 의미에서 직무분석을 말할 때에는 직무평가도 포함되지만, 구체적으로는 각 직위의 높낮이를 정하는 과정을 따로 구별하여 직무평가라고 한다. 직무평가는 직무의 책임성이나 곤란성을 기준으로 직위의 수준을 정하는 것이므로 이를 통하여 직급체계가 형성된다. 또한 직무급의 실현에 긴밀한 관계를 가진다.

직무평가의 결과 직급체계가 형성되면 각 직급의 특징에 대한 설명이 있어야 한다. 이를 직급명세서[30]의 작성이라고 한다.[31]

---

30) 미국의 U.S.Code에는 GS-1부터 GS-15에 이르기까지 각 등급에 속하는 직위들의 표준적 내용을

(5) 정급

정급은 분류대상 직위를 각 직급에 배정하는 것을 말한다. 직무분석과 직무평가를 통하여 각 직위의 직무내용이 파악되면, 관계자들과 협의하여 각 직위의 직급을 결정한다. 그리고 기관별로 정급표(allocation list)를 작성하여 배포함으로써 각 공무원들이 자신의 직위가 속한 직급을 알 수 있도록 한다.[32] 공무원이 정급에 이의가 있을 경우는 이의제기와 기관의 판단을 거쳐 정급된 내용을 시정할 수 있다.

(6) 유지관리

정급이 끝나면 일단 공직구조 또는 분류체계의 수립이 완료되었다고 할 수 있다. 그러나 미처 발견하지 못했던 문제점이 발견되거나, 행정환경의 변화에 따라 직무내용이나 난이도, 중요성 등이 변화되므로 분류체계도 달라져야 한다. 그러므로 유지와 보완을 위한 지속적인 관리노력이 있어야 한다. 특히 중앙인사기관 또는 분류담당기관은 주기적인 점검을 실시할 필요가 있다.

3) 직무분석의 의의와 목적

직위분류제에 따른 공직구조를 구축하기 위해서는 직무분석과 평가가 선행되어야 한다. 그러나 직무분석이 항상 직위분류제의 실시를 위해서만 수행되는 것은 아니다. 직무분석은 직무의 내용을 확인하는 것이므로 다양한 목적에 따라 수행될 수 있다. 직위분류제의 실시를 위하여 직무분석을 할 경우에는 직무의 종류를 구분하고 업무수행의 난이도를 결정하는 데 주 목적이 있지만, 때로는 업무량의 조정을 위해

명시함으로써 등급에 속한 직무의 특성을 알 수 있도록 하였다. 이에 의하면 "GS-15에 속하는 직위는 행정상의 일반적 지시(general administrative direction)에 따라, 해당 직무를 수행함에 조예가 깊거나 리더십을 가지고, 높은 난이도와 책임성, 고도의 독립적 판단을 할 수 있는 직무범위가 부여된 직무를 수행하는 직위, 국(bureau) 내에서 주요 부서의 장이나 그와 동등한 수준의 역할을 수행하는 직위, 책임성과 난이도가 높은 전문적인 계획을 수립하고 지시하거나 수립하고 집행하는 직위… GS-1에 속하는 직위는 다른 사람의 직접적인 지시를 받으며 직무를 수행하고, 독립적인 판단을 할 수 있는 권한이 없고, 단순하고 반복적이거나 초보적인 기술을 필요로 하는 일을 하는 직위"라고 설명되어 있다(U.S.Code, TITLE 5, PART Ⅲ, Subpart D, CHAPTER 51, Sec. 5104. Basis for grading positions).

31) 우리나라의 공직구조에는 계급과 직급이 있으나, 여기에 속한 직위들의 특징에 관한 공식적 규정은 없다. 이로 인해 직급과 직무의 난이도 및 책임성이 일치하지 않는 결과가 발생한다.

32) 우리나라에서는 각 기관별 직제를 통하여 과장급 이상 직위의 직급을 표시하고 있다. 그러나 직제에는 해당자의 직급 및 업무의 내용만 기술되어 있을 뿐, 난이도와 책임도에 대한 설명이 없으며, 모든 직위의 직급표시가 있는 것도 아니므로 직급명세서와 같은 정보를 제공하지 않는다.

서나 적정 인력의 산정을 위해서 혹은 어떤 다른 목적을 위하여 직무분석이 실시되기도 한다. 일반적으로 직무분석은 다음과 같은 용도에 활용될 수 있다(Foster, 2010:588-592 참조).

첫째, 직무내용의 확인이다. 직무분석을 통하여 특정 직위에서 기본적으로 수행되는 직무의 내용과 특성을 알 수 있으며, 이를 통하여 직무기술서를 작성할 수 있다. 또한 사람들로 하여금 그 직위의 특성이 무엇인지를 사전에 알 수 있게 한다. 직무의 난이도와 책임도를 알 수 있으므로 직무평가에 필요한 정보를 제공한다. 또한 직무를 수행하는 데 좀 더 적합한 환경이나 직무수행과정을 확인할 수 있으며, 필요한 법적 조건이나 안전요건 등도 확인할 수 있다.

둘째, 공직구조의 형성이다. 직무를 그 내용이나 필요한 지식이나 기술 등에 따라 종류별, 난이도별로 구분함으로써 공직구조를 수립할 수 있다. 또한 새로운 직위의 신설이나 기존 직위들을 재구조화하는 데 필요한 정보를 제공한다.

셋째, 조직의 분석이다. 직무분석을 실시하는 과정에서 조직원들에 대한 면접조사는 조직원들로 하여금 실제로 수행해야 하는 직무의 내용이나 거두어야 하는 성과 및 그 판정기준 등에 대하여 깨닫게 한다.

넷째, 효율적 인력관리이다. 직무의 특성을 확인함으로써 각 직위에 보다 적합한 인력을 임용할 수 있으며, 직무분석을 통해 획득한 정보의 토대 위에서 각 직위에 대한 성과평가체제를 구축할 수 있다.

다섯째, 능력발전이다. 직무분석을 통해 획득한 정보는 어떠한 교육훈련이 필요한지를 알 수 있게 한다. 또한 각 직위 간의 직무관련성을 알 수 있게 함으로써 조직원으로 하여금 원활한 경력발전계획을 세울 수 있도록 한다.

4) 직무분석의 방법

(1) 직무분석의 일반적 절차

직무분석의 상세한 방법과 기술은 구체적인 경우에 따라 달라지겠지만, 일반적으로 직무분석에서 밟는 절차는 다음과 같다(오석홍, 1993:148-149).

첫째, 분류에서 고려되어야 할 직무내용을 확인한다. 조사대상이 된 직위에서 직위분류에 영향을 주지 않을 경미한 직무들은 배제하고 주요 직무내용을 확인한다.

둘째, 직무의 구성요소를 세밀히 구분하여 분류요소의 목록을 만든다.

셋째, 기준직위를 선정하여 분석하고 분류요소의 목록에 맞추어 분류요소표를 만든다. 적은 수의 직위를 분석할 때에는 기준직위의 선정이 필요없겠으나, 분류할 대상이 방대한 경우에는 기준직위의 분류요소표를 미리 만들어 두어야 한다.

넷째, 분류될 직위들의 분류요소를 기준직위의 분류요소표에 비추어 분석하여 유사한 직위들을 가려낸다.

그러나 이러한 절차가 모든 직무분석에서 일반적으로 수행되는 것은 아니다. 공직을 분류하여 직무구조를 형성하려 할 때는 위의 절차가 수행될 수 있으나, 각 직위의 직무값을 산정하는 직무평가가 주 목적이든지, 적정인력 산정을 위한 업무량 확인을 위한 것이라면 다른 절차, 예를 들어 기준직위의 확인이 불필요할 수도 있다. 중요한 점은 분석방법과 절차를 분석목적에 맞게 정해야 한다는 것이다. 이외에도 직무조사방법의 실용성이나 직무분석에 들어가는 비용도 감안해야 한다.

(2) 직무분석요소

어떠한 목적이나 방법에 의한 직무분석을 수행하더라도 확실히 해야 할 것은 무엇을 중점적으로 분석할 것인가 하는 점이다. 이를 직무분석요소라고 할 수 있는데, 직무분석을 통하여 얻고자 하는 정보를 제공할 수 있는 요소들을 말한다.

그러므로 직무분석요소도 분석의 목적에 따라 달라질 수 있다. 예를 들어 직무의 종류를 구분하려면 필요한 능력이나 교육내용, 도구, 물리적 근무환경, 다른 직위와의 관련성 등이 분석되어야 할 것이다. 반면에 업무량을 확인하기 위한 것이라면 직무의 세부종류에 따른 업무수행시간, 빈도, 중요성 등이 분석되어야 한다.

일반적으로 조사되는 요소들은 직무수행에 필요한 지식, 기술, 능력, 기타(KSAOs: Knowledge, Skill, Ability, Others)인데, 이외에도 주요 직무의 종류, 특성(예: 감독, 지도, 분석, 집행 등), 경력, 다른 직위와의 관련성, 업무의 중요도 등이 많이 분석된다. 다음에 제시되는 실제 사용된 분석방법들을 보면 분석된 주요 요소들을 알 수 있다.)

(3) 직무분석방법의 예[33)]

① 도약특성분석법(TTA: Threshold Traits Analysis)

이 방법은 1970년대 초에 로페즈(Felix Lopez)에 의해 개발된 것이다. 이 방법은

33) Foster(2010), pp.598-610 요약.

직위에서 요구되는 기능을 성공적으로 수행하기 위하여 필요한 그 직위기능(job function)과 인적 특성(personal traits)에 초점을 맞춘 것이다. 직위기능은 구별되는 활동 또는 과업(task)과 그 활동이 수행되는 환경 또는 그 수행에 필요한 조건(demand)으로 구성된다. 특성(trait)은 한 개인을 다른 개인과 구별할 수 있는 관찰된 특징이다. 조사와 분석을 통하여 33개의 일반적 특성이 구별되었으며, 이것은 물리적(physical), 정신적(mental), 학습적(learned), 동기부여적(motivational), 사회적(social) 그룹의 5개 범주(category)로 분류되었다.

② **결정적 사건 기법(CIT: Critical Incident Technique)**

이 방법은 1954년에 플라나간(Flanagan)이 훈련수요 측정과 성과평가를 위한 도구로서 개발한 것이다. 이것은 예외적으로 좋은 성과를 보이거나 나쁜 성과를 보이는 인력의 구체적 행태의 예를 찾아내는 데 활용되었다. 이 방법에 의한 직무분석의 절차는 다음과 같다.

첫째, 직무에 대하여 잘 아는 사람으로 하여금 좋은 성과와 나쁜 성과의 결정적인 사건을 제시하도록 한다. 둘째, 직무전문가(job experts)로 하여금 각 사건이 우수한 혹은 저조한 성과를 예시하는지를 결정하도록 한다. 셋째, 분석가가 결정적 사건들을 범주(category)별로 또는 영역(dimension)별로 분류한다. 넷째, 별도의 판정가가 분석가에 의해 선택된 영역을 확정한다. 다섯째, 영역들이 발표되고 각 영역에 포함된 결정적 사건들에 의해 정의된다.

이 방법은 직무행태의 구체적인 예를 파악하기에 매우 좋은 방법이다. 그러나 직위가 기본적으로 요구하는 요소에 초점을 맞추지 않기 때문에 직무분석을 하는 단일한 기법으로 활용해서는 안 된다.

③ **직무요소방법(Job Elements Method)**

이 방법은 1975년 프리모프(Primoff)가 미국 연방정부에서 활용하기 위하여 개발한 것으로서 직무의 성과에 필요한 직무수행자의 특성에 초점을 맞추고 있다. 이 요소들은 지식, 기술, 능력과 다른 특성들(KSAOs)로 구성되어 있다.

이 방법에 의한 직무분석은 직무전문가(job experts)들의 회의를 필요로 하는데, 여기서 직무성과에 필요한 요소들이 확인된다. 보통 50개 이상의 특성들(KSAOs)이 구별된다. 이 요소들은 같은 직무전문가나 또는 다른 직무전문가들에 의해 4가지의 척도(scales)로 측정된다. 즉, 겨우 받아들일 만한 수준의 근로자가 지닌 요소의 한계

(extent), 평균적인 근로자와 우수한 근로자를 구별하는 요소의 중요성, 어떤 요소가 고려되지 않았을 경우 직면하게 되는 문제들의 양, 그 요소를 가지고 있을 것을 응시자들에게 요구할 때의 실용성 등이다. 이 척도들에 의해 평가된 결과는 복잡한 조합을 거쳐 각 요소들의 비중을 결정한다. 비슷한 요소들은 같은 범주로 분류되고, 그것들의 여러 비중은 선발이나 훈련 기타 다른 목적에 활용된다.

④ 직위분석설문법(Position Analysis Questionnaire)

이 방법은 1970년을 전후하여 퍼듀대학의 맥코믹(McCormick) 등에 의하여 개발되었다. 이 설문에는 194개의 항목이 포함되어 있는데, 그중 187개는 직무수행 활동이나 상황과 관련된 것이고 나머지는 보상에 중점을 둔 것이다. 항목들은 여섯 가지의 분야(divisions)로 나뉘는데, 정보입력(information input), 정신적 과정(mental process), 작업산출(work output), 다른 사람과의 관계(relationship with other persons), 직위의 직무내용(job context), 직위의 직무특성(job characteristics)이다. 또한 각 항목은 몇 가지 척도에 의하여 평가된다. 즉, 활용빈도, 작업시간의 양, 직위에서의 중요성, 발생 가능성, 실용성 등이다.

이 방법에 의한 기본적 직무분석 절차는 다음과 같다. 첫째, 직무분석가가 이 방법에 익숙해지도록 한다. 일정기간의 훈련을 실시할 수 있다. 둘째, 분석가가 가능한 한 분석된 직위에 대하여 학습한다. 면접이나 관찰과 같은 방법이 사용될 수 있다. 셋째, 분석가가 직위에 대한 자신의 이해를 바탕으로 설문을 완수한다. 넷째, 완성된 설문지에 컴퓨터로 점수를 부여한다(computer scoring). 다섯째, 점수가 부여된 결과는 분석대상이 된 직위의 대강(profile)과 함께 다시 분석가에게 보내진다. 결과는 다양한 목적에 활용될 수 있다.

⑤ 기능적 직무분석법(Functional Job Analysis)

이 방법은 시드니 파인(Sidney Fine)과 그 조력자들에 의하여 수년간 시행된 조사를 바탕으로 한 것이다. 이 조사는 1950년대부터 시작되었는데 그 결과의 하나가 미국 노동성의 직업명사전(Dictionary of Occupational Titles)이다. 이 사전에서는 수천 개의 직무(job)에 대해 상세히 서술하고 있으며, 이 서술들과 관련하여 코드(DOT code)가 부여되어 있어 많은 직무들 간에 쉽게 상호 비교할 수 있도록 하고 있다.

이 방법은 점직자, 그의 상관 그리고 직무분석가로 하여금 각 점직자가 실제로 수행하는 과업의 내용에 대하여 자세하게 기술하도록 한다. 기술된 내용들은 누가

(who), 어떤 행위를 수행하며(performs what action), 무엇을 완료하고(to accomplish what), 어떤 도구를 사용하며(with what tools), 어떤 지시에 대응하는가(upon what instructions)의 다섯 가지 기본질문에 답하는 것이어야 한다.

과업이 정확하게 정의되었으면 직무분석가나 점직자는 근로자 지향적 척도(worker-oriented scales)를 사용하여 과업의 복잡성(complexity)을 측정한다. 이 척도들은 데이터(data: 근로자가 정보나 아이디어, 사실 등을 다루는 방법), 사람(people: 근로자가 관계하는 협력자, 고객), 사항(things: 기계, 도구, 시설 등과 관련된 수준)의 세 가지 영역에서 복잡성의 수준을 측정한다. 그리고 분석가나 점직자는 복잡성의 수준을 구체화하는 외에 각 직무가 세 가지 영역에 얼마나 관련되어 있는지의 정도도 결정해야 한다. 백분위가 사용되며, 세 영역에 배정된 비율의 합은 100이다.

⑥ 기타 방법

플레쉬맨 직무분석조사(Fleishman Job Analysis Survey)는 근로자에게 요구되는 사항에 초점을 맞추었다. 근로자의 특성은 인지(cognitive), 정신운동성(psychomotor), 물리적 요소(physical), 지각(sensory and perceptual), 상호성(interactive and social), 지식(knowledge), 기술(skills)의 여섯 범주로 분류된 72가지 능력으로 구성된다. 각 능력은 직무와 관련하여 행태척도등급(behaviorally anchored ratings)으로 평가된다.

직무구성명세법(Job Components Inventory)은 도구(tools and equipment), 인식이나 물리적 조건(perceptual and physical requirements), 수학적 능력(mathematical requirements), 의사소통능력(communication requirements), 의사결정과 책임(decision making and responsibility)의 다섯 가지 범주에 관한 400개의 설문으로 구성되어 있다. 이 방법은 주로 낮은 지위의 근로자 또는 입직자의 직무를 대상으로 한 것이다.

직업정보네트워크(O*NET: The Occupational Information Network)는 정보화시대에 직업명사전을 대체하기 위한 것이다. 이것은 내용모델(content model)을 사용하여 개발되었다. 근로자의 지식, 기술, 태도, 작업조건, 작업내용 등을 포함한 직업에 관한 정보와 노동시장, 과업의 내용과 기대되는 산출 등의 정보를 제공한다. 직업정보네트워크는 개별 직업에 대한 구체적 정보보다는 각 직업 간의 비교를 위한 정보를 제공하는 데 주안점을 두고 있다.

(4) 직무조사

직무조사는 분석할 직위에 대하여 필요한 정보를 수집하는 과정이다. 이 과정에는 조사방법론에서 사용되는 일반적인 방법들이 사용된다. 대표적인 것으로는 조사표를 활용한 방법, 면접방법, 관찰방법 등이 있다.

그림 2-3 직무조사표(예)

직위분석정보양식

직위명 ______________________ 날짜 ______________________

직무코드 ______________________ 부서 ______________________

상급자 직위 ______________________

근무시간 ________ 시부터 ________ 시까지

분석자 성명 ______________________

1. 이 직위에서 수행하는 직무의 전반적 목적은 무엇인가?

____

2. 만일 이 직위의 점직자가 타인을 감독한다면 그 직위명을 모두 쓰시오. 만약 같은 직위명을 가진 사람이 복수라면 직위명 옆에 ( )를 하고 숫자를 쓰시오.

____

3. 상급자들이 수행해야 하는 기능에 체크하시오.
   - ❒ 훈련
   - ❒ 성과평가
   - ❒ 감독
   - ❒ 예산편성
   - ❒ 코칭/상담
   - ❒ 기타(구체적으로)

4. 점직자가 받은 감독의 유형과 정도

____

5. 직무내용 : 점직자가 수행하는 일의 내용을 간략히 기술하시오. 가능하다면 그것을 어떻게 수행하는지도 기술하시오. 다음 범주의 내용을 포함시키시오.
   a. 일상업무(매일 또는 거의 매일 규칙적으로 수행하는 업무)

   ____

   b. 주기적 업무(주간, 월간, 계간 또는 다른 주기별로 수행되는 것)

   ____

   c. 불규칙적으로 수행되는 업무

   ____

6. 점직자가 불필요하게 수행하는 업무가 있습니까? 있다면 기술하시오.

____

7. 점직자가 직무명세서에 정확히 포함되지 않은 직무를 수행한다면, 그 건을 기술하시오.

____

8. 교육 : 직무수행에 필요한 교육을 체크하시오.
   - ❒ 공식교육 불필요
   - ❒ 중졸
   - ❒ 고졸
   - ❒ 전문대졸
   - ❒ 4년대졸
   - ❒ 대학원졸 이상
   - ❒ 전문자격증(자세히)

9. 경험 : 직무를 수행하기 위해 요구되는 경험의 정도
   - ❒ 없음
   - ❒ 1개월 미만
   - ❒ 1개월 이상 6개월 미만
   - ❒ 6개월 이상 1년 미만
   - ❒ 1년 이상 3년 미만
   - ❒ 3년 이상 5년 미만
   - ❒ 5년 이상 10년 미만
   - ❒ 10년 이상
10. 장소 : 직무가 수행되는 장소(필요한 경우 간단히 설명하시오.)
    - ❒ 건물 외부
    - ❒ 건물 내부
    - ❒ 지하
    - ❒ 동굴이나 굴착지
    - ❒ 흩어진 지역
    - ❒ 기타(서술하시오.)
11. 환경적 조건 : 직무가 수행되는 곳에 있는 환경조건(문항 뒤에 그런 조건을 얼마나 자주 마주치게 되는지 쓰시오.(거의, 가끔, 늘))
    - ❒ 진흙이나 오물
    - ❒ 먼지
    - ❒ 열
    - ❒ 냉기
    - ❒ 소음
    - ❒ 증기
    - ❒ 냄새
    - ❒ 습기
    - ❒ 진동
    - ❒ 갑작스러운 기온 변화
    - ❒ 어둠 또는 희미한 빛
    - ❒ 기타(서술하시오.)
12. 건강과 안전 : 보호조치가 제공되어야 하는 건강이나 안전과 관련된 조건(문항 뒤에 그런 조건을 얼마나 자주 접하게 되는지 쓰시오.)
    - ❒ 고공의 근무지
    - ❒ 기계적 위협
    - ❒ 폭발
    - ❒ 전기적 위험
    - ❒ 화재의 위험
    - ❒ 방사능
    - ❒ 기타(서술하시오.)
13. 도구나 설비 : 규칙적으로 지원되어야 하는 기계, 도구, 설비 또는 기타 필요한 것을 간략히 서술하시오.

    ___

14. 구체적인 작업표준이 있습니까?(허용되는 실수 범위, 작업시간 등) 있다면 무엇입니까?

    ___

15. 직무를 수행하기 위해 요구되는 인적 특성(구체적 습성, 신체적 특성, 개성 등)이 있습니까?

    ___

16. 일반적 직무수행과정에서 지원해야만 할 가능성이 있는 예상되는 문제가 있습니까? 있다면 기술하시오.

    ___

17. 직무가 성공적으로 수행되었을 때의 결과를 기술하시오.

    ___

18. 이 직무가 제대로 수행되지 않았을 경우 어떤 심각한 문제가 있습니까? 직무관련자 중 누가 또는 무엇이 영향을 받습니까?

    ___

[참고 : 이 표는 제조업에 해당되는 것임. 그러나 다른 직종에도 적용할 수 있음.]

* 출처 : Dessler(2005), *Human Resource Management*, 10th ed. pp.118-119.

조사표의 활용은 조사해야 할 내용을 설문형태로 만들어서 점직자나 관련자들로부터 응답을 받는 방법이다. 직무분석에서 활용되는 대부분의 방법들은 이러한 조사표를 사용하여 필요한 정보를 획득한다. 조사표를 활용했다고 하더라도 면접이나 관찰을 통하여 반드시 보완하여야 한다.

면접은 전문가나 점직자 또는 상관이나 고객과 같은 관련자들로부터 직접 정보를 획득하는 방법이다. 직무분석에서는 면접방법이 매우 중요한데, 직무수행에 관한 실제 사항을 알아야 하기 때문이다. 많은 사람을 면접하기 어렵다고 하더라도 대상직무를 잘 아는 사람에 대한 조사는 반드시 필요하다.

관찰은 직무수행과정을 조사자나 분석가가 직접 보거나 경험하는 것이다. 수행되는 직무에 대하여 체험적으로 정보를 얻을 수 있으나, 시간이나 조사환경이 제한적이기 때문에 충분한 정보를 얻기 어렵고 조사의 실용성이 떨어진다.

대부분의 직무조사는 조사표를 중심으로 수행되며 면접과 관찰에 의해 보완된다. 특히 면접의 방법은 조사표 조사의 후속단계에서뿐만 아니라 사전에 조사표를 만들 때부터 수행되는 것이 바람직하다. 왜냐하면 직무수행의 현실적 상황을 잘 반영한 조사표를 만들수록 응답자들로부터 정확한 정보를 얻을 수 있기 때문이다. 또한 응답과정에서 응답자의 주관성이 개입될 소지가 많기 때문에 사후에 검토와 면접을 통하여 조사된 결과를 수정하여야 한다.

5) 직무평가의 방법

(1) 직무평가의 목적

직무평가는 각 직위에서 수행되는 직무의 수준을 결정하는 것이다. 각 직무는 같은 종류라고 하더라도 직위에 따라 부여되는 책임도나 곤란성, 복잡성, 경력이나 자격요건 등이 다르다. 일반적으로 곤란성이 높은 수준의 직무를 수행하는 경우 부여되는 권한이나 책임의 수준도 높아지고 더 까다로운 자격요건을 갖출 것이 요구된다. 그러므로 직무평가를 통하여 직위의 직급이나 등급이 결정된다.[34]

---

34) 직위분류제에서의 직무평가는 일차적으로 그 직위의 보수등급을 결정하는 데 활용된다. 그러므로 리쿠치와 나프(Riccucci and Naff)는 직무평가를 직위들 간에 보수율(rates of pay)을 구별할 목적으로 수행되는 접근법, 방법, 또는 과정의 총칭이라고 정의하고 있다(Riccucci and Naff, 2008:178).

(2) 직무평가방법의 예

직무평가의 방법은 다양하게 개발되어 있지만, 크게 비계량적 방법과 계량적 방법으로 구분한다. 비계량적 방법은 직무를 직무수행의 곤란성이나 책임성을 기준으로 포괄적으로 판단하여 직무의 수준을 상대적으로 평가하는 방법으로 서열법과 분류법이 있다. 계량적 방법은 직무의 구성요소를 선정하고 여기에다 어떤 값을 부여하여 직무의 상대적 수준을 평가하는 방법으로 점수법과 요소비교법이 있다(강성철 외, 2008:190-205).[35)]

① 서열법

분류 담당자들이 각 직위가 지니고 있는 직무의 곤란성이나 책임성을 전체적으로 평가하여 직위 간의 서열을 정하는 방법이다. 대상직위를 전체적으로 비교하는 단순서열법과 두 개의 직위를 상대를 바꿔가며 계속 비교해 가는 쌍쌍비교법이 있다.

② 분류법

분류법은 등급법이라고도 한다. 미리 등급기준표를 작성하고 각 직위를 이 표와 비교하여 등급을 정하는 방법이다. 먼저 직무의 특성에 따라 등급(혹은 계급)수를 정하고 각 등급별로 등급기준표를 만든다. 대개 등급의 수는 7등급에서 15등급이 충분하다고 한다(강성철 외, 2008:193). 등급기준표에는 각 등급에 대한 정의가 부여되어 있다. 분류 담당자는 각 직위의 직무를 등급기준표의 정의와 비교하여 어떤 등급에 배치할 것인가를 결정한다.

---

35) 직무평가 시 비교되는 요소는 그 종류와 수가 다양할 수 있는데, 보통은 다음 다섯 가지의 그룹으로 분류될 수 있다. 첫째, 직무수행요건(Job requirement): 직무수행에 필요한 지식, 기술, 능력 등, 둘째, 곤란성(Difficulty of work): 직무의 복잡성 및 관련된 정신적 작용의 수준(mental demand), 셋째, 책임성(Responsibility): 직위에 부여된 재량권의 범위 및 조직의 미션수행에 직무수행성과가 미치는 영향, 넷째, 인적 관계(Personal relationship): 성공적인 미션수행에 미치는 관련자 간의 상호관계의 중요성, 다섯째, 기타 요소(Other factors): 직무수행에 관련된 기타 구체적인 요소들(Riccucci and Naff, 2008:192). 미국 연방정부에서 활용한 요소들은 지식(knowledge), 감독자의 통제(supervisory controls)의 특성과 범위, 직무지시(guidelines)의 특성과 재량권, 복잡성(complexity), 직무의 범위와 영향(scope and effect), 인적 관련성(personal contacts), 인적 관련의 목적(purpose of contacts), 물리적 요건(physical demand), 작업환경(work environment)의 아홉 가지이다(Riccucci and Naff, 2008:196-197).

표 2-2 | 등급기준표의 예

등급	내용
1급	사환 또는 이에 유사한 업무
2급	간단한 작업, 몇 개의 정해진 규칙에 의한 업무, 엄격한 감독하에 일상 일어나는 정규적(正規的) 업무. 2급 1. 특히 경험이 불필요한 간단한 사무, 경험은 필요 없지만 약간의 훈련을 필요로 하는 기계를 사용하는 작업. 2. 단순하나 완벽한 업무 수행에는 약간의 경험을 필요로 하는 사무. 3. 약간 복잡한 기계(타이프라이터, 회계기 등)에 대해서 훈련을 필요로 하는 작업.
3급	상당한 사무적 재능을 요하는 업무. 규칙적인 업무로서 사용 규칙이 많은 것. 2급 3에서 말한 기계를 사용하는 업무로서 충분한 경험을 요하는 작업. 3급 1. 상당한 사무적 재능을 필요로 하지만 업무의 성질상 완전한 책임을 부담하지 않는 업무. 2. 타이프라이터, 회계기 등에 관하여 훈련을 필요로 하는 작업. 3. 2급에 속하는 것으로서 약간의 책임을 부담하는 업무.
4급	어떤 한정된 분야에 대하여 깊은 지식을 요하는 업무. 4급 1. 어떤 한정된 분야에 대하여 완전하고도 깊은 지식을 요하는 업무. 2. 상기에 속하는 업무 중 감독, 책임을 부담하는 업무.
5급	관리지식을 요하는 업무. 일반적 지식이 있고 정책을 잘 알고 또 선례가 없는 사항에도 응하지 않으면 안 되는 업무. 해당 조직에서 오랜 경험을 요하는 업무. 5급 1. 상기의 업무로서 해당 조직에서의 경험이 상당히 필요한 업무. 2. 좀 더 전문적으로서 어려운 업무(단, 해당 조직에서의 경험이 없어도 좋음). 3. 5급 1의 업무 중 감독과 책임을 부담하는 업무. 4. 5급 2 정도의 업무로서 당해 조직에서 오랜 경험이 필요한 업무. 또는 4급 정도의 업무로서 결과를 감독관의 검열을 받는 업무.
6급	고도의 전문적 업무. 비밀을 요하는 업무. 6급 1. 고도의 전문적이며 비밀을 요하는 업무. 2. 조직 전반에 대한 책임이 따르는 관리자적인 업무.

출처 : 서울대학교 경영연구소 편; 강성철 외(2011), p.185 재인용.

③ 점수법

점수법은 직무를 각 구성요소로 분해하고 각 요소별로 그 중요도에 따라 숫자에 의한 점수를 부여한 후, 이 점수를 합계하여 각 직무의 가치를 비교하는 방법이다. 점수는 요소별로 일정한 기준에 의해 다단계로 부여된다. 예를 들어 '교육'이라는 요소에 대하여 국졸 이하는 0점, 중졸 이하는 1점 등으로 정하는 방법이다.

평가요소는 평가대상이 되는 직위들에 공통적으로 존재하는 것이어야 하고, 직무수행상 중요한 것이어야 한다. 또한 평가요소들 사이에는 그 중요도에 따라 비중이 주어진다. 예를 들어 교육은 전체의 14%, 경험은 22% 등으로 정하는 것이다. 전체 요소의 비중을 합하면 100%가 된다. 그리고 각 비중에 요소별 수준을 구분하는 단계의 수를 곱하면 취득할 수 있는 최고점이 나온다. 예를 들어 요소별 수준을 5단계로 구분하였으면 총점은 500점이 된다. 만약 교육의 비중이 14%이면 교육부분에서 받을 수 있는 최고점은 70점이 된다.

등급기준표가 작성되었으면 각 직위를 이와 비교하여 직위별 총점을 산출한다. 이때 각 등급별 배점은 그 직무를 몇 개의 등급으로 구분하는가에 따라 달라진다. 예를 들어 최하 100점, 최고 500점인 직무를 10단계로 구분하면 각 등급별 배점은 40점씩 차이가 난다. 만약 총점이 130점인 직위라면 최하등급에, 470점인 직위라면 최상등급에 배정된다.

표 2-3 | 직무평가기준표

평가요소		단계구분 및 점수				
		1	2	3	4	5
기술(250)	교육	14	28	42	56	70
	경험	22	44	66	88	110
	지식	14	28	42	56	70
노력(75)	육체적 노력	10	20	30	40	50
	정신적 노력	5	10	15	20	25
직무 조건(75)	작업조건	10	20	30	40	50
	재해 위험성	5	10	15	20	25
책임성(100)	장비 · 작업 과정	5	10	15	20	25
	생산 자재 · 제품	5	10	15	20	25
	타인의 안전	5	10	15	20	25
	타인의 직무수행	5	10	15	20	25
점수 합계(500)		100	200	300	400	500

출처 : 강성철 외(2011), 「새인사행정론: 전정7판」, p.190.

표 2-4 | 등급기준표

등급	1	2	3	4	5	6	7	8	9	10
총점	100~140	141~180	181~220	221~260	261~300	301~340	341~380	381~420	421~460	461~500

출처 : 강성철 외(2011), 「새인사행정론: 전정7판」, p.190.

④ **요소비교법**

요소비교법은 먼저 대표직위(key position)의 요소에 다른 직위의 요소를 비교하여 각 직위의 등급을 정하는 방법이다. 이 방법은 요소별로 점수 대신 임금액을 곱하므로 평가점수를 가지고 바로 임금액을 산출할 수 있다. 평가절차는 다음과 같다.

첫째, 평가요소를 선정한다. 보통 평가요소의 수는 5~7개로 정한다.

둘째, 대표직위를 선정한다. 대표직위는 직무내용이 명확하고 지불되는 보수액이 적절하다고 인정되는 것이어야 한다. 또한 최저직위에서 최고직위까지 각 단계별로 골고루 분포되어 있어야 한다. 일반적으로 대표직위는 15개에서 25개가 적절하다고 한다.

셋째, 각 평가요소를 대표직위별로 서열화한다. 즉, 하나의 평가요소에 대하여 대표직위들의 서열을 정하는 것이다. 예를 들어 갑, 을, 병의 대표직위들과 경험, 지식, 물리적 환경의 평가요소를 가지고 평가를 한다면 경험이라는 요소에 대하여 갑, 을, 병의 서열을 정하고, 지식이라는 요소에 대하여도 갑, 을, 병의 서열을 정하는 것이다. 서열이 높을수록 많은 점수를 배정한다(서열이 3단계라면 최고 서열은 3점).

넷째, 선정된 대표직위의 현재의 평균 보수액을 정해진 서열을 참고로 하여 각 요소에 분배하고, 대표직위 요소별 임금배분표를 작성한다. 이때 각 평가요소별 보수액의 배분은 다음과 같은 수식으로 계산된다(강성철 외, 2011:178).

$$f_p = \frac{r \times p}{t}$$

f_p : 평가요소별 보수액
r : 평가요소별 서열의 수치
t : 각 대표직위의 평가요소별 서열의 합계
p : 대표직위의 보수액

예를 들어 다음 표와 같이 대표직위의 평가요소별 서열과 현재의 보수가 주어졌다고 가정하자.

〈표 2-5〉에서 보면 '갑'의 현재 보수는 70만원이다. 그리고 '경험'이라는 요소의 서열은 2이다. 그러므로 '갑' 직위의 '경험'이라는 요소보수는 2×70만원÷(2+1+1+1+2)=20만원이 된다. 이렇게 하면 각 직위의 요소별 보수액을 구할 수 있다. 참고로 '서열'이라는 요소에 대하여는 가장 높은 서열에 대해서는(서열값 4) 48만원, 그 다음 서열에 대해서는(서열값 3) 45만원, 세 번째 서열에 대해서는 20만원, 가장 낮은 서열에 대해서는 15만원의 요소별 보수가 책정된다(빈 칸은 계산해서 채워보도록

표 2-5 | 평가요소별 대표직위의 서열 (단위 : 천원)

평정요소 / 대표직위	경험		지식		노력		직무조건		책임성		대표직위의 현재보수
	서열	요소보수	서열	요소보수	서열	요소보수	서열	요소보수	서열	요소보수	
갑	2	200	1	100	1	100	1	100	2	200	700
을	1	150	3		2		2		1		1,350
병	3	450	2		3		4		3		2,250
정	4	480	4		4		3		4		2,280

출처 : 강성철 외(2008) 재인용.

하자).

마찬가지로 구하면 '갑' 이라는 대표직위에 대해서 '경험' 의 요소보수는 20만원, '지식' 의 요소보수는 10만원, '노력' 의 요소보수는 10만원, '직무조건' 의 요소보수는 10만원, '책임성' 의 요소보수는 20만원으로 배분된다.

다섯째, 평가대상인 직위들을 대표직위의 각 요소와 비교하고 여기에서 얻어지는 보수액을 모두 합하여 그 직위의 보수액으로 한다. 만약 A, B, C, D의 네 직위에 대하여 요소별 서열에 기초하여 요소별 보수와 총보수액을 구하면 다음과 같다.

표 2-6 | 대상직위의 평가요소별 보수액과 총보수액 (단위 : 천원)

평정요소 / 대표직위	경험		지식		노력		직무조건		책임성		대표직위의 현재보수
	서열	요소보수	서열	요소보수	서열	요소보수	서열	요소보수	서열	요소보수	
A	1		4		2		3		4		
B	2		3		1		4		3		
C	3		2		3		2		2		
D	4		1		4		1		1		

출처 : 강성철 외(2008) 재인용.

'A' 직위의 경우 '경험' 의 서열값은 제일 낮은 1이다. 그러므로 'A' 직위의 '경험' 에 대해서는 위의 대표직위와 비교할 때 15만원의 요소보수가 정해진다. 마찬가지로 하면 '지식' 에 대해서는 48만원, '노력' 에 대해서는 30만원, '직무조건' 에 대해서는 36만원, '책임성'에 대해서는 48만원의 요소보수값이 정해지며 총 보수액은 이것을 합한 177만원이 된다(빈 칸은 계산해서 채워보도록 하자).

이렇게 함으로써 직위의 상대적 가치와 보수액이 함께 결정된다. 단, 이렇게 할 경우 대표직위의 보수액이 달라지면 비교가 되는 직위의 보수액도 모두 다시 계산해야 한다. 이를 방지하기 위해서는 보수액을 직접 사용하는 것이 아니라 점수화해서 사용할 수 있다.

참고문헌

강성철 외. 2008. 「새인사행정론: 개정6판」. 서울: 대영문화사.

________. 2011. 「새인사행정론: 전정7판」. 서울: 대영문화사.

박연호. 1996. 「인사행정신론: 신정판」. 서울: 법문사.

박재희. 1997. 「主要諸國의 行政制度 動向調査: 英國의 中央政府組織」. 서울: 한국행정연구원.

박천오 · 강제상 · 권경득 · 조경호 · 조성한. 2000. 「인사행정의 이해」. 서울: 법문사.

오석홍. 1993. 「인사행정론: 신정판」. 서울: 박영사.

오성호. 1999. "중앙인사기관의 구조와 기능에 관한 연구: 중앙인사위원회의 전문성 · 독립성 · 집권성을 중심으로." 「한국행정학보」 제33권 제3호, pp.55-70.

오성호 · 권경득. 2002. "생산적 인력관리를 위한 한국 중앙인사기관의 역할과 구조." 중앙인사위원회 출범 3주년 기념 국제회의 발표 논문. 한국행정학회 기획 세미나.

유민봉. 1997. 「인사행정론」. 서울: 문영사.

하태권 외. 1999. 「공직분류체계 개선방안: CSC 정책연구보고서 99-8」. 서울: 한국행정학회 인사행정연구회.

행정안전부. 2010. 「고위공무원단 인사운영 매뉴얼」.

鹿兒島重治. 1990. 「要說 地方公務員制度: 第一次改訂版」. 東京: 學陽書房.

外國公務員制度硏究會 編. 1997. 「歐米國家公務員制度の概要 −米英獨佛の現狀−」. 東京: 生産性勞働情報センタ−.

佐藤達夫. 1997. 「國家公務員制度: 第7次改訂版」. 東京: 學陽書房.

總務廳. 1996. 「總務廳 Management and Coordinationa Agency」.

Dessler, G. 2005. *Human Resource Management*, 10th ed., Upper Saddle River, NJ: Pearson Education Inc.

Dresang, Dennis L. 1999. *Public Personnel Management and Public Policy*, 3rd ed., NY: Longman.

Foster, Mark R. 2010. "Applying Effective Job Analysis Methods." in Condrey, Stephen E. ed., *Handbook of Human Resource Management in Government*, 3rd ed., San Francisco: Jossey-Bass.

Greenwood, John and Wilson, David. 1984. *Public Administration in Britain*. London: George Allen & Unwin.

Klingner, Donald E. and Sabet, Gamal. 2007. "Toward a New Perspective in Strategic Human Resource Management in the Public Sector." in Farazmand, Ali. ed., *Strategic Public Personnel Administration: Building and Managing Human Capital for the 21st Century*, Vol. 1. Westport: Praeger.

Mayo, Andrew. 2012. *Human Resources or Human Capital?: Managing People as Assets*. Farnham, Surrey: Gower Publishing Ltd.

NPR(National Performance Review). 1993. *From Redtape to Results: Creating A Government that Works Better & Cost Less*. New York: Times Books.

OECD. 1995. *Governance In Transition: Public Management Reforms In OECD Countries*. Paris: OECD.

Riccucci, Norma M. and Naff, Katherine C. 2008. *Personnel Management in Government: Politics and Process*, 6th ed., Boca Raton: CRC Press.

Selden, Sally Coleman. 2009. *Human Capital: Tools and Strategies for the Public Sector*. Washington, DC: CQ Press.

Siegel, Gilbert B. and Myrtle, Robert C. 1985. *Public Personnel Administration: Concepts and Practices*. Boston: Houghton Mifflin Company.

Stahl, O. Glenn. 1983. *Public Personnel Administration*, 8th ed., New York: Haper & Row.

Ulrich, Dave and Brockbank, Wayne. 2005. *From The Value Proposition*. Boston: Harvard Business School Publishing Corporation.

Warman, John S. 1986. *Federal Manager's Guide to Organization Design and Position Classification*. Arlington, VA: Dewey Publications, Inc.

제 3 장

임 용

제1절 임용의 의미

제2절 인력계획

제3절 채 용

제4절 내부충원

제5절 퇴 직

제6절 겸임, 휴직, 직위해제, 정직, 복직

제1절 임용의 의의

1. 임용의 의미

1) 임용과 임명

공무원임용령 제2조에는 "임용이란 신규채용, 승진임용, 전직(轉職), 전보, 겸임, 파견, 강임(降任), 휴직, 직위해제, 정직, 강등, 복직, 면직, 해임 및 파면을 말한다."고 임용을 정의하고 있다. 이 정의에 의하면 '임용'은 인력을 한 직위에 배치하여 활용하는 것과 관련된 모든 활동을 의미하는 것으로서 인력을 어떤 직위에 배치하여 직무를 맡기는 '임명'과 다른 개념임을 알 수 있다. 즉, 임명은 임용의 한 부분인 것이다.[1]

2) 임용의 주요 과정

공무원임용령의 정의에 의하면 어떤 인력이 임용된다고 할 때에는 처음 채용되었을 때부터 공직을 떠날 때까지의 일련의 과정이 다 포함된다. 그러므로 인사행정이라고 하면 기본적으로 '임용과정의 관리'라고 할 수 있다. 그러나 개인이 아닌 조직의 시각에서 보면 임용이 신규채용부터 시작되는 것은 아니다. 채용 이전에 적절한 인력계획이 수립되어야 하고, 이에 따라 인력관리가 이루어져야 한다. 그러므로 임용은 실제로는 인력계획의 수립부터 시작된다고 보아야 할 것이다. 이를 단순화하면 임용은 인력계획–채용–배치(보직)–퇴직의 일련의 과정으로 이루어진 인력관리활동이라고 할 수 있다.

인력계획은 조직의 목표를 달성하기 위하여 필요한 인적자원을 조달하고 활용하는 일련의 계획을 의미한다. 기본적으로 필요한 인력에 대한 수요와 공급을 예측해야 한다. 여기에는 조직 전체의 관점에서 그 조직이 속한 사회와 조직 간의 관계에 초점을 맞추는 거시적 계획에서부터 조직 내 각 하위 조직단위 또는 사업분야에 초

---

1) 사전적 의미로는 '임용'과 '임명'이 큰 차이를 보이지 않는다. 그러나 법규상에 '임용'에 대한 정의가 분명히 규정되어 있으므로 용어의 사용은 분명히 하는 것이 좋을 것이다.

점을 맞추는 미시적 계획까지 모두 포함한다.

채용은 조직에 필요한 인력을 외부로부터 동원하는 과정을 말한다. 채용은 공직에 취임할 후보자를 모집하는 것에서부터 시작된다. 모집활동이 적절히 수행되어야 선발과정이나 그 이후의 인력관리 과정에서 낭비요인을 줄일 수 있다. 선발과정에서는 필요한 인력을 구별하기 위한 다양한 방법들이 사용된다. 선발방법들은 인력에 요구되는 능력이나 자질, 담당해야 할 직무의 성격 등에 따라서 달라진다.

배치 또는 보직은 조직원에게 직무를 맡기는 것, 즉 특정 직위에 조직원을 임명하는 것이다. 일반적으로 보직은 임명을 의미하는데, 여기에는 새로이 조직에 들어와서 특정 직위에 임명되는 것뿐 아니라 기존의 직위를 떠나서 다른 직위에 임명되는 것도 포함된다. 그러므로 승진이나 전직, 전보, 파견, 교류, 강임 등 공직 내부에서의 이동에 의한 임명은 모두 여기에 포함된다고 할 수 있다.

퇴직은 조직을 떠나는 것을 의미한다. 여기에는 해임이나 파면과 같이 징계에 의하거나 정년과 같이 대상자의 의사에 관계없이 이루어지는 강제퇴직과 자발적 의사에 의한 임의퇴직이 있다. 과거에는 퇴직이 인사행정의 관심대상이 아니었으나, 최근에는 구조조정 또는 인간수명 연장 등의 이유로 인해 주요 관심대상이 되고 있다.

2. 임용의 원칙

임용은 조직에서 인력을 활용하는 일련의 과정이며, 일정한 기준에 따라 수행된다. 임용이 조직을 위하여 우수한 인력을 활용하는 과정이 되기 위해서는 그 기준이 적절해야 하며, 기준의 적절성을 확보하기 위해서는 몇 가지 갖추어야 할 조건이 있다. 이를 임용의 원칙이라고 할 수 있을 것이다.

1) 타당성

임용은 타당한 수단에 의해 수행되어야 한다. 타당성이란 일반적으로 시험이 갖추어야 할 조건으로서 "측정하고자 하는 요소를 정확하게 측정하는 것"을 의미한다. 즉, 수단과 목적이 일관되어야 하는데 이러한 특성은 단지 시험에만 한정되는 것이 아니다. 인력을 어떤 직위에 배치한다든지 또는 그 직위에서 물러나도록 하는 것은 궁극적으로는 그러한 활동을 통하여 조직의 목표를 달성하기 위해서이다. 그렇기 때문에 모든 임용은 그 목적이 있으며, 이 목적을 달성하기 위하여 적절한 수단이 구비되어 사용되어야 한다. 따라서 모든 임용은 목적과 수단이 일관성을 띠도록 수행되어야 하는 것이다. 그렇기 때문에 임용에 사용되는 제도, 예를 들면 채용시험, 승진심사, 배치전환, 퇴직자 선별 등 인력관리활동은 먼저 그 활동들이 무엇을 위하여 수행되는가를 분명히 하고, 구체적으로 시행되는 제도들이 주어진 목적을 달성하기에 적절한 것인지, 기준은 올바로 확립되어 있고 올바로 적용되고 있는지가 면밀히 검토되어야 한다. 또 외형상으로는 같은 활동이라고 하더라도 목적이 다르면 다른 수단이 활용되어야 한다.[2)]

2) 공정성

임용은 공정하게 수행되어야 한다. 공정성이란 어떤 활동에서 모든 대상자를 차별 없이 동등하게 대우함을 의미한다. 임용의 목적은 조직의 목표달성을 위하여 적절한 인력을 활용하는 것이기 때문에 그러한 인력을 구별하기 위하여 수립된 기준은 임용대상자에게 차별 없이 적용되어야 한다. 임용대상자들 사이에 불공정한 기준이 적용되었다는 것은 목적달성을 위해 최선이라고 판단되었던 기준 외에 다른 요소가 개입되었다는 것을 의미하기 때문에 최적의 선택이라고 할 수 없다. 그러므로 임용이 제대로 되기 위해서는 공정성의 확보가 매우 중요하다.[3)]

3) 대표성

임용은 대표성을 확보해야 한다. 이것은 특히 정부를 비롯한 공공부문에서 갖추어야 할 조건이다. 정부는 국가의 모든 집단을 대표하는 기구이다. 그러므로 그 운영은 물론이고 대표관료제의 논리에 의하면 그 구성도 국민의 대표성을 갖출 필요가 있다. 그렇기 때문에 정부의 임용은 국민의 대표성을 훼손시키지 않도록 수행되어야 한다. 만약 정부의 임용이 사회의 집단 간 불균형을 야기하거나 심화시킨다면, 그것 자체만으로도 비판을 받을 수 있다. 왜냐하면 임용의 불균형은 공공부문에서

2) 예를 들어, 같은 신규채용이라고 하더라도 일반적 능력을 갖춘 인력의 채용과 특정 분야의 능력을 갖춘 인력의 채용은 채용과정이 달라야 타당성을 갖추었다고 할 수 있다.

3) 공공부문에 비해 민간부문에서는 공정성이 상대적으로 덜 중요하게 인식될 수 있다. 그러나 공사부문을 막론하고 조직이 최적의 인력을 활용하기 위해서는 임용의 기준이 공정하게 적용되어야 목적달성을 위해 가장 적합한 인력을 구별할 수 있기 때문에 민간부문에서도 공정성의 원칙은 지켜져야 한다.

창출되는 이해관계가 사회집단 간에 불균형적으로 적용될 가능성을 크게 하기 때문이다.

이러한 임용의 원칙들은 임용을 위한 제도들의 적절성을 판단하는 기준이 될 수 있다. 다만, 이러한 원칙들이 적용될 때 그 구체적 내용이 어떠해야 하는가는 행정환경에 따라 달라질 수 있다. 또한 원칙들 사이에도 갈등이 발생할 수 있다. 그러므로 행정수요에 대응하여 원칙 간에 균형을 유지하는 것이 필요하다.

다음 사례에 대하여 임용의 타당성, 공정성, 대표성이 확보되었는지 검토해 보자.

1. 한국의 공무원채용시험에 군필자에 대한 가산점을 부여하는 것이 논란이 되고 있다. 이 제도는 시행되다가 1999년 12월 헌법재판소의 위헌판결로 폐지되었다. 그러나 2012년 현재 이 제도의 부활을 위한 노력이 병무청을 중심으로 다시 나타나고 있으며, 헌재의 결정에도 불구하고 제도에 대한 찬성의견도 많은 편이기 때문에 논란이 계속되고 있다. 공직채용시험 시 병역의무 이행자에 대한 가산점부여제도는 타당성, 공정성, 대표성이 확보된 제도라고 할 수 있는가?

2. 한국의 경찰이나 군 조직에는 계급정년이 있다. 또한 검찰에는 후배기수가 선배기수를 추월하여 고위직에 승진을 하면 선배기수들은 자진 퇴직하는 전통도 있다. 노무현 대통령 취임 초기에는 공직의 구조조정을 위하여 일정연령 이상의 고위직 공무원들의 퇴직을 유도한 경우도 있었다. 이와 같이 연령을 기준으로 퇴임을 유도하는 것은 적절한 임용활동이라고 할 수 있는가?

제2절 인력계획

인력계획은 조직에서 필요로 하는 인적자원을 확보하고 활용하기 위한 일련의 계획을 의미한다. 인력계획은 인사행정에서 매우 중요한 분야이지만, 특히 인적자원의 전략적 관리를 위해서 반드시 수립되어야 한다. 왜냐하면 조직의 가장 중요한 자원인 인력의 관리가 조직의 목표와 연계되어야 하기 때문이다.

1. 인력계획의 의의

1) 인력계획의 유용성

인력계획은 조직이 환경변화에 효과적으로 대응할 수 있게 해 주는 유용한 수단이다. 이를 구체적으로 보면 다음과 같다(Jacobson, 2009:184-185).

첫째, 조직의 수요가 목표와 조화를 이루게 한다. 조직은 현재 인력의 기술(skill)이나 유용성에 대하여 좀 더 완성된 상황파악을 하게 되면, 증가하는 환경의 변화나 노동시장에서의 결핍, 제한된 보수수준에 직면하였을 때 서비스의 질을 유지할 수 있을 뿐 아니라, 결원을 효과적으로 충원할 수 있다. 동시에 미래의 수요에 대한 정보를 얻을 수 있다. 현장에 적절한 인력을 보유하고 있는 것은 전략적 계획을 집행하고 장기적인 목표에 필요한 기술을 결정하는 데 긍정적으로 작용한다. 또한 인력계획은 조직이 어떤 기술을 가지고 있으며, 필요한 경우 무엇을 개발할 것인가를 보여줌으로써, 조직원으로 하여금 변화하는 환경의 요구에 대응할 수 있는 능력을 개발하도록 돕는다.

둘째, 인력계획은 조직의 능력이 향상되는 데 지렛대의 작용을 한다. 능력개발 노력이 예산의 가용범위 내에서 적합하게 이루어지도록 함으로써, 정부가 인력에 대한 투자를 할 때 조직원의 교육훈련이나 재교육, 경력발전에 대한 카운슬링, 생산성 향상에 집중할 수 있도록 한다. 또한 인력계획은 조직의 다양성 유지나 발전, 구조조정에 대한 대응, 그리고 조직원의 이직률 감소에 도움을 줄 수 있다.

셋째, 인력계획은 조직원에게 좀 더 많은 기회를 제공한다. 인력계획은 잠재력이 높은 조직원에게 많은 기회를 제공하며, 발전 가능한 조직원의 풀(pool)을 확대시킨다. 인력계획은 조직원으로 하여금 그들의 경력계획을 추구해 갈 때 접근해야 할 경로수단(avenue)들을 분명히 보여준다. 그리고 이러한 경로수단들은 유능한 인력을 유치하고 보유하는 데 도움을 주며, 이것은 핵심적인 지위에 계속 인력이 공급될 수 있도록 하는 데 긍정적으로 작용한다.

요약하면, 인력계획은 조직으로 하여금 현재 보유하고 있는 인력의 기술이나 능력을 잘 파악하게 하며, 미래에 필요한 기술이나 능력을 확인하고, 그 사이의 간격을 좁힐 수 있는 대안들을 효율적으로 수립하여 집행하도록 한다. 이렇게 함으로써 조직은 필요한 능력을 갖춘 인력을 계속 확보하며, 환경변화에 대응할 수 있다. 또한 인력계획은 조직원으로 하여금 자신의 경력개발계획 및 이를 위하여 자기가 갖추어야 할 능력이나 기술을 확인하도록 하고, 이것을 갖추는 노력을 기울일 수 있도록 한다. 이와 동시에 외부의 인력에게 조직의 미래의 인력관리를 보여줌으로써 유능하고 동기부여된 인력이 조직에 들어오도록 하여 전반적으로 조직의 능력을 향상시킨다.

2) 인력계획의 과정

인력계획은 현재의 인력과 미래에 필요한 인력 사이의 능력이나 특성을 비교하여 그 차이를 줄이려고 하는 활동이다. 그러므로 전략적 관점에서 조직의 목표와 인력의 수요를 연계하고, 이를 공급과 비교하며, 수요와 공급의 균형을 맞추기 위하여 대안을 모색하는 일련의 과정으로 이루어진다. 이 과정의 구체적 내용은 각 조직의 환경, 규모, 계획의 시간적 · 공간적 범위, 계획을 수립하는 목표 등에 따라서 달라질 수 있다. 그러나 일반적으로는 조직의 목표를 달성하기 위해 필요한 인력의 수요와 공급을 분석하고, 그 차이를 없애기 위한 대안을 수립하여 실시하는 일련의 과정으로 이루어진다. 이러한 과정을 미국의 인사관리처에서는 전략적 목표의 수립-인력의 수요와 공급분석-수요와 공급의 일치를 위한 집행계획의 수립-수립된 대안의 집행-평가와 환류 및 개정의 다섯 단계로 모형화하여 제시하였다(USOPM, 2005).

그림 3-1 인력계획 모형

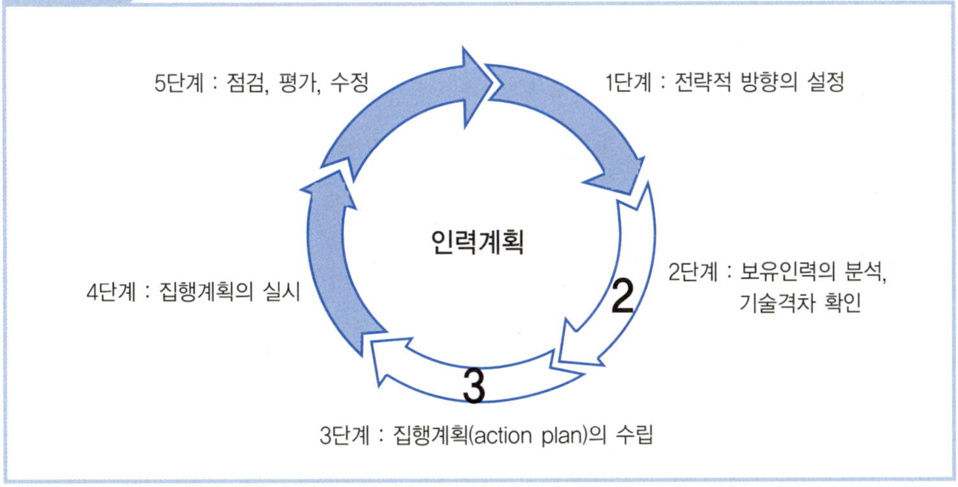

출처 : USOPM(2005).

(1) 전략적 방향의 설정

인력계획을 조직의 전략적 계획 및 연간 성과계획과 연계시킨다. 조직의 장기적 목표와 단기적 성과를 달성하기 위한 활동들을 확인한다.

(2) 인력에 대한 분석

현재 보유하고 있는 인력의 상황과 그들을 앞으로 어떻게 전환 및 발전시킬 것인가를 결정한다. 조직의 전략적 요구를 충족시키는 데 필요한 인력의 종류, 양, 위치 등을 구체적으로 확인한다. 현재의 인력과 필요한 인력 사이에 있는 차이가 무엇인지를 확인한다.

(3) 집행계획의 수립

수요와 공급의 차이를 줄일 수 있는 전략을 수립하고, 그 전략을 실천할 수 있는 집행계획(action plan)을 수립한다. 또한 전략적 과정을 평가할 수 있는 측정과정을 확립한다. 이러한 일련의 과정에는 채용, 교육훈련, 조직의 재구조화, 외주(contracting out), 승계계획(succession planning), 기술발전 등이 포함된다.

(4) 집행계획의 실시

집행계획을 실시한다. 여기에는 인적 · 재정적 자원의 확보와 배치, 각 관련기관 및 담당자의 역할 확인, 커뮤니케이션의 실시, 시장활동(marketing), 기관 간 협력 등이 포함된다.

(5) 점검, 평가, 개정

각 단계별로 지표에 따라 진행과정을 점검하고 목표의 달성정도를 평가한다. 목표달성을 위하여 계획을 조정하며, 새롭게 대두되는 인력관련 이슈를 반영한다.

2. 수요와 공급의 분석

인력계획은 미래에 대비한 인력의 수요와 공급을 분석하는 과정과 수요와 공급의 균형을 맞추기 위하여 필요한 대안들을 수립하는 과정으로 구분된다. 이 중 대안을 수립하는 과정은 인사행정의 집행과정에 포함될 수 있다. 즉, 예측되는 수요에 따라 필요한 인력을 공급하기 위한 채용, 능력발전, 퇴직 등은 인사행정의 일반적인 과정이다. 그러므로 여기에서는 계획의 수립을 위하여 인력의 수요와 공급을 분석하고 예측하는 방법들에 초점을 맞추어 설명하고자 한다.

1) 수요의 예측기법

인력의 수요예측은 환경의 변화와 이에 대응하기 위한 조직의 목표를 감안하여 수행된다. 크게 보면 질적 예측방법과 양적 예측방법이 있는데, 질적 예측방법은 필요할 것이 예상되는 인력의 특성에 대한 예측이고 양적 예측방법은 말 그대로 필요한 인력의 수량변화에 대한 예측이다.

(1) 델파이기법

델파이기법(Delphi method)은 인력수요에 대한 질적 예측방법이다. 이 방법은 예측하고자 하는 장래의 변화방향에 관하여 전문가집단에게 수차례에 걸쳐 반복질문함으로써 종합적인 결론을 유도하는 것이다. 매 단계마다 응답의 내용은 집약되어 환류됨으로써 응답자들이 의견을 모으는 데 활용될 수 있다. 그러나 응답자의 판단은 상호 간에 독립적이고 익명적으로 이루어진다.

이 기법의 기본적 가정은, 합의된 측정(consensus estimate)은 상호 간에 익명의 전문가집단으로부터 수차례에 걸친 판단을 거쳤을 때 더욱 정확해질 수 있다는 것이다(Cascio, 1991:234). 즉, 전문가라고 하더라도 개인적 판단은 불확실하고 불완전하지만, 다수의 전문가가 상호 독립적으로, 다른 전문가의 판단을 참고하여 반복해서 결정을 하다 보면 의견이 수렴되어 어떤 방향성을 찾을 수 있다는 것이다. 미래에 필요한 인력의 특성에 대하여 판단함으로써, 그러한 인력의 공급 가능성을 점검하고, 필요한 대안을 모색할 수 있다.

(2) 마코프분석

조직 내에서의 인력의 이동경향을 확률을 기초로 측정하여 일정시점 후의 인력의 유지상황을 계산함으로써 그 수요와 공급의 상태를 측정하는 기법이 마코프분석(Markov analysis)이다. 이 분석은 다음과 같은 가정에서 이루어진다. 첫째, 각 개인은 일정기간 동안 한 번의 이동만 한다. 둘째, 일정기간 동안 이동할 확률은 처음 상태의 점유상태에 의해 결정된다(즉, 주어진 상황에서 모든 개인이 이동할 확률은 같다). 셋째, 정해진 기간 이상의 시점에 대한 이동을 추정할 경우 현재의 이동확률이 그대로 적용된다. 따라서 이 분석은 현재의 인력정책이나 실행, 조직의 환경이 일정하게 유지된다는 것을 가정으로 하고 있다(Heneman Ⅲ and Sandver, 1977:537).

마코프모형은 다양한 대상의 수요예측에 사용될 수 있는데, 다음과 같은 가정을 전제로 하고 있다. 첫째, 인력이든 상품이든 정해진 기간 내에 필요로 하는 분석대상의 전체 총량은 일정하다. 둘째, 분석대상은 정해진 단위시간 내에 한 하위범주에서 다음 하위범주로 일정비율만큼 이동한다. 셋째, 이동하는 비율은 정해진 기간 동안 일정하다.

이러한 전제를 놓고 분석하면 일정기간 후에 분석대상의 한 하위범주가 전체에서 차지하는 비율이 어떻게 달라지는지를 알 수 있다. 그러므로 이를 인력수요예측에 활용하면, 일정기간 동안 정부의 인력총수요가 계속 고정적이고 조직외부로부터 조직내부로의 인력이동이 주로 최하위계층에서만 이루어지는 경우에는 그 예측능력이 크다. 예를 들어 공무원의 총정원은 유지하되 해마다 각 직급별 공무원이 일정비율 승진하고, 일정비율 퇴직하며, 신규채용은 최하위직급에서만 일정비율만큼 이루어진다면 몇 년 후에는 각 직급별 구성비가 어떻게 달라질 것인가를 예측할 수 있다. 그리고 만약 이 비율이 적절치 못하다면, 적절하도록 하기 위해서 이동 또는 채용 비율을 어떻게 변화시켜야 하는가를 계산할 수 있다.

그러나 이 기법은 그 전제 때문에 변동이 심하고 복잡한 인력체제에서는 적용하기가 곤란하다.[4)]

(3) 회귀분석

회귀분석(regression analysis)은 우리나라에서 지방자치단체의 공무원 인력수요를 예측하는 데 활용한 방법이다. 회귀분석은 변수들 간의 상호관계를 분석하고 특정 변수(독립변수)의 변화로부터 다른 변수(종속변수)의 변화를 예측하기 위하여 사용된다. 종속변수에 영향을 미치는 변수를 규명하고 이들 변수들에 의해서 하나의 선형방정식(linear function)을 도출한다. 도출된 선형방정식을 회귀식(regression equation)이라고 하며 회귀식이 과연 종속변수를 어느 정도 예측해 줄 수 있으며 회귀식에 포함된 독립변수들 중에서 어느 변수가 가장 예측력이 높은지도 검증하게 된다(채서일 · 김범종, 1988:85).

그러므로 공무원의 인력수요에 영향을 미치리라고 판단되는 변수를 선정하여 이

4) 마코프분석을 인력계획에 이용하는 예시에 관해서는 오석홍(1993), pp.805-807, Heneman Ⅲ and Sandver(1977) 등을 참고.

들과 공무원 수의 관계를 보여주는 회귀식을 산정한 후 독립변수의 예상되는 변화량을 대입하면 이에 따른 공무원의 인력수요를 예측할 수 있다. 실제의 회귀분석에서는 독립변수가 하나인 단순회귀(simple regression)분석보다 독립변수가 다수인 다중회귀(multiple regression)분석이 많이 활용된다.[5)]

(4) 시스템다이나믹스

회귀분석은 변수 간 영향이 독립변수에서 종속변수로 일방적으로 작용하는 것을 전제로 한다. 그러나 현실에서는 변수 간에 영향을 주고 받는 경우가 많은데, 이러한 것을 감안하여 산식으로 표시하는 것이 시스템다이나믹스(system dynamics)방법이다. 시스템다이나믹스방법은 노무현 대통령 당시 공무원의 정원산식으로 활용될 것이 검토되었었으나, 공식적으로 활용되지는 않았다. 이 방법은 변수 간의 상호 영향을 감안한다는 점에서는 회귀분석보다 더 예측력을 가지고 있으나, 어떤 변수를 고려하여야 하는지에 대하여 의견의 일치를 보기가 매우 어려우며, 변수들 간의 관계를 설정하는 데에도 다양한 의견이 제시될 수 있다.

2) 공급의 예측기법

공급의 예측은 조직에서 어떤 종류의 인력을 얼마나 보유하고 있으며, 필요한 인력을 어떻게 공급할 수 있는지를 확인하는 활동이다.

(1) 양적 방법

수요예측에서 활용되었던 회귀분석이나 시스템다이나믹스분석은 공급의 예측에서도 활용할 수 있다. 인력의 공급에 영향을 주는 변수들의 변화에 따라 일정시점 후에 가용인력이 얼마나 확보될 수 있는지를 예측하는 것이다. 양적 방법은 공급가능한 인력의 규모는 산출할 수 있으나, 그 특성은 확인하기 어렵다.

(2) 관리직 승계계획

이 방법은 인력계획을 실시하는 기업 중에 널리 유포되어 있고 잘 받아들여지며,

5) '지방자치단체의 행정기구와 정원기준 등에 관한 규정 시행규칙' 제4조에 의하면 각 지방자치단체는 산식에 의하여 표준정원을 산정하도록 되어 있다. 동 규칙 별표 2에는 지방자치단체의 종류 또는 자치단체집단별로 표준정원을 산정하는 데 사용할 회귀식이 제시되어 있다. 주요 독립변수로는 인구수, 일반회계결산액, 읍면동과 같은 하부행정단위수 등이 있다.

그림 3-2 승계계획

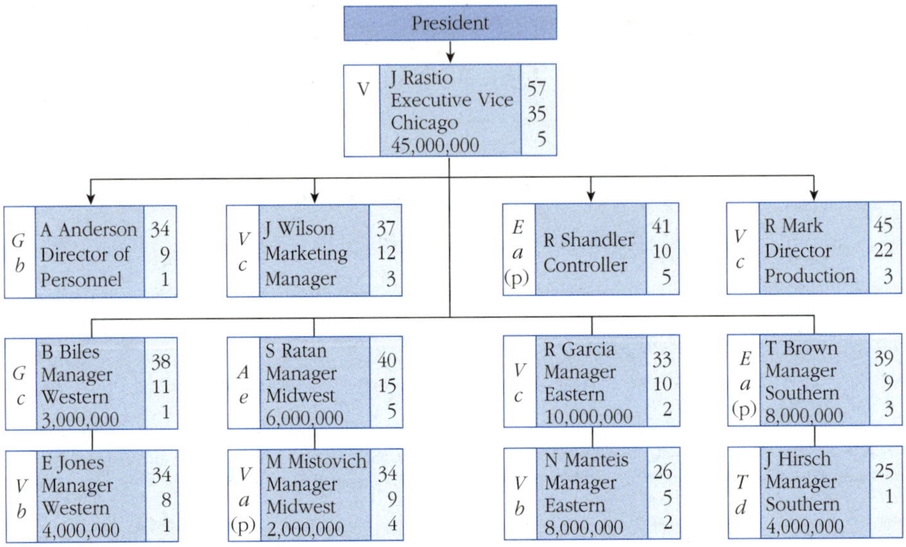

Performance Code → 성과 코드

E(Excellent) : 모든 분야의 직무수행에서 성과가 상위 10%에 속함

V(Very good) : 상위 25% 이상의 성과를 보이며 일반적으로 목표의 달성 수준이 높음

G(Good) : 대부분의 관리자들에게 기대되는 수준의 성과를 보이며 중상위 정도의 성과수준을 나타냄

A(Adequate: 보통의 환경에서 받아들일 수 있는 최소한 수준의 성과를 보임

U(Unsatisfactory) : 불만족스러운 성과수준을 보이며, 개선되지 않을 경우 담당한 정책의 종료나 변경이 불가피함

T : 직무수행기간이 평가하기에 충분하지 않을 정도로 짧음

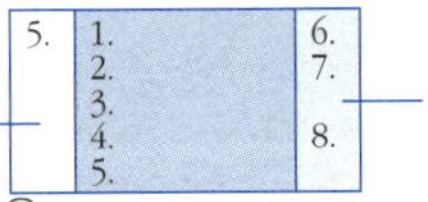

1. 성명
2. 직책
3. 근무지 또는 직종
4. 그 지역의 총매출액
5. 성과 코드와 잠재성 코드
6. 연령
7. 직무경력기간-현 직장에서의 근무연수
8. 직무수행기간-현 직위에서의 재직연수

Potential Code → 잠재성 코드

a : 지금 상위직으로의 인사를 진행시킬 수 있음. 다음 중 하나의 임용이 되어야 함

  (p) 승진-상위직으로의 이동이 가능함

  (i) 수평이동-보다 비중 있는 직위로의 수평이동이 가능함

b : 2년 이내에 상위직으로의 인사이동이 가능함

c : 상위직으로의 인사이동의 잠재성이 있음-기간 불확실

d : 잠재성이 좋음. 그러나 현재의 수준이 적합함

e : 잠재성이나 장래성이 의문임

출처 : Ivancevich(1998), *Human Resource Management*, 7th ed., p.160.

전략적 사업기획과 통합된 활동의 하나이다. 이러한 활동은 많은 기업들에서 인력계획의 요약이며 본질적인 것으로 간주되기도 한다(Cascio, 1991:230).

관리직 승계계획(management succession planning) 관리직에 결원이 생겼을 경우 그 직을 승계할 가능성이 있고 유능한 인력을 미리 준비해 두는 것이다. 다양한 방법이 활용될 수 있지만 공통적으로는 승계후보자의 특성을 미리 파악하여 관리직의 결원 시 활용한다.[6] 이는 인력의 공급에 있어서 내부의 자원을 활용하는 방법이므로 관리직의 충원을 외부로부터 하려는 경우에는 유용성이 떨어진다.

(3) 기술재고분석

기술재고분석(skills inventory analysis)은 현재 조직에 있는 인력의 능력상황을 분석함으로써 인력수요에 대한 대응의 가능성을 찾고자 하는 것이다. 이 방법은 조직원의 기술, 능력, 지식, 경험 등에 관한 정보를 포함한 파일을 만들어 활용하는 것이다. 비록 기술적으로 정밀화된 방법은 아니지만 예상되는 미래의 인력수요에 대하여 조직 내에서 필요한 기술을 갖춘 인력을 적절히 공급하지 못하는 문제가 반복적으로 발생하는 경우에 유용하게 활용될 수 있는 방법이다. 이 기법을 사용함으로써 관리자는 외부로부터의 충원계획을 세울 수 있다.

그러나 이 기법의 단점은 현재 보유하고 있는 기술이나 능력에 초점을 맞추기 때문에 인력공급의 예측이 불완전하다는 것이다. 인력은 직무수행에 필요한 능력을 발전시킬 수 있는 잠재력이 있기 때문에, 그러한 잠재성을 가지고 있는 인력을 구별할 수 있는 방법에 의하여 보완되어야만 한다(Ledvinka, 1995:233).

우리나라의 중앙정부나 일부 지방자치단체에서는 소속 공무원들에 대한 인사기록을 데이터베이스화하고 있다. 이러한 자료들은 바로 기술재고분석에 활용할 수 있다. 중앙정부는 내부인력뿐 아니라 '국가인재DB' 내에 외부인력에 대하여도 자료를 수집하여 공직임용에 활용하고 있다.

---

6) 유용한 방법이 대체도(replacement chart)를 활용하는 것이다. 대체도는 장래 결원이 생길 가능성이 있는 직위와 그 직위를 충원시킬 수 있는 내부 후보자 및 그의 직위와 특성, 유능성, 대체 가능성의 정도—예를 들면 당장 가능한지, 수년간 혹은 그 이상의 준비과정이 필요한지— 등을 조직차트의 형식으로 기록해 놓은 것이다. 이 도표를 통하여 조직은 상위직에 결원이 생겼을 경우 대기자와 그의 경력을 비롯한 업무상의 특성과 개인적 특성을 파악할 수 있다(박연호, 1996:181; Cascio, 1991:231 참조).

표 3-1 | 개인별 기술재고구성표

기술재고의 구성	Ⅰ. 직원의 과거경력 요약자료 A. 과거 2~5년 사이에 근무했던 직위에서 핵심적인 직책과 간략한 직무내용 1. 현 조직 2. 직전 근무 조직 B. 현 직위에서 필요 또는 개발된 주요 기술(critical skills) 1. 지침(manual) 2. 인식(cognitive) 3. 창조(creative) C. 교육수준 1. 고졸 : 직무관련 2. 대졸 a. 주전공 b. 부전공 c. 직무관련 코스 D. 과거 3년 동안 수행한 중요한 특별 프로젝트 1. 본 직장에서 수행 2. 과거 직장에서 수행 Ⅱ. 현재 기술 상대의 요약자료 A. 기술관련 핵심사항 : 과거 3년의 근무평가	B. 현재 직무를 잘 수행하는 것에 대한 조직원의 인식, 예를 들어 기술수행능력, 기술의 발전에 대한 인식 등 C. 현 조직원의 상급자가 판단하는 Ⅱ B의 자료 Ⅲ. 미래에 초점을 둔 자료 A. 개인적 경력 목표 1. 1년 후 2. 3년 후 3. 구체적인 지위와 희망 서술. 지나치게 일반적 서술은 피할 것(예 : 승진) B. 본인이 장차 될 것에 대해 어떤 준비가 되어 있는지에 대한 현재의 상급관리자의 견해. 구체적인 직위의 목록. C. 본인이 이수하고자 하는 구체적인 훈련 또는 발전 방안 1. 직무수행에 관한 것 2. 직무수행 외에 관한 것 3. 학업 4. 경험

출처 : Ivancevich(1998), *Human Resource Management*, 7th ed., p.155.

제3절 채 용

채용은 필요한 인력을 조직외부로부터 충원하는 것을 말한다.[7] 채용은 인재가 조직원으로서 활동하게 되는 첫 단계이므로, 조직의 입장에서는 실질적인 인력관리가

7) 우리나라의 공무원법에서는 '신규채용'이라는 용어를 사용하고 있다. 이는 특별히 새 인력을 외부로부터 충원한다는 의미가 강조된 것이라고 생각된다. 그러나 새로운 인력을 외부로부터 충원하는 활동을 가리킬 때 일반적으로 '채용'이라는 용어를 사용하며, 신규채용이 아닌 채용의 예도 찾기 어렵다. 영어로는 모두 'recruit'로 번역할 수 있다.

시작되는 단계라고 할 수 있다. 채용은 모집–선발–시보(수습)–임명의 순서로 진행된다.

1. 모 집

1) 모집의 의의 : 정보의 제공

모집은 조직원이 되고자 하는 사람들이 채용과정에 응하도록 유도하는 활동을 의미한다. 그러므로 조직은 유능한 인력을 확보하기 위하여 모집단계에서부터 응시자들이 조직에 호감을 가질 수 있는 정보를 제공할 필요가 있다. 그러나 조직에 맞는 유능한 인력들이 모집에 응하도록 하기 위해서는 단순히 조직에 대한 인식을 좋게 할 수 있는 정보만 제공하는 것이 아니라, 응시자들이 조직과의 적합성을 정확히 파악할 수 있도록 필요한 정보를 제공해야 한다. 왜냐하면 채용과정에는 비용이 들어가는데, 잘못된 정보의 제공으로 인하여 채용 후 조직에 부적응하는 인력이 발생한다면, 조직에게는 그만큼 채용비용이 낭비되는 것이기 때문이다.

9급 공무원 대졸 99.2%… '예쁜' 9급, '슬픈' 9급

… 경기 용인시청 기획예산과의 9급 직원 이모(27 · 여) 씨는 이른바 '시청 큰손'이다. 이 씨가 한 해 주무르는 10여 개 기금의 총액만 300억원. 여기에 산하 공기업 3곳의 재정 관리와 3,300억원 규모의 투융자사업 심의업무도 그의 몫이다. 이 씨는 2005년 10월 9급 신규직원으로는 처음으로 기금 및 공기업 관리업무를 맡았다. '7급이 하던 일인데…'라며 우려하던 주변 직원들의 시선도 1년을 넘기면서 자취를 감췄다. … 서울 소재 중상위권 대학 경제학과를 나온 구청 9급 공무원 A(27) 씨는 요즘 동료들의 눈을 피해 공기업 시험을 준비 중이다. 그는 구청에서 과태료 미납으로 인한 자동차 압류해제 업무를 2년째 맡고 있다. 그는 은행에 취업하고 싶었지만 번번이 떨어지자 9급 공무원 시험에 응시해 공무원이 됐다. 그러나 그는 "예전엔 공익근무요원들이 하던 단순한 일을 하고 있으려니 비애감마저 든다."고 말했다.

■ '예쁜' 9급

'9급=고졸'이라는 등식은 깨진 지 오래다. 중앙인사위원회에 따르면 국가직 9급 합격자의 경우 1986년에는 대졸(전문대 포함) 이상이 45.9%였다. 1996년에 91%로 오른 뒤, 2004년엔 99.2%까지 올랐다. 그 이후에는 학력철폐를 이유로 이력서에 아예 학력란이 없어 통계가 없다. 그러나 각 부처의 인사담당자는 "요즘은 9급시험 합격자 모두가 4년제 대졸 이상"이라고 말했다.

지방직 9급도 마찬가지다. 서울시에 따르면 9급 합격자 중 4년제 대학 이상의 학력자가 1996년에는 60.9%였으나 2006년에는 90.4%로 치솟았다. … 하위직급에 이처럼 고학력자가 대거 몰리면서 일선 현장에서는 긍정적인 영향과 부정적인 여파가 동시에 나타나고 있다. 우선 고학력 9급들은 변화속도가 느린 공무원 조직에 새바람을 불러일으키고 있다. 이들은 능동적으로 자신의 능력을 펼쳐 발탁인사의 혜택을 얻기도 한다. 자극을 받은 간부들이 자기계발에 나서는 데 이어, 각 지자체는 새 인사실험을 시행하는 등 아래로부터 개혁이 일고 있다.

■ '슬픈' 9급

그러나 취업난 속에서 '안정성'을 생각하고 9급 공무원이 된 이들 중 적지 않은 수가 단순·반복 업무에 지겨워하거나 좌절하고 있다. 상사의 눈을 피해 7급 공무원이나 공기업 시험을 준비하는 이들도 있다. 조직에 새로운 피가 되지 못하고 조직의 분위기를 망치는 사례도 많다. 부산시의 한 고위공무원은 "공무원은 무엇보다 국민에게 헌신하는 정신이 필요한데 고학력 9급 공무원들은 처음부터 승진에만 목을 매고 다른 직원들과 화합하지 못하는 것 같다." 고 꼬집었다. … 한국경제연구원 박성준 연구위원은 "안정성을 선호하는 개인의 선택은 이해할 수 있지만 전체 취업전선에서 나타나는 과잉학력 현상은 한국사회에 이상이 발생했다는 신호"라며 "동기부여가 안 된 고학력 9급이 늘어날 경우 부작용이 커질 수 있다."고 말했다. 국가 전체의 고급인력 활용 측면을 살펴봐도 적절치 않다는 지적이 있다. 서울시 박종수 인사기획팀장은 "20%의 고급인력이 나머지 국민 80%를 먹여 살리는 국제경쟁사회에서 단순업무에 고학력자들이 몰리는 현상 자체가 국가적으로 바람직하다고 볼 수 없다."며 "국가적 차원에서 인적자원 문제를 고민해야 할 시점인 것 같다."고 말했다.

〈동아일보〉 2007.5.12.

2) 적극적 모집과 정보의 제공

유능한 인재를 유치하기 위하여 정부는 모집에 적극성을 보일 필요가 있다. 이를 적극적 모집이라고 한다. 적극적 모집은 유능한 젊은 인재들이 공직에 지원하도록 유도하기 위한 여러 가지 요인을 제공하는 것을 말한다. 행정조직은 인재유치를 둘러싸고 사기업체와 경쟁을 하여야 한다. 효과적인 모집을 위해서는 인력계획에 따라 장단기 모집계획을 사전에 공고하여, 응시자로 하여금 체계적인 준비를 하게 하여야 한다. 그리고 평소에 인력양성 기능을 담당하는 교육기관과의 체계적인 연계를 강화하여 장래의 지원자들과의 연결통로를 마련하여야 한다(강성철 외, 2008:273).[8]

그러나 적극적 모집의 개념을 단순히 유능한 인재의 유치, 즉 유능한 인재들이 공직에 관심을 갖고 모집에 많이 응하도록 하는 것에 한정하는 것은 적절치 않다. 이때 유능성은 인재가 지니고 있는 능력이나 자격만 의미하는 것이 아니라 공직에의 적합성도 포함되어야 한다. 공직은 응시자 개인의 욕구를 충족시켜 줄 수 있어야 할 뿐 아니라, 공동체의 요구도 충족시켜 주어야 하는 직업이다. 그렇기 때문에 공무원은 민간분야에 비해 많은 불이익을 감당해야 할 경우도 있다.[9] 그러므로 적극적 모집이란 공무원으로 임용하기 위한 후보자들의 양적 증가와 함께 유능한 후보자들이 많이 모이도록 유도하는 후보자의 질적 향상을 목표로 한다. 즉, 공직지망자들을 모여들게 한다고 해서 아무나 많이 모여들게만 하면 되는 것이 아니다. 정부조직에서 일하고 싶은 동기를 유발시켜 사람들을 모아들이는 유인기능은 적격의 가능성이 있을 것으로 추정되는 사람들만 골라 모으는 선별기능과 결합될 때 비로소 그 소임을 다 할 수 있는 것이다(오석홍, 1983:153).

그러므로 공직에 적합한 인재를 충원하기 위해서는 응시자가 공직이 자신의 희망이나 적성 등에 맞는지를 판단할 수 있도록 정부도 모집과정에서 채용대상이 된 공직에 대한 정확한 정보를 제공할 필요가 있다. 드레상(Dresang)은 모집공고에 포함되어야 할 내용으로 직위의 명칭, 봉급수준 및 그 결정에 관한 조정 가능성, 직무내용의 기술, 경력발전의 가능성, 근무지역, 요구되는 교육수준 및 직무경험, 시험절차, 평등고용정책에 대한 언명, 기타 시험실시를 위한 행정적 사항 등이 포함되어야 한다고 제시하였다(Dresang, 1991:158). 헤이즈(S.W. Hays)와 소와(J.E. Sowa)도

---

8) 적극적 모집을 위해서는 다음과 같은 방법을 강구할 수 있을 것이다(강성철 외, 2008:274).
① 공직에 대한 사회적 평가의 향상 및 고용조건의 개선 : 적극적 모집을 위하여 정부가 기본적으로 하여야 할 일은 우선 유능한 인재가 응시할 수 있도록 공직에 대한 사회적 평가를 높이고 공무원의 보수를 현실화하는 등 고용조건을 개선하여야 할 것이다. ② 장단기 인력계획의 수립 및 시험의 정기적 실시 : 유능한 인재를 확보하기 위해서는 장기적 시각에서 공무원 수급에 관한 인력계획을 수립하고 시험을 정기적으로 실시하여, 응시자들이 체계적인 준비를 할 수 있게 하여야 한다. ③ 모집공고 방법의 개선 : 유능한 인재를 확보하기 위해서는 채용공고의 방법도 신문뿐만 아니라 방송매체까지 활용하는 등 적극적으로 개선하여야 할 것이다. ④ 응시 절차 및 수험준비 절차의 간소화 : 모집 활동의 효과를 높이기 위해서는 구비 서류를 축소하고, 응시 절차 및 수험준비 절차를 간소화하여야 할 것이다. 구비 서류 가운데는 합격 후에 받아도 되는 것이 있으며, 시험과목 수를 축소하는 것도 지원자의 부담을 경감시키는 방안이 될 수 있다. ⑤ 인력 양성 기관과의 연계 강화 : 모집의 적극화를 위해서는 교육기관과 정부의 연계를 강화하고 장학금 제도를 활용하는 등 노동시장의 육성에도 관심을 가져야 할 것이다.

9) 정치적 중립 요구에 따른 참정권의 제한, 보다 엄격한 직업윤리, 노동시장의 논리로만 설명할 수 없는 보수결정 등이 대표적인 예이다.

모집에서 모집대상이 된 직위와 관련하여 그 직위의 주요 의무와 책임, 응시자가 충족시켜야 할 요구사항(job specifications or job qualifications)의 목록, 근무하게 될 기관에 대한 설명 및 근무지 등은 근무관련 정보를 제공해야 한다고 하였다. 모집은 과잉평가된 직위의 기준을 낮추거나, 어떤 직위에 추가로 권한과 책임을 부여함으로써 직위의 수준을 높일 수 있는 기회를 제공한다(Hays and Sowa, 2010:112).

이와 같이 모집대상 직위에 대한 구체적 정보의 제공은 직위분류제가 발달한 미국에서는 가능하지만, 계급제적 운영을 근간으로 하면서 특정 직위를 대상으로 하는 것이 아닌 직급별 모집의 비중이 큰 우리나라에서는 적용하기 힘든 면이 있다. 그러나 그럼에도 불구하고 정부는 모집과정에서 공무원이 담당해야 할 권리와 의무, 일반적인 근무조건에서 감당해야 할 내용,[10)] 정부가 요구하는 공무원의 자질이나 인적 특성 등은 모집공고 시 명시할 필요가 있다.

3) 자격요건

모집과정에서 후보자들에게 공직에 대한 정보를 제공하는 것은 매우 중요하다. 특히 공직에 취임하기 위해 갖추어야 할 기본조건이나 피해야 할 제한조건은 반드시 사전에 공고되어야 한다. 이러한 조건들은 나라에 따라 다르겠지만, 일반적으로 논의되고 있는 것은 다음과 같다.

(1) 주민으로서의 지위

대부분의 국가에서 국가공무원은 그 나라 국민에 한하여 임용자격을 주며, 지방자치단체의 경우 그 지역의 주민일 것을 요구하는 경우가 많다. 이와 같은 요구는 공무원의 대표성에 기인한다.

박연호 교수는 국가공무원의 자격에 관하여 "공무원이란 국민 전체에 대한 봉사자로서의 책임과 국가의 번영을 이룩할 책무를 지며 국민대표적 역할을 수행한다. 또한 직무상 취득한 비밀을 엄수해야 할 의무도 있다. 이 같은 복무상의 특수성이 외국인의 채용을 제한하는 주요 원인이다."라고 설명하였다(박연호, 1996:193). 지방공무원의 경우에도 이러한 대표성이나 안보의 책임이 적용될 수 있다. 그러나 지방공무원에게 지역주민으로서의 자격을 요구하는 근거는 이보다는 지역사회의 개별적 특이성이나 문제에 대한 이해가 있을 때 그 지역사회에 더 기여할 수 있다는 점

10) 부처배치기준과 절차, 원격지 근무 가능성 등을 예로 들 수 있다.

(Dresang, 1991:164)에서 찾을 수 있다. 어떤 이유에서든지 공무원은 그 사회의 이익에 깊이 관여되어 있으며, 그 사회의 일원일 때 공동체의 이익증진에 더 기여할 수 있다는 것이 주민으로서의 자격을 채용조건으로 정하는 주요 이유라고 할 수 있다.

이에 비하여 공무원의 채용에 있어서 주민으로서의 자격을 엄격히 요구하지 않는 것이 더 바람직한 면도 있다. 무엇보다 세계화로 인하여 국가 간 교류가 자본이나 인력, 물자의 이동이 크게 증대하였다. 이것은 생산의 측면에서 보면 국가나 기업체가 활용할 수 있는 자원의 범위가 전 세계로 확대되었음을 의미한다. 그러므로 인적자원의 획득도 전 세계로 범위를 확대하는 것이 국가나 지역사회에 더 이익이 될 수 있는 것이다.

세계화는 외국인 공무원에 대하여 또 다른 수요를 낳게 한다. 활발한 인적 교류는 다방면에서 국내에서 활동하거나 거주하는 외국인의 수를 증가시키는데, 이들도 공공서비스를 필요로 한다. 이들에 대한 서비스를 효과적으로 제공하면서, 인식이나 문화의 차이로 인하여 발생하는 갈등을 줄이기 위해서는 외국인에 대한 이해도가 높은 공무원을 채용할 필요가 있는 것이다.

외국인 채용에 관한 문제가 아니더라도 공무원의 채용에 있어서 후보자의 지리적 제한을 두지 말아야 한다는 주장도 있다. 특히, 지방공무원의 채용에 있어서 주민으로서의 자격요구를 완화하여야 한다는 것은 그것이 그 지역의 경쟁력을 향상시키기 때문이라는 것이다. 전문적 능력이나 기능적 숙련도를 요하는 직무의 수행을 위해서는 채용예정자의 범위를 넓혀야 하며(ICMA, 1975:11), 특정 지역의 거주자가 선호된다고 하여도, 그것이 외부지역으로부터의 응시자들과 치열한 경합을 벌인 결과에 의한 것일 때, 자치단체나 임용된 자나 모두 만족감을 느낀다는 견해가 제시되기도 한다(Tindal and Tindal, 1984:234).

우리나라도 원칙적으로는 국가공무원은 대한민국 국민으로서의 자격을 가지고 있을 것을 요구하며, 지방공무원 채용에 있어서도 주민으로서의 자격을 요구한다. 그러나 외국인의 채용에 있어서는 그 범위를 확대하였고,[11] 지방공무원의 경우 주민으로서의 자격에 대한 요구가 유지되고 있다.[12]

11) 외국인 채용확대를 위하여 2002년 국가공무원법과 지방공무원법이 개정될 당시 국가공무원법 개정안에 대한 국무회의 의결사항을 보면 "명문의 규정이 없어서 세계화 시대에 부응하여 외국인 임용이 필요한 분야가 증가하고 있음에도 임용할 수 없음"을 지적하고 특정한 분야에 한해 보충성의 원칙을 적용해 외국인도 공무원으로 임용할 수 있는 근거를 신설하였다.

12) 정부는 2008년 국가공무원법 제26조의 3(외국인과 복수국적자의 임용)을 개정하여 "국가기관의 장

(2) 연 령

공무원의 임용에 있어서 연령을 제한하는 주요 이유로는 첫째, 학교를 갓 나온 젊은 사람들은 일반적으로 직무에 대한 성의와 의욕이 높으며, 둘째, 공직에 대하여 일체감이 높은 직업공무원의 양성은 나이가 젊을 때부터 시작하는 것이 보다 효과적이며, 이러한 직업공무원의 육성은 직업공무원제를 확립하는 데 필수적인 요건이고, 셋째, 나이가 너무 어리거나 또는 많은 경우 초래하기 쉬운 조직운영상의 여러 가지 장애를 피할 수 있다는 것이다. 이에 비하여 연령제한을 두지 않는 주요 이유로는 첫째, 국민이 공직에 취임할 수 있는 기회가 확대되므로 공직에 대한 기회균등의 원칙을 실현할 수 있고, 둘째, 공직의 폐쇄성을 극복하고 조직의 활력성을 확보할 수 있으며, 셋째, 인력공급이 부족한 경우 이에 대한 적절한 대책의 수립이 가능함으로써 인력조달의 융통성을 기할 수 있다(박연호, 1996:197-198).

이러한 장·단점의 제시에서 나타나듯이 연령제한은 주로 조직운영상의 장점이 강조되고 있으며 연령무제한은 인력동원의 풀(pool)을 넓히는 데 장점이 강조되고 있다. 그러므로 현재 중요시될 가치가 공직운영의 안정성인지 가용인력의 확대인지에 따라서 연령제한문제를 고려하여야 할 것이다.[13] 우리나라에서는 공무원의 채용시험

은 국가안보 및 보안 · 기밀에 관계되는 분야를 제외하고 국회규칙, 대법원규칙, 헌법재판소규칙, 중앙선거관리위원회규칙 또는 대통령령으로 정하는 바에 따라 외국인을 공무원으로 임용할 수 있다." 고 하였다. 다만, "국가의 존립과 헌법 기본질서의 유지를 위한 국가안보 분야, 내용이 누설되는 경우 국가의 이익을 해하게 되는 보안 · 기밀 분야, 외교, 국가 간 이해관계와 관련된 정책결정 및 집행 등 복수국적자의 임용이 부적합한 분야" 중 하나에 해당하는 분야로서 국회규칙, 대법원규칙, 헌법재판소규칙, 중앙선거관리위원회규칙 또는 대통령령으로 정하는 분야에는 복수국적자(대한민국 국적과 외국 국적을 함께 가진 사람)의 임용을 제한할 수 있도록 하였다. 이것은 지방공무원의 경우에도 같다(지방공무원법 제25조의 2). 그러나 비거주자의 지방공무원 채용에 대해서는 안전행정부가 제시한 표준인사규칙에 "임용권자 또는 시험실시기관의 장은 공개경쟁신규임용시험을 실시함에 있어서 연고지 임용 기타 지역적 특수성을 고려하여 필요하다고 인정할 때에는 그 응시자격을 일정한 지역에서 일정한 기간 동안 거주한 자로 제한하여 시험을 실시할 수 있다."고 하여(제10조 제3항) 거주지제한을 할 수 있도록 하고, 실제로 각 자치단체에 해당 자치단체에 주민등록이 되어 있을 것을 응시자격조건으로 할 것을 권고하고 있다. 다만, 이전에는 주민등록자 외에 호적지가 있는 자도 가능하였으나, 호주제폐지에 따라 등록기준지로 변경하였으나, 이는 지역연고성이 약하다는 지적에 따라 2013년부터는 거주지(주민등록)에 의한 제한만 두도록 하였다. 이것도 출생 후 시험실시기간까지 누적적으로 3년 이상 주민등록이 되어 있으면 되도록 하였다.

13) 빠른 변화와 다양성이 현대사회의 특징으로 많이 논의되며, 조직에 대하여는 공·사부문을 막론하고 환경의 변화에 신속히 대응할 것이 요구되고 있다. 그러므로 공직에 있어서 융통성의 확대와 이에 대응한 적절한 인력의 공급이 필요하다. 그러므로 결론적으로 연령의 제한이 직무의 내용이나 직무수행과 관련하여 심각한 지장을 초래한다는 분명한 근거가 있지 않는 한 인위적 제한은 가하지 않는 것이 더 바람직하다고 생각된다. 그러나 우리나라에서는 전반적으로 공직에 대한 선호가 매우

에 응시할 수 있는 연령에 상·하한선을 두었었으나, 2009년 공무원임용시험령 및 지방자치단체표준인사규칙을 개정하여 응시연령의 상한선을 폐지하였다.[14)]

(3) 학 력

우리나라에서는 공무원의 채용시험에 학력제한을 하지 못하도록 규정하고 있다(공무원임용시험령 및 지방공무원인사규칙(표준안)). 일찍이 직업공무원제도가 정착된 영국, 프랑스, 독일 등의 국가에서는 학력요건을 엄격하게 규정하고 있다. 그러나 이들 국가에서도 평등사상이 확산되고 학력차별에 대한 사회적 비판이 제기되면서 점차 학력에 대한 요구가 완화되는 추세에 있다. 한편, 전통적으로 학력을 제한하지 않아 온 미국의 경우, 여러 차례의 채용제도 개선을 통하여 학력제한을 두는 방향으로 인사행정제도가 바뀌었다가 다시 학력제한을 완화하는 방향으로 바뀌고 있다(강성철 외. 2008:276). 그러나 현실규정과는 별도로 학력제한의 문제는 몇 가지 논의사항을 내포하고 있다.

공무원의 임용에 있어서 학력제한을 둘 것을 찬성하는 입장에서는 행정의 전문화 · 기술화로 인한 고등교육인력의 필요성, 정부와 인력양성기관 간의 호혜적 관계유지, 시험의 미비성 보완, 전문교육뿐 아니라 인격형성에 있어서의 정규교육의 필요성, 부적격자의 사전배제로 인한 선발과정의 비용절감 등을 들고 있다. 이에 비하여 학력제한을 반대하는 입장은 기회균등원칙의 위배, 고등교육의 형식성 방지, 모집체제의 융통성 확보, 타당한 학력기준 설정의 곤란, 도시인구의 과도한 집중 방지 등을 주장한다(박연호, 1990:400-401). 이것을 요약하면 행정운영의 효율성과 기회균등의 원칙의 대립이라고 할 수 있다.

첫째, 학력을 제한하지 않는 것이 가용인력의 범위를 넓히기 때문에 유능한 인력을 확보하는 데 더 유용하다고 생각할 수 있다. 그러나 행정의 전문성을 감안하여 선발기준을 정하면 저학력자는 선발되기 어렵다. 그러므로 사전에 학력제한을 둠으로써 응시인원을 제한하는 것이 선발제도 운영의 효율성을 높일 수 있다.

둘째, 공직의 특수성에 부합되는 교육을 제공하는 것이 어느 수준의 교육기관의 프로그램에서 가능한가도 판단할 필요가 있다. 우리나라의 중등교육기관인 고등학

강하며, 경제환경의 변화로 인해 직장의 안정성에 대한 가치가 높아지고 있고, 장기간 직업이 없이 공무원시험을 준비하는 인력에 대한 우려도 있어 연령제한의 문제를 쉽게 판단하기 어렵다.

14) 일반직 7급 이상의 채용시험은 20세가 되어야 응시할 수 있으며, 8급 이하 및 기능직 시험은 18세가 응시하한연령이다.

교까지는 보편적 시민교육, 그리고 고등교육기관인 대학교부터는 전문교육이 실시된다. 그러므로 공직에 필요한 소양을 함양할 수 있는 교육이 어느 정도의 수준에서 제공되는가 하는 것을 판단할 필요가 있으며, 입직직급에 따라 요구되는 학력수준이 달라질 수 있다. 그러므로 학력제한의 필요성에 관한 논의는 이러한 점도 감안되어야 할 것이다.

셋째, 학력제한이라고 할 때, 이것을 고졸 · 대졸과 같이 보편적 학력수준의 문제로 다룰 것인가, 특정 분야에 대한 교육이수의 문제로 다룰 것인가도 판단해 보아야 할 것이다. 예를 들어 학력제한을 둔다고 할 경우 '대학졸업 이상'과 같이 할 것인가 아니면 공인된 기관에서 '특정 분야의 교육이수'로 할 것인가를 판단할 필요가 있다. 후자의 경우 전자의 내용을 전제로 한다고 볼 수 있으나, 반드시 대학만이 아니라 정부가 공인한 교육기관을 통한 교육서비스의 제공도 가능하기 때문에, 특정 분야의 교육이수가 특정 수준의 교육기관이수를 전제한다고 한정짓기는 어렵다.

그러나 사회적 가치로 보았을 때, 공무담임의 평등권이 그 어느 기준보다 우월하게 간주될 수 있다. 학력제한으로 인하여 우수한 자질과 능력을 갖추었으면서도 공무원이 될 기회를 제한받는 인력이 있다면, 그 규모가 비록 소수라고 하더라도 민주사회에서는 큰 문제가 된다.

그러므로 학력제한의 문제는 보다 심도 있는 연구가 필요하다. 행정의 전문화와 효율성을 강화하면서도, 국민들 사이에 기회를 제한받는 문제가 발생하지 않도록 다양한 대안들이 검토되고 실시되어야 할 것이다.

2012년에 대한민국에서는 '청년실업'과 관련하여 다양한 문제가 분출되었으며, 그중 하나로 지나친 대학진학 선호에 대한 비판도 있었다. 정부에서는 이 문제를 해결하기 위하여 '고졸자' 채용확대 정책을 실시하였으며, 고졸자가 공직시험에 쉽게 응시하고 합격할 수 있도록 채용시험과목을 변경하였다. 이에 따라 행정안전부에서는 9급시험에서 2013년부터 '행정학개론'과 '행정법총론'을 필수과목에서 선택과목으로 변경하고, 고교과목인 사회 · 과학 · 수학도 선택과목에 포함한다는 내용을 발표했다. 인사행정은 다양한 사회적 문제를 해결하는 주요 도구이기 때문에 '고졸'의 사회진출을 장려하기 위하여 공무원시험제도를 변경하는 정책이 원칙적으로 잘못되었다고 할 수 없다. 다만, 이러한 정책의 실효성, 학력제한금지와의 관련성, 역차별 가능성, 우수인력의 채용 가능성 등에 비추어 정책의 적절성을 심도 있게 분석할 필요성은 있다. 이에 대하여 다음과 같은 논란이 있다.

....

시험과목 변경으로 행정관련 전문성 평가가 약화됐다는 일부 지적에 대해 김홍갑 행정안전부 인사실장은 "면접에서 실무역량을 평가하는 부분이 바뀔 것"이라면서 "행정과 관련된 내용은 합격 이후 실무교육 과정에서 보완하면 된다."고 말했다. 김 실장은 또 "행정학 · 행정법도 폐지되는 것이 아니라 선택과목으로 유지해 기존 수험생들이 피해를 보지 않게 하면서 고교 졸업자들에게 임용기회를 넓혀 준 것"이라고 평가했다. 이어 "그동안은 고교생이 9급시험을 보려면 학과수업뿐만 아니라 행정학 · 행정법을 가르쳐 주는 학원까지 다녀야 했는데, 그런 폐해를 막을 수 있게 됐다."고 덧붙였다. 고교진학 상담교사들도 9급 공채시험과목 변경을 크게 반겼다. 김종우 진로진학상담교사협의회장(서울 성수고 교사)은 "지금 9급 공채 환경에서는 일부 대학교육에 포함된 시험과목 때문에 고교졸업생이 공직으로 진출할 방법이 아예 없다."면서 "한꺼번에 고졸자 임용이 늘지 않더라도 기회를 열어두면 굳이 대학에 진학하지 않고 공무원 길을 택하는 사람이 꾸준히 늘어날 것"이라고 말했다. 그러면서도 "고졸자들끼리 경쟁하는 채용이나 지방학생들이 그 지역사회에서 일할 수 있도록 하는 채용 등 제한경쟁 채용의 선발인원도 늘려야 한다."고 덧붙였다. 한양공고 취업지도부장인 김영철 교사도 "대학을 나오지 않고도 할 수 있는 일자리를 대졸자들이 많이 차지하는 학력 인플레이션이 우리 사회의 가장 큰 문제"라고 말했다. 그러면서 "최근 상위권 학생들이 대학진학을 접고 기능인재 등 고졸자 공무원 채용시험에 도전하고 있는데, 이번 시험과목 변경으로 더 많은 고교생이 대학교육을 받지 않고도 공무원이 될 것으로 기대한다."고 말했다.

"개악이다. 9급 공채는 고교졸업자 대상 시험이 아니다. 오히려 공무원의 행정 전문성이 중시되고 있는 가운데 행정관련 과목을 필수에서 제외한 건 시대 역행적인 결정이다." 많은 행정학과 교수들은 9급 공채시험과목 변경에 반대했다. 임도빈 서울대 교수는 "행정안전부가 어떤 공직자를 선발해야 국민에게 도움이 될지 깊게 고려하지 않고, 대통령 눈치만 보면서 정책을 결정하는 것 같다."고 강도 높게 비판했다. 시험과목을 바꾸는 것이 실제 고졸자들의 공직진출에 큰 도움이 되지 않을 것이라는 지적도 나왔다. 임 교수는 "공무원 시험을 준비하는 대졸자가 많은 상황에서 고교과목을 추가했다고 해서 고졸자가 대학생이나 대학졸업자보다 유리할 수 없다."면서 "고졸자 공무원 채용을 늘리려면 고졸자 제한 경쟁인원을 늘리는 게 훨씬 더 효율적일 것이다. 시험과목 자체를 뒤흔드는 건 눈에 보이는 것만 중시한 결정"이라고 지적했다. 이번 시험과목 변경계획이 '대학교육은 비실용적'이라는 임용담당자들의 대학교육에 대한 몰이해 때문이라는 지적도 나왔다. 박천오 명지대 교수는 "대학교육은 '보약' 같은 것으로 당장에는 효과가 나지 않지만 대학교육 과정에서 습득한 사고력 · 판단력이 나중에 반드시 도움이 되게 돼 있다."고 말했다. 오성호 상명대 교수는 "일부 공무원들이 행정학과에서 실무에 도움이 안 되는 교육만 한다고 지적하지만 대학 행정학 교육이 공무원시험을 의식해 법 중심의 암기식 교육으로 흘러가는 것이 더 문제"라고 지적했다. 그러면서 "행정학 교육이 사회를 진단하고 자기 나름의 문제해결을 하도록 돕는 식으로 돼야 한다."고 덧붙였다. 수학 · 과학 · 사회 등의 과목은 공무원업무 수행에 필요한 과목이 아니라 단순히 고졸자들의 채용을 늘리려고 정부가 채택한 것이라는 지적도 나왔다. 박 교수는 "실제 행정업무를 하는 데 수학 ·

과학 · 사회 같은 과목이 정말 필요한지 재검토해야 한다."면서 "국민에게 더 나은 서비스를 제공하기 위한 것이 아니라 일부 채용대상에게 특혜를 주기 위해 시험제도를 바꾼다는 것은 본말이 전도된 것"이라고 지적했다.

〈서울신문〉 2012.10.13.

(4) 우대조건

정부의 인력관리는 단지 인적자원을 정부 내에서 효율적으로 활용하는 것만을 목적으로 하지 않는다. 정부는 사회의 다양한 문제를 해결하는 수단으로 인사정책을 사용하기도 한다. 그 대표적인 예가 사회의 불평등을 해결하기 위하여 사회적 약자에게 공직에 진출하는 데 유리한 여건을 조성하는 제도이다. 사회의 구성집단이 다양한 국가의 경우 집단 간 차별이 여러 분야에서 문제가 되고 사회구조적으로 소외된 집단에 대하여 공직임용에서 우대하는 것은 차별시정을 위한 주요 수단으로 활용된다. 우리나라의 경우는 성(性)에 의한 차별, 장애인에 대한 차별, 지역이나 학벌에 의한 차별이 주요 문제로 거론되고 있다. 그러므로 정부는 이러한 문제들을 해결하기 위한 다양한 정책을 제도화하여 실시하고 있다.[15] 따라서 공무원을 채용할 시에는 이를 명확히 제시하여야 한다.

차별을 시정하기 위한 정부의 인사정책은 주로 차별받는 소수집단에 대하여 채용상 우대하는 것을 근간으로 하고 있으며, 할당제라고 할 수 있는 내용이 주요 특징이다. 그런데 이는 실적주의와의 충돌이나 역차별의 문제를 불러일으킬 수 있다. 그러므로 이러한 문제가 발생하지 않도록 하기 위해서는 다음의 두 가지 사항이 면밀히 검토되어야 한다.

첫째, 특정 집단을 우대할 사회적 타당성이 있는가?

둘째, 우대의 대상이 되는 특정 집단에 대한 불평등이 현재의 제도로 인해 야기되었거나, 현재의 제도만으로는 해결될 수 없는가?

첫 번째 문제에 있어서는 특정 집단이 자기가 책임질 수 없는 문제로 인하여 사회활동에서 불이익을 감수해야 하는가가 관건이다. 성차별의 문제는 이러한 특징이 잘 나타나는데, 남성이나 여성이 단지 그러한 성에 속해 있다는 것만으로 사회에서

15) 고용에 있어서의 양성평등정책, 장애인을 일정비율 채용하도록 하는 정책, 지역인재추천제도 및 지방인재채용목표제 등이 실시되고 있다.

인식상에 있어서나 제도적으로 불이익을 받아서는 안 되므로 시정을 위한 특별한 조치가 필요하다. 장애인의 경우도 장애로 인해 받는 불편과 불리함의 책임이 본인에게 있다고 하기 어렵다.[16)]

그러나 이것이 반드시 소수집단의 채용에 할당제를 도입해야 하는 충분조건은 아니다. 이를 위해서는 위의 두 번째 문제가 검토되어야 한다. 즉, 할당제를 시행하지 않는 것에 원인이 있거나, 할당제를 시행하지 않으면 문제해결이 어렵다고 할 수 있어야 한다. 우리나라의 경우 할당제를 실시하지 않는 것이 문제의 원인은 아니지만, 할당제의 특성을 지닌 정책을 시행하지 않으면 문제가 해결되기 어렵다. 이것은 특히 사회적 인식의 문제가 결부되어 있기 때문에 더욱 그러하다. 만약 할당제를 실시하지 않으면 관행적으로 자리 잡은 특정 집단에 대한 편견을 깨뜨리기가 어렵고, 이는 차별을 공고하게 할 수 있다. 이러한 제도들은 사회적 불평등이 상당히 시정되었다고 판단되면 개정되거나 폐지되어야 할 것이다.[17)]

공무원 채용 시 특정 집단을 우대하는 정책은 문제의 해결뿐 아니라 사회의 주요 가치를 강화하기 위한 수단으로도 활용된다. 대부분의 국가에서는 공무원 채용 시 국가유공자 및 제대군인을 우대하는 제도를 도입하고 있다. 이와 같은 국가유공자 및 제대군인 우대제도에 대해서는 국가에 대한 봉사의 대가로 당연히 우대하여야 한다는 주장과, 이들에 대한 보상은 물질적인 혜택을 주는 것으로 그쳐야 한다는 주장이 부딪치고 있다. 즉, 일부 논자들은 중요한 국가행정업무를 담당할 공무원을 채용할 때는 엄격한 실적에 기반하여야 한다고 주장하면서, 국가유공자 우대제도는 기회균등의 원칙에 어긋날 뿐만 아니라 능률성의 원칙에도 위배된다고 주장한다(강성철 외, 2008:279).[18)]

---

16) 이런 점에서 지역차별이나 학벌에 의한 차별의 문제가 있는가 또는 시정되어야 하는가는 심도 있는 논의가 필요하다. 특정 지역 출신이라는 점 때문에 차별을 받는다면 시정되어야 하지만, 현재의 채용제도에서 특정 지역 출신을 차별하기는 어렵기 때문이다. 학벌에 의한 차별도 채용과정에서 의도적 차별이 발생한다고 하기는 어렵다. 이 문제는 차별의 시정보다는 지역균형발전의 시각에 초점이 맞춰졌다고 할 수 있다.

17) 이러한 예로 여성에 대한 차별시정정책을 들 수 있다. 처음에는 여성에게 채용의 일정비율을 할애하는 정책으로 출발하였으나, 여성의 공직진출이 활발해진 지금은 양성평등정책으로 전환되어 실시되고 있다.

18) 우리나라에서는 공무원 채용시험에서 국가유공자에 대해서는 만점의 10%, 국가유공자의 가족에 대해서는 5%를 가산해 주도록 하고 있다(국가유공자 등 예우 및 지원에 관한 법률 제31조). 제대군인에게는 만점의 5%를 가산점으로 주도록 하는 정책을 시행하였으나 1999년 12월 헌법재판소에서 남성에게만 특혜를 주는 차별적 제도라는 이유로 위헌판결을 내려, 폐지되었다. 그러나 제대군인에 대한 우대의 필요성에 대한 사회적 논란은 계속되고 있다.

(5) 법적 제약

공무원을 채용함에 있어서는 공무원이 될 수 없는 조건도 명확히 제시하여야 한다. 이를 결격사유라고 하는데, 이러한 조건을 가진 인력은 정상적으로 공무를 수행할 수 없거나, 수행된 공무의 정당성을 훼손시킬 가능성이 있기 때문이다. 그러나 이러한 조건들은 적용되는 개인의 공무담임권을 크게 제약하는 것이기 때문에 신중하게 검토되어 시행되어야 한다. 공무수행에 미치는 부정적 영향이 명확히 확인되어야 하며, 개인의 권리를 인정하는 것에 비해 사회에 미치는 악영향이 현저하게 커야 한다.

우리나라에서는 ① 피성년후견인 또는 피한정후견인, ② 파산선고를 받고 복권되지 아니한 자, ③ 금고 이상의 실형을 선고받고 그 집행이 종료되거나, 집행을 받지 아니하기로 확정된 후 5년이 지나지 아니한 자, ④ 금고 이상의 형을 선고받고 그 집행유예의 기간이 끝난 날부터 2년이 지나지 아니한 자, ⑤ 금고 이상의 형의 선고유예를 받은 경우에 그 선고유예기간 중에 있는 자, ⑥ 법원의 판결 또는 다른 법률에 따라 자격이 상실되거나 정지된 자, ⑦ 공무원으로 재직기간 중 직무와 관련하여 「형법」 제355조 및 제356조에 규정된 죄를 범한 자로서 300만원 이상의 벌금형을 선고받고 그 형이 확정된 후 2년이 지나지 아니한 자, ⑧ 징계로 파면처분을 받은 때부터 5년이 지나지 아니한 자, ⑨ 징계로 해임처분을 받은 때부터 3년이 지나지 아니한 자를 결격사유가 있는 자로 규정하고 있다(국가공무원법 제33조 및 지방공무원법 제31조).

그런데 이 중에서 두 번째, 세 번째, 네 번째 결격사유는 재검토할 필요가 있다. 파산선고를 받은 경우에 대하여 일본에서는 지방공무원의 임용에 제한을 두고 있지 않은데(鹿兒島重治, 1990:83), 파산선고는 경제적 문제이지 개인의 활동을 금치산자나 한정치산자와 같이 제한하는 것은 아니므로 공무를 담당하는 데 지장이 없다고 볼 수도 있을 것이다. 반면에 경제적으로 불안한 상태에 있는 자에게 공무를 담당케 할 경우 부정한 방법에 의하여 공익을 해할 염려가 있으므로 개인의 권리와 통념에 의한 우려 사이에 어디에 더 비중을 둘 것인가 하는 문제가 제기되는 것이라고 할 수 있다.

세 번째 조건과 네 번째 조건은 이중처벌의 문제가 있다. 형의 집행이나 집행유예에 관하여는, 그 해당 기간 중에는 일정한 장소에 수감되어 있어 사실상 공무집행이 불가능한 경우이거나 또는 유예처분이 취소될 수 있으므로 공무원임용에 제한을 가하는 것이 당연하다. 그렇지만 집행유예기간이 끝났거나 형기를 마친 경우에는 법률상으로 범죄에 대한 책임을 다한 것이기 때문에 여기에 덧붙여 형기를 마친 후에도 상당기간 공무원이 될 수 있는 권리를 박탈하는 것은 범죄에 대한 이중의 처벌이라는 문제가 제기될 수 있다. 소위 전과자의 사회적 복귀가 일반사회의 냉대로 말미암아 큰 제약을 받고 이것이 재범의 주요 원인의 하나로 지적되어 시정이 요구되고 있는 현실에 비추어 볼 때 일반사회에 대한 일종의 모델역할을 하는 정부의 운영에 있어 이러한 제한을 법률로써 정하여 놓는 것은 불합리하다고 할 수 있다. 이들이 공무를 담임할 경우 어떤 악영향이 있는지가 불분명하며, 제한기간인 5년이나 2년이 어떠한 합리적 근거에 의하여 제시되었는지도 불명확하다. 그러므로 이 조건들은 그 합리성에 대하여 심도 있는 재검토를 할 필요가 있다.[19)]

4) 한국 정부의 모집의 문제점

우리나라의 공무원 모집과정은 이전보다 적극성을 띠고 있다. 정부에서는 공직안내책자를 발간하고, 각 대학에서 요청할 경우 공직설명회도 개최하며, 2011년부터는 공직채용박람회도 개최하고 있다. 또한 공직에 대한 사회적 선호가 크기 때문에 다양한 모집공고수단의 활용이 불필요한 비용의 낭비가 될 가능성도 있다. 그러나 국민들이 스스로 공직채용에 대한 정보를 찾는 행태에 의존하기보다는 행정서비스의 제공이라는 측면에서도 좀 더 다양한 매체를 활용할 필요가 있다.[20)]

---

19) 참고로 일본지방공무원법을 보면, 파산선고를 받은 자 및 형기를 마치거나 집행유예기간을 마친 자에 대하여는 지방공무원 임용에 결격사유가 있는 것으로 되지 않는다(일본지방공무원법 제16조 참조).

20) 우리와 비슷한 채용제도를 운영하는 일본에서도 임용시험의 공고는 우리보다 훨씬 적극적임을 알 수 있다. 포스터, 수험안내, 팸플릿 등 각종 모집자료를 작성하여 대학, 고등학교 등에 송부함으로써 시험의 실시를 알리고 시험의 응시를 장려하며, 전국의 공립도서관이나 공공직업안정소 등에도 송부하여 일반에게도 알리도록 노력한다. 또한 신문 등에 광고를 게재할 뿐만 아니라 스팟트방송이나 기사의 게재도 의뢰한다(人事院, 1994:30). 지방자치단체의 경우 지방공무원 임용시험에 대한 응시율이 떨어지자 적극적 모집으로 이에 대응한 예가 있다. 宮城, 靜岡, 兵庫 현 등에서는 현 내외의 학생들에게 어필을 노려, 컬러판이나 일러스트를 써서 현청의 일의 보람과 젊은 직원들의 활약상, 전년도의 시험상황 등을 소개하는 화려한 팸플릿을 작성하여 우수인재의 확보에 노력하고 있다(坂田期雄, 1989:498). 드레상(Dresang)은 신문 외에 전문학술지, 학회의 소식지(newsletter) 등에 공고하는 방법, 포스터, 안내지(bulletins *or* brochures) 등의 활용을 제시하였으며(Dresang, 1991:157), 미국의 지방자치단체들에서는 이러한 방법 외에도 여성단체나 소수민족단체 등의 특수이익집단의 추천을 받거나 대학의 취업사무실의 이용, 공·사 직업소개소의 이용, 노조나 전문가집단의 추천 이용, 인턴십제도의 활용 등 다양한 모집수단을 활용하고 있다(O' Brien, 1991:3).

모집에 있어서 보다 큰 문제점은, 제공하는 정보의 구체성 결여이다. 현재는 임용예정직급, 결격사유 및 제한조건, 그리고 시험에 관한 행정사항 등만 제공된다. 우리나라의 인사제도는 계급제적으로 운영되기 때문에 신규채용 시 구체성을 띠기 어렵다. 따라서 임용예정직위의 명칭, 직무내용, 근무지역, 요구되는 직무경험 등에 관해서는 현실적으로 공고할 수 없다. 그러나 전문화의 요구에 따르자면 공직분류의 구체화가 요구되므로 분류체계의 개선과 함께 임용에 있어서도 가능한 한 구체화를 추진하는 노력이 있어야 할 것이다.[21)]

모집활동에 있어서 정부는 더 이상 수동적인 자세를 보여서는 안 된다. 단순히 모집의 유용성 문제만이 아니라 정부가 가지고 있는 정보를 가능한 자세히 국민들에게 알리는 것은 정부의 의무이기도 하다. 거기에다가 유용한 인력의 풀(pool)은 확대시키되, 능력이나 적성 혹은 경력계획 등에 비추어 적합하지 않은 인력은 사전에 배제함으로써 채용의 절차를 간소화하고 불필요한 비용을 절약한다는 모집의 취지를 생각할 때 적극적이고 자세한 정보의 제공은 공직임용에 있어서 꼭 필요한 조치이다.

2. 선 발

선발은 모집에 응한 후보자들 가운데 채용할 인력을 구별해 내는 과정이다. 그러므로 정부가 원하는 인력을 선발하기 위해서는 선발기준이 명확해야 하고, 적절한 방법을 사용하여야 한다.

1) 선발의 기준

선발은 채용할 인력과 채용하지 않을 인력을 구별하는 과정이다. 그러므로 무엇을 기준으로 구별할 것인가가 매우 중요하다. 왜냐하면 이 기준에 부합하는 인력이 앞으로 조직의 목표달성에 기여할 것이라고 기대되기 때문이다. 만약 잘못된 기준에 의해 선발된 인력을 채용한다면 조직은 기대한 효과를 얻을 수 없고 궁극적으로는

21) 현재의 여건에서도 공고내용을 구체화할 수 있는 것은 구체화할 필요가 있다. 예를 들면 정부가 장점으로 제시할 수 있는 근로조건, 정부가 원하는 공무원의 자질, 공무원에게 요구되는 윤리기준, 개인이 부담할 가능성이 있는 근무상 제약요건 등을 공고할 필요가 있다.

조직의 목표도 달성할 수 없게 된다.

그런데 선발의 기준은 조직에 따라 달라질 수 있으며, 같은 조직에서도 채용할 인력의 특성에 따라 달라질 수 있다. 그러므로 매우 다양한 기준이 활용될 수 있기 때문에 어떤 기준이 반드시 적용되어야 한다고 말하기 어렵다. 일반적으로는 다음과 같은 기준들이 많이 적용되고 있다.

(1) 지 식

직무와 관련된 지식(knowledge)은 선발의 기준으로 많이 활용된다. 이는 수행되어야 할 직무의 내용이나 수행방법에 관한 정보를 의미한다. 그러므로 직무관련 지식이 있으면 직무를 잘 수행할 가능성이 높다고 판단할 수 있다.

그러나 선발기준으로서의 지식은 크게 두 가지의 한계가 있다. 첫째는 무엇이 직무와 관련된 지식인가의 문제이다. 우리나라의 공무원 공개경쟁채용시험에서는 학교에서 교육하는 학과목의 지식을 평가한다. 그런데 학과목의 지식은 직무를 수행하는 데 도움을 줄 가능성이 높지만, 반드시 직무와 관련되어 있다고 하기 어렵다. 만약 어떤 분야의 일을 하는 데 필요한 구체적 지식을 측정한다고 한다면, 공무원이 수행하는 직무내용의 다양성 때문에 매우 많은 종류의 지식을 측정해야 할 것이다.

둘째, 직무관련 지식이 있다고 해서 지식 보유자가 직무를 잘 수행할 수 있다고 하기 어렵다. 예를 들면 자동차의 작동 원리에 대하여 잘 안다고 해서 유능한 운전자가 되는 것은 아니다.

그러나 지식을 가지고 있으면 그만큼 직무를 원활히 수행할 수 있는 가능성이 높다고 할 수 있다. 다만, 어떤 지식을 측정해야 하는가는 시험을 실시하는 쪽에서 심도 있게 연구해야 할 사항이다.

(2) 능 력

능력(ability)은 의미 그대로 무엇을 할 수 있다는 것을 말한다. 공무원 선발기준으로서의 능력이란 공직을 잘 수행하기 위하여 갖추어야 할 힘을 의미한다. 위에서 언급한 지식도 일종의 능력이라고 할 수 있으나, 능력이라고 할 때에는 '아는 것'이 아니라 '할 수 있는 것'에 초점이 있다. 그러므로 능력에는 지식뿐 아니라 신체조건이나 물리력, 사고력, 기타 직무를 수행하는 데 도움이 되는 것들이 포함된다.

직무를 수행할 능력이 있으면 그만큼 유능한 공무원이 될 수 있다. 그러나 '능력'도 지식과 마찬가지로 직무와 관련 여부를 구별하기가 쉽지 않고, 능력을 갖춘 것이 곧 높은 업무성과로 연결되는 것은 아니다.

(3) 기 술

기술(skill)의 사전적 의미는 '어떤 일을 잘 할 수 있도록 하는 능력' (oxford dictionary)인데, 일이 되도록 하는 방법을 의미한다고 할 수 있다. 이것은 단지 기능적(technical)인 수준 이상의 것이다. 그러므로 직무수행관련 기술이 있다면 그 직무를 잘 수행할 가능성이 높다고 할 수 있다.

(4) 역 량

역량(competency)은 효과적인 또는 우수한 성과를 가져오는 조직원들의 기본적 특성(Boyatzis, 1982; U.S.OPM 1999:7)이라고 할 수 있다. 역량의 사전적 의미는 "어떤 일을 해낼 수 있는 힘" 또는 "적절하거나 뛰어난 자격을 갖춘 상태나 질"이다. 이러한 개념은 '무엇인가를 할 수 있는 상태' 라는 점에서 일반적으로 이야기되는 '능력' 또는 '유능성' 과 구별되지 않는다. 그러나 인력관리에서 말하는 역량은 능력이나 유능성과는 구별되는 개념으로서, 단지 '할 수 있는' 에서 더 나아가 '성과를 거두는' 을 의미한다. 그러므로 위에서 본 지식이나 능력, 기술 등이 역량을 형성하는 부분은 될 수 있지만, 그것이 역량의 본질은 아니다. 그보다는 높은 성과를 거둘 수 있는 특성이 역량의 핵심이며, 행동이나 태도도 포함될 수 있다.

역량은 높은 성과를 가져오는 특성이기 때문에 조직에 따라 다를 수 있으며, 같은 조직 내에서도 업무분야나 지위에 따라 달라질 수 있다. 조직 차원에서 보면 일반적으로 공통역량(혹은 핵심역량, common or core competency: 전 직원이 공통으로 갖추어야 할 역량), 계층역량(혹은 리더십역량, managerial or leadership competency: 개인의 역량이 조직 차원에서 원활히 수립되고 변화되도록 하는 역량), 직무역량(혹은 전문역량, job or professional competency: 구성원 각자가 업무를 효과 · 효율적으로 수행하기 위한 역량 설정)으로 구분된다(김현주, 2003: 18).[22]

22) 한국의 중앙정부에서는 고위공무원단에 진입할 후보자들을 대상으로 고객만족, 조정통합, 성과지향, 변화관리, 문제인식, 전략적 사고의 여섯 가지 역량을 측정한다. 이외에도 각 기관이나 지방자치단체에서도 역량평가를 승진심사에 활용한다. 정부부문에서 공개경쟁시험에 역량평가를 활용하는 예는 없으나, 계약직 채용에는 활용하기도 한다.

(5) 인 성

인성(personality)은 개인이 지니고 있는 특성으로서 그의 사고나 행동에 지속적인 영향을 준다. 즉, 인성은 개인의 일상생활에서 그의 행위를 결정짓는 특색이라고 할 수 있다. 사람의 정서적 · 기질적 특성은 직업의 성공과 밀접히 연관된 것으로 오랫동안 인식되어 왔다(강성철 외, 2008:288). 그러므로 다양한 방법의 인성검사가 채용에 활용되기도 하지만 이를 식별하여 측정하는 것은 용이한 일이 아니다.

(6) 기 타

지능, 적성, 체력 등 필요에 따라 다양한 요소가 채용을 위한 선발기준으로 활용된다. 한국의 공개경쟁채용시험에는 적성검사는 아니지만, 공직에서 필요로 하는 직무수행자질을 갖추었는지를 평가하는 공직적격성검사(Public Service Attitude Test)[23]가 시행되고 있다.

채용과정에서 다양한 선발기준이 활용되고 있음은 다음의 사례들에서 알 수 있다. 공직에 한정된 것은 아니지만, 교육기관에서 사회진출을 준비하는 학생들은 이러한 선발기준들을 인식하고, 교육과정에서 자신의 목표에 따라 이 기준들에 부합되는 특성을 갖출 수 있도록 준비할 필요가 있다.

■ **인성**

일본 기업이 해외 유학생 채용을 꺼리고 있다. 이유는 일본 특유의 기업문화에 맞지 않는다는 것인데. … 일본 회사들은 해외 유학생 출신들은 이직 확률이 높다는 점을 가장 우려한다. 케이치 호타 미쓰비시은행 인사 담당자는 "금융분야는 업무 지속성이 중요한데, 해외 유학생들은 연봉, 업무 다양성 등을 따지며 단기간 일하다 떠나는 경우가 많다."고 말했다. 일본의 딱딱하고 상명하복의 위계질서를 중시하는 기업문화도 해외 유학생 출신의 입사를 막는다. …

〈한국일보〉 2012.5.30.

■ 직무적성(직무적격성)

상당수 기업들이 '열린 채용'을 지향하면서 서류전형 문턱을 크게 낮추고 그 다음 관문인 인·적성검사를 까다롭게 하는 추세다. … 국내 인·적성검사의 대표주자는 1995년 삼성그룹이 도입한 SSAT다. … 삼성 관계자는 "시험관리에 큰 돈이 들 수 있지만 서류심사만으로 놓칠

23) 시험은 언어논리영역, 자료해석영역, 상황판단영역으로 구분되어 출제된다.

수 있는 '숨은 보석'을 발견할 수도 있다."고 말했다. SSAT는 외부업체가 아닌 삼성 공채출신 직원들이 직접 출제위원으로 참여하는 것이 특징이다. … 진로검사와 비슷하면서도 정답이 뭔지 아리송한 인·적성검사는 업그레이드된 필기시험이다. 1990년대 중반 입사 필기시험과 다른 점이라면 전공지식을 묻는 대신 각 기업이 추구하는 인재를 추려낸다는 것. … SK그룹의 'SK종합적성검사'에서 인성검사 항목은 무려 500문항에 달하는데 패기와 경영지식을 묻는 질문이 많다. … 한화그룹의 한화인·적성검사(HAT)는 인성, 적성 검사 외에도 비즈니스 상황별 대처능력을 묻는 상황판단 검사가 포함돼 있다. … 두산그룹의 직무적성검사(DCAT)는 마지막 과목이 한자시험이어서 요즘처럼 한자에 익숙지 않은 구직자들에게 '악명'이 높다. 두산 관계자는 "중국 등 한자문화권과 연계된 사업이 많기 때문에 한자시험을 넣었다."고 설명했다. DCAT에는 조직생활에서 발생할 수 있는 여러 가지 상황을 던져주고 그때 본인과 상대방이 느낄 수 있는 감정에 대해 고르는 식의 정서역량 검사도 있다.

〈동아일보〉 2012.8.29.

인·적성검사는 취업희망자가 넘어야 할 첫 관문이다. 주요 기업들은 자신들이 추구하는 철학과 비전에 맞는 인재를 찾기 위해 인·적성검사 활용도를 높여가고 있다. 지난해 취업포털에 채용공고를 낸 기업 중 82%가 인·적성검사를 실시하고 있다. 인·적성검사는 회사별로 다소 차이는 있지만, 크게 인성평가와 언어평가, 수리평가, 공간지각력 평가, 상황판단력 평가, 창의력 평가 등으로 구분된다. 인성검사는 짧은 시간에 많은 문항이 주어진다는 특징이 있고, 언어평가는 독해능력과 어휘능력을 중점적으로 점검한다. 가령 지문을 주고 주어진 문장의 참과 거짓을 택하는 형태의 문제들이다. 수리평가는 중·고등학교 수준의 수학문제가 주류를 이룬다. 공간지각력 평가는 특정 모양의 도형을 주고 회전각도에 따라 같은 도형을 찾는 문제나 알파벳을 나열한 뒤 다음에 올 단어를 찾도록 하는 문제가 나온다. 상황판단력 평가는 회사에서 흔히 발생할 수 있는 상황을 제시한 뒤, 그 상황에서 본인의 답변을 선택하는 형태로 이뤄진다. 짧은 시간에 많은 문제를 주어 여러 번 고민해서 답변할 수 있는 시간을 주지 않는 특징이 있다. 창의력 평가는 객관식보다 주관식 문항이 늘어나는 추세다. 인·적성 검사에서 유의할 점은 일관성 있는 답변이다.

〈한겨레〉 2012.8.30.

■ 가치관

…지에스칼텍스 전형 가운데 눈여겨볼 부분은 한국사 시험이다. 지에스칼텍스는 국내 최초로 2008년부터 입사시험에 한국사 검정능력시험을 도입했다. 국민으로서 우리 역사에 대한 소양이 필요하다는 허동수 회장의 의지가 반영된 것으로, 면접과정에서도 역사 소양을 점검하는 질문을 하기도 한다. 한국사검정능력시험 3급 이상의 자격증을 보유한 지원자는 시험을 면제받는다.

〈한겨레〉 2012.8.30.

2) 선발방법

'채용할 인력을 무엇을 기준으로 선발할 것인가'가 선발과정의 주요 과제라면, '기준에 부합하는 정도를 어떻게 측정할 것인가'는 또 하나의 주요 과제이다. 이를 위해는 다양한 측정방법이 개발되어 활용되고 있다.

(1) 측정방법의 조건

적격자를 구별하기 위하여 사용되는 방법들은 그 형식이나 내용에 상관없이 반드시 갖춰야 할 조건이 있다. 주요한 것으로는 타당성, 신뢰성, 객관성, 실용성을 들 수 있다.[24)]

① 타당성

타당성(validity)은 측정하고자 하는 대상을 정확하게 측정하는 것을 의미한다. 선발방법이 직무관련성을 갖기 위해서는 기준타당성(criterion validity)과 내용타당성(content validity)이 있어야 한다. 기준타당성은 예측수단(시험과 같은 선발도구)이 다른 실적기준(직무성과의 측정)과 연관되어 있어야 한다는 것이다. 즉, 조직의 선발기준이 직무성과를 예측할 수 있어야 기준타당성이 있다고 할 수 있다(Hays and Sowa, 2010:120). 내용타당성은 시험문제와 같이 선발방법이 측정하는 것이 직위의 의무 및 책임과 직접 관련이 있어야 함을 의미한다(Riccucci and Naff, 2008:266).[25)] 이외에 구성타당성(construct validity)이 있다. 구성타당성은 시험이 이론적 구성 또는 가설과 얼마나 부합하는가의 문제를 따진다. 구성타당성은 특정한 시험이 바로 무엇을 측정하는지를 설명하기 위하여 심리학자들이 도입한 개념이다(강성철 외, 2008:283).

---

24) 인사행정 교과서에 보면 난이도를 선발시험이 갖춰야 할 도구로 제시하는 경우가 많다. 난이도가 시험이 갖춰야 할 중요한 조건인 것은 맞지만, 이것이 선발을 위한 시험이 갖춰야 할 조건인가는 생각해 볼 여지가 있다. 교육과정에서의 시험은 교육의 효과를 확인하기 위하여 난이도를 조절함으로써 응시자를 수준별로 구별할 필요가 있다. 그러나 채용을 위한 시험은 측정하고자 하는 요소에 있어서 우수한 사람 또는 일정기준 이상인 사람을 구별하면 된다. 즉, 합격자와 불합격자를 구분하면 충분하며, 그들 사이의 수준차이 특히 불합격자들의 수준차이를 구별할 필요성은 크지 않다. 그러므로 난이도는 선발방법이 갖춰야 할 필수조건이라고 하기는 어렵다.

25) 타당성은 올바른 선발을 위하여 측정 방법 또는 도구가 갖춰야 할 조건이지만, 채용과정에서의 불평등시비를 방지하기 위하여도 필요하다. 선발방법이 누구에게나 공정하다는 것을 보여주기 위해서는 타당성 특히 기준타당성이 높아야 한다. 그러나 기준타당성의 확인은 선발방법과 성과평가가 관련이 있다는 것만으로는 부족하며, 성과평가가 정확히 되었다는 것도 확인되어야 한다. 그러므로 기준타당성에 대한 대안으로 내용타당성이 평가방법의 공정성을 증명하는 수단으로 활용된다(Hays and Sowa, 2010:120-121).

② **신뢰성**

신뢰성(reliability)은 안정성(stability) 및 일관성(consistency)과 관련된 개념이다. 즉, 시험과 같은 측정도구가 시간이 경과해도 정확하게 측정할 수 있는가의 문제이다. 동일한 사람이 동일한 시험을 시간을 달리하여 치렀을 때, 그 성적의 차이가 적을수록 그 시험의 신뢰도는 높다(강성철 외, 2008:283).

③ **객관성**

객관성(objectivity)은 시험 결과가 채점자의 주관적 편견이나 시험 외적 요인에 의하여 차이를 나타내지 않는 정도를 말한다(강성철 외, 2008:284).

④ **실용성**

선발방법은 사용할 수 있는 것이어야 한다. 아무리 이론적으로 우수한 방법이라고 하더라도 현실적으로 실시할 수 있는 여건을 마련할 수 없다면 선발과정에 아무런 의미가 없다. 예를 들면 실시에 비용이 너무 많이 들어 예산의 확보가 어렵다든지, 응시생의 관리나 채점의 관리가 어렵다든지 하면 선발방법으로 활용될 수 없는 것이다. 선발방법을 선택함에 있어서 실용성(practicability)은 자칫 소홀히 다루어지기 쉬운데, 현실적으로는 타당성이나 신뢰성 못지않게 중요하게 고려되어야 할 요소이다.

(2) 선발 도구

측정을 위해서는 일정한 형식을 갖춘 도구가 필요하다. 일반적으로 서류전형, 필기시험, 면접시험, 실기시험 등이 사용된다.

① **서류전형**

서류전형은 응시자가 제출한 서류를 검토하여 그의 적격성을 판단하는 방법이다. 이력서, 학력증명, 성적증명, 자격증, 추천서 등이 보편적으로 요구되는 서류들이며, 때로는 특별한 업적(예: 외국어공인시험성적)에 관한 서류들이 요구되기도 한다. 최근에는 자기소개서를 요구하는 경우도 있다.

서류전형은 시험과 같이 응시자를 직접 평가하기 전에 채용 가능성이 높은 자를 미리 걸러내는 수단으로 많이 활용된다. 이를 통하여 선발과정에 들어가는 시간이나 비용을 줄일 수 있다. 민간부문에서는 응시자가 많지 않거나 시간 및 비용을 줄일 필요가 있을 때에는 서류전형만으로 채용을 하기도 한다.

그러나 서류전형은 평가에 들어가는 비용을 줄일 수 있지만, 평가자의 주관적 판단이 크게 작용하기 때문에 불공정하거나 부적절한 평가가 이루어지기 쉽다. 또 다수의 평가자가 있을 경우 평가자들 사이에 일관되지 않은 평가가 나올 수 있다. 이러한 오류를 줄이기 위하여 서류전형에서 평가해야 할 요소들을 사전에 구별하여 각 요소별로 채점기준을 정해 놓기도 한다. 서류전형은 부적격하다고 생각되는 후보자를 걸러내는 데에만 활용하고, 그 이후 적격자의 선발과정에는 서류전형의 결과를 반영하지 않는 경우도 있다.

② 필기시험

필기시험은 문자로 표현된 문제를 출제하고 응시자가 이에 문자나 번호, 기호와 같이 명시적인 표식으로 답을 하도록 하는 방법이다. 과거에는 종이와 필기구를 사용하였으나, 최근에는 컴퓨터를 활용하기도 한다.

필기시험은 표준화가 용이하여 객관성이 높으며, 한꺼번에 많은 응시자를 처리할 수 있어 시험관리가 용이하고 비용이 적게 든다(강성철 외, 2008:285). 그러나 응시자의 대답이 문제로 출제된 내용에 한정되어 제시되므로 응시자에 대한 판단이 제한적이다.

필기시험은 소위 객관식이라고 하는 답안 선택형과 주관식 또는 논술식이라고 하는 응시자가 자유롭게 기술할 수 있는 형태가 있다. 객관식은 정답이 정해져 있으므로 정확한 지식을 측정하기에 유용하며 평가도 객관적이지만, 출제된 문제 외의 부분은 측정하지 못하는 단점이 있다. 반면에 주관식은 응시자의 다양한 생각과 창의력, 논리력, 추리력 등 관련 능력을 측정할 수 있으나, 평가에 평가자의 주관이 개입될 수 있고 문제 수가 제한되므로 측정범위가 좁아질 수 있다.

③ 면접시험

면접시험은 응시자와 평가자가 대면하여 문제를 출제하고 그에 대하여 구술로 답을 하는 형식의 시험이다. 다양한 질문을 통하여 면접자의 가치관이나 사고력, 성격, 행태상의 특성 등을 평가할 수 있다. 그러나 평가에 평가자의 주관성이 개입되기 쉬워 공정성의 확보에 어려움이 있으며, 시간과 비용이 많이 들어간다.

면접시험을 실시할 경우 가장 중요한 관건은 객관성과 공정성의 확보이다. 이를 위하여 일반적으로는 다수의 면접관 배치, 사전에 질문과 채점기준을 정해 놓는 구조화된 면접 등의 방법이 활용된다. 다수의 면접관이 배치될 경우는 평균점수의 산정, 부여받은 최고점과 최저점을 제외한 점수의 합산 등의 방법이 사용된다.

과거에는 응시자 한 사람에 대하여 한 사람 또는 다수의 면접관이 질문을 하는 개인면접이 많이 시행되었으나, 현재는 다수의 응시자를 동시에 면접하는 집단면접 방법도 많이 시행된다. 집단면접은 주로 응시자 간에 토론이나 상호작용할 수 있는 과정을 거침으로써 개인적 특성뿐 아니라 타인과의 관계에서 나타나는 특성을 측정하기 위한 목적으로 시행된다.

최근에는 발표(presentation)도 면접시험에서 많이 사용된다. 이는 응시자에게 사전에 과제를 주고 이를 평가자 앞에서 발표토록 한 후, 평가자의 질문에 응답토록 하는 방식이다. 이를 통하여 응시자의 지식과 함께 문제해결능력, 발표력, 논리성 등을 측정할 수 있다.

④ assessment center

AC(assessment center)[26]는 최근 활용빈도가 늘어나고 있는 역량평가를 위해 주로 활용되고 있는 면접방법의 하나로서, 하나의 면접기법이 아니라 다양한 면접기법을 사용하여 응시자의 다양한 특성을 종합적으로 파악하고자 하는 방법이다. 예를 들면 모의상황면접(simulation), 발표(presentation), 서류함기법(in-box), 집단토론 등의 방법이 응시자에게 차례로 사용되며, 각각의 방법은 응시자의 어떤 특성을 파악하고 평가하기 위한 것이다. 하나의 특성은 복수의 방법에 의해 각각 측정되며, 어느 한 방법을 실시하는 평가자는 그 방법에서 측정하고자 하는 특성만을 측정한다. 각 측정의 결과는 최종적으로 종합되어 응시자를 전체적으로 평가할 수 있도록 한다.

AC는 응시자의 하나의 특성을 복수의 방법으로 각기 평가토록 하고, 복수의 평가자가 독립적으로 평가하되 최종적으로 종합하는 과정을 둠으로써, 평가자의 주관성에 의한 오류를 줄이도록 하는 장점이 있다. 또한 여러 가지 역량을 동시에 평가함으로써 응시자에 대한 종합적 판단도 가능하며, 면접과제를 현실상황과 비슷하게 구성할 수 있어 채용 후의 성과 가능성에 대해서도 판단할 수 있다. 그러나 과제의 구성이 어려우며, 전문적인 면접관의 확보, 장소나 시간 등 시험의 관리가 어렵다. 무엇보다 비용과 시간이 많이 들어가는 한계가 있다.

---

26) 아직까지 'assessment center'를 적절히 번역한 용어가 없으며, 영어표현을 그냥 사용하는 경우가 많다. 그러므로 이 책에서는 이에 관하여 무리한 번역을 하지 않고 약자로 AC로 표현하였다.

⑤ 실기시험

실기시험은 응시자로 하여금 주어진 과제를 실제로 해결해 보도록 함으로써 그의 능력을 평가하는 방법으로서, 주로 기능적 능력을 평가하기 위한 목적으로 활용된다. 실기시험은 타당성이 높지만, 비용과 시간이 많이 들며, 복합적 능력을 평가하기는 어렵다. 또한 현재의 능력을 평가하기는 용이하지만, 장래의 발전 가능성에 대한 평가는 어렵다.

3) 임용추천

사전에 채용을 필요로 하는 직위가 구체적으로 정해져 있으면 선발된 응시자는 바로 그 직위에 임명될 수 있다. 그러나 우리나라의 공무원 공개채용제도와 같이 직급만을 기준으로 하여 선발하였을 경우 근무할 기관이나 직위가 정해져 있지 않기 때문에 바로 채용되는 것이 아니라 채용후보자가 된다. 그리고 각 기관에서 채용후보자 중 적격자를 다시 선발해 가는데, 이때 시험실시기관이 각 기관에 채용을 권하는 것을 '임용추천'이라고 한다. 그러므로 '임용추천'은 채용할 기관이 채용후보자 중에서 적격자를 선발하는 과정이라고 할 수 있다.

추천을 위해서는 임용기관이 후보자에 대하여 판단할 수 있도록 필요한 정보가 제공되어야 한다. 예를 들면 채용후보자의 시험성적, 교육훈련을 실시할 경우 그 성적, 교육배경, 적성 등 임용기관이 채용후보자가 그 기관에서 원하는 인력인지를 판단할 수 있는 정보가 제공된다. 시험기관은 추천을 위하여 채용후보자명부를 만드는데, 이때 채용후보자별로 이러한 정보를 정리하고, 경우에 따라서는 일정한 기준에 따라 정보별로 또는 종합하여 후보자들의 서열을 정해 순서대로 등재하기도 한다. 임용기관은 후보자 추천을 받았을 경우 서류심사 및 면접을 거쳐 채용 여부를 결정한다.

추천에는 단수추천(rule of one name), 배수추천(rule of three names~rule of seven names), 덩어리추천(block certification), 선택추천(selective certification), 전체추천(pool certification)의 방법이 있다. 단수추천은 채용후보자명부에 등재된 순서에 따라 임용기관에 결원된 수만큼 추천하는 것이고, 배수추천은 결원된 직위의 3 내지 7배수를 추천하는 것이다. 덩어리추천은 채용후보자를 순서에 따라 몇 개의 집단으로 나누고 이들 집단에 소속된 후보자들을 덩어리로 추천하는 방법이며, 선택추천은 임용기관에서 특정한 자격 등을 갖춘 후보자를 추천해 줄 것을 요구하는 경우에 채용후보자명부의 등재순서에 상관없이 그에 해당하는 후보자를 추천하는 방법이고, 전체추천제는 채용후보자 전체를 추천하여 임용기관에서 자유롭게 선발하도록 하는 방법이다. 추천을 받은 채용후보자가 임용제청에 불응하거나 교육훈련에 불응할 때는 채용후보자로서의 자격을 상실한다(강성철 외, 2008: 290-291).[27)]

3. 시 보

1) 시보의 의미

시보(試補, probation)는 민간부문에서는 수습(修習)이라고도 하는데, 문자 그대로 시험적으로 보직을 부여하는 것이다. 시보제도는 새로 조직에 들어온 공무원의 조직 적합성에 대한 평가이다. 시보제도가 필요한 이유는 선발제도가 불완전하기 때문이다. 모든 선발은 새로 조직에 들어올 인력이 근무를 통하여 얼마나 성과를 올릴 것인가를 미리 판단하는 것이다. 그런데 어떠한 선발방법도 이러한 필요를 완벽하게 충족시켜 주기는 어렵다. 언제나 선발과정에서의 판단과 그 이후의 실제 근무성과가 일치하지 않을 가능성이 있는 것이다. 또한 선발과정에서는 파악하기 힘든 후보자의 여러 특성이나 문제가 근무과정에서 나타날 수도 있다. 그러므로 시보기간에 새로운 인력의 여러 특성을 파악하여 조직에 적합한 인력인지를 판단하는 것이다. 이런 의미에서 시보는 근무의 시작이라고 하기보다는 선발과정의 연장이라고 보아야 할 것이다. 우리나라는 5급 채용의 경우는 1년, 6급 이하 공무원의 채용에서는 6개월의 시보기간을 두고 있다.

---

27) 우리나라는 단수추천제와 선택추천제를 택하고 있다. 그런데 단수추천제의 경우 대부분의 임용기관의 추천요구가 동시에 오기 때문에 기관의 선택권이 채용후보자에게 주어지게 된다. 채용후보자에게는 성적순으로 임용되기를 원하는 기관을 선택하도록 하고, 각 기관에는 이 선택에 따라 성적순으로 추천한다. 그러나 때로는 다른 요인, 예를 들어 특정 기관에 특정 성(性)의 후보자들이 집중된다든지 할 경우 일부 조정하여 추천하기도 한다. 이 과정에서 기관과 후보자가 서로에 대해 탐색할 수 있는 기회는 주어지지 않는다. 일본은 우리나라의 5급공채와 같은 1종시험에 합격한 자는 다시 자기가 임용되기를 원하는 기관의 면접을 거치도록 하고 있다. 그러므로 각 기관은 우수한 후보자가 자기 기관의 면접에 응하도록 애쓴다. 면접과정을 통해 기관과 후보자가 서로에 대해 탐색할 수 있다는 점에서 일본의 제도가 우리나라의 제도에 비해 장점이 있다고 할 수 있다.

2) 시보공무원의 지위

시보제도가 정해진 기간 동안의 임시채용이라는 성격이 있기 때문에 시보공무원은 일반공무원과 마찬가지로의 공무원으로서의 지위를 가지지 못한다. 시보공무원도 공무원이기 때문에 공무원에게 주어지는 권리와 의무가 동일하다. 그러나 시보기간 중에 부적격성이 확인되면 임용하지 않을 수 있다. 즉 시보공무원에게는 신분보장이 되지 않는다. 따라서 임용기관에서 성적불량, 징계사유 등으로 일방적으로 해임하더라도 소청의 대상이 되지 않는다.[28)]

시보제도는 선발과정의 연장으로 이해할 필요가 있으므로 그 실시도 엄격하게 하고, 감독자는 시보공무원의 적격성에 대하여 엄중하게 판단해야 한다. 그러나 우리나라에서는 시보제도가 형식적으로 운영되어 그 의의를 살리지 못하고 있다.

4. 한국 공무원의 채용제도 : 공개채용과 경력경쟁채용(특별채용)

한국 공무원의 채용은 크게 공개경쟁채용과 경력경쟁채용[29)](특별채용)으로 나눌 수 있다. 양자의 공통점은 경쟁을 전제로 한다는 것이다. 즉, 우리나라에서의 공무원 채용은 경쟁을 거치는 것을 원칙으로 한다. 다만, 희소한 자격의 소지자를 대상으로 한다든지, 경쟁이 적절치 않을 경우 예외적으로 비경쟁을 통한 채용을 할 수 있다. 경력경쟁채용을 하는 경우는 국가공무원법 제28조[30)] 및 지방공무원법 제27조

---

28) 시보공무원에게는 면직 이외의 징계도 가능하다. 시보공무원도 공무원이기 때문에 징계사유가 발생할 경우에는 인사위원회의 의결을 거쳐 징계할 수 있으며, 소청도 가능하다. 면직처분의 경우 그러한 처분을 받을 정도의 비위라면 공직자로서의 적격성이 의문시되므로, 시보제도의 취지에 비추어 볼 때 그에 대한 소청은 가능하지 않다고 보아야 한다. 그러나 시보공무원의 소청청구권을 제한할 수 있는 특별한 규정이 없으므로 징계로 인한 면직은 소청의 대상이 된다는 견해도 있다.

29) 이전에는 특별채용이라고 했으나, 2012년 3월부터 법개정을 통하여 경력경쟁채용이라고 하였다.

30) 1. 제70조 제1항 제3호의 사유(직제와 정원의 개폐 또는 예산의 감소 등에 따라 폐직(廢職) 또는 과원(過員)이 되었을 때)로 퇴직하거나 제71조 제1항 제1호의(신체 · 정신상의 장애로 장기요양이 필요할 때) 휴직기간 만료로 퇴직한 경력직 공무원을 퇴직한 날부터 3년(「공무원연금법」에 따른 공무상 질병 또는 부상으로 인한 휴직의 경우에는 5년) 이내에 퇴직 시에 재직한 직급(고위공무원단에 속하는 공무원은 퇴직 시에 재직한 직위와 곤란성과 책임도가 유사한 직위를 말한다. 이하 이 호에서 같다)의 경력직 공무원으로 재임용하는 경우 또는 경력직 공무원으로 재직하던 중 특수경력직 공무원이나 다른 종류의 경력직 공무원이 되기 위하여 퇴직한 자를 퇴직 시에 재직한 직급의 경력직 공무원으로 재임용하는 경우
2. 공개경쟁 채용시험으로 임용하는 것이 부적당한 경우에 같은 종류의 직무에 관한 자격증 소지

에 규정되어 있다.

공개경쟁채용의 경우 5급으로의 채용은 1차 공직적격성검사, 2차 논술, 3차 면접시험의 과정을 거치며, 7급 이하의 채용은 1차 선택형 시험, 2차 면접시험의 과정을 거친다. 7급 이하의 시험에도 공직적격성검사를 도입할 필요성이 논의되고 있다.

자를 임용하는 경우

3. 임용예정 직급과 같은 직급(고위공무원단에 속하는 일반직 공무원은 임용예정 직위와 곤란성과 책임도가 유사한 직위를 말한다)에서 국회규칙, 대법원규칙, 헌법재판소규칙, 중앙선거관리위원회규칙 또는 대통령령으로 정하는 기간 동안 근무한 경력이 있는 자 또는 임용예정 직급(고위공무원단에 속하는 일반직 공무원은 임용예정 직위를 말한다)에 상응한 근무 또는 연구실적이 3년 이상인 자(고위공무원단에 속하는 특정직 공무원은 제외한다)를 임용하는 경우

4. 임용예정직에 관련된 특수목적을 위하여 설립된 학교(대학원을 포함한다) 중 대통령령으로 정하는 학교의 졸업자로서 각급 기관에서 실무수습을 마친 자를 임용하는 경우

5. 1급 공무원을 임용하거나 제23조에 따라 배정된 직무등급이 가장 높은 등급의 직위에 고위공무원단에 속하는 일반직 공무원을 임용하는 경우

6. 공개경쟁 채용시험으로 결원을 보충하기 곤란한 특수한 직무분야·환경 또는 섬, 외딴 곳 등 특수한 지역에 근무할 자를 임용하는 경우

7. 일반직 공무원을 기능직 공무원으로, 기능직 공무원을 일반직 공무원으로 임용하는 경우와 지방공무원을 그 직급에 해당하는 국가공무원(고위공무원단에 속하는 일반직 공무원으로 임용하는 경우에는 해당 직위와 곤란성과 책임도가 유사한 직위의 국가공무원을 말한다)으로 임용하는 경우

8. 외국어에 능통하고 국제적 소양과 전문지식을 지닌 자를 임용하는 경우

9. 임용예정직에 관련된 전문계·예능계 및 사학계(史學系)의 고등학교·전문대학 및 대학(대학원을 포함한다)의 학과 중 대통령령으로 정하는 학과의 졸업자로서 안전행정부장관이 정하는 바에 따라 해당 학교장의 추천을 받은 자를 연구 또는 기술 직렬의 공무원이나 기능직 공무원으로 임용하는 경우

10. 국회규칙, 대법원규칙, 헌법재판소규칙, 중앙선거관리위원회규칙 또는 대통령령으로 정하는 임용 예정직에 관련된 과학기술 분야 또는 공개경쟁 채용시험으로 결원보충이 곤란한 특수 전문분야의 연구나 근무경력이 있는 자를 임용하는 경우

11. 제26조의 4에 따라 견습근무를 마친 자와 제85조에 따라 재학 중 장학금을 받고 졸업한 자를 임용하는 경우

12. 연고지나 그 밖에 지역적 특수성을 고려하여 일정한 지역에 거주하는 자를 그 지역에 소재하는 기관에 임용하는 경우

13. 「국적법」 제4조 및 제8조에 따라 대한민국 국적을 취득한 사람 또는 「북한이탈주민의 보호 및 정착지원에 관한 법률」 제2조 제1호에 따른 북한이탈주민을 임용하는 경우

제4절 내부충원

내부충원은 직위가 공석이 되었을 경우 조직 내에서 인력이동을 통하여 충원하는 것을 말한다. 상위직의 결원을 하위직 인력의 이동을 통하여 충원하는 승진이 대표적이며, 직급이나 계급은 그대로 두고 직위만 바뀌는 전직, 전보, 파견, 인사교류 등의 수평이동도 있다. 상위직을 하위직으로 임용하는 '강임' 도 있으나 이는 단순히 충원의 필요성 때문에 활용하는 경우는 드물며, 대부분 징계의 수단으로 사용된다.

1. 승 진

1) 승진의 의의

승진은 하위직급(계급)의 직위에서 상위직급의 직위로 이동하는 것을 말한다. 직급의 상향이기 때문에 직무수행상의 권한과 책임 및 곤란도가 증가한다. 대부분의 경우 보수의 증액을 수반한다.

승진은 지위의 상승과 함께 보수 등 경제적 혜택도 증가하기 때문에 계층제 구조를 가지는 조직의 구성원들에게는 늘 바라는 대상이며, 공무원들에게는 특히 중요하다. 정부의 특성상 공무원 보수체계가 공무원 개인의 성과를 직접적으로 반영하기 어려운 탓도 있지만, 한국과 같은 계급제적 인사체제에서는 조직 내 개인의 영향력 등 많은 것들이 계급에 의해 좌우되는 까닭이다. 실제로 승진은 한국 공무원의 최대 관심사라고 할 수 있다(박천오, 2012:195).

그렇기 때문에 승진의 가능성은 공무원들의 직무수행행태에 큰 영향을 미치게 된다. 이 점에서 상위직의 결원을 승진을 통한 내부충원으로 해결할 것인가, 외부로부터의 영입에 의해 해결할 것인가의 문제가 대두된다. 대부분의 조직에서는 인력의 질(quality)에 상관없이 승진에 의한 내부충원이 선호된다. 승진에 의한 충원은 직무수행에 헌신함으로써 승진이란 보상을 받을 수 있다는 믿음을 줌으로써 조직원들의 사기를 높일 수 있다. 또한 한 직위로의 승진은 다른 조직원들이 차례로 승진할 수 있는 효과를 낳기 때문에, 하나의 직위에 대한 충원이 많은 조직원들에게 혜택을 줄 수 있다. 내부충원은 모집에 따른 비용이 거의 들지 않기 때문에 충원비용을 적게 들일 수 있고, 후보자가 이미 정해져 있으므로 충원과정이 신속히 진행되며, 안전하다. 외부충원자에게는 잠재된 위험요인이 있을 수 있는데 내부충원의 경우 후보자의 특성—그것이 기이한 특성이라고 하더라도—이 이미 알려져 있어 위험요인을 미리 제거할 수 있기 때문이다. 그러나 조직이 근본적인 변화를 필요로 하거나 획기적인 성과향상을 기대할 경우는 외부로부터의 새로운 인력의 충원이 필요하다(Hays and Sowa, 2010:111). 요약하면, 조직이 상위직의 충원을 내부충원에 의존하게 되면 조직의 안정성을 기할 수 있고, 사기가 진작되며, 직업공무원제의 확립에 긍정적이다. 그러나 조직이 관행에 젖어 환경의 요구에 둔감하게 되어 침체되고, 조직원도 무사안일하게 될 수 있으며, 새로운 지식이나 기술을 도입하기 어렵다. 상위직에 대한 내부충원과 외부충원 중 어느 것이 더 바람직한가에 대해서는 명확한 해답이 없다고 보아야 할 것이다. 잘 관리되는 조직이라면 조직이 당면한 과제에 따라 운영하되, 인력계획을 잘 활용하여야 할 것이다. 인력계획을 통하여 조직의 인력수급을 비교하고, 필요한 인력의 공급대안을 미리 확립한다면, 내부충원과 외부충원을 조화시킬 수 있을 것이다.

2) 승진의 기준

승진은 권한, 영향력, 책임, 보수 등이 증가하는 상위직으로의 이동이기 때문에 승진하는 사람의 입장에서는 크게 두 가지의 의미가 있다. 하나는 본인이 담당해야 할 직무의 중요성이다. 이것을 나타내는 것이 권한과 책임의 증가이다. 그러므로 승진을 결정할 때에는 직무의 중요성을 감당할 수 있는가가 판단되어야 한다. 다른 하나는 본인이 누릴 수 있는 여러 가지 긍정적 요소들의 증가이다. 대표적으로 권한, 영향력, 보수 등을 들 수 있다. 조직을 운영하기 위해서는 이러한 긍정적 요소들이 주어질 만한 사람에게 주어져야 한다. 그러므로 승진을 결정할 때에는 포상의 개념에서 판단할 필요가 있다. 승진에는 이러한 의미가 있기 때문에 누구를 승진시킬 것인가를 결정할 때는 이 두 가지 특성이 반영된 기준을 활용한다.

(1) 직무의 중요성에 따른 판단

상위직의 직무 중요성을 감안하면, 그것을 감당할 수 있는 자질이나 능력이 있는 사람을 승진시켜야 한다. 이것을 위해 일반적으로 능력, 역량 등의 기준이 사용된다.

① 능 력

능력은 조직원이 지니고 있는 일을 할 수 있는 힘을 의미한다. 지식, 기술, 경험 등이 대표적인 예이다. 그러므로 승진대상자를 선발할 때에는 이러한 요소들이 측정된다. 우리나라 정부에서는 근무경력을 승진에 반영시키기도 하며, 승진시험을 실시하는 경우도 있다.

능력은 일을 할 수 있게 만드는 기본요소이기 때문에 승진자 결정에 기준이 되어야 한다. 그러나 두 가지의 문제점이 있는데, 하나는 능력을 측정하기 위한 도구가 적절해야 한다. 이는 채용에서와 같이 타당성, 신뢰성, 객관성을 갖추어야 한다는 것이다. 예를 들어 승진시험에 학과목 위주의 시험을 실시할 경우, 그 과목의 지식이 직무수행에 얼마나 적용될 수 있는지에 따라 승진시험의 타당성에 의문이 제기될 수 있다. 시험이 신뢰성과 객관성을 갖추었는가도 판단해야 한다. 경력의 경우에도 하위직의 직무를 오래 수행한 경험이 새로운 내용으로 구성되는 상위직의 직무능력을 판단하는 데 적절한 것인가를 검토해 볼 필요가 있다. 또 어떤 경력을 어떤 비중으로 반영해야 하는가도 관건이다.

다른 문제점은 능력을 지니고 있는 것하고 직무를 잘 수행하는 것하고는 구별된다는 점이다. 같은 지식이나 경험을 가지고 있어도 직무수행의 성과에서는 차이가 난다. 그러므로 단순한 능력의 측정이 아니라 실제로 직무를 잘 감당할 수 있는가를 측정할 필요가 있다.

② 역 량

역량은 높은 성과를 거두는 사람들이 가지고 있는 공통적인 특성이다. 그렇기 때문에 역량심사를 통하여 고성과자의 자질을 판단할 수 있다고 보며, 채용이나 승진결정의 기준으로 활용되는 경우가 늘어나고 있다.

역량의 측정을 위해서도 적절한 도구가 구비되어야 한다. 이를 위해서는 각 직위나 직무수행과 관련된 역량사전[31]이 작성되어야 하고, 각 역량을 측정할 수 있는 측정방법이 개발되어야 한다. 또한 역량을 측정할 수 있는 훈련받은 평가자가 있어야 하며, 평가장소나 시간, 예산 등 물리적 조건이 충족되어야 한다. 그렇기 때문에 역량평가가 인력관리에 있어 좋은 수단임에도 불구하고, 비용이 많이 들기 때문에 쉽

31) 필요한 역량의 종류와 내용, 각 역량별로 고성과자의 역량특성부터 저성과자의 역량특성까지 수준별 구분과 그 특성 등이 명시된 표 또는 기록물을 의미한다.

게 도입하기 어려운 한계가 있다. 우리나라에서는 중앙정부에서 고위직 승진의 기준으로 역량평가를 하고 있으며, 부·처·청·서울특별시 등 개별기관에서 4, 5급의 중간관리직 승진에 활용하고 있다.

(2) 보상을 위한 판단

승진은 해당자에게 많은 혜택을 주기 때문에 조직에 기여한 보상으로 활용되기도 한다. 승진을 보상으로 활용하기 위해서는 조직에 대한 기여도를 판단기준으로 해야 한다.

① 성 과

성과는 조직기여도를 판단할 수 있는 대표적인 기준이다. 그렇기 때문에 성과는 가장 많이 활용되는 승진의 기준이기도 하며, 성과와 일치되지 않는 승진은 조직원들로부터 가장 높은 불만의 대상이 되기도 한다. 우리나라 정부에서도 근무성적평정의 결과를 승진결정에 활용하며, 근무성적평정을 하지 않는 4급 이상의 공무원에 대해서도 성과는 인사판단의 중요한 대상이 된다.

그러나 성과에 의한 승진은 몇 가지 문제점이 있다. 첫째, 성과를 판단하기 위한 적절한 도구가 있어야 하고, 그 도구는 타당성, 신뢰성, 객관성을 갖추어야 한다. 우리나라의 근무평정제도는 평가자의 주관성이 지나치게 개입될 수 있음이 언제나 비판의 대상이 되고 있다. 이를 방지하기 위하여 다면평가제와 같은 개선책들이 도입되었으나, 성과판단의 적절성에 대한 의문은 여전히 남는다. 이는 특히 성과를 수량적으로 판단할 수 없는 대부분의 공직에서 발생하는 문제이다.

둘째, 현재 직무수행에서 높은 성과를 거둔 것이 책임이 더 중해지는 상위직의 직무를 더 잘 수행하는 것을 의미하지는 않는다는 점이다. 즉, 보상으로 상위직의 직무를 담당토록 하는 것이 조직운영의 측면에서 적절한 것인가의 문제이다. 그러나 고성과자의 승진은 조직원에게 미치는 사기나 동기부여와도 관련이 있기 때문에 성과를 승진기준에 고려하지 않기는 어렵다.

② 충성도

충성도는 조직의 업무에 얼마나 몰입하여 그 목표달성을 위해 노력하는가를 의미한다. 조직에 충성하는 사람을 승진시킬 경우 다른 조직원들에게도 조직에 대한 헌신의 동기부여가 될 수 있다.

그러나 충성도는 매우 주관적인 판단의 대상이기 때문에 기준이 모호하고 여러 부작용이 나타날 수 있다. 첫째, 조직에 대한 충성과 충성도를 판단하는 상급자에 대한 충성의 구별이 모호하다. 많은 경우에 개인에 대한 충성과 조직에 대한 충성이 혼돈되어 사용되며, 주로 개인에 대한 충성이 판단의 대상이 된다. 그러나 이는 구별되어야 하며, 개인에 대한 충성이 오히려 조직에 대해서는 해로울 수가 있다. 대표적인 예가 소위 '줄서기'인데, 이는 조직운영의 공정성, 합리성, 단결성 등을 해칠 수 있다.

둘째, 충성도라는 기준 자체가 전적으로 주관적이다. 이는 객관적으로 판단할 수 있는 도구를 갖추기가 어렵다는 의미이다. 그렇기 때문에 충성도는 중요하고 필요한 기준이며, 실제로 활용되고 있는 기준임에도 불구하고 그것을 측정하는 노력은 보이지 않는다. 일반적인 평판 또는 승진결정자의 판단에 의존해야 하는 것이 약점이다.

3) 우리나라 승진제도 운영에 있어서의 문제점

(1) 승진제도 개관

우리나라의 5급 이하 공무원 승진제도에는 근속승진, 심사승진, 시험승진의 방법이 있다. 근속승진은 한 직급에서 일정기간 경력을 쌓으면 제도적으로 다음 직급으로 승진시키는 것이며, 심사승진은 승진대상자를 인사위원회와 같은 심사기구에서 심사하여 적격자를 선별하는 방법이다. 시험승진은 승진대상자에게 시험을 실시하여 고득점자를 우선으로 승진을 시키는 방법이다. 심사승진과 시험승진은 그 대상이 되기 위해서는 승진후보자가 되어야 한다. 승진후보자는 경력, 근무성적, 교육훈련 성적으로 결정된다.

4급부터의 승진은 심사에 의해서 이루어진다. 이는 중·상위직 직무의 특성상 객관적 지표에 의한 결정이 어렵기 때문인데, 그만큼 상급자의 판단이 중요하다.

5급까지의 승진에 있어서 국가공무원은 5급으로의 승진은 1994년까지는 시험에 의한 승진만 가능하였으나, 1996년부터 심사에 의한 승진을 병용할 수 있도록 하였으며, 6급까지의 승진은 그 반대로 심사승진 중심에서 필요한 경우 시험승진을 병용토록 하였다. 지방공무원의 5급 승진임용의 경우, '인사위원회의 승진의결에 의한 승진'(심사승진) 제도가 부정부패의 수단으로 활용되는 등 많은 문제가 발생하자 정부에서는 2002년 12월 31일 '지방공무원임용령'을 개정하여 심사승진과 시험승진을 각각 50%로 할 것으로 정하였다. 그러나 지방공무원의 반발이 심해지면서 승진대상 공무원의 시험준비로 인하여 업무공백이 발생하게 된다는 여론이 일자, 2006년 1월 12일에 관련 조항을 다시 개정하여 심사승진과 시험승진의 비율을 지방자치단체가 자율적으로 결정하도록 하였다(강성철 외, 2008:294-295 참조).

(2) 승진제도 운영의 문제점

우리나라 공무원에게 있어서 승진은 가장 큰 관심사항이다. 승진은 명예로운 일일 뿐만 아니라, 권한과 함께 보수와 같은 금전적 혜택도 증가하기 때문이다. 그러나 바로 이러한 점 때문에 공무원들의 승진에 대한 바람이 너무 커서 합리적인 인력관리의 장애가 된다.

가장 큰 문제점은 모든 공무원들이 승진을 바라지만, 승진이 의미가 있기 위해서는 승진에 맞는 권한과 책임이 주어지는 직위가 있어야 한다는 것이다. 그런데 조직구조상 승진희망자에 비해 승진대상 직위는 한정되어 있기 때문에 그 수요를 충족시키기가 불가능하다는 것이다. 또한 정년 때까지 근무하는 공무원이 늘어나면서 한편으로는 조직의 규모가 커지지 않고 오히려 축소가 논의되기 때문에 승진적체가 심해진다. 그리고 이것은 승진에 대한 공무원들의 불만으로 나타난다.[32)]

승진에 대한 수요를 충족시키지 못함에도 불구하고, 공무원들의 불만을 감소시키기 위해서 몇 가지 단기적인 처방이 시도되었다. 대표적인 예는 복수직급제, 근속승진제가 있으며 직급의 수를 늘리는 것도 자주 거론된다. 그러나 이러한 제도들은 승진의 문제를 근본적으로 해결하지 못하면서 다른 문제를 야기시킨다.

첫째, 복수직급제도는 한 직위에 임명될 수 있는 직급을 복수로 운영하는 것이다. 예를 들면 과장직위에 4급 공무원을 임명하였다면, 이를 4급 외에 3급이나 5급 등 다른 직급의 공무원도 임명할 수 있도록 하는 것이다.

복수직급제는 직위의 변동이 없어도 직급을 올릴 수 있다. 예를 들어 4급 공무원이 과장직을 담당하고 있었을 경우, 복수직급제가 아니라면 이 공무원을 3급으로 승

---

32) 승진제도의 문제점으로 승진결정의 불공정성이 자주 제시된다. 승진결정이 공정하게 이루어져야 한다는 것은 그 자체로 필수적인 사항이지만, 우리나라에서는 보다 근본적으로 승진의 혜택이 크지만 승진수요를 충족시키기 어렵다는 데 문제의 원인이 있다. 승진결정은 경력이나 객관식 시험과 같이 누구나 명시적으로 알 수 있는 기준을 적용하지 않으면 공정성의 시비 즉 결정자의 주관적 판단의 여지에서 벗어나기 어렵다. 그런데 누구나 알 수 있는 객관적 기준에 의한 승진은 그 타당성에 문제가 제기될 수 있다.

진시키기 위해서는 3급 공무원이 담당하는 상위직위에 결원이 생겨야 한다. 그러나 과장직위를 4급과 3급 공무원이 모두 임명될 수 있도록 하면, 직위의 변동이 없이도 공무원을 4급에서 3급으로 승진시킬 수 있다.

그러므로 복수직급제는 승진에 공급되는 직위의 수에 대한 부담을 줄이면서 공무원을 승진시킬 수 있다. 그러나 이는 승진이 권한과 책임의 상승이라는 본래의 의미에 맞지 않을 뿐 아니라, 승진한 공무원에 대한 대우의 증가 때문에 직무의 변동 없이 조직의 부담만 증가하는 결과를 가져온다. 또한 보직을 받지 못하는 중·상위직급 공무원이 늘어날 수 있기 때문에 계급의 인력구조가 기형을 이룰 수 있다. 또한 장기적으로는 직급과 직위의 불일치로 인한 불만이 발생할 수 있으며, 결국은 전반적으로 강임과 같은 효과를 가져오게 된다. 또한 승진적체의 문제는 시간이 지나면 다시 발생할 수밖에 없다.

둘째, 근속승진은 일정한 경력이 지나면 자동적으로 직급을 올려주는 제도인데, 우리나라에서는 직급별 정원의 제한을 받지 않도록 지방공무원 9급부터 6급까지의 정원은 통합되어 운영할 수 있다(행정기관의 조직과 정원에 관한 통칙 제26조, 지방자치단체의 행정기구와 정원기준 등에 관한 규정 제27조). 즉, 각 직급별로 정원이 정해졌을 경우 상위직급의 정원에 결원이 생겨야만 승진을 시킬 수 있는데, 직급별 정원을 통합해서 운영하면 이러한 제약에서 벗어날 수 있다. 더욱이 6급 이하의 직위들은 관리자로서의 직위가 아니므로 직위수의 제한으로 인한 부담도 적다.

그러나 근속승진은 경력만 채우면 승진이 되기 때문에 공무원들을 무사안일에 빠지게 할 수 있고, 자칫 상위직급의 직무를 수행하기에는 능력이 부족한 인력을 승진시킬 수 있다. 또한 승진에 대한 열망은 근속승진이 적용되는 직급에만 해당하는 것이 아니기 때문에 근속승진이 적용되지 않는 직상위의 직급에 대해서도 점차 근속승진을 적용해야 한다는 요구가 증가할 수 있다.[33] 또한 장기적으로는 직급과 직위의 불일치로 인한 문제가 발생할 수 있으며, 승진적체의 문제도 근본적으로 해결할 수 없다.

셋째, 직급의 수를 늘려 승진을 원활히 하는 것이다. 이는 주로 승진적체의 해소 방안으로 거론되는데, 예를 들면 9개 직급을 10개 이상의 직급으로 늘리는 것이다.

33) 예를 들어 경찰공무원은 경위까지 근속승진이 가능했으나, 2011년 9월 법개정을 통하여 경감까지로 근속승진의 범위가 확대되었다. 그런데 경위부터는 간부이기 때문에 직위의 수가 문제가 될 수 있다. 그럼에도 불구하고 승진에 대한 수요가 대단히 커서 근속승진의 범위가 확대되었다.

이것은 직급이 늘어난 만큼 단기적으로 승진기간을 단축하여 승진시킬 수 있다.

그러나 이것은 승진이 되었다는 '감정'만 가지게 할 뿐 승진으로서의 실질적 효과는 없다. 또한 시간이 지나면 승진적체의 문제가 다시 발생하게 되기 때문에 승진문제를 해결하는 데 전혀 효과가 없는 대안이다.

우리나라에서 승진의 문제는 해결하기 어려운 과제이다. 근본적으로는 공무원들이 승진에 과도하게 집착하지 않는 가치관의 변화가 있어야 한다. 그러나 이를 위해서는 적절한 근무환경이 조성되어야 한다. 중·하위직의 자율권 확대를 포함하여 직급 간 및 직위 간 권한과 책임의 조정, 보수 등 공무원이 받는 보상의 조정, 승진으로 인한 만족을 대체할 수 있도록 공무원에게 주어지는 보상의 다양화를 통한 심리적 만족의 증대 등의 대안이 모색되어야 할 것이다.

2. 수평이동

1) 수평이동의 의의

수평이동은 계급이나 직급의 변동 없이 다른 직위에 임용되는 것을 말하며, 전보 · 전직 · 파견 · 교류 · 전출입 등이 있다. 인력을 수평이동시키는 것은 다음과 같은 의의가 있기 때문이다.[34]

첫째, 개인의 필요를 충족시킬 수 있다. 공무원은 일생 동안 정부에서 근무하게 되는데, 이 기간 동안 여러 사정이 발생하며, 이것은 공무원으로 하여금 어느 한 기관 또는 한 직위에서만 근무하는 것이 오히려 적절하지 않도록 만든다. 공무원은 새로운 직무를 담당함으로써 보다 능력이나 적성에 맞는 일을 할 수 있다. 또한 경험의 확대를 통하여 능력발전을 도모할 수 있으며, 경력발전에 보다 유리한 조직에서 근무할 수도 있다. 동일한 직무 또는 동일한 기관에서의 장기간 근무로 인한 침체도 방지할 수 있다. 이사나 가족관계의 변동 등으로 인한 근무지관련 애로사항을 해결

34) 수평이동의 의의는 기존의 연구들에서는 전직이나 전보(박동서, 1994:308-311; 강성철 외, 2008: 299), 인사교류(김판석 외, 2001; 오성호 외, 2002) 등 수평이동의 허느 한 종류의 의의로 소개되었다. 그러나 그 내용에는 큰 차이가 없으며, 따라서 이것들은 수평이동의 어느 한 종류에만 국한되는 것이 아니라, 보다 광범위하게 공무원이 종류가 다른 직무를 담당할 수 있도록 함으로써 얻을 수 있는 유용한 점으로 이해하여야 할 것이다.

할 수 있는 방법도 된다.

둘째, 조직의 필요를 충족시킬 수 있다. 기관 간 균형 있는 인력 배치 및 활용, 탄력적인 조직운영 및 관리운영체제의 강화, 공무원의 능력향상과 적재적소 배치를 통한 조직의 생산성 증진이 가능하다. 인력의 이동을 통한 기관 간 상호이해의 증진으로 정부 전체의 생산성을 향상시킬 수 있으며, 한 기관에서 발생하는 단기적 인력 수요공급의 불균형문제도 해결할 수 있다.

셋째, 사회의 필요를 충족시킬 수 있다. 정부 차원의 인력의 탄력적 운영, 지식과 경험의 공유와 이로 인한 지식기반의 확충은 지식사회에 걸맞은 인력관리방식이다. 수평이동의 긍정적이고 적극적 활용을 통하여 정부가 시대에 맞는 인력관리의 모범을 보일 수 있다.

2) 수평이동의 종류

(1) 전보와 전직[35)]

전보는 동일한 기관 내에서 직렬의 변화 없이 새로운 직위로 이동하는 것을 의미하며, 전직은 직렬을 달리하여 동일한 계급의 직위로 이동하는 것을 의미한다. 전보는 직제 등의 규정상 제한이 없으면 특별한 요건 없이 실시할 수 있다. 반면에 전직은 이동할 인력이 새로운 직렬의 직무를 수행할 능력이 있음을 확인하는 절차가 필요하다. 왜냐하면 대상인력이 공무원이 된 것은 이전 직렬의 직무를 수행하기에 적합하다고 판단되었었기 때문에, 새로운 직렬에 임용되기 위해서는 다시 능력이 있음을 보여야 하는 것이다. 우리나라에서는 전직 시 전직시험을 거치는 것을 원칙으로 한다(국가공무원법 제27조의 3), 또한 전직과 전보가 남용되는 것을 막기 위하여 한 직위에 임명되었을 경우 최소 재임기간을 충족시키도록 하고 있다.

(2) 파 견

파견은 한시적으로 소속기관을 달리하여 근무하는 것을 의미하며, 파견기간이 끝나면 원 소속기관으로 복귀하는 것이 원칙이다. 우리나라에서는 국가기관의 장은 국가적 사업의 수행 또는 그 업무수행과 관련된 행정 지원이나 연수, 그 밖에 능력개발 등을 위하여 필요하면 소속 공무원을 다른 국가기관 · 공공단체 · 정부투자기관 ·

35) 전보와 전직은 반드시 동일 기관 내의 이동만 의미하는 것은 아니다. 그러므로 개념상 파견이나 교류에도 해당된다.

국내외의 교육기관 · 연구기관, 그 밖의 기관에 일정기간 파견근무하게 할 수 있으며, 국가적 사업의 공동수행 또는 전문성이 특히 요구되는 특수업무의 효율적 수행 등을 위하여 필요하면 국가기관 외의 기관 · 단체의 임직원을 파견받아 근무하게 할 수 있다(국가공무원법 제32조의 4, 제1항).

(3) 교 류

교류는 인사교류라고도 하는데, 공무원이 다른 기관으로 소속을 변경하여 근무하는 것을 의미한다. 인사교류는 개념상 기관 간 상호인력교환을 의미하지만, 한 기관에서 다른 기관으로 일방적으로 인력이 이동하는 것도 포함된다.[36] 인사교류는 안전행정부가 주관한다.[37]

(4) 전·출입

전·출입은 인사관할권을 달리하는 기관 간의 인력이동을 의미하며, 인사교류와 같이 소속기관이 달라진다. 우리나라의 국회, 법원, 헌법재판소, 선거관리위원회 및 행정부 상호 간에 다른 기관 소속 공무원을 전입하려는 때에는 시험을 거쳐 임용하여야 한다. 이 경우 임용 자격요건 또는 승진소요최저연수 · 시험과목이 같을 때에는 국회규칙, 대법원규칙, 헌법재판소규칙, 중앙선거관리위원회규칙 또는 대통령령으로 정하는 바에 따라 그 시험의 일부나 전부를 면제할 수 있다(국가공무원법 제28조의 2).

3. 강 임

강임은 현재 직급보다 낮은 직급의 직위로 이동하는 것을 의미한다. 우리나라에서는 조직구조가 변경되었을 때 강임을 할 수 있도록 규정하고 있다. 임용권자는 직제 또는 정원의 변경이나 예산의 감소 등으로 직위가 폐직되거나 하위의 직위로 변경되어 과원이 된 경우 또는 본인이 동의한 경우에는 소속 공무원을 강임할 수 있

---

36) 우리나라에서는 공무원이 일정기간 휴직을 하고 민간기구에 가서 근무할 수 있도록 '민간근무휴직제'를 운영하고 있다(국가공무원법 제71조). 이는 정부와 민간 간의 인사교류의 한 방식이라고 볼 수 있는데, 인력의 상호교환이 아니고, 한시적으로 정부에서 민간으로 인력이 이동하는 것이다.

37) 안전행정부장관은 행정기관 상호 간, 행정기관과 교육 · 연구기관 또는 공공기관 간에 인사교류가 필요하다고 인정하면 인사교류계획을 수립하고, 국무총리의 승인을 받아 이를 실시할 수 있다(국가공무원법 제32조의 2). 2012년의 법개정을 통하여 2013년 4월부터 교류의 범위가 '행정기관 상호 간'에서 대폭 확대되어 실시된다.

다. 그리고 이에 따라 강임된 공무원은 상위직급 또는 고위공무원단 직위에 결원이 생기면 우선 임용된다. 다만, 본인이 동의하여 강임된 공무원은 본인의 경력과 해당 기관의 인력사정 등을 고려하여 우선 임용될 수 있다(국가공무원법 제73조의 4).

강임과 유사한 개념으로 강등이 있다. 이는 직위의 이동에 상관없이 직급이 한 단계 낮아지는 것을 의미하며, 징계의 수단이다(국가공무원법 제79조).

제5절 퇴 직

1. 퇴직의 의의

퇴직은 공직을 떠나는 것을 의미한다. 퇴직은 개인에게는 그동안 익숙했던 생활환경을 떠나 새로운 생활환경으로 들어가는 것을 의미하며, 조직에게는 인력의 교환을 의미한다.

개인에게 있어 퇴직은 전혀 새로운 생활환경을 맞는 것이다. 특히 동일한 직무환경에서 장기간 근무하는 것이 보편적인 공무원의 경우 퇴직은 인생의 가장 큰 변화가 될 수 있다. 그러므로 자발적 퇴직이나 징계로 인한 강제퇴직이 아닌 경우 퇴직자가 새로운 환경에 적응할 수 있도록 준비시키는 퇴직준비프로그램이 운영되고 있다. 그런데 고령사회의 대두와 같은 환경변화로 인하여 퇴직준비프로그램이 보다 다양하고 심도 있는 내용을 갖추어야 할 필요성이 커지고 있다.

2. 퇴직의 종류

퇴직은 크게 자신의 의사에 의한 임의퇴직(자발적 퇴직)과 자신의 의사와는 관계없이 진행되는 강제퇴직이 있으며, 강제퇴직에는 징계에 의한 퇴직과 직권면직, 정년에 의한 퇴직이 있다. 또한 중간적 성격의 명예퇴직이 있다.

징계에 의한 퇴직은 면직이라고 한다. 공무원이 범한 과오의 경중에 따라 해임과 파면이 있다. 해임은 해임된 후 3년 동안은 공무원으로 재임용될 수 없으며, 파면은 파면된 후 5년 동안 재임용될 수 없다. 해임은 연금법상의 불이익이 없으나, 파면은 퇴직급여액이 삭감된다.[38)]

직권면직은 임용권자가 직권으로 공무원을 공직에서 떠나도록 하는 것이다. 직권면직을 시킬 수 있는 경우는 직제나 정원의 개폐와 같은 공직구조 변화나 공무원의 능력부족을 들 수 있다. 이외에 직권면직을 시킬 수 있는 사유는 법에 규정되어 있다.[39)]

정년은 일정연령에 도달한 공무원을 퇴직시키는 제도이다. 징계는 아니지만 본인의 의사와 상관없이 퇴직시킨다는 점에서 강제퇴직의 한 종류이다. 본인의 능력과 의사에 상관없이 연령을 기준으로 강제퇴직시키는 것이 인력낭비의 요소가 있고 비합리적이라는 점에서 개선이 요구되기도 한다. 그러나 인력순환의 측면에서 의의가 인정될 수도 있다. 우리나라 공무원의 정년은 60세이다.

군이나 경찰에서는 인력관리상 계급정년제도를 운영한다. 이는 공무원이 일정한 기간 승진하지 못하고 동일한 계급에 머물러 있으면 그 기간이 만료된 때에 자동적으로 퇴직시키는 제도이다.

명예퇴직은 공무원이 정년이 되기 전에 일정요건을 충족하였을 경우 자발적으로 퇴직하는 것을 의미한다. 자발적으로 퇴직한다는 점에서 강제퇴직은 아니나, 민간부문의 명예퇴직이 주로 구조조정에 의해 실질적으로 강제성이 가미된 퇴직이 많다는 점을 감안하면, 임의퇴직과 강제퇴직의 중간적 성격이라고 이해할 수 있다.[40)]

---

38) 법규상으로는 「공무원연금법」 제64조(형벌 등에 따른 급여의 제한)에 해당하는 경우 감액하도록 하였는데, 이 사유는 '파면'에 해당한다. 감액규모는 「공무원연금법시행령」 제56조에 규정되어 있다.

39) ① 임용권자는 공무원이 다음 각 호의 어느 하나에 해당하면 직권으로 면직시킬 수 있다: 직제와 정원의 개폐 또는 예산의 감소 등에 따라 폐직(廢職) 또는 과원(過員)이 되었을 때, 휴직기간이 끝나거나 휴직사유가 소멸된 후에도 직무에 복귀하지 아니하거나 직무를 감당할 수 없을 때, (국가공무원법) 제73조의 3 제3항에 따라 대기명령을 받은 자가 그 기간에 능력 또는 근무성적의 향상을 기대하기 어렵다고 인정된 때, 전직시험에서 세 번 이상 불합격한 자로서 직무수행 능력이 부족하다고 인정된 때, 징병검사 · 입영 또는 소집의 명령을 받고 정당한 사유 없이 이를 기피하거나 군복무를 위하여 휴직 중에 있는 자가 군복무 중 군무(軍務)를 이탈하였을 때, 해당 직급에서 직무를 수행하는 데 필요한 자격증의 효력이 없어지거나 면허가 취소되어 담당직무를 수행할 수 없게 된 때, 고위공무원단에 속하는 공무원이 제70조의 2에 따른 적격심사 결과 부적격 결정을 받은 때

② 임용권자는 제1항 제3호부터 제8호까지의 규정에 따라 면직시킬 경우에는 미리 관할 징계위원회의 의견을 들어야 한다. 다만, 제1항 제5호에 따라 면직시킬 경우에는 징계위원회의 동의를 받아야 한다(국가공무원법 제70조).

우리나라에서는 공무원으로 20년 이상 근속(勤續)한 자가 정년 전에 스스로 퇴직하면 예산의 범위에서 명예퇴직 수당을 지급할 수 있으며, 직제와 정원의 개폐 또는 예산의 감소 등에 따라 폐직 또는 과원이 되었을 때에 20년 미만 근속한 자가 정년 전에 스스로 퇴직하는 경우에도 예산의 범위에서 수당을 지급할 수 있다(국가공무원법 제74조의 2).

제6절 겸임, 휴직, 직위해제, 정직, 복직

겸임은 한 사람의 공무원이 둘 이상의 직위에 임용되는 것을 의미한다. 겸임은 인력운영상의 효율성을 높이면서 공무원의 능력을 충분히 활용할 필요가 있을 때, 또는 필요한 인력을 한시적으로 확보하기 어려울 때 활용되는 방법이다. 겸임의 경우 보수는 더 높은 쪽에서 받는다.

휴직은 사정(국가공무원법 제71조)에 의해 공무원이 일시적으로 직무를 떠나 있는 것을 말한다. 휴직 중의 공무원은 공무원으로서의 신분은 유지되나 직무수행은 하지 못한다. 그러나 공무원의 신분이 유지되기 때문에 공무원으로서의 의무는 준수해야 한다.

직위해제는 공무원이 정상적으로 근무를 수행할 수 없는 경우 신분은 유지시키되 직위는 부여하지 않는 것을 의미한다. 대표적인 경우로 재판을 받거나, 중징계의 결 요구 중일 때, 능력발전을 위한 별도의 조치가 필요한 때 등을 들 수 있다(국가공무원법 제73조의 3). 직위가 부여되지 않았으므로 근무를 수행할 수 없다. 그러나 직위해제는 징계의 종류는 아니며, 단지 임용상의 한 방법이다.

정직은 중징계의 일종으로 일정기간 직무수행을 정지시키는 것이다. 공무원으로서의 신분은 유지되나 직무에 종사하지는 못하며, 보수도 2/3 감액지급된다. 정직기간은 1개월 이상 3개월 이하로 월단위로 정해진다.

복직은 휴직 또는 직위해제 중인 공무원을 직위에 복직시키는 것을 의미한다.

참고문헌

강성철 외. 2008.「새인사행정론: 개정6판」. 서울: 대영문화사.

김판석 · 권경득 · 박경원 · 오성호. 2001. “중앙정부와 지방정부간 인사교류의 활성화 방안.”「한국지방자치학회보」 제13권 제1호, pp.5-24.

김현주. 2003. “역량기반인적자원관리(CBHRM)의 도입과 발전: 한국 기업을 위한 상황론적 접근법.”「POSRI 경영연구」 제3권 제1호.

박동서. 1994.「인사행정론」. 서울: 법문사.

박연호. 1990.「인사행정신론: 제3개정판」. 서울: 법문사.

______. 1996.「인사행정신론: 신정판」. 서울: 법문사.

박천오. 2012. “승진 영향 요인에 대한 한국공무원의 인식 연구: 중앙공무원과 지방공무원 간 인식 비교.”「한국인사행정학회보」 제11권 제2호, pp.195-220.

오석홍. 1983.「인사행정론」. 서울: 博英社.

______. 1993.「인사행정론: 신정판」. 서울: 박영사.

오성호 · 박경원 · 권경득 · 김판석. 2002. “정부와 민간부문과의 인사교류 활성화에 관한 연구.”「한국인사행정학보」 제1권 제1호, pp.50-71.

채서일 · 김범종. 1988.「SPSS/PC+를 이용한 통계분석」. 서울: 법문사.

鹿兒島重治. 1990.「地方公務員制度: 第一次改訂版」. 東京: 學陽書房.

坂田期雄. 1989.「明日の首長 · 議員 · 公務員」. 東京: きょうせい.

人事院 編. 1994.「公務員白書」. 東京: 大藏省印刷局.

Boyatzis, R. E. 1982. *The Competent Manager: A Model for Effective Performance*. NY: John Wiley.

Cascio, Wayne F. 1991. *Applied Psychology in Personnel Management*, 4th ed., Englewood Cliffs, NJ: Prentice Hall.

Dresang, Dennis L. 1991. *Public Personnel Management and Public Policy*, 2nd ed., New York & London: Longman.

Hays, Steven W. and Sowa, Jessica E. 2010. “Staffing The Bureaucracy: Employee Recruitment and Selection.” in Condrey, Stephen E. ed., *Handbook of Human Resource Management in Government*, 3rd. ed., San Franscio: Jossey-Bass.

Heneman, Herbert G. Ⅲ. and Sandver, Marcus G. 1977. “Markov Analysis in Human Resource Administration: Applications and Limitations.” *Academy of Management Review*, Vol.2, No.4.

International City Management Association. 1975. *Small Cities Management Training Program 3: Personnel Administration*.

Ivancevich, John. 1998. *Human Resurce Management*, 7th ed., Boston: Irein/McGraw-Hill.

Jacobson, Willow S. 2009. "Planning for Today and Tomorrow: Workforce Planning." in Hays, Steven W., Kearney, Richard C. and Coggburn, Jerrel D. eds., *Public Human Resource Management: Problems and Prospects*. New York: Longman.

Ledvinka, James. 1995. "Human Resource Planning." in Jack Rabin *et al*. eds., *Handbook of Public Personnel Administration*. NY: Marcel Dekker, Inc.

O'Brien, Mark. 1991. "Local Government Employee Recruitment and Selection." *Baseline Data Report*, Vol.23, No.1. Washington, D.C.: International City Management Association.

Riccucci, Norma M. and Naff, Katherine C. 2008. *Personnel Management in Government: Politics and Process*, 6th ed., Boca Raton, FL: CRC Press.

Tindal, C. R. and Tindal, S. Nobes. 1984. *Local Government in Canada*, 2nd ed., Toronto: McGraw-Hill Ryerson Limited.

U.S.Office of Personnel Management. 1999. "Looking to the Future: Human Resources Competencies." An Occupation in Transition: A Comprehensive Study of the Federal Human Resources Community, Part 2. MSE-99-6.

U.S.Office of Personnel Management. 2005. OPM's *Workforce Planning Model*. retrived on Sep.2, 2012 from http://www.opm.gov/policy-data-oversight/human-capital-management/strategic-aligment/#url=Resources.

제 4 장

성과평가

제1절 성과평가의 의의

제2절 성과평가의 방법과 평가오류

제3절 한국의 평가제도

인적자원은 조직의 성과를 결정짓는 가장 핵심적인 요소이다. 그러므로 조직의 성과관리에 대한 관심은 결국 조직원의 성과에 대한 관심으로 연결된다. 특히 전략적 관리에 있어서 조직원의 활동이 조직의 성과향상과 얼마나 연계되어 있는가, 또는 조직의 성과향상에 얼마나 기여하는가를 확인하는 것은 매우 중요하다. 왜냐하면 그것이 수단은 목표에 연계되어 관리되어야 한다는 전략적 관리의 기본개념과 부합되기 때문이다.

그렇기 때문에 인적자원의 관리에서 성과관리는 필수적으로 수행되어야 하는 부분이며, 그 중심은 성과평가에 있다. 성과평가는 조직원들이 무엇을 했으며, 그것이 조직의 성과와 어떤 관련이 있는지에 관한 정보를 제공한다. 그리고 이 정보들은 조직의 목표달성을 위해 인적자원을 효율적으로 관리하기 위한 여러 의사결정의 기초가 된다.

제1절 성과평가의 의의

1. 필요성

1) 인사행정기준 제공과 공무원의 능력발전

조직원의 성과에 대한 평가는 여러 목적으로 활용될 수 있는데, 셀던(S.C. Selden)은 이것을 다음의 일곱 가지로 정리하였다(Selden, 2009:118-119).

첫째, 개인이 달성해야 할 성과의 기대치와 표준을 확립한다. 즉, 성과평가를 함으로써 조직원에게 만족할 만한 성과수준이 어느 정도인지를 알려준다.

둘째, 높은 수준의 성과를 달성하도록 조직원을 격려한다.

셋째, 환류를 통하여 조직원에게 그의 성과나 역량, 조직목표의 지원(support)에 대한 정보를 제공한다.

넷째, 환류를 통하여 조직원의 능력발전을 도모한다.

다섯째, 인적자원을 관리하기 위하여(즉, 보수인상, 승진, 교육훈련 등) 성과를 문서화(documentation)한다.

여섯째, 조직 내의 의사소통과 조직원의 참여를 조장한다.

일곱째, 조직에 대한 조직원의 만족도, 헌신, 조직 내 잔류의지 등을 강화한다.

이것들은 조직에서 요구되는 성과기준의 확인과 평가결과의 활용, 평가과정에서의 조직원의 참여와 만족도 제고로 요약할 수 있다. 이러한 목적 중에서 성과평가의 결과를 조직원을 관리하는 데 어떻게 활용할 것인가에 초점을 맞추면, 인사행정의 기준으로 활용하는 것과, 조직원의 능력발전에 활용하는 것으로 요약할 수 있다. 즉, 조직원에 대한 성과평가는 조직원의 근무수행 결과에 따라 그에게 어떤 인사상의 조치를 할 것인가를 판단하는 데 필요한 정보와 조직원의 근무능력을 향상시키기 위해 무엇이 필요한가에 대한 정보를 제공해 준다. 이것을 델리(D.M. Daley)는 판단적 목적(judgemental)의 평가와 발전적 목적(developmental)의 평가로 분류하여 설명하고 있다(Daley, 2010:556). 판단적 목적으로 활용하는 것은 성과평가를 함으로써, 조직원의 직무수행에 대해 그에 상응하는 긍정적 · 부정적 보상을 하는 것이다. 성과급 지급, 승진 등이 이에 해당한다. 반면에 발전적 목적으로 활용하는 것은 성과평가를 통해 얻은 정보에 바탕을 두어 조직원에게 필요한 능력을 갖추도록 필요한 지원을 하기 위한 것이다. 즉, 조직원의 잠재력을 개발하고 향상시키기 위한 것이기 때문에, '무엇을 평가하여야' 그와 관련하여 조직원을 지원했을 때 조직이 장래 지원에 상응하는 대가를 거둘 수 있을 것인가를 잘 판단해야 하는 것이다. 이것은 최근 많이 활용되는 '역량평가'에서 그 예를 찾을 수 있다. 공무원의 직무수행과 관련하여 '어떤 역량'을 평가하여야 장차 조직에 바람직한 결과를 가져올 수 있는가를 올바로 판단해야 하는 것이다.[1)]

이러한 두 가지 목적은 성과평가의 기본적 틀을 형성하는 데 있어 약간의 차이를 가져올 수 있다. 판단적 목적의 평가는 피평가자들의 우열을 가려야 한다. 그러므로 어떤 절대적인 수준과의 비교보다는 상대적인 서열을 판단할 수 있는 평가틀을 갖추어야 한다. 반면에 발전적 목적의 평가는 조직원의 능력발전을 위해서, 조직

1) 그러나 역량평가는 판단적 목적을 위해서도 활용될 수 있다. 우리나라에서는 역량평가의 결과가 승진의 기준으로 많이 활용된다. 이는 상위직에서 요구되는 역량을 갖춘 인재를 구별하기 위한 것이다. 승진의 기준으로 활용할 때에도 일정수준 이상의 역량을 갖춘 경우는 모두 동일하게 승진후보자로 결정하는 경우와 역량점수 간에 우열을 가려 높은 점수의 대상자를 우선 승진시키는 경우로 나누어진다. 전자는 안전행정부에서 실시하는 고위공무원단 후보자 선정을 위한 역량평가가 대표적인 예이며, 후자는 서울특별시를 비롯한 많은 기관에서 약간씩 변형하여 사용하고 있다.

원 간의 상대적 비교보다는 조직이 필요로 하는 수준을 갖추었는가, 즉 어떤 절대적 기준과의 비교가 더 요구된다. 평가결과 요구되는 수준에 미달하였다면, 그 차이를 없앨 수 있는 방법이 강구되어야 한다. 반면에 요구되는 수준에 도달하였다면, 그 이상의 수준으로 향상하는 것이 좋기는 하지만 단기적으로는 반드시 요구되는 사항은 아니다.

2) 전략적 인력관리를 위한 활용

성과평가는 미시적으로는 조직원의 근무수행 결과에 대한 판단을 피평가자와 관련된 인력관리에 활용되지만, 거시적으로는 인력관리가 조직의 목표달성에 기여하고 있는가를 판단하는 근거로 활용할 수 있다. 공무원에 대한 성과평가의 결과와 조직의 생산성 향상 또는 조직이 달성하고자 하는 목표의 달성 정도와의 상관성을 분석하면 인력관리가 얼마나 전략적으로 잘 수행되고 있는가를 판단할 수 있는 것이다.[2)]

만약 상관성이 낮다면 인력관리가 조직의 목표달성에 기여하지 못하고 있는 것이므로 개선이 필요하다. 또한 성과평가의 결과와 목표달성의 정도가 모두 부진하다고 해도 전반적으로 인력관리에 문제가 있는 것으로 볼 수 있다. 이럴 경우 인력관리의 각 부분을 점검해서 문제를 해결해야 한다.

2. 성과평가의 기본요소

성과평가는 조직에 따라 여러 목적을 위해, 여러 가지 방법으로 실시된다. 또한 평가 대상이나 항목도 다양하다. 그러나 효과적인 성과평가를 위하여 갖추어야 할 조건들로 제시되는 것들을 보면 성과평가제도가 갖추어야 할 기본요소로 다음과 같은 것들이 있음을 알 수 있다.

---

2) 강성철 등은 근무성적평정의 용도를 인사행정의 기준 제공, 공무원의 능력 발전, 공무원의 근무능률 향상 및 의사전달 개선, 시험의 타당도 측정기준 제공의 네 가지로 설명하고 있다(강성철 외, 2008:362-363). 이 중 시험의 타당도 측정이 인력관리가 조직의 목표달성에 기여하고 있는지를 판단하는 데 포함될 수 있다. 다만, 시험의 타당도뿐만 아니라, 채용의 전반적 과정, 교육훈련, 보상, 그리고 성과평가 자체도 그 적절성을 판단할 수 있다. 즉, 성과평가는 인력관리의 전략성을 전체적으로 판단하는 데 필요한 정보를 제공해 줄 수 있는 것이다.

1) 타당성

미국의 인사관리처에서는 성과평가를 위한 안내서에서 조직원에 대한 평가계획은 조직의 목표와 연계되어 정렬되어야 한다고 하였다(opm: IV-9). 이것은 성과평가가 조직의 목표와 연계되어 일관성을 유지해야 한다는 것을 의미하는 것으로서 성과평가제도가 갖추어야 할 기본적인 요소가 '무엇을 위해 평가를 하는가'를 분명히 하는 것임을 의미한다. 즉, 성과평가는 평가 자체가 목적이 아니라 평가결과의 활용에 목적이 있으며, 평가체제는 이 목적에 맞게 구축되어야 한다.

이러한 거시적 타당성 확보뿐 아니라 미시적으로도 조직원의 성과에 대하여 평가하는 것은 그 목적이나 활용방안이 다양하다. 그러므로 활용목적을 효과적으로 충족시키기 위해서는 성과평가의 틀이 목적에 맞게 구성되어야 한다. 예를 들어 조직원 간의 서열을 확정하기 위하여 성과평가를 한다면 각 조직원을 비교할 수 있도록 평가틀이 구성되어야 하지만, 일정한 능력수준을 갖추었는지를 평가하려고 한다면 피평가자가 정확하게 어느 정도의 평가점수를 획득하였는가는 큰 의미가 없다. 그렇기 때문에 평가목적에 따라 평가지표를 어떻게 구성할 것인가, 어떤 평가기법을 사용할 것인가, 또는 어느 정도 세밀하게 평가할 것인가, 누구를 평가자로 할 것인가가 달라질 수 있으며, 평가목적에 맞게 평가틀을 구성하여야 원하는 결과를 정확히 얻을 수 있고, 평가과정에서 불필요한 낭비를 막을 수 있다.

2) 공정성

성과평가제도가 갖추어야 할 중요한 요소는 공정성의 확보이다. 특히 성과평가의 결과가 인사에 반영될 때는 평가의 공정성에 대하여 많은 관심이 집중된다.

공정성은 조직구성원들이 조직생활의 과정에서 공정하게 대우를 받고 있는가와 관련된 개념으로 분배공정성, 절차공정성, 상호작용공정성으로 구성되어 있다. 분배공정성이란 의사결정의 과정을 거쳐 최종적으로 지급되는 보수, 승진, 조직 내에서의 인정 등의 결과물에 대한 분배와 관련하여 조직구성원들이 느끼는 공정성을 의미하며, 절차공정성이란 보상이나 의사결정이 이루어지는 절차나 과정이 얼마나 공정한가와 관련된 개념이다. 또한, 상호작용공정성이란 의사결정과정에서 권한보유자가 보여주는 대인적 처우, 또는 정책이나 절차의 실행과정에서 구성원이 지각하는 대인적 처우의 공정성을 의미한다(김병국 · 김영희, 2005:43).

성과평가를 인사에 활용할 경우 평가과정은 결과를 결정짓는 전제이므로 성과평가제도는 특히 절차의 공정성이 확보되어야 한다. 또한 평가과정에서 피평가자가 공정한 대우를 받고 있다고 인식해야 하기 때문에 상호작용공정성도 필요하다. 그렇기 때문에 성과평가제도는 누구나 그 결과를 인정할 수 있는 평가틀에 의하여 시행되어야 하며, 평가과정에서 피평가자 전원이 동등한 취급을 받을 수 있도록 운영되어야 한다.

그러나 이것은 가장 이상적인 상황에 대한 요구이며, 현실에서는 한계가 있을 수밖에 없다. 특히 누구의 시각에서 어떤 기준에 의해 평가할 것인가에 관하여 논란의 여지가 있다. 일반적으로 조직원의 성과에 대한 평가는 감독자가 해야 할 중요한 역할로 인식된다. 그런데 전적으로 감독자의 판단에 의존할 경우 주관성의 개입에 의한 불공정성의 문제가 발생할 수 있다. 다면평가제도는 이러한 주관성의 한계를 다양한 집단의 다양한 시각에 의해 극복하고자 하는 하나의 대안이다.

이 경우에 생각해 봐야 할 것이 성과평가를 하는 근본목적이 무엇인가 하는 점이다. 성과평가가 궁극적으로는 조직의 목표달성에 조직의 인적자원이 기여하도록 하기 위한 것이라면, 조직원의 성과가 조직이 원하는 것과 일치하는가는 조직 그리고 그를 대표하는 관리자의 시각에서 판단하여야 한다. 왜냐하면 조직의 이해와 조직원의 개인적 이해가 항상 일치한다고 볼 수 없기 때문이다.[3] 그렇기 때문에 성과평가제도를 구축할 때 그에 대한 관리자의 권한과 책임을 어느 정도까지 인정하며, 그의 판단이 어느 정도의 비중으로 작용하도록 할 것인가가 신중하게 고려되어야 한다.

3) 참여성

미국의 인사관리처에서는 성과평가를 위한 안내서에서 조직원에 대한 평가제도는 피평가자인 공무원들의 참여를 강화하여야 한다고 하였다(opm: IV-12). 여기에는 두 가지가 포함되는데 하나는 평가계획을 수립할 때 공무원들이 참여토록 하는 것이고, 다른 하나는 환류를 통하여 공무원들이 평가결과를 알 수 있도록 하는 것이다.

평가과정에 피평가자를 참여시키는 것은 평가제도에 대한 피평가자의 긍정적 반응과 만족도를 높인다(Selden, 2009:124-125). 평가제도의 구축에 참여함으로써 피평

3) 조직은 가급적 적은 비용으로 조직원의 능력을 최대한 활용하려 한다. 반면에 조직원 개인의 입장에서는 직무수행과정에서 가능하면 자신의 노력을 적게 들이려고 한다. 이럴 때 개인의 직무수행에 관하여 어떻게 평가할 것인가에 대하여 조직과 조직원의 이해는 불일치하기 쉽다.

가자는 조직이 추구하는 목표를 이해하게 되며, 무엇을 평가해야 하는지를 결정함에 있어 관리자와 인식을 공유하게 된다. 그리고 이것은 평가결과에 대한 피평가자의 수용도를 높인다.

평가결과에 대한 환류는 조직원이 더 높은 성과달성을 위해 노력하도록 하는 데 반드시 필요하다. 환류는 조직원에게 동기부여되고 발전하는 데 필요한 지속적인 근거를 제공한다. 캠벨(J.P. Campbell) 등의 이론에 의하면 평가지표가 조직의 전략을 수행하는 데 필요한 행태를 측정하도록 구성되어 있다면, 환류는 달성해야 할 목표에 대한 헌신도가 높아지도록 한다(Latham and Latham, 2000; Latham *et al.*, 2007:375 재인용).

환류의 효과성을 높이기 위해서는 사람(person)보다는 행태(behavior)에 초점을 맞추고, 사람을 압도(overwhelm)하지 않도록 선택적이어야 하며, 바람직한 행태에 초점이 맞추어져서 그 방법을 알 수 있도록 하고, 구체적 목적을 설정하는 기초로 활용되도록 하여야 한다(DeNisi and Kluger, 2000; Latham *et al.*, 2007:375 재인용). 또한 프레즈(M. Frese)의 연구에 의하면 조직원이 실수를 해도 학습과정을 통하여 그것으로부터 유익을 얻을 수 있고, 체계적 탐구를 통하여 이어지는 실수에 대응할 수 있도록 하면, 부정적 환류(negative feedback)도 피평가자에게는 교육적으로 작용할 수 있다.

그러므로 평가제도는 조직원이 그것을 통하여 직무수행에 관한 교훈을 얻고 더 나은 목표를 설정하며, 조직에 헌신할 수 있도록 구축되어야 한다.

4) 실용성

실용성은 평가제도를 실제로 사용할 수 있어야 한다는 것이다. 이런 의미에서 실용성은 평가제도의 운영에 매우 중요한 요소이다. 왜냐하면 관리자들이 평가척도를 사용할 수 있다고 느끼는 정도에 따라 그것이 실제로 조직원의 목표를 설정하는 기초로 사용되기 때문이다. 많은 경우에 심리측정학적으로는 유용하다고 평가된 평가도구들이 사용되지 않거나 사용시도 후 바로 포기되는 것은 연구자들의 입장에서 사용자들의 반응을 고려하지 않았기 때문이다(Latham *et al.*, 2007:368). 즉, 평가제도는 그것이 아무리 이론적으로 훌륭하다고 하더라도 평가자가 이해할 수 없으면 사용하기 힘들다. 이석환의 연구에 의하면 정부의 평가체계가 복잡해지면 관련 공무원들이 그것을 이해하기 어렵게 되고, 그것은 평가결과에 대한 수용성을 떨어뜨릴 수 있음이 지적되고 있다(이석환 · 조주연, 2010:284).

실용성은 또한 평가결과가 실제로 조직발전에 기여할 수 있어야 함을 의미한다. 우리나라의 조직성과평가의 개선방향을 논하면서 평가지표가 실용성이 있다는 것은 미래의 목표상태와 현재의 상태 간의 갭(gap)을 파악하는 데 지표가 도움이 된다는 것을 의미하며, 지표와 지표 간의 인과관계를 설정하고 이를 통하여 문제를 파악하고 개선해 나가는 운영이 시급하다(이석환 · 조주연, 2010:286). 따라서 조직의 장기발전계획에 존재하는 비전을 측정가능한 지표로 전환하고 구체적인 달성시점과 목표치를 정해 놓은 뒤 이를 성과관리시스템과 연계하여 운영하는 것이 대단히 중요하다. 이러한 요구는 개인에 대한 성과평가에도 그대로 적용될 수 있는데, 조직원의 성과평가는 궁극적으로 조직의 생산성 향상을 위하여 활용될 수 있어야 한다는 것이다. 이런 의미에서의 실용성은 타당성과도 그 맥락을 같이한다고 할 수 있다.

3. 평가대상

성과를 확인하기 위하여 무엇을 평가할 것인가에 있어서 전통적으로는 과업수행의 결과가 평가대상으로 인식되고 있다. 그러나 여러 평가제도를 보면 조직원의 행태도 주요한 평가항목이 되며, 가치관이 평가대상에 포함되기도 한다.

1) 실 적

실적의 평가는 과업수행의 결과를 평가하는 것이다. 여기에는 크게 두 가지 종류가 포함되는데, 하나는 원료 혹은 원자재를 조직이 생산하는 어떤 상품이나 서비스로 전환시키는 정도이다. 예를 들면 상품판매, 기계의 조작, 강의실에서의 수업, 병원에서의 치료행위 등이다. 다른 하나는 이상의 생산활동을 유지시키거나 지원하는 것이다. 예를 들면 관리자의 감독활동, 기획활동, 조달활동 등이 포함된다(Woods, 2008:322).

실적에 대한 평가는 당연한 것 같으나, 주의해야 할 한계도 있다. 첫째, 실적에 집중한 평가는 조직의 생산성 향상에 중요한 요소들이 무시되도록 하기 쉽다. 대표적인 것이 장기적 관점과 이차적 기능(secondary function)의 조직활동이 소홀히 취급된다는 것이다. 실적에 대한 과도한 집착은 단기성과의 향상을 위하여 장기적 관점에서의 이익을 희생하도록 한다. 또한 자신의 직무와 직접 연관이 없더라도 고객이나 동료를 돕는 것과 같은 이차적 기능의 활동을 무시하도록 한다(Daley, 2010:559). 이러한 활동들은 단기적인 성과를 나타내는 것은 아니지만, 조직이 장기적으로 발전하는 데에는 꼭 필요한 것들이다.

둘째, 실적의 평가가 실제로는 그리 용이하지 않다는 점이다. 조직의 생산활동에는 그 결과가 뚜렷이 확인될 수 있는 것이 있는 반면에 그렇지 않은 것도 있다. 또한 활동결과가 특정인에게 확실히 귀속될 수 있는 것도 있지만, 여러 사람의 활동이 복합적으로 작용한 결과이거나 또는 아예 특정인의 관련 여부를 확인할 수 없는 경우도 있다. 이러한 문제는 물품생산보다 서비스제공을 주로 하는 업무에서 발생하며, 정부의 업무는 대부분 여기에 속하게 된다.

그렇기 때문에 공무원의 직무수행에 관해서는 그 실적을 평가하기가 매우 어렵고,[4] 타당성 있는 평가틀을 만들기도 어려우며,[5] 평가의 공정성을 판단하기도 어렵다.[6] 그러므로 실적중심의 평가의 한계를 보완할 수 있는 평가지표가 필요한데, 행태에 대한 평가는 유용한 보완수단이 된다.

2) 행 태

최근에 성과평가에 대한 이론이나 모델들은 실적에 대한 평가의 영역 밖에 있던 행태의 중요성에 주목하기 시작하였다. 수평화되어 가는 조직구조, 국제적 경쟁의 강화, 피고용인의 자율성 증대와 같은 조직의 환경변화는 행태가 조직의 성과에 있어서 매우 중요한 요소로 간주되도록 하였다(Woods, 2008:322).

행태는 과업수행의 결과를 직접 평가하기 어려울 경우에 유용한 평가수단이 된다. 이것은 바람직한 행태는 바람직한 결과를 가져온다는 것을 전제로 한다. 이러한

4) 공무원이 주택문제 해결을 위한 정책을 입안하였을 경우, 정책입안 자체가 실적이 되는지, 주택문제가 해결되는 정도가 실적이 되는지가 모호하다. 또한 정부의 정책은 언제 효과나 부작용이 나타날지도 불분명하다.

5) 교통경찰의 성과를 평가할 때 단속건수를 평가하여야 하는가, 아니면 그가 관할하는 지역의 교통사고 발생건수를 평가하여야 하는가?

6) 관리자가 주어진 일을 열심히 수행한 공무원보다 창의적 아이디어를 통해 새로운 방식으로 과업을 수행한 공무원을 더 우수하게 평가하였을 때, 이러한 판단은 공정한 것인가 불공정한 것인가?

전제는 뚜렷하게 의식되지는 않았지만, 오래 전부터 근무행태가 조직구성원의 직무수행평가의 주요 대상이 되도록 하였다. 예를 들어 결근이나 지각과 같은 근무행태는 전통적이고 가장 중요하게 간주되는 평가항목이다.

행태의 평가는 과거에 대한 평가뿐만 아니라 피평가자의 미래, 즉 잠재성에 대한 평가에도 활용된다. 대표적인 예가 역량평가인데, 이는 미래의 성과향상을 위해 갖추어야 할 요소를 피평가자가 갖추고 있는가를 평가하는 것이다. 그리고 역량평가를 위한 지표들은 대부분 근무행태와 관련되어 있다.

행태를 평가의 대상으로 할 경우, 핵심은 직무수행의 성과를 높이는 행태는 어떤 것인가를 구분하고, 이것을 어떻게 등급화할 것인가에 있다. 직무관련성이 높은 행태의 유형, 그리고 어떤 행태가 바람직한 것인가에 대한 판단은 개인의 경험이나 가치관에 따라 주관적으로 달라질 수 있다. 그러므로 행태평가의 타당성과 객관성을 높이기 위해서는 철저한 직무분석에 의해 평가대상과 긍정적 특징을 구분하는 작업이 선행되어야 한다.

3) 가치관

우리나라의 공무원 근무성적평정에서는 '청렴도'를 평가하기도 하였다. 이것은 개인의 가치관에 대한 평가의 예라고 할 수 있는데, 특히 공공부문에 있어서는 가치관이 중요한 평가항목이 될 수 있다.

정부의 업무는 어떤 특정 집단을 위한 것이 아니기 때문에 공무원들은 사회의 다양한 가치가 충돌하는 것에 대하여 균형을 유지할 수 있어야 한다. 그러나 동시에 우리 사회가 나아가야 할 방향에 대한 본인의 신념도 있어야 한다. 그러므로 공무원이 가지고 있는 가치관은 그가 바람직한 공무원으로 활동하는 데 중요한 요소이며, 이를 평가할 필요도 있다.

그러나 가치관의 평가는 크게 세 가지의 문제점이 있다. 첫째는 매우 주관적이라는 점이다. 어떤 가치관이 바람직한가 또는 구체적으로 어떤 측면의 가치관을 평가하여야 하는가에 대하여 사회구성원들 대부분이 공감할 수 있는 것들을 구별하기가 쉽지 않다. 둘째, 평가대상이 될 가치관을 구별하였다고 하더라도 그것을 등급화하기가 어렵다. 예를 들어 청렴도를 평가한다고 하였을 때, 최고수준의 청렴도와 최저수준의 청렴도는 어떻게 구분하며, 그 중간의 청렴도는 몇 단계로 어떤 기준에 의해 구분할 것인가를 결정하는 것은 용이한 일이 아니다. 셋째, 가치관의 평가가 피평가자의 가치관을 바람직한 방향으로 변화시킬 수 있는가의 문제이다. 특히 성인인 공무원의 가치관은 그의 생애와 경험에 기초한 것이기 때문에 변화되기가 매우 어렵다. 평가를 하더라도 그 결과가 조직에 긍정적으로 기여하도록 활용하기가 어렵다면 평가를 할 필요가 있는가를 재고할 필요가 있다.

제2절 성과평가의 방법과 평가오류

성과평가는 평가 자체가 목적이 아니라, 효율적 관리를 위한 정보를 얻는 수단으로 인식해야 한다. 그러므로 필요한 정보를 얻을 수 있다면 특정화된 방법의 사용에만 의존할 필요는 없다. 실제로 성과평가에는 다양한 유형의 방법들이 사용된다.

1. 평가대상에 의한 분류

1) 실적평가방법

조직원의 근무실적을 측정하여 평가하는 방법이다. 근무수행의 결과 달성해야 할 산출물이 명확한 경우 이를 기록함으로써 성과측정을 하는 방법이다. 예를 들어 시간당 생산량, 일정기간 동안의 판매량 등을 기록하여 평가하는 것이다.

그러나 실적평가방법(measuring results)이 계량적으로 측정가능한 과업에만 적용되는 것은 아니다. 대표적인 예로 목표관리제(MBO)를 들 수 있다. 목표관리제는 요약하면 사전에 설정된 목표를 근무수행 후에 얼마나 달성하였는가를 평가하는 방법이다. 구체적으로 살펴보면 상급자와 부하직원이 그들의 공동목표를 확인하고 기대되는 결과의 측면에서 각자의 주요 책임분야를 규정한 다음, 공동의 목표하에 일정기간(근무성적 평정기간) 동안 수행하여야 할 구체적인 업무목표를 정한다. 그리고 그 목표와 실제 달성 가능성을 비교하여 스스로 통제하며, 업무성적 평가과정을 통하여 목표달성을 위한 업무수행 정도를 확인하여 필요에 따라 당초의 목표를 수정하도록 허용한다. 마지막으로 전체 업무수행 과정과 결과에 따라 개개인의 기여도를 평가한다(이선우, 1997:102-103).

실적은 조직이 조직원의 활동에 대해서 기대하는 결과로서, 어떤 산출물일 수도 있지만, 결과가 기대되는 활동상황일 수도 있다.[7]

실적을 평가하기 위해서는 무엇이 실적인가를 명확히 해야 한다. 이것은 조직이 조직원의 활동에 대해서 기대하는 결과이다. 그러므로 이것은 어떤 산출물일 수도 있고, 활동상황일 수도 있다.[8] 그러므로 실적을 통한 성과평가를 하기 위해서는 무엇을 산출로 볼 것인가가 사전에 명확히 정의되어야 한다.

표 4-1 | MBO의 예

핵심결과 영역	목표	완성도(%)	실제 성과
대출 포트폴리오 관리	향후 12개월 동안 10% 이상의 포트폴리오 가치 증가	90	직전 12개월 동안 포트폴리오 가치를 9% 증가시킴
판매	향후 12개월 동안 30,000불 이상의 수수료 소득 창출	150	직전 12개월 동안에 45,000불의 수수료 소득을 창출함

출처 : Noe etc.(2011), *Fundamentals of Human Resource Management*, 4th ed., p. 237.

2) 특성평가방법

특성평가방법(rating attributes)은 직무수행과 관련하여 필요 또는 바람직하다고 간주되는 특성들과 관련하여 조직구성원을 평가하는 것이다. 직무수행이 성과를 거두는 데 필요한 특성들이기 때문에 행태가 포함되기도 하지만, 행태만을 평가하는 것은 아니다. 보통 KAS라고 표현되는 지식(knowledge), 태도(Attitude), 기술(Skill)은 대부분의 평가에서 활용되는 주요 특성이다. 이외에도 협동심, 의사소통, 창의성 등 조직이 판단하는 다양한 특성들이 평가될 수 있다.

조직원들은 이러한 특성들과 관련하여 그들이 직무수행과정에서 보여준 결과를 일정한 척도에 따라 평가받는다. 일반적으로 평가척도표(graphic rating scale)를 만들어서 평가하는 데 5점척도가 많이 활용된다(표 4-2).

7) 예를 들어, 공장에서 근로자가 생산한 물품의 개수는 확실히 알 수 있는 산출물이다. 그러나 복지담당 공무원이 방문한 독거노인의 수는 방문의 결과 피방문자의 복지가 어느 정도 향상되었는지는 알 수 없다. 그러나 방문이 생활에 도움이 되리라는 것을 전제로 하고 있다.

8) 예를 들면, 공장에서 근로자가 생산한 물품의 개수, 복지담당 공무원이 방문한 가정의 수.

표 4-2 | 평가척도표의 예

성과영역	등급				
	매우 우수 (distinguished)	우수 (excellent)	보통 (commendable)	허용가능 (adequate)	미흡 (poor)
지식	5	4	3	2	1
의사소통	5	4	3	2	1
판단력	5	4	3	2	1
관리기술	5	4	3	2	1
질적 성과	5	4	3	2	1
팀워크	5	4	3	2	1
인간관계 기술	5	4	3	2	1
주도성	5	4	3	2	1
창조성	5	4	3	2	1
문제해결력	5	4	3	2	1

출처 : Noe etc.(2011), *Fundamentals of Human Resource Management*, 4th ed., p.232.

평가척도표를 사용한 평가의 문제는 각 단계가 요구하는 수준에 대하여 관리자(평가자)의 기준이 주관적으로 작용한다는 점이다. 예를 들어 최고수준의 업무지식을 가졌다고 할 때 어느 정도의 수준이면 최고수준이라고 평가할 수 있는가가 평가자에 따라 달라질 수 있는 것이다. 이러한 문제점을 해결하기 위하여 혼합기준척도(mixed-standard scales)가 사용된다(표 4-3). 이것은 평가해야 할 특성을 묘사한 몇 개의 문장에 대하여 피평가자가 어떤 결과를 보여주었는지를 비교하여 표시하는 것이다. 예를 들면 '피평가자는 업무에 관하여 다른 조직구성원들보다 더 많이 알고 있다'는 문장에 대하여 평가자는 피평가자의 수준이 묘사된 것과 비교하여 어떤지를 평가하는 것이다. 각 문장에 대한 평가결과를 종합하여 피평가자의 점수를 산출한다.

표 4-3 | 혼합기준척도표 예

평가대상 특성	설명되고 있는 성과수준
주도성(INTV)	높음(H)
사고력(INTG)	중간(M)
관계성(RWO)	낮음(L)

* 다음에 설명되고 있는 특성의 수준과 비교하여 피평가자의 성과수준이 더 높은지(+), 동등한 수준인지(0), 더 낮은 수준(−)인지를 표시하시오.

INTV	H	1.	이 사람은 주도적으로 과업을 시작한다. 항상 주도적으로 일을 하므로 상급자는 재촉할 필요가 없다.	+
INTG	M	2.	이 사람은 천재성이 있는 것은 아니다. 그러나 내가 알고 있는 대부분의 사람들보다는 사고력이 좀 더 높다.	+
RWO	L	3.	이 사람은 다른 사람들과 불필요한 갈등을 일으키는 경향이 있다.	0
INTV	M	4.	이 사람은 일반적으로 주도적으로 일을 하지만, 때로 그의 상관은 그가 과업을 완수하도록 독촉해야만 한다.	+
INTG	L	5.	이 사람은 때로 대상을 빨리 이해하지 못하고, 새로운 것을 배우는 시간이 오래 걸리는 때도 있지만, 평균적인 사고력을 지니고 있다.	+
RWO	H	6.	이 사람은 누구와도 좋은 관계를 맺고 있다. 심지어 본인이 동조하기 어려운 사람과도 잘 지낸다.	−
INTV	L	7.	이 사람은 약간 수동적이며 지시를 기다리는 경향이 있다.	+
INTG	H	8.	이 사람은 극단적으로 높은 사고력을 지니고 있으며, 학습속도가 대단히 빠르다.	−
RWO	M	9.	이 사람은 대부분의 사람들과 잘 지낸다. 아주 가끔 직무와 관련하여 다른 사람들과 갈등을 일으키는데, 사소한 문제들이다.	−

점수기준표

특성에 대한 설명			점수
높음	중간	낮음	
+	+	+	7
0	+	+	6
−	+	+	5
−	0	+	4
−	−	+	3
−	−	0	2
−	−	−	1

위의 기준에 따른 점수 예

	특성에 대한 설명			점수
	높음	중간	낮음	
주도성	+	+	+	7
사고력	0	+	+	6
관계성	−	−	0	2

출처 : Noe etc.(2011), *Fundamentals of Human Resource Management*, 4th ed., p. 233.

특성평가법은 많이 활용되는 방법이며, 다양한 조직에 적용할 수 있는 방법이다. 그러나 평가가 주관적으로 이루어질 가능성이 있다. 또한 평가대상특성을 조직의 전략에 따라 변경하기가 쉽지 않기 때문에 평가와 전략적 관리가 연계되지 않을 수 있다.

3) 행태평가방법

행태평가방법(rating behaviors)은 성공적 직무수행을 위해 필요하다고 판단되는 행태를 구별하여 피평가자가 보여준 행태수준을 평가하는 것이다. 이 방법은 직무성과를 직접 판단하기 어려운 경우나 특성평가법의 주관적 평가 오류를 극복하는 데 유용하다. 많이 쓰이는 방법으로는 중요사건평가법(critical-incident method), 행태기준평정척도법(BARS: behaviorally anchored rating scales), 행태관찰척도법(BOS: behavioral observation scales) 등이 있다.

① 중요사건평가법

중요사건평가법(critical-incident method)은 직무성과에 긍정적 또는 부정적 영향을 미친 피평가자의 행태를 기록하였다가 평가하는 방법이다. 이 방법은 평가의 근거를 제공하며, 피평가자에게 직무수행에 대하여 환류(feedback)할 때 유용한 정보가 된다. 그러나 주기적으로 기록할 필요가 있는데, 이는 관리자(평가자)에게 큰 부담이 될 수 있다. 또한 어느 정도의 주기에 따라 기록을 하는가를 정하기가 쉽지 않다.

② 행태기준평정척도법

행태기준평정척도법(BARS: behaviorally anchored rating scales)은 성과에 영향을 미치는 중요한 행태분야를 구분하고, 각 분야마다 척도별로 각 척도에 맞는 행태를 서술하여 놓은 후, 평가자로 하여금 피평가자가 어디에 해당하는지를 표시하도록 하는 방법이다. 이때 중요한 행태분야 및 척도별 행태는 직무분석과 성과에 대한 과거의 자료에 근거하여 준비된다.

이 방법은 평정대상자의 행태를 관찰하여 척도상의 유사한 과업행태를 찾아 표시하면 되기 때문에 평정자에게서 오는 오류를 줄일 수 있고, 척도설계과정에서 평정대상자가 참여하므로 그의 신뢰와 적극적인 관심 및 참여를 기대할 수 있다. 반면에 직무가 다르면 별개의 평정양식이 있어야 하며, 동일직무에서도 과업마다 별도의 행태기준을 작성해야 하는 등 개발에 많은 시간과 비용 그리고 노력이 요구된다. 특히 평정대상자의 가장 대표적인 행태 하나만을 선택한다는 것이 논리적으로 모순된다는 점이 지적되기도 한다(이학종, 1990:331-332; 유민봉, 1997:527; 강성철 외, 2008:372 재인용).

그림 4-1 행태기준평정척도법(예)

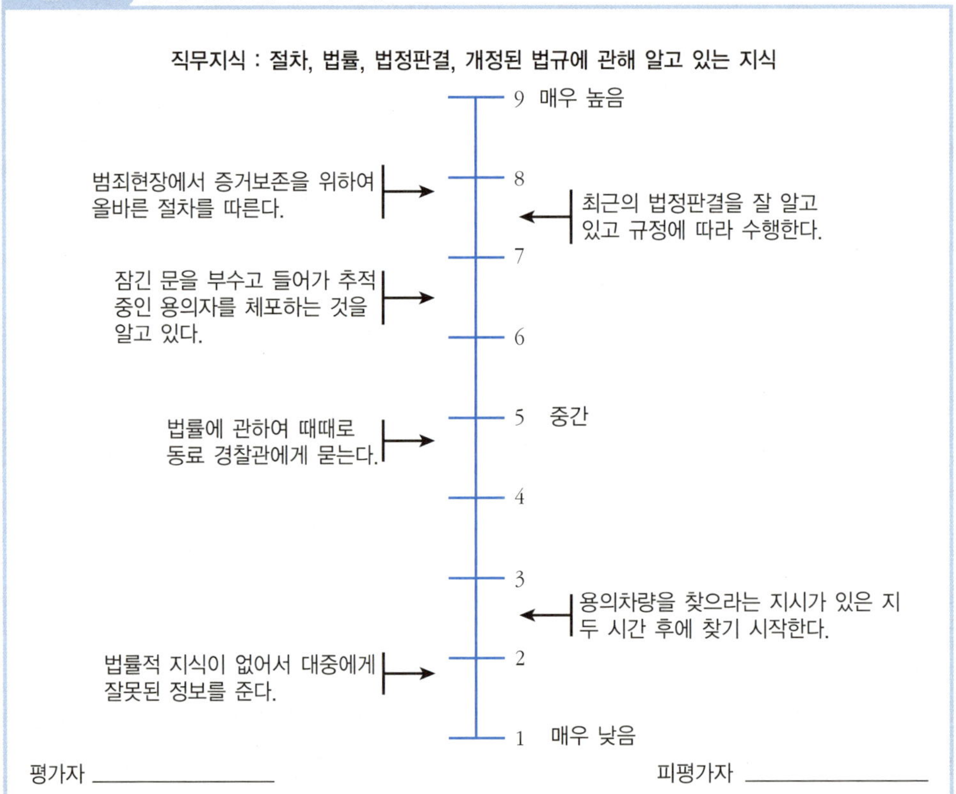

출처 : 유태용(2006), 「산업 및 조직심리학 : 제8판」, p. 321.

③ 행태관찰척도법

행태관찰척도법(BOS: behavioral observation scales)은 행태기준평정척도법(BARS)과 같이 피평가자가 보여주는 중요 행태의 수준을 평가하는 것이다. 그러나 BARS가 피평가자가 보여준 대표적인 하나의 행태를 표시하도록 한 것에 비해서 행태관찰척도법(BOS)은 피평가자가 보여준 여러 행태의 빈도수를 각각 평가하도록 한다. 그러므로 피평가자의 행태를 어느 하나의 유형으로 제한시켜 평가하는 한계를 극복할 수 있다.

BOS는 피평가자의 행태를 모두 평가대상에 포함시킬 수 있으며, 관찰빈도를 평가하는 것이므로 추상적인 주관적 평가의 문제점도 해결할 수 있다. 그러나 평가해야 할 행태의 종류가 많기 때문에 그에 관해 다 기억하고 평가해야 하는 평가자에게 부담이 될 수 있다. 또한 적절한 평가주기를 설정하기가 어렵고, 척도상 등급 간의 구분이 모호한 점에서는 주관적 평가의 문제가 발생할 수 있다.

표 4-4 | 변화에 대한 저항의 극복

지시문 : 각 행태의 빈도에 따라 1(거의 나타나지 않음)부터 5(거의 매번 나타남)까지 등급을 평가하시오.

변화에 대한 저항의 극복	거의 나타나지 않음				거의 매번 나타남
1. 종업원들에게 변화에 대해 세밀히 묘사한다.	1	2	3	4	5
2. 변화의 필요성을 설명한다.	1	2	3	4	5
3. 변화가 종업원에게 어떻게 영향을 미칠지를 토로한다.	1	2	3	4	5
4. 종업원의 우려사항을 듣는다.	1	2	3	4	5
5. 종업원들에게 변화가 일어나도록 하는 데 돕도록 요청한다.	1	2	3	4	5
6. 필요하다면, 종웝원들의 우려사항에 대한 조치와 관련하여 후속 모임을 갖기 위한 구체적 일자를 정한다.	1	2	3	4	5

점수 : 총점=__________

성과(performance) 점수(points)	성과수준(performance rating)
6-10	미흡(below adequate)
11-15	보통(adequate)
16-20	적정(full)
21-25	우수(excellent)
26-30	탁월(superior)

출처 : Noe etc.(2011), *Fundamentals of Human Resource Management*, 4th ed., p. 236.

2. 평가자에 의한 분류

전통적으로 조직 내에서의 성과평가는 관리자가 그 부하직원을 평가하는 것이었다. 그러나 차츰 여러 계층의 평가자를 활용함으로써 다양한 시각을 반영하고, 평가의 오류를 줄이고자 하는 노력이 기울여지고 있다.

1) 감독자평가

이는 관리자가 그 부하직원을 평가하는 것으로서 전통적인 평가방법이다. 부하직원을 평가하고, 환류를 통하여 부하직원이 조직의 목표달성에 보다 기여하도록 하는 것은 관리자의 주요 역할 중 한 가지이다. 그러므로 관리자는 부하직원의 평가에 익숙하며 늘 수행하는 업무이기 때문에, 이런 점에서 평가의 오류가 발생할 가능성이 낮다.

그러나 감독자평가는 다음과 같은 한계가 있다. 첫째, 감독자 한 사람에 의한 평가이므로 그의 주관적 판단이 지나치게 작용할 수 있다. 둘째, 선입견, 후광효과(halo effect) 등의 평가오류가 발생할 가능성이 크며, 이를 시정하기 어렵다.

2) 자기평가

자기평가는 피평가자가 스스로의 성과를 스스로 평가하는 것이다. 피평가자가 자기의 업무성과가 무엇인지를 가장 잘 안다는 점에서 이 평가방법은 유용성이 있다. 또한 피평가자는 자신의 장점과 약점을 가장 잘 알고 있고, 그것과 관련하여 어떻게 해야 하는지를 인식하고 있기 때문에, 자기평가는 발전적 목적을 위한 평가에 적합하다. 그러나 피평가자가 얼마나 솔직히 스스로를 평가할 것인가는 의문이며, 만약 대부분의 피평가자가 자신의 약점을 인정하는 것이 불이익을 가져올 수 있다고 우려하여 부정직하게 평가한다면 평가는 매우 부정적인 결과를 낳을 수 있다(Daley, 2010:562). 또한 사람들은 자기의 성과를 과대평가하고, 저성과에 대해서는 외부에 책임을 돌리는 경향이 있다(Noe etc., 2011:241).

자기평가는 그것만이 사용되는 경우는 드물며, 다른 평가와 함께 사용될 때 유용한 정보를 줄 수 있다. 일반적으로는 평가결과를 피평가자에게 환류하기 전에 자기평가를 실시한다. 이 때 다른 평가와 자기평가 사이에 발생하는 차이점은 평가에 대한 환류가 효과를 거두는 데 유익한 토의사항이 된다(Noe etc., 2011:241).

3) 다면평가

다면평가제도는 어느 개인을 평가할 때 직속 상사 한 사람이 평가하는 것이 아니라, 다수의 평가자가 여러 방면에서 평가하는 것을 말한다. 다면평가는 본인의 직속 상사뿐 아니라 대각선(관련부문의 상사), 옆(부서내외의 동료), 경우에 따라서는 부하 및 본인에 의한 평가도 포함된다. 다면평가는 상사의 일방적인 고과제도의 결점을 보완하고 직속 상사, 동료, 부하 등으로부터 다면적으로 평가되기 때문에 평가의 객관성과 납득성을 높일 수 있다(한국경영자총협회, 1996:319-320; 오성호 1997:47 재인용).

이와 같이 다면평가는 조직의 여러 계층에 속한 사람들로부터 동시에 평가를 받는 것이다. 다면평가가 객관성과 납득성을 높일 수 있는 것은 평가자의 다양성에 기인한다. 평가가 어차피 평가자의 주관적 판단이 개입될 수밖에 없다면, 여러 사람과 여러 계층으로부터 평가가 이루어지도록 함으로써 종합적인 평가와 상대적인 객관성의 확보를 기할 수 있으리라고 판단된다(오성호, 1997:47).

다면평가자의 하나인 동료평가는 매우 유용하다. 동료는 상급자가 보지 못하는 부분에 있어서 피평가자의 성과에 대하여 좋은 정보를 제공할 수 있다. 동료는 피평가자의 매일의 활동을 관찰할 수 있으며, 직무에 대해서도 잘 알고 있다. 또한 관리자와 다른 시각에서 평가를 하며, 근거가 확실한 평가를 할 수 있다. 그러나 친근감이나 경쟁심에 의한 왜곡이 발생할 수 있고,[9] 평가가 인사에 영향을 줄 경우 평가자가 부담을 크게 느낀다는 단점이 있다(Noe etc., 2011:240).

부하평가(부하직원의 평가)는 부하직원과의 의사소통 또는 부하직원의 발전에 초점을 맞추어 관리자의 성과를 평가하는 데 활용할 수 있다. 또한 관리자가 조직의 정책을 제대로 집행하는지에 대한 점검의 기능도 할 수 있다. 부하평가는 관리자에게 일종의 피드백 역할을 하며, 관리자가 바람직한 행태를 강화토록 한다. 또한 관리자가 부하직원의 애로사항에 관심을 기울이는 것과 같이 조직의 비업무적 업무환경을 개선시킬 수 있다(Daley, 2010:563). 그러나 부하평가는 조직 내 권력관계로 인한 문제가 발생할 수 있다. 부하는 그들이 보고해야 하는 상급자에 대한 부정적 평가를 하는 것을 꺼린다. 그리고 평가자가 드러날 경우에는 관대화의 경향이 나타난

9) 이 문제에 대해서는 실제로는 이런 문제가 발생하지 않는다는 연구결과도 있다(Landy and Farr, 1983; Noe *et al.*, 2011:240 재인용).

다. 또한 부하직원에게 어느 정도의 권력을 부여하게 되므로, 상급자는 생산성을 희생하더라도 부하직원의 만족도를 높이려는 경향이 나타난다(Noe *et al.*, 2011:240-241).

그러므로 다면평가제도를 올바르게 시행하기 위해서는 다음과 같은 점을 유의해야 한다(김판석 외, 2000:361-362).

첫째, 평가자가 적절한 평가능력을 갖추도록 해야 한다.

둘째, 다면평가는 평가자의 선발, 평가의 시행, 다양한 정보의 분석 등에 시간이 많이 소비된다. 평가는 의미가 있을만큼 정교해야 하지만 또한 쉽게 완성될 수 있을 만큼 단순해야 한다.

셋째, 평가자들이 평가대상인 피평가자에 대한 기대가 각각 다르므로 평가결과에 차이가 생기는 것을 인식해야 한다.

넷째, 평가자가 피평가자의 상황을 확실히 알고 있다고 확신하기가 어렵다.

다섯째, 평가의 목적을 분명히 해야 한다. 다면평가는 업적평가보다 행태평가에 더 적합하며, 그 결과 판단적 평가보다는 발전적 평가에 활용하는 것이 더 유용하다.

여섯째, 다면평가의 문제점으로는 무엇보다 평가의 방향이 조직에서의 권력의 방향과 일치하지 않는다는 것이다. 조직의 평가문화가 전통적으로 하향적이었던 반면, 다면평가는 상향평가도 허용하고 있기 때문에 상급자들이 이를 쉽게 받아들이지 못할 경우, 조직 내의 갈등은 심각할 뿐만 아니라, 부하직원들이 역시 상사들에 대한 객관적이고 공정하면서 솔직한 평가를 하기 어려울 것이다. 이러한 이유 때문에 평가의 익명성이 '절대적으로' 요구되고 위탁에 의한 평가관리가 필요한 것이다.

일곱째, 계층구조의 완화가 필요하다. 다면평가의 문제점은 조직의 권위체계와 평가의 방향이 일치하지 않는 데에서 비롯된 것이 많다. 따라서 조직원 간의 관계가 보다 수평화될 경우 문제점은 상당히 감소될 수 있다.

여덟째, 평가결과를 피평가자에게 제대로 환류시키는 체제를 갖추어야 한다.

아홉째, 상급자 평가를 제외하고 평가자는 다수여야 한다. 다면평가제는 평가자가 다수이기 때문에 평가자 선발의 시간과 비용이 많이 든다는 단점이 있으나, 주관적 편견을 줄일 수 있다는 장점이 더욱 크다.

4) 전문가평가

인사담당부서나 상담전문가(consultant)들로부터도 성과평가를 받을 수 있다. 이럴 경우 성과평가의 과정은 직무분석과 유사하게 진행된다. 그러나 어떤 직위에 부여되거나 그 직위에서 이루어질 활동, 행태, 과업, 책임 등을 측정평가하는 대신 동일한 사항에 대해서 피평가자의 성과를 분석평가하는 것이다. 때로는 피평가자의 활동이 직접 평가되기보다는, 피평가자가 어세스먼트센터(assessment center)에 참여한 것을 기초로 평가가 수행되기도 한다(Daley, 2010:563). 예를 들면 어떤 직위에서 어떤 직무가 어느 정도의 난이도를 가지고 어떤 종류의 행태에 의해 수행되는가를 측정하는 것이 직무분석이라면, 성과평가에서는 어떤 직위에서 수행되는 직무들에 따라 요구되는 행태나 결과에 대해 어떤 수준의 결과가 나타났는가를 평가하는 것이다.

3. 피평가자에 의한 분류

조직 내에서의 성과평가는 개인의 성과에 초점이 맞추어진다. 평가를 인사나 능력발전에 활용하는 것도 모두 조직원 개인을 대상으로 하는 것이다. 그러나 조직에서 나타나는 성과가 반드시 개인의 활동에 의해서만 결정되는 것은 아니다. 오히려 한 조직단위 또는 전체 조직의 구성원들의 협력에 의해 성과가 나타나는 경우가 더 일반적이라고 할 수 있다. 그러므로 개인의 성과평가라고 하더라도 개인에게만 초점을 맞추어 평가하는 것은 미흡하다고 할 수 있으며, 특히 인사나 보상과 관련될 때는 개인뿐 아니라 그가 속한 조직단위 또는 사업단위의 평가가 병행될 필요가 있다.

우드(S. A. Woods)는 팀의 성과를 평가할 때, 개인의 성과평가와 달라서 유의해야 할 점을 몇 가지 설명하였다(Woods, 2008:333).[10] 첫째는 팀의 산출결과(outcome)뿐만 아니라 산출과정(process)도 평가되어야 한다는 것이다. 산출물에 대한 객관적 평가는 팀이 주어진 목표를 어느 정도나 달성하였는가를 나타낸다. 과정에 대한 평가도 중요한데, 만약 현재의 팀의 성과가 미래의 조직원 사이의 효과적 작업관계를 희생시킨 결과라면, 현재의 성과가 계속 유지되기 어려울 것이기 때문이다. 또한 팀

10) 팀의 성과평가에 관한 설명이지만, 이 때 팀은 기관 내에서 어떤 사업을 수행하는 하부조직단위이므로, 반드시 '팀'이라고 지칭되지 않더라도 사업을 진행하는 조직단위에 적용할 수 있을 것이다.

내에서의 다양한 수준(level)에 대한 분석을 반영하여야 한다. 일반적인 과업구조는 큰 작업집단 내에 소규모 팀, 그리고 그 안의 개인으로 구성된다. 그러므로 팀의 성과측정은 이러한 구조의 각 수준에 대해서 모두 수행되어야 한다.

팀이 지닌 다양성도 성과평가에 반영되어야 한다. 팀은 그 형태나 규모, 구성 등에 있어서 다양하며, 상호의존성의 수준도 다르다. 그리고 팀마다 과업수행 과정이나 성과에 영향을 주는 매우 다른 요소들을 가지고 있다. 그러므로 팀의 성과평가가 그 팀이 얼마나 유능한가를 정확히 나타내기 위해서는 각 팀의 특성과 작업환경이 고려되어야 한다(Salas *et al.*, 2006:253).

4. 평가도구에 의한 분류

성과평가에서 가장 중요한 요소는 평가가 정확하며, 객관적이고 공정해야 한다는 것이다. 이러한 요구를 충족시키기 위하여 평가에는 여러 평가도구가 활용된다. 이들은 평가자에게 무엇을 어떤 기준에 의해 어떻게 평가할 것인가를 사전에 제시해 주는 역할을 한다. 구체적인 평가도구는 각 기관이 스스로에게 맞게 구성하여 사용하지만, 일반적으로 활용되는 유형은 다음과 같다.

1) 도표법

도표법(graphic scale)은 성과평가의 방법으로 가장 널리 인식되고 있으며, 도표로 된 평정표를 사용하는 방법이다. 구체적인 내용은 표에 따라 다르지만, 평정요소(무엇을 평가할 것인가)와 평정등급은 반드시 포함된다. 우리나라 정부에서 5급 이하의 공무원에게 사용하는 근무성적평정표는 도표법의 예이다.

표 4-5 | 지방공무원 근무성적평정서 예

[별지 제2호서식]

( ) 공무원 근무성적평정서

ㅁ 평정 대상기간: 부터 까지

성 명	소 속	직 위	직 급	현 직급 임용일	현 보직일

1. 담당 업무

2. 근무실적 평정(50점)

일련번호	성과목표 또는 단위과제	업무 비중(%) ㉮	주요 실적	평정요소				소계 점수
				업무난이도 (10점) ㉯	완성도 (20점) ㉰	적시성 (20점) ㉱	합산 점수	
1				① ② ③ ④ ⑤	① ② ③ ④ ⑤	① ② ③ ④ ⑤		
2				① ② ③ ④ ⑤	① ② ③ ④ ⑤	① ② ③ ④ ⑤		
3				① ② ③ ④ ⑤	① ② ③ ④ ⑤	① ② ③ ④ ⑤		
4				① ② ③ ④ ⑤	① ② ③ ④ ⑤	① ② ③ ④ ⑤		
추가 업무				① ② ③ ④ ⑤	① ② ③ ④ ⑤	① ② ③ ④ ⑤		
추가 업무				① ② ③ ④ ⑤	① ② ③ ④ ⑤	① ② ③ ④ ⑤		
총 점								

비고

1) 추가 업무는 연초에 성과계획을 수립한 이후에 추가된 업무를 의미한다.
2) 각 평가요소별로 불량(①)-미흡(②)-보통(③)-우수(④)-탁월(⑤)의 5단계로 평가하되, 불량(①)은 당초 계획에 현저히 미달한 경우, 미흡(②)은 당초 계획에 미달한 경우, 보통(③)은 당초 계획을 달성한 경우, 우수(④)는 당초 계획을 초과한 성과를 달성한 경우, 탁월(⑤)은 획기적인 성과를 달성한 경우에 부여하도록 한다.
3) 합산점수 = ㉯ + ㉰ + ㉱, 소계점수 = ㉮ × (㉯ + ㉰ + ㉱), 총점은 각 소계점수를 합산한다.

3. 직무수행능력 평정(50점)

일련번호	평정요소	요소별 배점	정 의	평정등급	소계 점수
1	기획력	9점	• 창의적인 시각을 가지고 문제를 예측하고 실행가능한 계획을 만든다. • 효과적인 설명이 가능하도록 일목요연한 계획을 만든다.	① ② ③ ④ ⑤	
2	의사 전달력	6점	• 표현이 간결하면서도 논점이 빠지지 않도록 문서를 만든다. • 논리적이면서 설득력 있는 말로 설명을 한다.	① ② ③ ④ ⑤	
3	협상력	6점	• 상대방의 의도를 적절히 파악하여 자신의 입장을 설득한다. • 서로 상반되는 이해관계에 대하여 효과적으로 조정을 한다.	① ② ③ ④ ⑤	
4	추진력	5점	• 맡은 업무에 책임감을 가지고 목적한 바를 완수한다. • 열정을 가지고 환경적인 불리함을 극복한다.	① ② ③ ④ ⑤	
5	신속성	5점	• 계획된 일정에 따라 지연됨이 없이 일을 처리한다. • 주어진 과제에 대한 집중력을 가지고 예상되는 소요시간보다 빨리 일을 처리한다.	① ② ③ ④ ⑤	
6	팀워크	8점	• 타인을 존중하며 팀원들과 협조적인 분위기를 만든다. • 타인의 적절한 요구와 건설적인 비판을 수용한다.	① ② ③ ④ ⑤	
7	성실성	5점	• 지각 · 조퇴 · 결근 등 조직운영에 장애가 되는 행위를 하지 않는다. • 맡은 업무 및 조직의 발전에 헌신적인 자세를 갖는다.	① ② ③ ④ ⑤	
8	고객 · 수혜자 지향	6점	• 업무와 관련하여 국민이나 내부 수혜자(다른 공무원)가 원하는 바를 이해하며, 그들의 요구를 충족하도록 배려하는 능력	① ② ③ ④ ⑤	
총 점					

비고 : 평가요소별로 '전혀 그렇지 않다(①)-거의 그렇지 않다(②)-가끔 그렇다(③)-자주 그렇다(④)-항상 그렇다(⑤)' 의 5단계로 평가한다.

4. 종합평가

종합평정 등급 및 점수	종합평정 의견	
	실적	
	능력	

평정자 직위(직급): 성명: 서명:
확인자 직위(직급): 성명: 서명:

도표법은 평정자에게 평가요소와 등급을 나타내준다는 데에 장점이 있다. 또한 정해진 방식에 따라 평정하기 때문에 평정자가 사용하기가 용이하다. 그러나 다음과 같은 단점이 있다.

첫째, 평정요소의 합리적 선정이 어렵다.

둘째, 평정요소에 대한 등급을 정한 기준이 모호하다. 등급 간 비교기준이 명백하지 않고 평정하는 사람마다 다를 수 있다.[11)]

셋째, 어느 하나의 평정요소에 대한 평정자의 판단이 다른 평정요소의 평정에 영향을 주거나, 평정자가 피평정자에 대하여 가지고 있는 막연한 일반적인 인상이 모든 평정요소에 영향을 미치는 연쇄효과(halo effect)가 나타나기 쉽다(강성철 외, 2008:364).

2) 체크리스트법

체크리스트법(check-list)은 기본적으로 평정요소를 나열하고 피평정자에 해당하는 요소에 표시하는 방법이다. 예를 들면 공무원이 근무수행 중 나타내는 행태들을 나열하고 그중에 피평정자에 해당하는 항목들을 표시하는 것이다. 평정결과는 표시된 항목들을 종합하여 산출한다.

체크리스트법은 긍정적 항목뿐 아니라 부정적 항목도 포함하여 만들 수 있으며, 항목에 가중치를 부여할 수도 있다. 가중치를 부여하는 방법을 가중 체크리스트법(weight check-list)이라고 한다. 또한 일정한 항목들을 2개 이상 묶고 그중에서 반드시 한 가지만, 또는 피평정자에게 가장 적합한 것과 적합하지 않은 것을 반드시 선택하게 하는 방법도 있다. 이러한 방법을 강제선택식 체크리스트법(forced choice check-list)이라고 한다. 강제선택식 체크리스트법은 평정자가 피평정자에 대하여 유리하거나 불리한 어느 한 방향으로만 편향되게 평정하는 오류를 방지하기 위한 목적으로 실시된다.

---

11) 예를 들어 우수, 보통, 미흡의 등급이 있을 경우 각 등급에 해당하는 정도가 어떠한지, 우수와 보통의 차이 또는 보통과 미흡의 차이는 무엇인지 등이 모호하고 평가자에 따라 판단이 다를 수 있다. 이러한 문제점을 해결하기 위해서는 각 등급의 의미를 제시하여 주는 방식이 있다. 예를 들어 '우수' 등급이라면 '직원들의 평균성과보다 30% 이상 더 고성과를 내는 경우'와 같이 의미를 제시하여 주는 것이다.

표 4-6 | 강제선택법의 예(1)

* 다음 중에서 피평정자에게 해당하는 것을 체크하시오.
1. 맡긴 일을 충실히 잘한다.
2. 업무수행의 방향을 정확히 파악하여 제시한다.

표 4-7 | 강제선택법의 예(2)

* 다음 중 피평정자에게 가장 적합한 내용과 가장 부적합한 내용에 표시하시오.

	최적	최부적
1. 일을 독선적으로 처리한다.	□	□
2. 결정에 있어 우유부단하다.	□	□
3. 업무수행능력이 뛰어나다.	□	□
4. 공직수행의 소양을 갖추고 있다.	□	□

체크리스트에는 평정요소가 명확하게 제시되어 있고, 평정자가 피평정자에 대하여 질문항목마다 유무 또는 가부만을 판단하기 때문에 평정하기가 비교적 쉽다. 그러나 평정요소에 관한 평정항목을 만들기가 힘들 뿐만 아니라 질문항목이 많을 경우 평정자가 곤란을 겪게 된다(강성철 외, 2008:369).

3) 사실기록법

사실기록법은 피평정자의 업무수행 결과 또는 업무수행상에서 나타난 사실들을 있는 그대로 기록하는 방법이다. 예를 들어 지각이나 결근 등을 기록하는 근태기록(勤怠記錄)이나, 피평정자가 수행한 시간당 작업량의 기록 등이 대표적이다. 평정은 기록된 항목을 정해진 기준에 따라 평가한다.

사실기록법의 특수한 유형으로 중요사건기록법(critical incident method)이 있다. 이 방법은 피평정자의 근무실적에 큰 영향을 주는 사건들을 평정자로 하여금 기술하게 하거나 또는 중요사건들에 대한 설명구를 만들어 평정자로 하여금 해당되는 사건에 표시하게 하는 평정방법이다(강성철 외, 2008:370).

사실기록법은 사실에 기초하여 평정한다는 점에서 근거가 확실하고, 특히 피평정자와의 상담에 유용하다. 상담과정에서 평정자와 피평정자 사이에 근무수행에서 발생한 인식의 차이를 확인할 수 있고, 이를 통하여 피평정자의 인식이나 태도를 개선할 수 있다.

그러나 사실기록법은 엄밀히 말하면 그 자체가 평정은 아니며, 평정의 근거를 확보하는 것이다. 그러므로 기록된 내용이 누구에게나 동일하게 인식될 수 있는 계량적인 것, 예를 들면 시간당 조립한 기계의 양 또는 결근일수와 같이 분명한 것이면 객관적인 평정이 가능하다. 그러나 직무의 내용이나 성과가 수량적으로 명확하게 확인될 수 있는 것이 아니라면 사실에 근거한 판단을 다시 하여야 한다. 기록된 사실에 근거한 판단이므로 비교적 공정하고 정확한 평가를 할 수 있지만, 평정자의 주관적 판단의 문제를 완전히 해결하기는 어렵다.

5. 평가오류

평가는 객관적이고 공정하게 수행되어야 한다. 그러나 어떤 방법으로 평가를 하든지 완전히 객관적이고 공정한 평가를 하기는 어렵다. 만약 근태기록과 같이 분명하고 객관적인 기록에 의해서만 평가를 한다면 객관성과 공정성을 확보할 수는 있느나, 평정의 타당성을 확보하기는 어렵다. 그러므로 모든 평가에는 오류가 발생할 수 있다는 것을 당연하게 인정해야 한다. 다만, 어떤 오류가 발생할 수 있는가를 사전에 인지함으로써 그 발생을 최대한 억제하도록 노력할 필요가 있다.

1) 평가자의 인식오류

성과평가에서 가장 흔하게 발생하는 오류는 평가자의 판단이 잘못된 경우이다. 특히 인식과정에서 여러 오류가 발생할 수 있다. 대표적인 것으로는 다음과 같은 것들이 있다.

① 후광효과

후광효과(halo effect) 또는 연쇄효과는 피평정자의 어느 한 속성에 대한 평가가 다른 속성의 평가에도 영향을 미치는 것을 말한다. 예를 들어 근태기록이 좋으면 업무수행 결과도 우수할 것이라고 판단하는 것이다.[12)]

12) 후광효과의 오류를 설명할 때 그 방향성을 전제하지는 않지만, 일반적으로는 어느 한 특성에 대한 긍정적 인식의 영향으로 다른 특성에도 긍정적 평가를 내리는 것을 말하며, 반대로 어느 한 특성의 부정적 영향으로 다른 특성에 대해서도 부정적 평가를 내리는 것을 뿔효과(horns effect)라고 한다(Luthans, 2010:139).

② 일반화

일반화(stereotyping)의 오류는 피평정자를 어떤 범주의 집단에 포함시키면서 그 집단의 일반적 인상 또는 선입견에 근거하여 판단하는 것이다. 예를 들어 만약 어떤 관리자가 '20대의 젊은이들은 신중하지 못하다'는 인식을 가지고 있을 경우 젊은 직원이 수행한 업무는 무엇인가 결점이 있을 것이라고 판단하는 것이다.

③ 집중화

집중화(central tendency)는 평정자가 모든 피평정자를 중간 정도의 수준으로 평가하는 것을 말한다. 이러한 집중화 경향은 피평정자를 잘 모를 때 그리고 비공식 집단적 유대 때문에 부하들의 평가에 심리적 부담을 느끼는 평정자가 책임회피의 수단으로 모든 피평정자들에게 비슷한 점수를 줄 때 나타나는 현상이다(강성철 외, 2008:386).

④ 관대화

관대화(leniency)는 평정결과가 우수한 쪽으로 치우치는 것을 말한다. 이와 반대의 현상이 엄격화(strictness)인데 기본적 속성은 같다고 할 수 있다.

⑤ 기 타

평가자의 판단기준에 오류가 발생함으로써 그 결과 평가에 오류가 발생하는 경우가 있다. 때로 평가자는 정해진 기준과 비교하여 피평가자를 평가하지 않고, 다른 사람들과 비교하여 평가하는 경우가 있다. 단지 서열을 정하기 위한 상대평가라면 이러한 평가방식이 적절할 수 있으나, 성과의 정확한 수준 측정을 위해서는 적절치 않다. 또한 예외적으로 높거나 낮은 성과를 보인 사람과 비교되는 경우 과대평가되거나 과소평가될 수 있다.

평가자가 자기와 비슷하다고 인식하는 피평가자에 대하여 긍정적 평가를 하는 오류도 자주 발생한다. 그러나 자기와 비슷하다는 인식이 반드시 업무수행에 근거하여 판단되는 것은 아니며, 인종이나 성, 연고 등에 근거하는 경우가 있는데, 이는 평가의 오류뿐만 아니라 부당한 차별의 문제를 발생시킬 수도 있다(Noe *et al.*, 2008:243). 이외에도 평가자가 평가의 목적을 명확히 인식하지 못하고 있을 때, 평가자가 조직통제의 수단으로 평가를 이용하려 하는 것과 같이 숨겨진 의도가 있을 때, 평가자가 비현실적인 목표치를 가지고 있을 때 등도 평가오류의 원인이 된다(Daley, 2010:582).

2) 조직환경적 오류

조직이 평가를 위한 적절한 환경을 갖추고 있지 못할 때에도 평가의 오류가 발생할 수 있다. 예를 들면 평가자의 업무가 과중하여 평가를 제대로 할 수 없을 때, 평가자가 적절하게 훈련되어 있지 않을 때, 조직의 목표가 불분명하여 평가의 기준이 명확하지 않을 때, 과업은 집단이 수행하도록 되어 있는데 평가는 개인중심으로 수행될 때, 평가가 사전에 정해진 결정에 맞추어져야 할 때, 피평가자의 행동이 사전에 정해진 틀에 의해 제약받아야만 할 때 등이 있다.

평가 시기 또는 주기를 어떻게 정하는가 하는 것도 오류발생의 원인이 된다. 평가주기를 길게 잡으면 평가가 실시되는 때와 가까운 시간대의 근무수행이 더 큰 영향을 줄 수 있다. 반면에 주기 초기의 업무성과에 크게 영향을 받는 경우도 있다. 그러므로 평가주기를 어떻게 정하는가 하는 것은 오류를 줄이는 데 중요하다. 가급적 주기를 짧게 하면 시간적 영향에 의한 오류는 줄일 수 있으나 평가업무의 부담이 커진다. 반면에 길게 하면 시간적 영향에 의한 오류발생의 가능성이 커진다.

3) 도구의 오류

부정확한 평가도구를 사용할 경우도 오류가 발생할 수 있다. 이는 특히 평가도구의 타당성과 관련된 문제이다. 예를 들어 다면평가의 경우 그 속성상 피평가자의 장단점 파악 또는 행태평가에는 유용하지만, 이를 결과평가에도 적용하는 것이 타당한가는 충분히 검토해 봐야 할 사항이다. 평가요소의 선정이 불합리하거나 평가등급이 모호할 경우도 오류발생의 원인이 된다.

제3절 한국의 평가제도

한국 공무원에 대한 평가제도는 근무성적평가, 직무성과계약제가 있으며, 다면평가제가 실시되고 있다. 평가에 관한 기본규정은 국가공무원 평가를 위한 '공무원 성과평가에 관한 규정'과 지방공무원 평가를 위한 '지방공무원 평정규칙'이 있다. 양

규정은 평가의 기본틀은 거의 같으나, 세부적인 내용에 있어서는 차이를 보인다. 아래에서는 국가공무원을 중심으로 기술하였다.

1. 근무성적평가제

근무성적평가제는 5급 이하 일반직 및 기능직 공무원, 연구직 및 지도직 공무원을 대상으로 실시한다. 평가항목은 근무실적 및 직무수행능력을 기본항목으로 하고, 소속장관의 판단에 따라 직무수행태도 또는 부서단위의 운영평가 결과를 추가할 수 있다. 중앙인사기관의 기능을 수행하는 행정안전부 홈페이지에는(2012년 12월 현재) 근무실적을 평가하기 위한 세부요소의 예로 업무난이도, 업무량, 완성도, 적시성 등이 제시되고 있으며, 직무수행능력에 대해서는 기획력－의사전달력, 협상력－추진력, 신속성－팀워크, 성실성－고객지향성, 조직헌신도－전략적 사고 등이 세부 평가요소로 제시되고 있다.

각 요소별로 평가등급의 수는 3개 이상으로 하며, 최상위 등급의 인원은 평가단위별 인원수의 상위 20%의 비율로, 최하위 등급의 인원은 하위 10%의 비율로 분포하도록 평가한다. 다만, 소속장관이 필요하다고 인정하는 경우에는 최상위 또는 최하위 등급의 분포비율을 달리 정할 수 있다.

평가는 평가자와 확인자에 의해 수행된다. 평가자는 평가대상 공무원의 성과를 관찰할 수 있는 상급·상위 감독자, 확인자는 평가자의 상급·상위 감독자 중에서 소속장관이 지정하되, 평가항목의 특성에 따라 필요하다고 인정하는 경우에는 일부 평가항목에 대하여 평가자 또는 확인자를 달리 정할 수 있다. 또한 근무성적평가 결과를 고려하여 평가대상 공무원에 대한 근무성적평가 점수를 정하고 근무성적평가 결과의 조정·이의신청 등에 관한 사항을 처리하기 위하여 승진후보자 명부 작성 단위기관별로 근무성적평가위원회를 둔다. 위원회는 평가단위별로 제출한 평가대상 공무원의 근무성적평가 결과를 기초로 하여 직급별 또는 계급별로 3개 등급 이상으로 구분하여 근무성적평가 점수를 부여하되, 근무성적평가 점수의 총점은 70점을 만점으로 하며, 같은 등급 내에서는 근무성적평가 점수 간의 차이가 균등하도록 하여야 한다. 근무성적평가 점수는 최상위 등급의 인원은 직급별 또는 계급별 인원수의 상위 20%의 비율로, 최하위 등급의 인원은 하위 10%의 비율로 분포하도록 부여한다.

다만, 소속장관이 필요하다고 인정하는 경우에는 최상위 또는 최하위 등급의 분포비율을 달리 정할 수 있다.

평가는 연 2회 실시가 원칙이나 소속장관이 필요하다고 판단 시 정기평가일을 달리 정할 수 있고, 연 1회만 실시할 수 있다.

근무성적평가는 성과면담 및 성과기록 – 평가결과의 공개 및 이의신청의 순서로 진행된다. 관리자는 연초에 피평가자와의 면담을 통하여 성과목표를 설정하며, 연중 성과목표 수행을 수시로 지도 · 점검한다. 또한 평가실시 직전에도 면담을 실시한다. 이러한 면담을 통하여 평가자는 평가대상 공무원과 추진업무에 대해 의견교환, 코칭, 피드백 등을 하며, 대상공무원의 업무추진과정의 중요사항을 기록 · 관리한다. 평가결과는 평가자 및 확인자의 평가완료 후 공개하여야 한다. 다만, 기관의 사정에 따라 공개 시행시기를 달리 정할 수 있다. 평가결과 공개 후, 결과에 대해 이의가 있는 평가대상 공무원은 확인자에게 이의를 신청할 수 있고, 확인자는 평가자와 협의하여 결정한다. 확인자의 결정내용에 불복하는 대상 공무원은 근무성적평가위원회에 이의신청을 할 수 있다.

2. 성과계약제

성과계약제는 4급 이상 공무원(고위공무원단 포함)에 대해 실시한다. 개인업무 실적평가, 부서단위 실적평가, 그 밖에 직무수행과 관련된 자질 또는 능력 등에 대한 평가결과 중에서 하나 또는 그 이상으로 평가항목을 정하여 평가대상자와 평가자 간에 성과 목표 및 지표 등에 관하여 합의하고, 평가대상기간 중 평가대상 공무원이 달성한 성과목표의 추진결과 등을 평가지표 또는 평가항목의 특성에 맞게 설정한 평가기준에 따라 평가하여 그 결과를 인사관리에 반영하는 제도이다.

그림 4-2 성과계약 등 평가제의 프레임워크

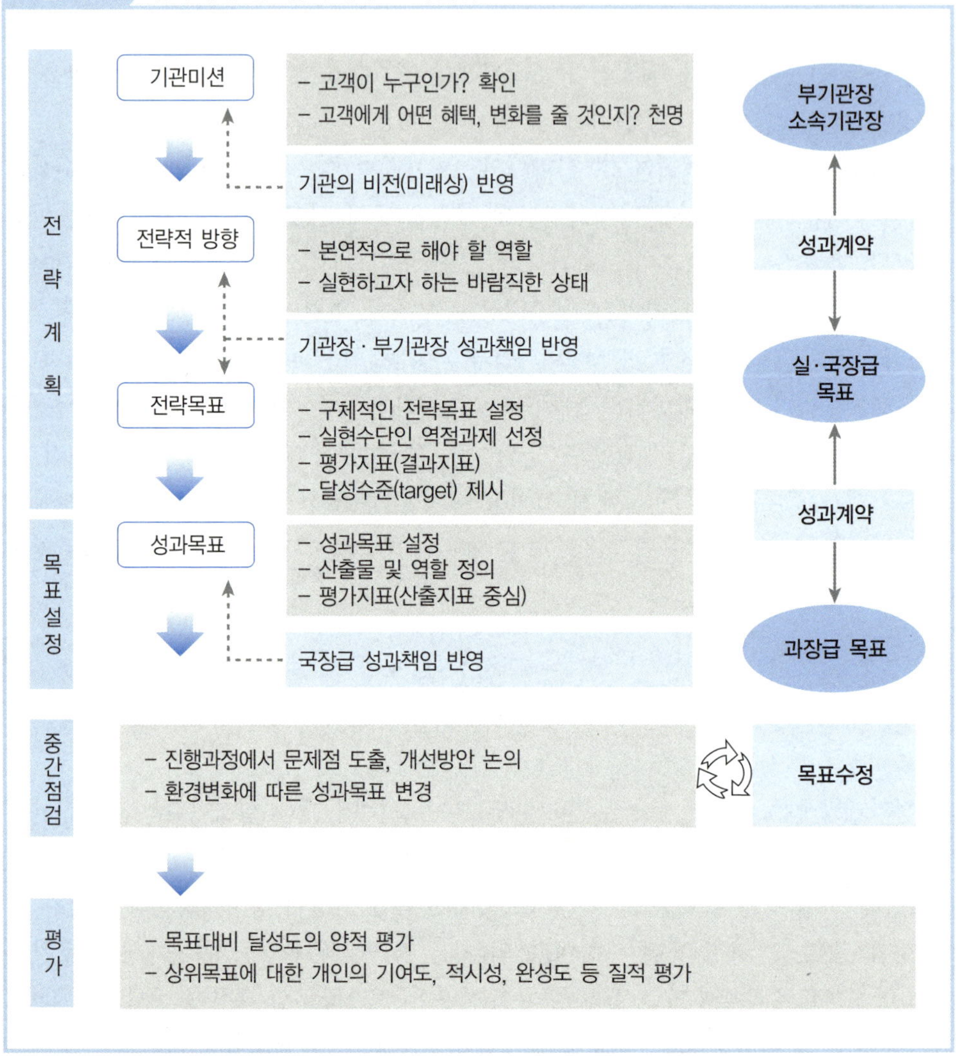

출처 : 안전행정부 인사실 홈페이지.

3. 다면평가제

다면평가제는 동료 · 하급자 · 민원인 등의 평가의견을 반영하여 상사에 의한 일방평가를 보완하는 한편, 개인의 역량개발을 위한 자료로 활용하기 위한 제도로서,

1998년 12월에 중앙행정기관 승진심사에 처음 도입되었다. 이후 2001년부터 성과상여금 지급 등 각종 인사관리로 활용범위가 확대되었으며, 지방자치단체는 1999년부터 승진임용 시에 활용하도록 도입되었다.

정부에서 실시하는 다면평가제는 승진에도 반영되지만, 인기투표 논란, 감사 · 경리 등 특정 부서에 불리한 평가 등의 문제점이 있어 공무원 역량개발 및 교육훈련 등에 주로 활용토록 하고, 승진 · 전보 · 성과급 등에는 참고만 하도록 2010년 1월에 공무원 성과평가 등에 관한 지침이 개정되었다. 2011년 6월 기준으로 조사대상 42개 중앙부처 중 12개 개관에서 다면평가제를 실시하고 있다.

4. 기 타

1) 경력평정

경력평정은 공무원이 공무원으로서 몇 년간 근무하였는지 그 근무기간을 따지는 것이다. 경력평정은 정기평정 기준일부터 경력평정 대상 공무원의 승진소요 최저연수 이상의 범위에서 소속장관이 정하는 기간 중 실제로 직무에 종사한 기간을 대상으로 하여 실시한다. 다만, 「공무원임용령」 제31조 및 연구직및지도직규정 제14조에 따라 승진소요 최저연수에 산입되는 휴직기간과 직위해제 기간은 이를 각각 휴직 또는 직위해제 당시의 직급 또는 계급에서 직무에 종사한 기간으로 보아 평정한다.

경력평정점의 총점은 30점을 만점으로 한다. 직종이 다른 공무원경력 상호 간 또는 공무원경력과 민간경력 상호 간의 상당계급 및 경력환산율, 경력기간의 계산 등 경력평정점의 산출방법 등에 관하여는 안전행정부 장관이 정하는 바에 따른다(「공무원 성과평가 등에 관한 규정」 참조).

2) 가점평정

가점평정은 공무원평정에서 직무관련 자격증 소지 여부, 특정 직위 및 특수지역 근무경력, 업무혁신 등을 점수로 계산하여 가점하는 것을 말한다. 이것은 근무성과가 탁월하거나 근무환경이 열악한 곳에서 근무한 공무원을 우대하기 위하여 실시하는 것이다. 사기앙양 또는 근무유인책으로서의 의미가 있다(공무원 성과평가 등에 관한 규정」 참조).

참고문헌

강성철 외. 2008. 「새인사행정론: 개정6판」. 서울: 대영문화사.

김병국 · 김영희. 2005. "지방자치단체의 인사공정성 강화방안." 「한국인사행정학회보」 제4권 제2호, pp. 41-63.

김판석 · 오성호 · 이선우. 2000. "업적평가체계로서의 다면평가제도 도입과 추진방법에 관한 사례연구." 「한국행정학보」 제34권 제4호, pp. 343-364.

오성호. 1997. "공무원의 능력발전 진흥 방안: 행정개혁을 전제한 근무평정과 교육훈련제도의 개선." 「한국행정학보」 제31권 제4호, pp. 37-55.

유민봉. 1997. 「인사행정론」. 서울: 문영사.

유태용(역). 2006. 「산업 및 조직심리학 : 제8판」. 서울: 시그마프레스; Muchinsky, Paul M. 2006. *Psychology Applied to Work*, 8th ed., Thompson.

이석환 · 조주연. 2010. "성과평가제도의 수용성에 영향을 미치는 요인에 대한 연구: 평가체계요인과 내부동기요인을 중심으로." 「한국사회와 행정연구」 제20권 제4호, pp. 269-291.

이선우. 1997. "공무원 실적평가제도 개선방안." 「한국행정연구」 제6권 제3호, pp. 95-118.

이학종. 1990. 「조직행동론」. 서울: 세경사.

한국경영자총협회. 1996. 「新인사TREND 35」. 서울: 한국경영자총협회.

Daley, Dennis M. "Designing Effective Performance Appraisal Systems." in Condrey, Stephen E. ed., *Handbook of Human Resource Management in Government*, 3rd ed., San Francisco: Jossey-Bass.

DeNisi, A. S., and Kluger, A. N. 2000. "Feedback Effectiveness: Can 360-Degree Appraisals be Imporved?" *Academy of Management Executive*, 14.

Frese, M. 2005. "Grand Theories and Midrange Theories: Cultural Effects on Theorizing and the Attempt to Understand Active Approaches to Work." in K.G. Smith and Hitt, M. eds., *The Oxford Handbook of Management Theory: The Process of Theory Development*. Oxford: Oxford University Press.

Landy, F. and Farr, J. 1983. *The Measurement of Work Performance: Methods, Theory, and Applications*. New York: Academic Press.

Latham, Gary, Sulsky, Lorne M. and MacDonald, Heather. 2007. "Performance Management." in Boxall, Peter, Purcell, John and Wright, Patrick. eds., *The Oxford Handbook of Human Resource Management*. NY: Oxford University Press.

Latham, G. P. and Latham, S. D. 2000. "Overlooking Theory and Research in Performance Appraisal at One's Peril: Much Done, More to Do." in Cooper, C. and Locke, E.A. eds., *International Review of Industrial-Organizational Psychology*. Chichester: Wiley.

Luthans, Fred. 2011. *Organizational Behavior: An Evidence-Based Approach*, 12th ed., NY: McGraw-Hill/Irwin.

Noe, Raymond A., Hollenbeck, John R. and Gerhart, Barry. 2011. *Fundamentals of Human Resource Management*, 4th ed., NY: McGraw-Hill/Irwin.

Salas, Eduardo, Bruke, C. Shawn and Fowlkes, Jennifer E. 2006. "Measuring Team Performance 'In The Wild': Challenges and Tips." in Bennett, Winston Jr., Lance, Charles E. and Woehr, David J. eds., *Performance Measurement: Current Perspectives and Future Challenges*. Mahwah, NJ: Lawrence Erlbaum Associates.

Selden, Sally Coleman. 2009. *Human Capital: Tools and Strategies for the Public Sector*. Washington, DC: CQ Press.

U. S. Office of Personnel Management. *HCAAF Practioner's Guide, Section IV: Results-Oriented Performance Culture System*. http://www.opm.gov/hcaaf_resource_center/s-1.asp.

Woods, Stephen A. 2008. "Job Performance Measurement: The Elusive Relationship Between Job Performance and Job Satisfaction." in Cartwright, Susan and Cooper, Cary L. eds., *The Oxford Handbook of Personnel Psychology*. NY: Oxford University Press.

제 5 장

보수와 연금

제1절 보수제도
제2절 연금제도

현대사회에서 생활에 필요한 재화나 서비스의 교환은 금전적 가치를 기초로 해서 이루어진다. 그러므로 누구든지 현재와 미래에 획득하거나 보유하고 있는 금전적 가치는 그의 생활을 위해 필수적이며, 이것이 근로의 가장 기본적 목적이기도 하다. 그렇기 때문에 조직이나 사회가 개인에게 제공하는 보수나 연금은 인적자원관리에서 매우 중요하게 다루어지는 분야이다.

제1절 보수제도

보수의 사전적 의미는 "1. 고마움에 보답함 또는 그 보답, 2. 근로의 대가로 주는 금전이나 물품"이다. 조직에서 개인에게 보수를 준다고 할 때에는 두 번째의 의미로 이해할 수 있다. 공사조직을 막론하고 보수수준은 늘 관심의 초점이며, 유능한 인력의 확보와 유지, 생산성, 사기 등과 직결된다.

1. 보수의 의의

1) 보수의 의미

보수의 구조, 보수율, 수준 등 보수관리는 일반적으로 조직의 시각에서 다루어진다. 그러나 보수는 그 의미에서 나타나는 바와 같이 조직과 조직원 쌍방의 시각에서 이해해야 현실에서 보수와 관련되어 나타나는 여러 현상을 이해할 수 있다.

보수를 '근로의 대가로 주는 금전(또는 물품)'이라고 이해할 때, 여기에는 교환의 의미가 있음을 알 수 있다. 개인의 입장에서는 근로를 제공한 대가로 보수를 받는 것이고, 조직의 입장에서는 보수를 제공하는 대신 근로를 받는 것이다. 그렇기 때문에 보수의 관리는 먼저 이러한 교환이 양쪽의 욕구를 공정하게 충족시켜 주어야 한다는 점에서 출발해야 한다.

조직의 시각에서 보면 보수는 인적자원이 조직의 목표를 달성하는 데 기여하게 하는 수단이다. 조직은 보수를 지급하는 대신 조직원의 근로제공을 요구한다. 그리고 이때 제공되는 근로는 조직이 필요로 하는 것, 즉 조직의 목표를 달성하고, 조직을 더 바람직한 상태로 발전시키기 위한 것이다.

이러한 의미에서 암스트롱(M. Armstrong)은 보수관리의 목표를 "인적자원(people)에 가치를 더 하는 것"이라고 요약하였다(Armstrong, 2010:267). 즉, 보수관리는 조직원들로 하여금 조직에 가치 있는 것을 하도록 만드는 것이 목표이며, 보수는 조직이 중요하게 생각하는 가치에 부응하여 조직원에게 지급된다.

반면에 개인의 시각에서 보면 보수는 자신의 근로와 교환하는 것이다. 그런데 근로를 제공하는 것은 단순히 보수의 획득 자체가 목적이 아니라 생활유지의 수단이 될 수 있는 금전적 가치를 획득하기 위한 것이다. 만약 생활유지에 충분한 수단을 획득할 수 없다면, 근로와 교환하는 보수의 취지 또는 의미는 그만큼 약해진다. 그러므로 보수수준의 결정에 있어서 때로는 근로의 가치를 따지기 이전에 생활에 필요한 금전적 수준을 먼저 고려하기도 한다. 또한 조직이 필요로 하는 유능한 인력을 확보하기 위해서는 그 인력이 제공하는 근로의 가치를 평가하기도 하지만, 그 인력이 충족시키기를 원하는 요구의 수준에 대응하기도 한다.[1)]

이와 같이 보수의 의미에 대한 조직의 시각과 조직원의 시각으로부터의 강조점의 차이는 때로 갈등을 야기하기도 한다. 경쟁이 심해지는 조직환경에서 자원의 효율적 활용의 시각에서 접근하는 조직과 생활에 필요한 수준의 시각에서 접근하는 조직원 사이에 차이가 크게 벌어질 수 있기 때문이다.

구직자 희망연봉과 실제연봉 차이 452만원

구직자들이 희망하는 연봉과 실제로 취업한 후에 받을 수 있는 연봉 간에는 평균 452만원의 차이가 있는 것으로 나타났다. 10일 온라인 취업포털 '사람인'이 구직자 658명과 188개 기업을 대상으로 '구직자의 희망연봉과 신입사원 연봉'에 대해 각각 설문조사한 결과, 구직자들의 희망연봉은 평균 2,622만원인 반면 기업이 신입사원에게 주는 연봉은 평균 2,170만원으로 나타났다. 먼저 구직자들의 희망연봉을 살펴보면, '1,800만~2,000만원 미만'(13.5%), '2,400만~2,600만원 미만'(12.3%), '2,200만~2,400만원 미만'(11.1%), '2,000만~2,200만원 미만'(10.9%) 등의 순이었다. 학력별로는 '고졸'(2,398만원), '초대졸'(2,455만원), '4년제대졸'(2,706만원), '대학원 이상'(2,980만원) 순으로 학력이 높을수록 희망연봉도 높았다. 실제로 기업이 신입사원에게 주는 연봉의 경우 '1,800만~2,000만원 미만'이 22.3%로 가장 많

1) 최저임금수준, 프로운동선수의 보수결정과정 등이 예가 될 수 있다.

았고 '1,800만원 미만'(20.2%), '2,000만~2,200만원 미만'(19.2%), '2,200만~2,400만원 미만'(14.9%), '2,400만~2,600만원 미만'(11.7%), '2,800만~3,000만원 미만'(6.4%) 등의 순으로 나타났다.

〈문화일보〉 2013.1.10.

2) 보수수준 결정의 근거와 보수체계의 종류

보수는 생활의 근거가 되기 때문에 '보수수준'은 조직원들의 큰 관심대상이다. 일반적으로 높은 보수수준은 유능한 인력의 유치와 유지에 유리하다고 알려져 있다. 그러나 조직의 입장에서는 조직원들에게 무조건 높은 수준의 보수를 지급할 수 없다. 그러므로 적절한 보수준을 결정하는 것은 인력관리의 중요한 과제이다.

보수수준을 결정하기 위해서는 무엇을 근거로 하여 보수를 결정할 것인가를 정해야 한다. 이때 보수결정의 근거가 되는 요소들은 조직의 생산성과 조직원의 만족도에 영향을 주는 것들이다. 시겔(G. B. Siegel)은 연공(seniority), 직무가치(job value), 시장가치와 지급능력(market comparisons and ability to pay), 지식과 기술(knowledge and skill), 성과(performance, achievement, or merit)의 다섯 가지를 보수결정의 근거로 제시하였다(Siegel, 2010:664-671). 그리고 이것들은 각각 보수체계[2]를 형성하는 기초가 되기도 한다. 보수체계의 종류와 그 기초가 되는 요소들을 보면 다음과 같다.

(1) 연공급 : 조직원으로서의 자격 또는 연공

연공(seniority)은 개인이 조직원으로서 활동한 기간을 의미한다. 그러므로 연공을 보수결정의 근거로 삼는다고 하는 것은 조직원으로서의 자격(membership)을 오래 유지한 것에 대해 높은 가치를 부여한다는 것이다.

연공을 근거로 보수를 지급하는 것을 연공급이라고 하는데, 이는 개개인의 생활을 유지·보전하고 폐쇄적인 노동시장에서 일정한 노동력을 확보하는 차원에서 유용한 제도이며 동양적인 가치관과도 유관하다(강성철 외, 2008:477). 즉, 연공을 근거로 보수수준을 결정하는 목표는 개인의 생활유지와 노동력 확보라고 할 수 있는데, 이는 서로 연결되어 있다고 할 수 있다. 일반적으로 사람들은 나이가 들면서 생활에

2) 보수체계란 보수가 지급되는 기본구조를 말한다. 중요한 것은 무엇을 기초로 하여 구조가 짜여지는가이다.

필요한 비용이 증가하게 되는데, 연공은 근무기간이 길어질수록 보수가 증가하기 때문에 나이와 생활비 증가에 따른 조직원의 필요를 충족시킬 수 있다. 이것은 구직자들에게 매력적인 요소로 작용하기 때문에 인력의 유치에 유리하고, 조직에 들어온 인력들을 계속 머물게 할 수 있다.

그러나 연공급은 지속적인 비용증가를 가져온다. 조직원들의 연공이 높아지면 보수수준은 당연히 높아지게 되며, 여기에 생활비 증가, 인플레이션, 시장가격 등이 반영되면 보수로 지급되는 비용은 증가하게 된다.

(2) 직무급 : 형평성과 직무가치(equity and job value)

직무급은 개개인이 맡고 있는 직무(job)가 지니는 상대적 가치를 평가하여 임금을 결정하는 방식으로서 선진국에서 많이 채택하고 있는 제도이다. 다시 말해서 직무의 곤란도(괴로움과 어려운 정도), 책임도 등의 '직무가치'를 상대적으로 분석 · 평가하여 그 결과에 따라 보수를 결정하는 것이다(강성철 외, 2008:477).

직무의 가치를 보수수준을 결정하는 기준으로 삼는 것은 조직의 보수체계를 형성하는 기초가 된다. 직무평가(job evaluation)를 통하여 직무구조가 형성되는데, 각 직무들은 상대적으로 가치의 계층구조를 형성하게 되며, 지급되는 보수수준의 범위에 있어서도 비슷한 가치배분이 이루어진다. 그리고 그 결과 조직내부에서의 형평성(equity)이 이루어진다(Siegel, 2010:666). 즉, 직무의 중요도에 따라 지위 사이의 상하관계가 형성되듯이 보수의 상하관계도 형성되며, 동일직무에 대한 동일보수(equal pay for equal work)의 원칙이 적용됨으로써 직무 간 형평성을 이루는 것이다.

직무급의 형태는 여러 가지가 있으나 대개 세 가지 유형이 있다(강성철 외, 2008: 478-479).

첫째, 개별 직무급(individual job rate)은 평점제 직무급이라고도 하며, 직무평가의 결과에 따라 산출되는 평점에 1점당 단가를 곱하여 보수를 산출하는 형태이다. 직급 구분 없이 하나의 직무에 하나의 보수가 적용되는 경우로 주로 시간제 근로자에게 자주 적용된다.

둘째, 단일 직무급(single rate)은 기관 내의 각 직무가 가진 상대적 가치를 비교하여 평가한 직무평가의 평점을 일정한 간격을 기준으로 하여 여러 직급으로 분류하고 각 직급마다 동일한 보수를 책정하는 형태이다.

셋째, 범위 직무급(range rate)은 동일직급 내의 직무에 대해서도 각 개인의 호봉수에 따라서 보수에 차이를 두는 형태이다. 범위 직무급에는 중복형(한 직무의 폭이 다른 직무의 폭과 일부 중복되는 형태), 접합형(어떤 직급의 최고 직무급과 차상위 직급의 최저 직무급이 상접하는 형태 등으로서 단계가 서로 접한 형태), 간격형(어떤 직급의 최고 직무급과 차상위 직급의 최저 직무급과의 사이에 간격이 벌어져 있는 비약단계 형태)이 있다.

(3) 시장가치와 지급능력(market comparisons and ability to pay)

직무평가(job evaluation)에 의한 보수수준의 결정이 가지는 하나의 문제점은 직무의 시장가치(market value)에 따라 편차가 발생할 수 있다는 것이다. 예를 들어 사회복지사에게 요구되는 교육이나 경험의 수준은 그의 보수수준이 시장에서 사회복지사에게 지급하고자 하는 가치보다 더 높게 형성되게 만들 수 있다(Siegel, 2010:667). 그 반대의 예도 생각할 수 있다. 웹디자이너가 되기 위해서는 많은 교육을 받아야 하지만, 웹디자이너가 지나치게 많이 배출될 경우에는 그가 교육받기 위해 투입한 가치보다 훨씬 적은 가치수준으로 보수가 결정될 수 있다.[3)]

시장가치와 함께 보수수준을 단지 직무의 가치에 의해서만 결정할 수 없도록 하는 중요한 요인의 하나는 조직의 지급능력(ability to pay)이다. 정부의 경우는 보수수준으로는 인력확보를 위해 경쟁할 수 없는 한계를 지닌다(Siegel, 2010:667). 우리나라의 경우에도 전통적으로 공무원의 보수는 민간부문보다 낮은 것으로 인식되어 왔다. 그렇기 때문에 전통적으로 정부는 낮은 보수를 지급하는 대신 직업의 안정이나 연금과 같은 다른 부가혜택에서 장점을 지닌 것으로 평가되었었다.

(4) 능력급(직능급) : 지식과 기술(knowledge and skill)

능력급은 조직원이 지닌 직무수행능력을 기준으로 보수수준을 결정하는 것이다. 즉, 조직원이 무엇을 할 수 있는가에 초점을 두고 보수를 결정한다. 능력을 판단할 수 있는 대표적인 요소로는 지식이나 기술, 경험 등을 들 수 있다. 능력의 판단은 학력이나 자격증같이 이미 정해진 기준에 의해 할 수도 있고, 근무평정이나 역량평가와 같이 직무수행능력의 평가를 통하여 할 수도 있다.

---

3) 실제로 웹디자이너의 연봉은 인터넷이 발달하기 시작한 초기에는 높은 수준이었다. 1999년에 노동부가 소개한 여성을 위한 유망직업 중 웹디자이너는 1년 정도 교육을 받고 3년 정도 경력을 지닌 인력의 연봉수준을 2,500만원에서 3,000만원 정도로 평가하고 있다(세계일보, 1999.3.1). 반면 2012년에 인터넷상에 나타나는 웹디자이너의 연봉수준은 2년 6개월 정도의 경력자가 월 180만원 정도(세후)를 보통 수준으로 인식하고 있다(Naver 검색 참고).

지식이나 기술에 기초한 보수결정은 업무관련 기술이 계속 변화하기 때문에 관련 종사자들이 그들의 지식을 계속 확장해 갈 필요가 있는 조직에 적합하다. 예를 들어 현대의 기계장치들은 다양한 작업을 수행하기 위하여 기계를 사용하는 사람이 컴퓨터로 프로그램을 만들고 계속 점검할 수 있는 능력을 갖출 것을 요구하기도 한다. 또한 이러한 보수결정은 조직원들로 하여금 그들의 지식을 계속 확장해 가도록 자극함으로써 인적자원의 능력을 향상시키고, 직무내용이 풍부해지도록 한다(Noe, 2011:344).

그러나 능력급은 조직원이 '무엇을 하였는가'에 초점을 둔 것이 아니고 '무엇을 할 수 있는가'에 초점을 두고 있다. 또한 지식이나 기술이 '실제로 어떻게 활용되었는가'보다는 '얼마나 습득되었는가'에 초점을 둔다. 그러므로 보수체계와 직무수행체계가 상호 보완되도록 관리되지 않으면 자칫 조직에게는 실질적 이익이 없는 보수지급이 이루어질 수도 있다.

(5) 성과급

성과급은 조직원이 직무를 수행한 결과에 따라 보수를 지급하는 제도이다. 성과급은 생산성을 높이려는 데 그 주된 목적이 있으므로 이를 업적급이나 능률급이라 부르기도 한다(강성철 외, 2008:481). 성과급은 개인의 성과를 중심으로 하는 개인성과급과 과업집단의 성과를 중심으로 하는 집단성과급이 있으며, 보수체계의 기본을 형성할 수도 있고(기본급), 부가급의 형태로 지급되기도 한다.[4]

성과급이 조직원에게 동기부여 요인으로 작용하면서 조직의 성공에도 기여하기 위해서는 다음과 같은 요구들이 충족되어야 한다(Noe *et al.*, 2011:356).

첫째, 성과측정은 조직의 목표와 연계되어 있어야 한다.

둘째, 조직원들이 스스로 성과기준을 충족시킬 수 있다고 믿을 수 있어야 한다.

셋째, 조직은 조직원들이 목표를 달성하는 데 필요한 자원을 제공해야 한다.

넷째, 조직원들은 그들에게 주어진 보상이 가치 있다고 생각할 수 있어야 한다.

다섯째, 조직원들이 보상체계가 공정하다고 믿어야 한다.

---

4) 강성철 외(2008)에서는 보수체계의 종류에 성과급을 포함시키지 않고 있다. 그러나 성과가 보수체계의 기초를 형성하는 예는 많은데, 대표적인 예가 프로운동선수의 연봉결정이다. 또한 우리나라 고위공무원의 성과연봉제도 성과가 보수결정의 기초를 이루고 있다고 보아야 한다. 반면에 5급 이하의 중·하위직 공무원에 대해서는 성과급이 상여금으로 지급되므로 부가급의 형태이다.

여섯째, 보수계획(pay plan)에는 조직원들이 보상받지 않는 목표는 무시할 수 있다는 사실이 고려되어야 한다.

만약에 이상과 같은 조건이 충족되지 않으면 성과급은 그 기능을 제대로 하지 못할 수 있다. 예를 들어 개인의 성과가 조직의 목표와 연계되지 않을 경우 개인들은 조직의 목표보다는 자신의 이익향상에 더 집중할 수 있다. 또한 고성과자와 저성과자 사이의 보상에 큰 차이가 없다면 조직원들은 성과급에 의해 동기가 부여되지 않을 가능성이 있다. 성과측정이 타당성이 없다든지 불공정할 경우 성과급은 동기를 부여하는 것이 아니라 오히려 조직에 대한 반발을 키울 수도 있다.

2. 보수체계의 구조

1) 기본급과 부가급

보수는 늘 일정하게 지급되는 부분과 특수한 사정에 따라 지급되는 부분으로 나눌 수 있다. 전자를 기본급, 후자를 부가급 또는 수당이라고 한다.

(1) 기본급

기본급은 보수에서 늘 같은 액수가 지급되는 부분으로서, 보수체계(pay structure)의 근간을 형성한다. 그러므로 근로의 대가로 어느 정도의 금액이 지불될 것인가를 정해야 하는데, 무엇을 근거로 정하느냐에 따라 앞에서 설명한 연공급, 직무급, 능력급, 성과급 등이 있다. 봉급이라고 표현되기도 한다.

(2) 부가급

부가급은 수당이라고도 하며, 특수한 사정에 따라 추가로 지급되는 보수이다. 인적 특수성에 의한 것과 직무의 특수성에 의한 것으로 나눌 수 있다. 인적 특수성에 의한 것으로는 자격증, 가족관계, 교육지원 등에 대하여 지급되는 수당을 예로 들 수 있으며, 직무의 특수성에 의한 것으로는 직책, 특수한 근무여건, 초과근무 등에 대하여 지급되는 수당을 예로 들 수 있다. 또한 대부분의 기관에서 지급되는 대표적인 수당으로는 상여금이 있는데, 높은 성과를 거두었거나 조직에서 오래 지속적으로 근무한 것 등에 대하여 지급된다.

2) 보수가

보수가(報酬價, pay rates)는 직무의 값에 대한 시세(시장가격)라고 할 수 있다.[5] 만약 기관이 조직원들에게 그들의 직무수행에 상응하는 보상을 주려고 한다면, 가능한 많은 핵심직무의 시장가치를 조사하고 그에 기초하여 보수수준을 결정하면 된다. 또한 이러한 핵심직무들의 가치에 비교하여 다른 직무들의 가치를 결정할 수 있다(Noe *et al.*, 2011:340-341 참고).

3) 보수등급

보수등급(pay grades)은 일정범위의 직위(직무)들에게 공통으로 주어지는 보수수준을 의미한다. 그러므로 원칙적으로 보수등급은 직위의 등급과 일치한다. 대규모 조직의 경우 모든 직무에 그 값에 따라 보수를 지급하게 되면 보수체계가 지나치게 복잡해진다. 그러므로 일정한 범위의 보수를 같은 등급으로 묶어서 같은 보수를 지급한다.

보수등급에 의해 보수를 지급할 경우 직무값과는 정확히 대응하지 않는 보수가 지급된다. 즉, 약간의 직무값의 차이가 있다고 하더라도 같은 등급의 직위(직무)들은 같은 보수를 받게 된다.

4) 보수범위

보수범위(pay ranges)는 보수등급의 범위를 의미한다. 즉, 등급에 따른 보수를 지급할 때 단일값이 아니고 최솟값과 최댓값을 가지는 일정한 범위로 등급의 보수수준을 정할 경우, 그 최솟값부터 최댓값까지의 범위가 보수범위가 된다.

보수범위를 정하는 이유는 인력관리를 보다 탄력적으로 할 수 있기 때문이다. 보수범위가 있을 경우 같은 등급이라고 하더라도 차이가 나는 보수—예를 들면 최고수준, 중간수준, 최저수준 등—를 지급할 수 있다. 그러므로 경력이나 어떤 조건에 따라 같은 등급 내에서라도 직위(직무)별로 차별적 대우를 할 수 있는 것이다.

---

5) 우리나라의 일부 문헌에서는 'pay rate' 라는 영어를 '보수율' 이라고 번역하여 사용하기도 하는데, 비율의 의미로 오해하기 쉬우므로 직무에 대한 가격이라는 의미에서 직무가(職務價) 또는 보수에 의해 표현되는 가치라는 의미의 보수가(報酬價)로 표현하는 것이 더 적절할 것이다.

인력관리를 좀 더 탄력적으로 할 수 있기 위해서는 보수범위를 중첩되게 설계할 필요가 있다. 즉, 하위등급의 최고 보수가 상위등급의 최저 보수보다 높도록 설계하는 것이다. 이렇게 설계하면 승진과 보수의 인상이 반드시 일치하지 않게 되므로, 승진운영을 좀 더 탄력적으로 할 수 있다. 만약 보수범위가 중첩되지 않으면 승진은 반드시 보수인상을 동반해야 하기 때문에 그만큼 제한적으로 운영되게 된다.

3. 한국 공무원 보수체계

한국 공무원의 보수체계는 전통적으로 연공급과 직무급을 기반으로 한 것이었다. 공무원 보수의 근간이었던 호봉제(號俸制)는 일정기간(예: 1년)이 지나면 일정금액의 봉급이 자동적으로 인상되는 제도로서 근무경력이 많을수록 높은 보수를 받도록 되어 있다. 그러므로 이는 연공급의 좋은 예이다. 또한 계급제로 구성된 공직구조에서 같은 계급은 직렬이나 기관에 상관없이 기본적으로 같은 봉급을 받았었다. 같은 계급에 속한 직위들은 같은 직뭇값을 가졌다고 보아야 하므로 이는 직무급의 성격을 가지고 있음을 알 수 있다.

그러나 1999년부터 연봉제가 도입되면서 공무원 보수체계는 크게 달라졌는데, 현재는 계급에 따라 크게 세 가지 형태의 보수제도가 운영되고 있다. 전통적인 보수체계는 과장급이 아닌 4급 공무원 이하의 공무원에게 적용되고 있으며, 4급 과장급 이상의 공무원에게는 성과연봉제가 적용되고 있다. 그리고 정무직 공무원은 성과의 측정이 어렵기 때문에 고정급적 연봉제가 적용되고 있다. 또한 성과연봉제는 일반직 · 별정직 등의 복수직 4급 과장급 이상 공무원과 임기제 공무원을 대상으로 하는 성과급적 연봉제와 고위공무원단을 대상으로 하는 직무성과급적 연봉제로 구별된다. 두 제도의 기본골격은 같다. 이러한 한국 공무원의 보수체계를 살펴보면 다음과 같다.

1) 보수결정의 원칙

국가공무원법 제46조에는 보수결정의 원칙이 명시되어 있다. 이 조항에 의하면, 공무원의 보수는 직무의 곤란성과 책임의 정도에 맞도록 계급별 · 직위별 또는 직무등급별로 정하도록 하였다. 또한 제2항에 “공무원의 보수는 일반의 표준 생계비, 물가수준, 그 밖의 사정을 고려하여 정하되, 민간부문의 임금수준과 적절한 균형을 유지하도록 노력하여야 한다."고 하였으며, 제3항에는 "경력직 공무원 간의 보수 및 경력직 공무원과 특수경력직 공무원 간의 보수는 균형을 도모하여야 한다."고 규정하였다. 그러므로 우리나라의 공무원 보수는 생활급[6]의 원칙과 균형의 원칙에 의해 정해진다고 할 수 있다.

그러나 공무원의 보수가 이러한 요인들에 의해서만 결정된다고 하기는 어렵다. 이외에도 정부의 인건비 지불능력, 국가의 경제적 사정이나 재정규모, 여러 가지 정치적 요인 등이 공무원의 보수결정에 영향을 미친다.

그러므로 공무원의 보수결정은 노동시장 환경의 영향을 많이 받는 민간부문의 보수결정과 다른 면이 있다. 그 이유는 다음 몇 가지를 들 수 있다(강성철 외, 2008:488).

첫째는 정부기관은 비영리기관이라는 점이다. 둘째는 정부의 생산성과 업무의 성과를 민간분야만큼 명확하게 측정하기가 어렵다는 점이다. 셋째로 그간 일부를 제외하고는 공무원의 노동조합 활동이 제한되어 왔으므로 임금협상이 이루어지기 어려웠다. 그러나 이제는 노조 활동이 범정부적으로 허용되었으므로 노조의 영향도 늘어날 것으로 전망된다.

이러한 요인들 외에도 공무원의 보수는 정부의 다른 부문들이 그렇듯이 정치적 영향을 많이 받는다는 점을 들 수 있다. 특히 경제정책적인 면에서 영향을 많이 받는데, 대표적인 것이 공무원의 보수와 물가관리의 관련성이다. 공무원 보수는 그 자체가 사회에서 지니는 상징성이 크기 때문에 물가를 관리할 필요가 있을 때는 공무원의 보수인상이 억제된다. 즉, 공무원의 보수는 물가를 자극하지 않을 수준에서 관리되고 결정되는 것이다. 반면에 공무원의 사기진작 등을 위해서 예상되는 물가상승보다 더 인상하는 경우도 있다.[7]

---

6) 생계를 유지하는 데 필요한 수준으로 보수가 결정되는 것. 우리나라에서는 표준생계비를 보수결정의 주요 요인으로 제시하고 있다. 한국노총의 계산에 의하면 2013년에는 초등학생 2명을 둔 4인가구의 표준생계비가 월 527만원으로 제시되었다. 그러나 표준생계비는 계산을 위해 보편적으로 인정되는 기준이 있는 것이 아니므로, 산정 주체에 따라 차이가 난다.

7) 세계 금융위기로 인하여 어려워진 경제사정을 감안하여 2009년 공무원 보수는 기본급뿐 아니라 일체의 모든 수당이 2008년 수준으로 동결되었다. 이는 1999년 이후 10년 만에 처음이다(한국일보, 2008.12.31.). 반면에 2013년에는 2012년에 비해 2.8% 인상되었다. 정부는 올 경제성장률을 3%로 예상했다. 하지만 2%대로 전망돼 현 정부가 매년 경제성장률보다 높게 공무원 보수를 인상했다는 비판을 받고 있다(경향신문, 2013.1.4).

2) 고정급적 연봉제

직위별로 연봉이 고정되는 고정급적 연봉제는 차관급 이상 정무직 공무원 등을 대상으로 한다. 정무직 공무원은 일반직 공무원과 달리 성과측정이 극히 어렵기 때문에 개별 직위마다 고정된 연봉을 책정하고 있다. 고정급적 연봉 대상자는 공무원보수규정에서 정한 연봉 외에 가족수당, 자녀학비보조수당, 직급보조비, 정액급식비, 봉급조정수당 등을 보수관련 법령에 따라 지급받는다.

3) 성과연봉제

성과연봉제는 금년의 직무성과가 다음 해의 보수수준에 영향을 주도록 설계된 보수체계이다.

(1) 성과급적 연봉제

성과급적 연봉제는 일반직 · 별정직 등의 복수직 4급 과장급 이상 공무원과 임기제 공무원을 대상으로 하며, 계급별 기본연봉과 업무실적에 따른 평가결과에 따라 차등 지급되는 성과연봉으로 구성된다. 연봉은 계급별로 설정된 연봉한계액 범위 내에서 정해진다. 연봉 외의 급여로는 가족수당, 시간외근무수당, 자녀학비보조수당, 연가보상비, 직급보조비, 정액급식비, 봉급조정수당, 특수근무수당, 특수지근무수당 등이 지급된다.

만약 어떤 공무원이 올해의 성과에 따라 성과연봉을 지급받았으면 그가 받은 보수총액은 기본연봉, 성과연봉, 수당의 합이 된다. 이 때 그가 받은 기본연봉과 성과연봉의 합은 그 다음 해의 기본연봉이 된다. 다만, 당해 연도 기본연봉과 성과연봉을 합산한 총연봉액이 연봉상한액을 초과하더라도 당해 연도에는 성과연봉을 전액 지급할 수 있으나, 다음 연도에 기본연봉에 산입하는 때에는 당해 연도의 연봉상한액을 초과하지 아니하는 금액만 산입한다. 그러나 이렇게 연봉을 결정하더라도, 계속 우수한 성과를 거둔 공무원과 계속 낮은 성과평가를 받은 공무원이 있다면 그들 사이의 연봉은 계속해서 차이가 커지게 된다. 공무원이 받는 성과평가는 절대평가이지만, 정책평가 결과 기관실정에 맞는 평가요소 등을 반영하여 서열화하며, 성과급심사위원회에서 평가단위별로 평가등급 인원배분 및 성과연봉의 지급등급을 조정결정하므로 결국 상대평가에 의한 성과연봉이 지급된다.

(2) 직무성과급적 연봉제

직무성과급적 연봉제는 고위공무원단에 적용되며, 기본골격은 성과급적 연봉제와 같다. 다만, 기본연봉이 기준급과 직무급으로 구분되는데, 같은 고위공무원단에 속한 지위라고 하더라도 직무의 책임도와 난이도에 따라 가등급과 나등급이 정해져 있어 기본연봉이 달라지게 된다. 또한 성과급 비중이 더 높다는 점에서 성과급적 연봉제와 다르다.

4) 호봉제

과장급이 아닌 4급 이하의 공무원에게는 호봉제가 적용되는데, 호봉제는 호봉에 따라 봉급(기본급)이 지급되는 제도로서, 공무원의 경우 매년 정기승급을 통하여 호봉이 올라가도록 되어 있는 연공급적 성격의 보수체계로 되어 있다. 호봉체계에 따른 봉급표는 12개의 직종별로 다르게 설정되어 있으며, 봉급 외에 약 30종의 수당이 지급된다.

그러나 호봉제의 적용을 받는 공무원도 성과급을 지급받는데 기본급에 영향을 주는 연봉형태가 아닌 수당으로서의 성과상여금을 받는다. 성과상여금은 다음 연도의 보수수준의 결정에 영향을 주지 않으며, 봉급은 정해진 호봉에 따라 결정된다.

5) 부가급(수당)

공무원의 수당은 '공무원 수당 등에 관한 규정' 에 의해 지급된다. 수당은 상여수당, 가계보전수당, 특수지근무수당, 특수근무수당, 초과근무수당, 실비변상의 여섯 종류에 20여 종의 수당이 있다. 이 중에는 부가급이 주어지는 이유가 되는 인적 요소나 직무의 특수성보다 봉급 보전의 성격이 강한 수당이 있다. 예를 들어 정근수당, 가계보전수당의 일부 종류, 실비변상의 일부 등은 대부분의 공무원에게 일정금액 또는 봉급의 일정비율이 지급되는데, 이는 특수성과 관련이 없이 보편적으로 지급되기 때문에 기본급과 같은 작용을 한다. 그러므로 보수체계를 관리하기 쉽도록 단순화하고 명료화하기 위해서는 기본급과 같은 기능을 하는 수당은 과감히 기본급에 포함시킬 필요가 있다.

6) 보수수준에 관한 논란과 총량보상(Total reward)의 개념

공무원의 보수는 일반적으로 민간에 비해 낮은 것으로 인식되고 있으며, 그 대신에 직업의 안정성이라든지, 다른 부가적인 혜택이 그 차이를 어느 정도 상쇄한다고 알려져 있다. 그러나 과연 공무원의 보수가 낮은가 하는 문제제기도 되고 있다.

지난해 경찰직은 90% 육박, 50대부터 비슷… 정년 무렵 역전

흔히 '박봉'이라고 알려진 공무원의 봉급은 민간기업과 비교했을 때 어느 정도일까? 지난해 공무원들의 급여는 민간기업 근로자 임금의 83.7% 수준이라는 조사결과가 나왔다. 하지만 민간기업과의 보수격차는 50대에 접어들면서 점점 좁혀져 정년에 이를 무렵엔 공무원 임금이 민간기업을 웃도는 것으로 조사됐다.

5일 행정안전부가 ㈜한국갤럽조사연구소에 의뢰해 시행한 '2012년 민·관 보수수준 실태조사' 보고서에 따르면 지난해 일반직·교원직·경찰직 등 전체 공무원의 급여는 민간기업의 83.7% 수준으로 나타났다. 행안부는 공무원의 적절한 보수수준을 설정하기 위해 해마다 민간기업과의 보수격차를 조사하는데 2011년 조사에서는 민간기업 대비 85.2% 수준이었다. 직렬별로는 일반직이 76.6%로 민간 근로자와의 격차가 가장 컸고 교원직이 85.8%, 경찰직이 88.4% 수준으로 나타났다. 특히 고소득업종으로 꼽히는 금융통신업계 근로자들과 비교하면 경찰직은 74%, 교원직은 72.9%, 일반직 공무원 보수는 64.3% 수준에 그쳤다.

민·관의 보수격차는 학력이 높아질수록 벌어졌다. 고졸 이하의 경우 오히려 공무원의 보수가 민간기업 근로자들의 임금보다 7.3% 많았고 전문대를 졸업한 경우도 101.3%로 민간기업 수준을 조금 웃돌았다. 반면에 대졸 이상 공무원의 보수는 민간기업 대졸 이상 근로자보다 22.2% 적은 78.8% 수준이었다. 그나마 대졸 이상 공무원 가운데 교원직의 보수는 민간의 85.8% 수준이었지만 일반직은 민간의 69.3%에 불과했다.

하지만 공무원의 보수는 30~40대에 민간기업과의 격차가 가장 크게 벌어졌다가 50대에 거의 비슷한 수준으로 좁혀진 뒤 정년 무렵에는 민간기업 수준을 웃도는 것으로 조사됐다. 연구소는 9급 3호봉과 7급 3호봉으로 27세에 공무원을 시작하는 2명과 30세에 5급 3호봉으로 시작하는 1명 등 3명의 가상 공무원과 100인 이상 기업에 근무하는 같은 연령의 유사한 보수수준의 민간 근로자를 비교했다. 그 결과 9급 공무원의 보수는 민간기업 근로자보다 15% 가량 낮은 수준에서 출발하지만 55~56세에 이르면 거의 같아지고 60세에는 15%가량 높아졌다. 7급 공무원은 53세 이후 민간기업과 격차가 줄어들고 55세 이후부터는 민간기업보다 높은 보수를 받으며 5급 공무원은 초반엔 민간기업보다 7% 낮은 보수를 받지만 54세에는 추월하게 된다고 보고서는 지적했다.

〈세계일보〉 2013.2.6.

공무원의 보수수준이 민간에 비해 어느 정도여야 하는가는 공무원의 보수에 관한 관리철학의 문제이다. 만약 높은 보수를 주더라도 가장 우수한 인재를 유치할 수 있다면 그렇게 해야 한다고 생각한다면 공무원의 보수수준이 높은 것은 문제가 되지 않는다. 반면에 공무원의 보수는 국민의 세금에서 지출되는 것이기 때문에, 국민의 부담을 크게 하지 않아야 한다는 의식이 강하면 공무원의 보수수준이 너무 높아서는 곤란하다.

우리나라에서는 공무원의 보수가 너무 높아서는 안 된다는 의식이 지배적이다. 그 이유는 전통적인 청백리사상과 함께 국민의 부담이 커져서는 안 된다는 인식 때문이다. 그러나 공무원의 시각에서 보면 공무원이라고 해서 능력이나 성과에 맞지 않는 대우를 받는 것은 부당하다고 느낄 수 있다. 또한 유능한 공무원이 보람을 느끼면서 충성된 마음으로 공직에 헌신하도록 하기 위해서는 그에게 사명감도 있어야 하지만, 사회가 그에게 요구하는 것에 대응하여 그에 맞는 대우를 할 필요도 있다.

그러므로 공무원 보수의 적정수준에 관하여 논할 때는 단순히 금전상으로 어느 정도의 보수를 받는가를 따질 것이 아니라, 그가 공직을 통해 받는 총량보상(total reward)을 따질 필요가 있다. 총량보상은 조직원이 받는 모든 유형의 보상을 의미한다. 여기에는 직접적인 보상뿐 아니라 간접적인 보상도 포함되며, 본질적인 보상뿐 아니라 비본질적인 보상도 포함되고, 금전적 보상뿐 아니라 비금전적 보상도 포함된다. 구체적으로는 다음 [그림 5-1]과 같이 이해할 수 있다.

이 그림에서 거래적(가시적) 보상은 고용주와 피고용인, 즉 정부와 공무원 사이에 교환이 되는 보상이다. 관계적(비가시적) 보상은 고용주와 피고용인 사이에 교환되는 것은 아니지만, 피고용인이 그를 통하여 혜택을 받을 수 있는 것을 의미한다. 개인적 보상은 피고용인 개인에게 혜택이 주어지는 것이며, 공공(communal)보상은 집단으로서의 피고용인에게 혜택이 주어지는 것이다(Armstrong, 2009:741-745 참조).

총량보상은 피고용인, 즉 공무원이 공직을 수행하는 것을 통하여 받을 수 있는 모든 혜택을 망라하는 것이다. 총량보상의 개념에서 공무원이 얻을 수 있는 혜택과 민간부문에서 얻을 수 있는 혜택을 비교하면, 공무원에 대한 대우가 어느 정도인지, 그리고 그에게 주어지는 금전적 보상의 수준이 적정한지를 판단할 수 있을 것이다. 또한 정부의 인력관리가 좀 더 분권화되면, 각 기관은 자신들에게 적합한 다양한 조합의 보상체계를 운영할 수 있을 것이다. 공무원의 입장에서도 자신이 더 원하는 보상체계의 조합을 할 수 있다면, 사기진작에 도움이 될 것이다. 그러므로 전략적 인력관리를 위해서도 총량보상의 개념을 구체화하여 적용할 필요가 있다. 그리고 이를 위해서는 가능한 한 모든 보상요인들의 가치를 판단할 수 있는 장치를 개발할 필요가 있다.

그림 5-1 총량보상모델(Model of total reward)

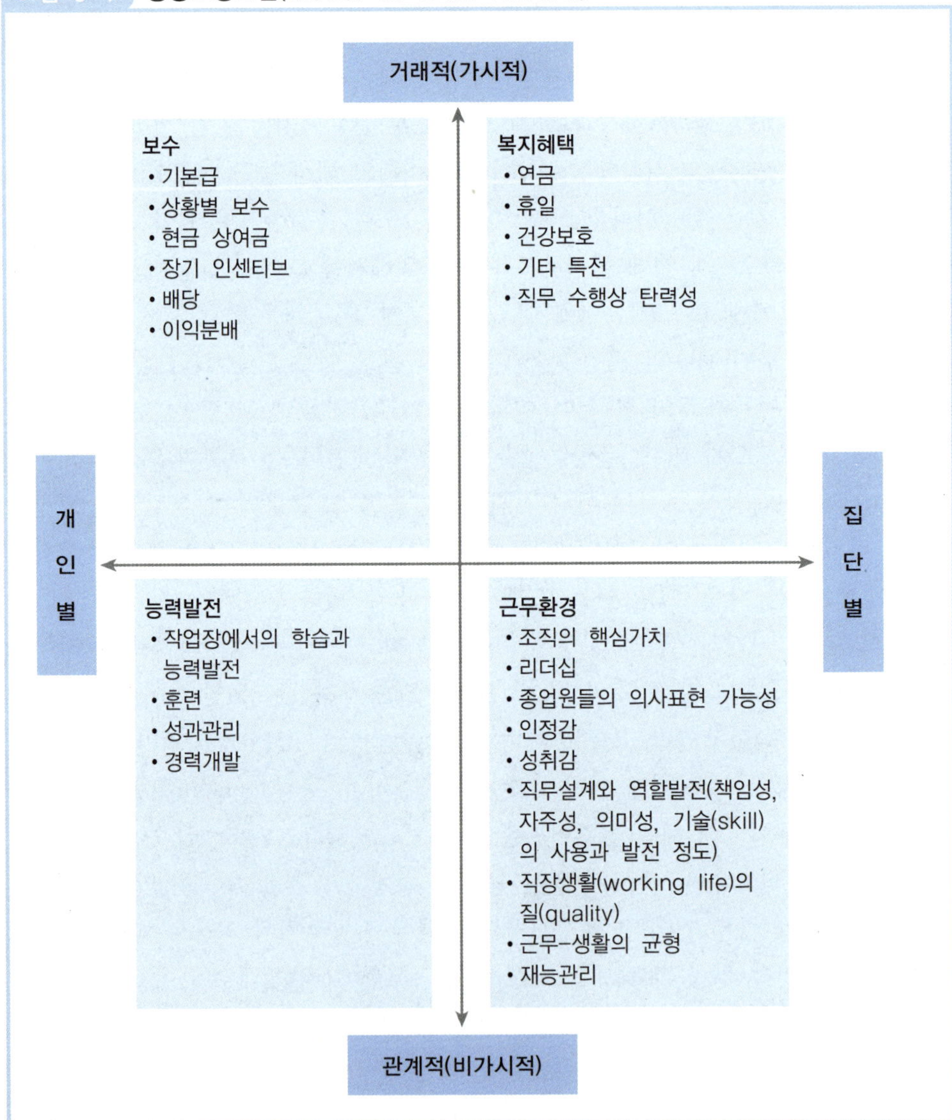

출처 : Amstrong(2009), p.745.

제2절 연금제도

공무원연금은 사회보험으로서의 연금 중 '특수직연금'에 해당한다. 이것은 공무원연금이 국민 누구에게나 주어지는 일반적인 연금의 성격과 함께, 일반적인 연금과는 구별되는 특별한 성격을 가지고 있음을 의미한다.

1. 연금의 의의

1) 사회보험

사회보험은 "국민에게 발생하는 사회적 위험을 보험방식에 의하여 대처함으로써 국민건강과 소득을 보장하는 제도"이다(사회보장기본법 제3조 제2호). 보험방식에 의해 위험에 대처하는 것이므로 일반적인 보험의 원리에 따라 운영된다. 그러나 '사회'라는 공동체의 개념이 전제가 되므로 민간부문의 보험과는 다른 특수성이 있다.

(1) 보험으로서의 원리

보험은 위험분산의 원리와 수지상응의 원리가 핵심이다(이준영 · 김제선, 2012:53-56).

① 위험분산의 원리

위험분산의 원리(pooling of risks principle)는 집단적 대응을 통하여 불확실성을 제거하는 방식이다. 각 개인이 기대치만큼 보험료를 부담하면 사회적 위험에 직면하였을 경우 언제든지 보장을 받을 수 있도록 하는 것이다.

개인이 미래의 위험에 대비하는 방법에는 '저축'이 있다. 저축이 효과적이기 위해서는 미래에 발생할 수 있는 최악의 경우 및 최대의 비용에 대비하여 예상되는 소요비용을 100% 저축하는 것이다. 이를 통하여 개인은 미래에 발생할 사회적 위험에 대해 스스로 책임지고, 문제를 스스로 해결한다. 그러나 이것은 매우 비합리적 방법이다.

이에 대하여 위험분산의 원리는 '복권'에 적용되는 원리와 같다. 즉, 복권에 당첨되려는 사람은 복권구입에 당첨금의 전부를 지불하지는 않지만, 기댓값에 해당하는 소액만 지불하더라도 당첨이 될 경우 다른 사람이 지불한 구입금액을 포함한 많은 당첨금을 받는 원리이다. 미래의 사회적 위험의 발생확률과 비용에 의해 계산된 기대비용만큼만 보험금으로 지불하고, 실제로 위험이 발생할 경우에는 위험이 발생하지 않은 다른 사람들이 지불한 보험금을 포함하여 비용보상을 받는 것이다. 현실에서는 복권값이나 보험료는 관리운영자의 이윤을 반영하고 있어 원칙적인 기대치보다 더 많다.

② 수지상응의 원리

수지상응의 원리(equivalent principle)는 보험방식에서 보험료가 위험의 크기에 따라 변화하도록 하는 것이다. 즉, 더 큰 위험에 대한 보상을 보장받기 위해서는 더 많은 보험료를 지급해야 한다. 이것은 민간보험의 핵심적 원리이며 개인적 형평성의 원칙과도 부합하는 것으로 보인다.

이는 보험의 기본적 성격과 유사하다. 보험은 위험발생에 대비하여 일정한 비용을 기여한 사람만이 위험에 처할 때 사전에 부담한 만큼에 비례하여 혜택을 받게 하는 방식이다. 이것을 '보험수리적 형평성(actuarial fairness)' 이라고 하며, 보험자의 입장에서 볼 때 수입과 지출이 서로 균형을 이룬다는 의미이고, 가입자의 입장에서는 보험에 지불한 비용과 혜택을 받는 금액이 서로 비례한다는 의미로도 이해할 수 있다.

(2) 사회보험으로서의 원칙

사회보험도 보험으로서 '위험분산의 원리' 와 '수지상응의 원리' 가 적용된다. 그러나 사회보험은 사회구성원을 각각 개별적인 주체로 보는 민간보험과 달리 사회 전체를 '하나의 공동체' 로 보고 그것을 유지하기 위한 원칙들이 적용되기 때문에 제도의 운영에서는 위의 두 원리가 수정되어 적용된다. 주요한 것으로는 '소득 재분배의 원칙', '사회적 연대의 원칙', '강제가입의 원칙' 이 있다(이준영 · 김제선, 2012:56-60 참고).

① 소득재분배의 원칙

보험료를 부담할 때 고소득자가 저소득자보다 더 많은 보험료를 부담하도록 하는 보험료부담방식은 소득의 재분배효과가 있는데, 이것이 이른바 소득재분배의 원칙이다. 어느 한 시점에서 보면 이를 통해 소득이 많은 사람으로부터 소득이 적은 사람으로의 수직적 재분배가 이루어진다.

소득재분배의 원칙은 수지상응의 원리의 적용에 대한 제한이다. 수지상응의 원리가 적용되면 보험부담 능력이 떨어지는 사회적 취약계층이 오히려 보험부담을 더 해야 하는 문제가 생긴다. 왜냐하면 사회적 취약계층은 위험이 발생할 가능성이 더 많기 때문이다.

그러므로 사회보험에서는 보험료의 크기를 위험에 따라 조정하는 것이 아니라 각자의 능력, 즉 소득수준에 따라 차이를 둔다. 이것이 바로 능력에 따른 부담의 원칙으로서 사회보험의 가장 중요한 특징이다. 그리고 이것은 소비(보험혜택)의 크기가 능력의 크기에 대응하지 않도록 함으로써 소득재분배가 이루어지도록 한다.

② 사회적 연대의 원칙

사회보험 분야에서 사회적 연대는 개인 간 또는 집단 간 공동의 위험을 공유하고 고난의 시기나 질병에 걸렸을 때 사회구성원 간에 서로 돕자는 사회적 합의를 바탕으로 한다(Maarse and Paulus, 2003; 임문혁, 2007:36). 이러한 사회적 연대는 집합성과 소득재분배의 개념을 내포하고 있으며, 사회적 위험 관련 연대(risk solidarity), 소득 관련 연대(income solidarity), 범위 관련 연대(scope solidarity)라는 세 가지 차원으로 구분할 수 있다(이준영 · 김제선, 2012:57-59).

첫째, 사회적 위험 관련 연대는 사회적 위험이 낮은 건강한 사람이 사회적 위험이 높은 건강하지 못한 사람에게 소득을 이전시켜 주는 개념이다. 사회적 위험 관련 연대감이 높은 공적의료보험제도에서 의료보험 가입자는 건강상태에 관계없이 의료보험 급여를 받기가 용이하다. 이는 민간보험에서 건강수준에 따라 보험료 수준이 달라지는 제도와 대비되는 요소이다.

둘째, 소득 관련 연대는 보험료 부과에서 지불능력에 따라 보험료를 부과함을 의미한다. 이는 소득이 높은 구성원이 소득이 낮은 구성원을 지원하는 제도의 기본원칙이다.

셋째, 범위 관련 연대는 가입자가 받을 수 있는 혜택의 범위와 가입할 수 있는 회원자격의 범위에 관련된 것이다. 이는 특히 세대 간의 부담과 혜택 배분과 관련된 것으로서 일정시점에는 부담자의 위치에 있지만, 그 이후 일정시점부터는 수혜자의 위치가 되기 때문에 세대 간 연대 또는 세대 간 계약이 필요해진다. 그러므로 부담 측면뿐 아니라 급여 측면에서도 재분배 효과가 발생한다. 이러한 위험분산의 공동체를 매우 넓은 범위로 확장하면 국가로까지 확장된다.

③ 강제가입의 원칙

보험료 부담의 경우 위험부담이 높은 사람은 보험료를 부담하고라도 보험에 가입하려고 할 것이고, 위험부담이 낮은 사람은 보험에 가입하려 하지 않을 것이다. 따라서 보험에는 위험부담이 높은 사람만 남게 되고, 그 결과 보험지출이 보험수입을 감당할 수 없는 상황이 되어 보험료를 더 많이 부담해야 하거나 보험이 파산하게 될 것이다. 이러한 현상을 '역선택(adverse selection)' 이라고 한다.

역선택은 나쁜 위험들만 모이게 되어 위험분산이 이루어지지 않는 경우이다. 그리고 이러한 역선택은 보험이 자발성에 근거하여 시행되면, 재분배효과가 강한 사회보험에서는 발생하기 쉽다. 그러므로 이러한 역선택이 나타나지 않도록 하기 위하여 사회보험에서는 강제가입의 원칙이 적용될 수 있다.

④ 사회보험의 원칙과 연금

사회보험의 원칙은 의료보험제도를 설명하는 데 유용하다. 그러나 공적연금제도에도 적용이 된다. 공적연금은 강제가입의 원칙이 적용된다. 연금은 (현재) 그 비용을 지불하지만 그 편익은 나중에 얻게 되는 '미래재' 이다. 대부분의 사람은 오늘의 욕구를 더 긴박하고 절실하게 느끼기 때문에 불확실한 미래의 편익을 위해 오늘의 비용을 지불하려 하지 않는다. 이것이 뵘-바베르크(Boehm-Bawerk, E. von)가 주장한 '미래재의 저평가' 이다(이준영 · 김제선, 2012:192). 그러므로 공적연금은 청년기에 노후대비를 소홀히 할 가능성이 있는 사람들에게 노후에 발생할 소득 감소나 상실에 대비하여 국가가 강제로 가입하게 한다. 또한 미래에 대한 대비이기 때문에 역선택이 발생할 가능성이 크다. 이를 방지하기 위해서도 공적연금제도는 강제가입을 원칙으로 한다.

기여와 혜택의 관계에서는 공적연금제도도 '수지상응의 원칙' 이 적용된다. 즉 공적연금의 혜택은 과거의 소득과 기여금에 기초해서 산출되므로 기여금이 높은 사람의 경우 노후에 받는 혜택도 커진다. 그러나 저소득층의 경우 기여금이 충분치 않더라도 기본적 연금을 주게 되므로 많이 기여한 사람보다 기여금 대 보험금의 비율상 더 큰 혜택을 받는다. 우리나라의 국민연금도 기여금이 적은 사람이 많은 사람보다 연금의 절대액수는 적지만, 기여금에 대비한 상대적 비율은 더 높은 구조로 되어 있다. 따라서 이러한 구조를 통해 수직적인 소득재분배의 효과를 거두고 있다.

이러한 공적연금은 의료보험과 같은 다른 사회보험과 마찬가지로 사회적 연대를 기본으로 한다. 즉, 그 구조상 사회구성원이 상호 연대하여 위험부담을 분산시키고, 취약한 계층이라도 노후의 소득상실에 대하여 최소한의 지원을 받도록 하는 제도이기 때문에 서로 돕는 사회적 지원의 개념이 없이는 실시되기 어렵다.

2) 공무원연금의 발달과 쟁점

공무원연금은 공적연금 중에서도 '특수직 연금'이다. 즉, 개인이 자신의 의사에 따라 자유롭게 가입하는 민간연금이 아니라 정부에 의해 강제로 가입되며, 국가에 의해서 운영되지만 공무원이라는 특정 직업을 가진 집단만을 대상으로 일반 국민이 가입대상인 연금과는 별개로 운영된다. 그런데 이 점에서 우리나라의 국민연금과 같이 일반 국민을 대상으로 하는 연금과 공무원연금을 구별해서 운영해야 하는가 또는 양자 사이에 '형평성'을 유지해야 하는가와 관련된 사회적 논쟁이 있다. 이러한 논쟁은 공무원의 '직업적 특수성'과 이와 관련하여 연금제도가 발달한 역사적 과정에서 비롯된다.

① 공무원의 직업적 특수성과 공무원 연금제도의 발달

역사적으로 볼 때 유럽의 경우 중세시대 봉건제후의 종자(從者)가 국가공무원(관리)으로 이행되었을 때 직업공무원제도가 탄생하게 되었다. 봉건제후나 군주와의 주종관계를 벗어나 한 국가의 이익과 보존을 위해 직업공무원제가 발전하게 된 것인데, 이는 역사적으로 군주제에서 공화제가 될 때에도 마찬가지임을 의미한다(방만기, 2011:77). 전문지식을 사용하여 봉급을 받으면서 국가의 통치업무에 종사하는 새로운 직업을 일컫는 용어로 탄생한 관료제(bureaucracy)는 현재는 단지 정부만을 일컫는 것이 아닌, 계층화와 분화, 규정에 의한 관리로 특징화된 조직을 가리키는 일반적 용어이지만, 그 용어가 탄생한 18세기 무렵부터 지금까지도 관료라는 특정 집단을 가리킬 때는 주로 정부부문 종사자들을 의미하고 있다.

이러한 관료제의 이론을 발전시킨 베버(M. Weber)에 따르면 관료는 전문성과 합리성에 기초하여 업무를 수행하며, 이를 위해 관료는 공무에만 전념(full-timed)하고, 경제적으로 충분히 보상받아야 한다고 보았는데, 여기에는 퇴직 후의 경제적 안정을 위한 연금이 중요한 요소로 포함되어 있다. 이러한 제도형성의 역사적 배경을 보면, 프로시아의 관료들은 새로운 사회의 주도권을 놓고 치열한 경쟁을 벌이던 신흥 자본주의 부르주아와 수적으로 급격한 성장을 보이며 자본주의하에서 고통받고 있던 노동자, 그리고 변화를 꺼려하는 전통적 지주세력 사이에서 국민국가라고 하는 공동체 전체 이익을 보호해야 하는 역사적 도전에 직면해 있었다. 여기서 국가는 사회적 이해세력으로부터 관료체계의 구조적인 자율성을 확보해야 했으며, 이를 위해 관료의 신분보장과 경제적 보상을 위한 제도가 성립되었던 것이다(권혁주, 2006:32-33).

이렇게 보면 공무원에 대한 신분보장과 경제적 보상은 함께 연결되어 있으며, 결국 공직의 특수성에 기초한다는 것을 알 수 있다. 즉, 공무원은 공동체의 운영과 발전을 위한 중립적 존재로서 존재하여야 하고, 이들의 중립성을 보장하기 위해서는 어느 한 집단이나 정파의 정치적 영향력에 영향받지 않을 중립성이 보장되어야 하며, 이들이 자율성을 가지고 공무에 전념토록 하기 위해서는 생활의 안정을 위한 경제적 보상이 필요한 것이다. 그러므로 공무원연금제도는 단순히 개인이 노후에 노동력을 상실하였을 경우에 대비한 보장제도에 한정된 성격을 가지고 있다기보다는 국가의 안정적 발전을 담보하기 위한 정책적 수단의 성격이 강한 것이다.[8)]

따라서 공무원연금을 둘러싸고 '이것이 일반 국민을 대상으로 하는 공적연금과 구별되어야 하는가' 라는 핵심적 쟁점은 공직의 특수성을 인정할 수 있는가의 문제와 맥을 같이한다. 만약 공무원의 역사적 · 사회적 특수성을 인정한다면 그것이 일반 국민의 연금과 어느 정도 다르게 운영되는 것도 인정할 필요가 있다. 그러나 이것은 규범적으로나 이론적으로 결론을 내릴 사항은 아니며, 사회적 합의를 필요로 한다. 또한 공직의 특수성도 시대에 따라 그 정도가 변화되고 있음도 감안해야 할 것이다.

공무원연금제도에 대하여 주로 '개혁의 필요성' 이라는 주제에 따라 논의되고 있는 쟁점을 보면 다음과 같다.

② 공무원연금제도의 개혁에 대한 쟁점

공무원연금제도에 대한 개혁에 대해 여러 논의가 있지만, 그 필요성은 크게 두 가지로 요약될 수 있다. 하나는 공무원연금의 운영이 적자이기 때문에 국가재정으로 지급부족분을 메워줘야 하는 부담이 크다는 점이고, 다른 하나는 일반 국민이 받는

---

8) 우리나라의 경우도 국가발전에 공무원이 헌신적으로 주도적 역할을 수행하도록 하기 위하여 공무원연금제도를 정책수단으로 활용하였다. 군사 쿠데타로 정권을 잡은 박정희정부는 장면정부가 실시하지 못했던 국가주도의 경제개발 전략을 실시하게 되는데, 열악한 경제상황에서 당장에 높은 경제적 보상을 할 수 없었던 박정희정부는 높은 수준의 공무원연금을 제시하면서 공무원의 조직몰입을 유인했던 것이다(권혁주, 2008:33).

국민연금과의 격차가 커서 형평성에 문제가 있다는 것이다. 그리고 이 두 가지 쟁점은 상호 연계되어 있으며, 세부적으로는 공무원의 특수성 인정에서부터 운영방식까지 몇 가지 주제로 나누어 볼 수 있다. 이러한 쟁점들은 일시적인 것이 아니며, 공무원연금제도를 운영함에 있어 사회환경의 변화에 따라 언제든지 새롭게 논의될 수 있는 것들이다.

첫째, '공무원연금의 특수성을 인정할 것인가'의 문제가 있다. 공무원연금의 특수성을 인정한다는 것은 그 성격이나 그에서 비롯된 연금의 구조, 운영 등을 일반 국민이 받는 연금과 다르게 인식한다는 것이다. 그러므로 공무원연금과 국민연금의 형평성에 대한 주장은 그 차이성에 대한 인식이 약하다는 것을 의미한다. 이러한 쟁점에 대한 대답은 한국 사회의 발전과정에서 공무원이 어떤 역할을 수행하였으며, 앞으로 어떤 역할을 수행할 것인가에 대한 논의와 직업으로서의 공직의 특수성과 그에 따른 공무원의 권리 및 의무의 범위를 어떻게 이해하는가에서 찾을 수 있을 것이다.

둘째, 공무원연금의 특수성을 인정한다고 하더라도 '연금기금 형성에서의 부담이나 연금수혜에서 국민연금과의 차이를 어느 정도까지 인정할 수 있는가'의 문제가 있다. 이에 대해서는 절대적 기준을 찾기 어려우나, 공무원연금의 혜택을 줄여야 한다는 주장이 계속 제기되고 있다. 그리고 이러한 주장은 특히 공무원연금재정이 다 소진되어 연금지급을 위한 국가재정이 확대되는 환경에서 더 강력해지고 있다.[9]

셋째, '공무원연금재정의 적자확대를 어떻게 축소할 것인가'의 문제가 있다. 이 문제는 단순히 연금재정에 대한 부담과 연금수혜액에 대한 금전적 문제뿐 아니라, 공무원에 대한 전반적인 대우의 문제, 이와 관련하여 과거 민간에 비해 불이익한 근무환경에서 근무했던 공무원과 근무환경 개선 이후 공직에 진입한 공무원들과의 차별성 문제, 기준되는 시기의 문제, 유능한 인력의 효율적 관리를 위한 인사행정의 문제 등을 종합적으로 감안하여 해답을 찾아야 할 것이다.

이러한 쟁점들은 다 중요하지만, 세 번째 쟁점이 핵심이다. 만약 공무원연금재정

9) 공무원연금의 혜택을 줄여야 한다는 주장에 대한 반론도 많다. 김태일은 그의 연구에서 이러한 반론들을 소개하면서도, 전 생애에 걸쳐 받는 보수수준의 관점에서 보면 공무원의 소득이 민간대비 100%를 넘는다고 보았다. 일반직의 보수수준이 민간대비 87.4%인 점을 감안하여도 직업안정성이 민간에 비해 높기 때문에 생애보수는 민간대비 100%를 상회한다는 것이다. 이러한 분석은 공무원의 연금혜택을 줄여야 하는 근거로 제시될 수 있다(김태일, 2004).

에서 적자가 발생하지 않는다면, 즉 국민이 내는 세금으로 공무원연금의 적자를 보전하는 문제가 없다면, 공무원연금의 특수성 문제나 국민연금과의 형평성 문제도 크게 부각되지 않을 것이다. 그러므로 공무원연금의 개혁은 어떻게 하면 연금재정의 건전성을 강화할 것인가가 가장 중요하게 다루어져야 할 것이다.

2. 연금재정의 운영

연금재정의 운영은 다른 정부재정과 마찬가지로 수입과 지출로 구성된다. 지출의 주요 부분은 연금급여이며, 재정의 운영비용도 지출에 포함된다. 이러한 지출을 충당하기 위해서는 적절한 재정수입수단을 확보해야 하는데 이는 주로 연금가입자의 납부에 의해 이루어지며, 기금이 있을 경우 기금의 운용수익도 포함된다.

1) 연금급여

① 급여액 결정방식

연금급여를 얼마나 지급할 것인가를 결정하는 방식은 크게 확정급여(defined benefit)방식과 확정기여(defined contribution)방식이 있다.

확정급여방식은 연금가입자가 받을 연금액을 미리 정해 놓는 방식으로 일정한 액수로 할 수도 있고, 현재 소득의 일정비율(소득대체율)로 정할 수도 있다. 미리 정해진 연금액이 지급되기 때문에 가입자는 안정적으로 연금을 받을 수 있고, 노후생활을 설계하기에도 유용하다. 또한 급여수준을 물가변동과 연동시키면 물가상승에 따른 손실을 방지할 수 있다. 그러나 연금재정의 수입에 관계없이 일정금액의 연금급여가 지급되어야 하기 때문에 재정운영에 부담이 될 수 있다. 우리나라 공무원 연금은 기본적으로 임금대체율에 의한 확정급여방식을 택하고 있다.

확정기여방식은 가입자가 납부하는 보험금은 액수나 임금에 대한 비율의 기준에 따라 정해져 있지만, 보험급여액은 미리 정해지지 않은 방식이다. 그러므로 관리자는 납부된 보험기여액을 적립하고 운영하여 그 수익으로 보험금을 지급한다. 그러므로 이자율이 낮아지거나 운영자가 기금관리를 효율적으로 하지 못하면 그 손실위험을 가입자가 감수하게 된다.

② 소득대체율과 기준소득금액

현재의 소득에 대비하여 연금급여로 받는 금액의 비율을 소득대체율이라고 한다. 즉, 현재의 소득수준을 연금을 받을 당시의 가치로 환산하였을 때, 연금급여액이 그 금액의 몇 퍼센트를 충당할 것인가의 비율이다. 이 비율을 어느 정도로 목표하느냐에 따라 예상되는 급여액이 정해지기 때문에 지출규모에 미치는 영향이 크다. 예를 들어 임금대체율이 60%라고 하면 현재 소득금액을 연금지급시기의 금액으로 환산한 금액의 60%를 연금으로 지급하는 것을 목표로 연금을 운영한다는 것이다.[10)]

소득대체율과 함께 연금급여를 결정짓는 또 하나의 중요한 변수는 현재의 소득수준을 결정하는 방식이다. 가입자의 소득수준은 근로시기에 따라 달라지며 일반적으로 근무경력이 많아질수록 상승한다. 그러므로 소득대체율이 일정하다고 하더라도 현재의 소득수준을 결정하는 시기를 어떻게 잡느냐에 따라 연금급여는 달라진다. 보통 근로기간의 평균 소득액을 기준으로 하지만, 근로기간도 언제부터 계산하느냐에 따라 기준이 되는 소득수준이 달라질 수 있다.

공무원연금의 경우 소득이 되는 급여수준을 계산할 때 2010년 이후 임용된 공무원은 전 근무기간의 평균임금이 기준이 된다. 그 이전은 최종 3년 근무기간의 평균임금이 기준이었다. 이와 같이 소득대체율과 기준소득금액은 연금급여액의 결정에 매우 중요하게 작용하기 때문에 연금재정의 건전화 또는 국민연금과의 형평성과 관련하여 개혁의 대상으로 자주 논의되고 있다.[11)]

③ 급여개시시기

연금급여액과 함께 지출면에서 연금재정에 큰 영향을 미치는 요소는 급여개시시기이다. 이것은 '퇴직 후 언제부터 연금을 받을 수 있는가'의 문제로서, 이 시기에 따라 개인이 받을 수 있는 연금의 총액이 달라지게 된다.

퇴직연금은 퇴직으로 인한 소득의 상실뿐 아니라 노동력의 상실까지 전제로 하

---

10) 데일리(Daley)는 은퇴 후의 필요소득을 은퇴 전 소득의 80% 내지 85%라고 제시하고 있다. 여러 조사에 의하면 개인별 선호도나 인플레이션의 정도에 따른 차이가 있지만, 일반적으로 은퇴 후 그의 라이프스타일을 유지하기 위해서는 퇴직 전 소득의 80~85%의 소득이 필요하다고 측정된다는 것이다(Daley, 2002:161). 우리나라의 공적연금들은 이보다 낮은 수준의 대체율을 산정하고 있다.

11) 퇴직연금의 금액은 재직기간 매 1년당 평균기준소득월액의 1.9%에 상당하는 금액으로 하며, 이 경우에 퇴직연금의 금액은 평균기준소득월액의 62.7%를 넘지 못하도록 되어 있다(공무원연금법 제46조 제4항).

고 있는 것이다. 만일 소득의 상실에 대한 대비라면 퇴직연금이 아니라 실업수당으로 대응할 수 있다. 그러므로 퇴직연금의 급여개시시기는 고령으로 인한 노동력의 상실을 감안해야 한다. 우리나라 공무원연금의 경우 처음에는 연금을 받을 수 있는 재직기간만 20년으로 정해 놓았으나, 그 후 60세(1996년), 65세(2010년)로 차츰 급여개시연령을 상향조정해 왔다. 다만, 급여개시연령에 달하지 아니한 경우에도 개시연령 5년 전부터는 일정금액을 감액하여 연금급여를 받을 수 있다(공무원연금법).

2) 연금의 조성

연금을 지급하기 위해서는 그 재원이 마련되어야 한다. 연금의 재원을 마련하는 방식은 기금제와 비기금제가 있다.

① 기금제

기금제는 연금지급을 하기 위한 기금을 미리 조성하고, 그 운용수익으로 연금을 지급하는 방식이다. 그러므로 기금제에서는 기금을 어떻게 조성할 것인가와 어떻게 운용할 것인가가 매우 중요하다. 특히 운용에 있어서, 미래 예측에 기반을 두고 연금재정이 훼손되지 않도록 해야 하기 때문에 고도의 전문성이 요구된다. 그만큼 복잡하고 기금이라는 초기비용이 많이 들어가는 단점이 있으나, 기금운용을 잘하면 연금을 안정적으로 지급할 수 있다는 장점이 있다.[12)]

② 비기금제

비기금제는 연금재원을 미리 마련하지 않고 필요한 때에 필요한 만큼 동원하여 지급하는 방식이다. 일종의 부과방식으로서, 국가의 일반 세입금 중에서 연금지출에 소요되는 금액을 세출예산에 계상하여 지출하므로 현금지출제라고도 한다. 영국과 프랑스 등이 비기금제를 운영하고 있다(강성철 외, 2008:509).

비기금제는 기금으로서의 목돈을 미리 마련할 필요가 없고, 미래에 대한 예측 없이 지출 당시의 상황에 따라 운영하면 되므로 운영이 비교적 단순하다는 장점이 있다. 그러나 국가의 재정상황에 따라 연금지급이 불안정해질 수 있다는 것이 단점

---

12) 그러나 기금의 운용수익이 지출을 감당할 정도가 되지 않으면 기금원금의 훼손이 발생하게 되고, 마지막에는 고갈이 될 수 있다. 이렇게 되면 비기금제와 마찬가지로 안정적 연금지급을 담보하기 어렵다.

이다.

③ **연금기금 조성의 기여제와 비기여제**

기금은 기본적으로 수혜자들이 미리 일정금액을 일정기간 적립하는 방식으로 조성된다. 이때 적립금을 누가 감당하는가에 따라 기여제와 비기여제로 나눌 수 있다.

기여제는 기금의 조성을 정부와 공무원이 공동으로 하는 제도이다. 즉, 기금의 적립에 필요한 기여금을 고용주와 피고용인이 일정비율 나누어 부담하는 것이다. 비기여제는 기여금을 고용주가 부담하고 피고용인은 부담하지 않는 방식이다. 우리나라의 특수직연금이나 국민연금은 기여금제로 운영된다. 단, 국민연금가입자 중 지역가입자의 연금은 비기여제로 운영되므로 부담액이 직장가입자보다 많다.

그러나 실제 기여제를 택하느냐 비기여제를 택하느냐의 질문은 경제적이라기보다 심리적인 문제라는 지적이 많다(Stahl, 1983:362; 오석홍, 1993:529). 왜냐하면 비기여제에 의하더라도 공무원(피고용인)이 기여하였어야 할 금액만큼 정부(고용주)가 공무원의 보수를 줄여서 충당하면 기여제와 비슷한 결과가 나오기 때문이다(강성철 외, 2008:509).

④ **연금기금의 운용수익과 재정지원**

연금제도를 기금제로 운영할 경우 기금의 운영에 있어서 두 가지 큰 과제가 있다. 하나는 연금을 지급할 수 있을 정도로 수익을 올려야 한다는 것이고, 다른 하나는 손실이 발생하지 않도록 운영해야 한다는 것이다. 손실이 발생하지 않아야 한다는 요구는 연금의 경우 다른 생계대책을 마련하기 어려운 노후에 생활의 근거가 되기 때문에, 기금이 훼손되어 연금을 지급받지 못하게 되면 생계에 대한 큰 위협이 되기 때문이다.

그런데 이 두 가지 요구는 서로 상충되는 면이 있다. 투자의 고수익은 반드시 원금손실의 고위험을 수반한다. 그러므로 연금기금운용의 고수익을 추구하려면 고위험을 감수해야 하는데, 원금의 훼손을 방지하기 위해서는 위험성이 높은 투자를 피하고 안정적 수익을 올릴 수 있는 보수적 운영을 해야 한다. 그러나 기금의 보수적 운영은 필요한 만큼의 투자수익을 올리기 어려울 수 있다. 우리나라의 경우 공무원연금법 및 그 시행령에 기금을 운용할 수 있는 방법과 대상을 정해 놓고 있다. 과거에는 주식투자와 같은 위험성이 높은 투자를 엄격히 제한하였었으나 현재는 허용하고 있으며, 투자손실에 따른 비판이 제기되기도 한다.

〈2012 결산〉 3대 연기금 올해 투자성과는?

유럽 재정위기와 미국 재정절벽 우려에 휘둘린 한 해였다. 그만큼 금융시장에서의 예측은 빗나가기 일쑤였고, 수익을 내기도 힘들었다.

'스마트 머니'로 꼽히는 국내 연기금들 역시 녹록치 않은 환경 속에서 고군분투했다. 금리 인하로 자산의 절반이 넘는 채권에서는 예상보다 좋은 수익을 냈지만 증시에서는 시장을 따라가는 데 그쳤다. 대안으로 여겨졌던 대체투자 역시 공무원연금을 제외하고는 성과가 좋지 않았다.

26일 각 연기금에 따르면 올해 채권투자 수익률은 사학연금과 공무원연금이 지난 11월말 기준으로 각각 6.38%, 5.8%를 기록했다. 사학연금은 총 10조 3,988억원의 운용자산 중 절반인 5조 9,819억원을 국내 채권에 투자했으며, 공무원연금의 채권 운용규모는 2조 3,261억원이다. 전체 운용기금 385조 7,879억원에서 60% 이상인 237조 1,956억원을 국내 채권에 투자한 국민연금의 수익률은 지난 9월 말 기준 5.64%다. 연환산 수익률은 6.85%다.

주식투자에서는 사학연금과 국민연금의 성과가 두드러졌다. 11월말 기준 사학연금의 국내 주식 수익률은 6.63%로 같은 기간 코스피 등락률 5.87%, 국내 주식형펀드 평균 수익률 4.62%를 모두 앞섰다. 현재 운용규모는 2조 1,000억원 안팎이다. 국민연금의 국내 주식 수익률은 지난 9월 말 기준 11.23%로 같은 기간 코스피 상승률 9.34%를 웃돌았다. 증시가 급락했던 시기에 매수세를 강화하면서 반등장에서 좋은 수익을 낼 수 있었다. 사학연금의 9월 말 기준 수익률이 11.24%임을 감안하면 국민연금의 현재 수익률도 다소 낮아졌을 것으로 추정된다.

3대 연기금 중에서는 공무원연금의 주식투자 수익률이 가장 저조했다. 지난 9월 말과 11월 말 기준 국내 주식투자 성과는 각각 7.4%, 4.3%로 코스피지수도 따라가지 못했다. … (이하 생략)

〈2012년 연기금 투자수익률〉

구분	국내 주식	국내 채권	대체투자
국민연금	11.23%	11.23%	11.23%
사학연금	6.63%(11.24%)	6.38%(6.94%)	3.94%(3.05%)
공무원연금	4.3%(7.4%)	5.8%(6.1%)	9.1%(8.0%)

자료 : 각사 취합
* 직접투자 기준
* 국민연금은 9월 말 기준. 다른 연금은 11월 말 기준. 괄호 안이 9월 말 기준

〈헤럴드경제〉 2012.12.26.

연금기금의 수익이 연금지출을 충당하지 못하게 되면 부득이 국가재정으로부터의 지원이 불가피해진다. 우리나라의 공무원연금법 제69조에는 "국가나 지방자치단

체는 제42조에 따른 급여 중 퇴직급여 및 유족급여(제56조 제1항 제2호 · 제3호에 따른 유족연금, 같은 조 제4항에 따른 순직유족연금, 제61조 제1항에 따른 유족보상금 및 제61조 제3항에 따른 순직유족보상금은 제외한다)에 드는 비용을 기여금, 연금부담금으로 충당할 수 없는 경우에는 그 부족한 금액(이하 "보전금"이라 한다)을 대통령령으로 정하는 바에 따라 부담하여야 한다."고 규정하고 있으며, 이는 우리나라의 특수직연금제도에 모두 공통된 사항이다.[13] 그리고 이러한 연금재정의 국고보조는 과연 그것이 정당한가에 대해서 앞에서 언급한 바와 같이 사회적 논쟁의 대상이 된다.

3) 지 출

연금의 지출은 크게 연금지급과 연금제도의 운영비용으로 나눌 수 있다. 연금재정의 건전화를 위해서는 당연한 지출로 여기는 연금지급뿐만 아니라 운영비용의 효율화를 위해서도 노력해야 한다.

연금은 일반적으로 퇴직과 같이 더 이상 근로를 통한 수입을 얻기 어려운 경우를 대비한 것이라고 인식되고 있다. 그러나 근로를 할 수 없다거나 또는 근로수입에 의존할 수 없다는 점에서 질병, 부상, 재해, 사망 등의 사유에 의해서도 연금이 지급될 수 있다. 예를 들면 부상으로 인해 일정기간 일을 할 수 없을 경우 요양비나 재해부조금 같은 것이 지급될 수 있으며, 퇴직뿐 아니라 장해나 사망으로 인해 근로소득을 얻을 수 없을 경우에도 장해급여나 유족급여가 지급될 수 있다.

그런데 연금지급의 범위를 퇴직 이외의 사유에까지 확대하는 것은 연금을 단순히 퇴직 이후를 대비하는 것이 아니라 사회보장제도의 하나로 폭넓게 인식하는 것이다. 이럴 경우 연금제도 운영의 비용이 증가하게 되며, 특히 기금제로 운영할 경우 기금의 운용이 훨씬 복잡해진다. 왜냐하면 단순히 미래에 대한 물가상승률과 인력수급뿐만 아니라 질병이나 재해로 인한 보험금 산출과 그에 대한 적립금의 적정규모 및 운용까지 고려해야 하기 때문이다. 그러므로 이러한 사회보장제도의 성격이 강한 연금제도를 운영할 경우 연금재정의 건전성을 확보하는 것은 매우 어려운 일이 된다.

---

13) 다만, 사립학교교직원연금법에서는 국가의 재정보전을 의무화하지 않고, "법률 또는 제도적인 사유로 이 법에 따른 급여를 기금으로 충당할 수 없을 때에는 국가가 그 부족액을 지원할 수 있다."고 하여 여지를 두고 있다(제53조의 7).

연금제도의 운영비용도 재정의 건전성 확보를 위해 중요하다. 이는 기금제의 경우 더 절실한 문제인데, 기금의 운용은 전문성을 요하기 때문에 별도의 기관을 설립하게 된다. 그러므로 이러한 기관의 운영비, 기금의 투자 등에서 발생하는 비용에서 낭비가 생기지 않도록 유의하지 않으면 연금재정 건전성 확보에 위협요인이 된다.

3. 우리나라의 공무원연금제도

1) 제도 일반

우리나라의 공무원연금제도는 '공무원연금법'에 의해 운영된다. 연금재정은 기금의 운용을 통해 확보하며, 기금은 기여제에 의해 적립하고 있다. 기여금은 기준소득월액의 7%이며, 정부는 이와 동일한 금액의 부담금을 부담한다.

연금급여의 종류는 단기급여와 장기급여가 있다. 단기급여는 공무상요양비 · 재해부조금 · 사망조위금이 있으며(공무원연금법 제34조), 장기급여는 퇴직연금 · 퇴직연금일시금 · 퇴직연금공제일시금 · 퇴직일시금으로 구성된 퇴직급여 · 장해연금과 장해보상금으로 구성된 장해급여 · 유족연금과 유족연금부가금 · 유족연금특별부가금 · 유족연금일시금 · 유족일시금 · 유족보상금 · 순직유족연금 · 순직유족보상금으로 구성된 유족급여, 그리고 퇴직수당이 있다. 장기급여에서 퇴직연금은 20년 이상 최대 33년간 기여금을 납부하여야 받을 수 있으며, 20년이 안 될 경우에는 퇴직일시금이 지급된다.

2) 퇴직연금의 지급

퇴직연금은 공무원이 퇴직한 이후 지급된다. 연금액을 매월 받는 퇴직연금과 받을 연금을 일시에 받는 퇴직연금일시금이 있다. 퇴직연금은 처음에는 20년 이상 근무한 경우 지급받을 수 있었으나, 그 후 60세 이상이 되어야 받을 수 있도록 하였다가, 2010년 1월 1일 이후 신규임용된 자부터 65세 이상 되어야 받을 수 있도록 개정되었다. 그러나 조기퇴직의 경우 개시연령 5년 전부터 조기지급받을 수 있는데, 이 경우 미달년수 1년당 5%씩 연금액이 감소한다. 또한 2010년의 법개정에서는 연금지급액(지급율)의 계산이 퇴직 전 3년 평균보수월액×(재직기간×2%+10%)에서 전

재직기간 평균기준소득월액×재직기간×1.9%로 변경되었다. 기준금액이 3년 평균보수월액에서 전 재직기간 평균기준소득월액으로 바뀜으로써 낮아지게 된 것이 큰 변화이다.

이러한 변화는 연금재정이 악화되는 것을 방지하기 위해서이다. 즉, 연금으로 지급되는 급여를 낮추고 개시연령을 늦춤으로써 그만큼 지출을 줄일 수 있도록 한 것이다. 유족연금도 종전에는 퇴직연금의 70%를 지급하였으나, 2010년 1월 1일 이후 임용자부터는 60%를 지급하도록 낮추었다. 이에 비해서 기여금은 높였는데, 종전에는 보수월액의 8.5%(기준소득월액 기준 5.525%)였던 것을 2010년에는 기준소득월액의 6.3%, 2011년에는 6.7%, 2012년에는 7.0%로 인상하였다. 이로 인해서 연금재정의 수입이 더 확보토록 된 것이다.

그러나 이러한 변화에도 불구하고 공무원연금은 계속 재정적자를 보이고 있으며 개선될 가능성이 적어 많은 비판과 개혁요구가 제기되고 있으며 논란이 되고 있다.

혈세 먹는 '하마', 공무원연금 개혁 이뤄질까

공무원연금 적자가 눈덩이처럼 불고 있다. 정부는 지난해까지 공무원연금에 국민세금을 10조 2,283억원 쏟아부었다. 공무원연금공단의 올해 연금운용 수입은 7조 6,633억원, 지출은 9조 5,586억원으로 1조 8,953억원 적자가 발생한다.

국회 예산정책처 추산으로는 국가재정에서 보전해야 할 공무원연금 액수는 오는 2014년 2조 3,409억원으로 처음으로 2조원을 넘어서고 2020년에는 6조 2,518억원으로 늘어난다. 앞으로 10년간 국가보전금이 28조 6,940억원에 달할 전망이다.

증가폭도 매우 높다. 2008년부터 올해까지 공무원연금 적자는 연평균 2.3% 증가하지만 2014년부터 2020년까지는 연평균 17.8%로 폭증할 것으로 예측됐다. 이는 2014~2020년 공무원연금 수입은 연평균 3.3%증가하는 데 비해 지출은 7.8% 증가할 것으로 예상되는 데 따른 분석이다.

현행 공무원연금법은 적자가 발생할 경우 정부가 국고로 보전해 주도록 하고 있다. 이로 인해 현행 운용방식이라면 기하급수적으로 늘어나는 적자로 '밑빠진 독'이 될 가능성도 높아지고 있다. 국민의 세금으로 모자란 부분을 충당하면 되기 때문이다. 국민연금 수급자들의 평균수급액은 28만원에 그치는 반면 공무원연금 수급자들의 평균액수는 210만원에 달하면서 형평성 논란도 불거진다. 국회 예산정책처 관계자는 "공무원연금 재정적자 완화를 위해 현행 7%인 기여율과 연금지급률을 조정할 필요가 있다. 적립된 기금의 운용수익을 연금지출에 효율적으로 사용할 수 있도록 하는 제도개선도 필요하다."고 주장했다.…(이하 생략)

〈이코노미세계〉 2013.6.13.

참고문헌

강성철 외. 2008. 「새인사행정론: 개정6판」. 서울: 대영문화사.

권혁주. 2006. "공무원연금의 개혁과 정책적 쟁점." 「보건복지포럼」 제119호.

김태일. 2004. "국민연금과의 비교를 통한 공무원연금의 형평성 분석." 「한국행정학보」 제38권 제6호, pp.111-129.

방만기. 2011. "공무원연금개혁에서 사회 · 경제적 요인의 중요성." 「한·독사회과학논총」 제21권 제1호.

오석홍. 1993. 「인사행정론 : 신정판」. 서울: 박영사.

윤석명. 2006. "특수직역연금의 현황과 제도개선 방향 : 외국 제도운영 현황분석 및 국제기구의 권고안 중심으로." 「보건복지포럼」 제119호.

이준영 · 김제선. 2012. 「사회보장론: 원리와 실제」. 서울: 학지사.

임문혁. 2007. "독일의 의료보험 개혁이 사회적 연대감에 미치는 영향." 「보건복지포럼」 통권 제123호(2007년 1월). 한국보건사회연구원, pp.28-41.

Armstrong, Michael. 2010. *Armstrong's Essectial Human Resource Management Practice: A Guide to People Management*. London: Kogan Page.

Daley, Dennis M. 2002. *Strategic Human Resource Management: People and Performance Management in the Public Sector*. Upper Saddle River, NJ: Prentice-Hall.

Maarse, H. and Paulus A. 2003. "Has Solidarity Survived? A Comparative Analysis of the Effect of Social Health Insurance Reform in Four European Countries." *Journal of Health Policy and Law*. Vol.28, No.4, pp.585-614.

Noe, Raymond A., Hollenbeck, John R. and Gerhart, Barry. 2011. *Fundamentals of Human Resource Management*, 4th ed., NY: McGraw-Hill/Irwin.

Siegel, Gilbert B. 2010. "Designing and Creating an Effective Compensation Plan." in Condrey, Stephen E. ed., *Handbook of Human Resource Management in Government*, 3rd ed., San Francisco: Jossey-Bass.

Stahl, O. Glenn. 1983. *Public Personnel Administrarution*, 8th ed., NY: Harper & Row, Publishers.

제 6 장

능력발전

제1절 능력발전의 의의
제2절 교육훈련
제3절 경력개발
제4절 역량기반 교육훈련

'능력발전' 은 개인이 지닌 능력을 향상시키는 것을 의미하지만, 인사행정에서의 '능력발전' 은 단순히 공무원이나 공공분야 종사자의 능력향상을 모두 의미하는 것이 아니라 '직무수행상 필요한 능력을 향상시키는 것' 을 의미한다. 그러므로 논의의 초점도 '직무능력 향상을 위한 조직의 필요' 에 맞추어지게 된다.

제1절 능력발전의 의의

능력발전은 '공무원이나 공공분야의 종사자가 직무수행상 필요한 지식이나 기술적 능력을 향상시키고, 직무수행에 필요한 가치관 및 태도를 갖게 하는 것' 을 의미한다. 공무원은 채용될 때 일정한 능력이 있음을 검증받지만, 그가 근무하게 되는 환경은 전혀 새로운 것이라고 보아야 한다.

또한 사회의 변화에 따라 행정환경이나 필요한 지식이나 기술 및 가치관이 계속 변하게 되므로, 이에 대응하는 노력이 필요하다. 그러므로 능력발전은 공직자 개인에게도 꼭 필요한 활동이지만, 조직에서 인력을 관리할 때도 반드시 요구되는 분야라고 할 수 있다.

1. 능력발전의 필요

행정환경은 늘 변화하면서 정부에게도 환경의 요구에 맞는 변화를 요구하고 있다. 그러므로 정부활동을 담당하고 있는 공무원들에게도 늘 발전된 능력과 태도를 갖출 것이 요구된다. 공무원들이 지속적으로 능력을 향상시켜야 되는 이유를 보면 다음과 같다(이선우 · 오성호, 2003:142).

첫째, 공무원은 능력발전과정을 통하여 자신의 미비점을 보완할 수 있다. 특히 업무수행상 요구되는 업적과 달성해야 할 업적 사이의 차이를 줄일 수 있다. 능력의 미비는 처음부터 공무원 개인의 능력이 부족한 경우도 있겠으나, 새로운 기술의 발달로 인하여 발생할 수도 있다. 그러므로 신규채용 시 우수한 능력을 갖추었다고 평가받거나, 근무성적이 우수한 공무원이라고 하더라도 능력발전을 위한 지속적인 노력이 필요하다.

둘째, 공무원은 능력발전과정을 통하여 새로운 업무에 적응할 수 있다. 처음 공직에 들어왔거나, 새로운 직무를 부여받았을 때, 소속 조직의 변동이 있었을 때, 그리고 환경변화로 인하여 업무환경이 변화하였을 때 등이 공무원이 새로운 업무를 담당하게 되는 주요 원인이다. 공무원은 특별한 교육훈련을 통하여 또는 직무 중의 훈련을 통하여 새로운 업무에 필요한 능력을 습득하기도 하며, 전보나 전직을 통하여 업무능력을 확대시키기도 한다.

셋째, 공무원은 환경변화에 대한 수동적 대응뿐 아니라, 능동적으로 변화를 주도하기 위해서도 능력발전이 필요하다. 공무원이 정책형성에 개입한다는 것은 주지의 사실이다. 이 점에서 공무원은 바람직하다고 생각되는 방향으로 행정환경을 조성하기 위한 역할을 할 수 있다. 그러나 이것이 일반 사회의 요구나 변화방향과 전혀 상관이 없는 것이어서는 안된다. 그러므로 공무원은 감지된 변화방향에 대하여 능동적으로 대처함으로써 바람직한 사회적 환경의 고안자로서의 역할을 수행하게 되는 것이다. 따라서 공무원은 이러한 역할을 수행할 수 있는 지식, 기술, 가치관, 태도 등의 능력요인을 갖추어야 한다.

2. 능력발전의 방법

'능력발전'과 '교육훈련'이 동의어로 이해되는 경우가 있다. 그러나 엄밀히 말하면 '교육훈련'은 '능력발전'의 한 수단이다. 공무원의 능력발전을 위해서는 다양한 수단들이 사용될 수 있다. 이 중 어떤 것은 직접 능력발전을 목표로 하고 있는 것이 있는 반면에 다른 수단은 능력발전의 필요를 확인하기 위한 것도 있다. 인력관리의 각 분야들 중 공무원의 능력발전을 위해 중요한 수단으로 활용되는 것을 살펴보면 다음과 같다.

1) 교육훈련

교육훈련은 사전에서는 교육과 훈련으로 구분되나 우리나라 공무원법에서는 '교육훈련'을 하나의 용어로 사용하고 있다. 교육은 개인에게 지적 도전이며 숨은 재능과 능력을 발견하게 하고, 일을 하고 생각하는 데 있어서 성취도(performance)를 높이는 것이라고 할 수 있다. 반면에 훈련은 구체적인 기술(skill)이나 절차(precedures)를 가르치는 것으로서 교육보다 좁고 구체적인 개념이다(Eastburn, 1987:586).

그러므로 교육은 인출과정(drawing-out process)이며, 훈련은 주입과정(instilling process)이라고 설명하는 사람도 있다. 즉, 교육은 개인의 잠재력을 '인출' 또는 '현재화(顯在化)' 시키는 것이며, 훈련은 조직이 제시하는 기준에 맞는 지식 · 기술 · 태도 등을 가르치는 또는 주입시키는 것이라고 한다. 그러나 무엇이 '담당 직무에 관련된' 지식, 기술이며 무엇이 '일반적 지식' 인가를 엄격히 구별할 수 있는 보편적 기준은 없다. 그리고 교육이거나 훈련이거나 배우는 과정에는 대개 인출과 주입의 작용이 병존하기 때문에 인출과정과 주입과정을 분리해 생각하는 것도 무리이다. 교육과 훈련을 구별하는 논의가 전혀 무의미한 것이라고 일축해 버리는 것도 독단일지 모른다. 그러나 교육과 훈련을 구별짓기 위해 애쓰는 만큼 실천적 효용이 있는 것은 아니다(오석홍, 1983:263).

이와 같이 교육훈련을 이해할 때 그 핵심이 되는 활동은 학습이다. 즉, 공무원이 학습활동을 통하여 능력을 향상시키는 활동이다. 그런데 학습도 다양한 방법으로 이루어질 수 있다. 학습 그 자체를 목표로 하는 행위를 통해서도 이루어지지만, 학습을 목표로 하지 않더라도 무의식적인 경험을 통하여 이루어질 수도 있는 것이다. 특히 현장에서 직무수행을 통해서 능력을 향상시킬 경우 의도적인 학습활동을 직무수행과정에 포함시킬 수도 있지만, 그러한 목적이 없다고 하더라도 직무를 수행해 가는 과정에서 자연스럽게 새로운 경험을 통하여 능력을 향상시킬 수도 있는 것이다. 전자는 교육훈련의 유용한 방법으로 활용된다. 반면에 후자의 경우는 굳이 교육훈련이라고 분류되지 않는데, 이러한 면에서 능력발전의 수단은 단지 교육훈련에 한정되지 않는다고 할 수 있다.

2) 경력개발

경력(career)은 직무에 관한 경험 또는 직무경험의 기간을 말한다. 경험은 그 경험의 주체가 관련된 능력을 습득할 수 있는 기회를 부여한다. 즉, 무엇인가를 해본다는 것은 의식적이든 무의식적이든 새로운 것을 알게 하고, 정도의 차이는 있지만 이전에는 없었던 능력을 갖추게 한다. 따라서 직무수행의 경험은 당사자로 하여금 직무능력을 향상시키는 유용한 방법이 될 수 있다. 이것은 '실습'이 교육의 중요한 방법으로 활용되는 것을 통하여도 알 수 있다.

직무경험을 조직구성원의 능력향상에 활용하고자 하는 방법으로 '경력개발(career development)제도'를 들 수 있다. 경력개발제도는 조직이 조직원의 보직과정을 조직에서의 유능한 인력의 확보와 조직원 개인의 발전에 활용하고자 하는 제도이다. 이는 조직이 필요로 하는 인력을 계획적이고 의도적으로 양성하기 위해서 조직원으로 하여금 본인이 장래에 근무하게 될 직책 또는 직무부문을 희망하거나 예상토록 하여 그 직위에 필요한 지식을 체계적으로 습득 및 경험하게 하는 인사와 교육의 종합시스템이다(Fallon, 1983:Ⅶ-70). 그러므로 경력개발제도는 조직 내에서 조직원이 이동하게 될 수평적 · 수직적 경로를 체계적으로 설계하고, 조직원은 그에 따라 자신의 경력과 직무경험을 쌓아가면서 필요한 능력을 습득하게 된다.

그러나 직무경험을 통한 능력의 향상이 체계적인 경력개발계획에 의해서만 이루어지는 것은 아니다. 조직원은 조직 내에서 여러 직무수행을 경험하게 되는데, 이 과정에서 의도하지 않더라도 관련된 능력을 습득하게 된다. 그러므로 수평적 또는 수직적인 보직이동은 그 자체가 능력발전의 수단이 될 수 있다. 뿐만 아니라 정부에서는 부처 간 또는 기관 간 인사교류를 통하여 공무원의 능력발전을 시도하기도 한다.[1]

3) 성과평가

조직원의 근무실적에 대한 평가는 그것 자체가 능력발전을 목적으로 하는 것은 아니다. 그러나 평가된 결과에 따라 장단점을 파악하고 환류과정을 통해 장점을 강화하고 문제점을 시정토록 함으로써 능력발전을 가져올 수 있다.

---

1) 정부는 근무에 대한 개인의 애로사항 해결뿐 아니라 개인의 적성과 소질을 개발하는 것을 인사교류의 목적으로 규정하고 있다(안전행정부 인사실 홈페이지, 인사교류 배경). 공무원의 능력발전을 위해 교류를 활성화하고자 하는 시도는 일본에서 더 적극적인 모습으로 나타나고 있다. 일본은 1994년 12월 22일에 '성실한 인사교류의 추진에 대해서' 결정된 '각의 결정'에서 각 성청 간의 긴밀한 연계의 강화와 넓은 시야를 가진 인재의 양성의 관점에서 인사교류를 적극 추진하기로 하였는데 주요 내용은 다음과 같다. 첫째, 장래의 행정의 중핵적 요인으로 전망되는 직원에 대해서는 본 성청의 과장직에 취임할 때까지 타 성청이나 국제기관 등에 근무하는 것을 원칙으로 해서 2회 이상 (교류를) 경험토록 한다. 둘째, 각 성청의 간부직원에 대해서는 교류한 적이 적은 기관으로의 교류를 중심으로 적극 추진한다. 내각 관방 및 총무청(현재 총무성)은 인사원 및 각 성청의 협력을 얻어 매년 인사교류의 상황을 점검(follow up)한다(연세대 지역발전연구소, 1999:36).

제 2 절 | 교육훈련

교육훈련은 학습을 통하여 능력을 향상시키는 것을 기본목적으로 하는 활동이라는 점에서 다른 수단들보다 더 능력발전과 밀접한 관련이 있다.

1. 교육훈련의 필요성

교육훈련의 필요성은 능력발전의 필요성과 맥락을 같이한다. 다른 조직도 마찬가지이지만 공무원은 언제나 능력을 보강해야 할 필요가 있다. 왜냐하면 늘 새로운 행정수요가 발생하며, 새로운 업무를 담당하게 되는 경우도 흔하기 때문이다. 그러므로 현재 아무리 우수한 능력을 갖춘 공무원이라고 할지라도 업무수행에 있어서 만족할 만한 성과를 거두지 못할 가능성이 늘 있기 때문에 지속해서 능력발전을 위한 노력을 해야 한다.

그런데 필요한 능력은 의도적인 노력을 통하여 습득하거나 발전시킬 수 있다고 인식된다. 그렇기 때문에 교육훈련의 효용성이 있다. 의도적이고 계획된 학습을 통하여 공무원은 필요한 능력을 갖출 수 있다는 것이다. 따라서 정규교육을 마치고, 자격증과 같이 필요한 전문성을 갖춘 공무원이라고 할지라도 새롭게 교육훈련을 받아야 할 필요가 있다.

2. 교육훈련의 종류

교육훈련의 종류는 여러 기준에 의해 분류될 수 있다. 예를 들면 직급별로 분류할 수도 있고, 기간 · 장소 · 실시기관 등에 의해서도 분류될 수 있다. 이러한 분류는 그 분류를 하는 목적에 따라 기준이 달라질 수 있는데, 교육훈련의 의의나 내용을 잘 이해하기 위해서는 교육훈련을 실시하는 목적에 따라 분류하는 것이 유용하다. 우리나라 공무원의 교육훈련도 중앙정부든 지방정부든 이러한 기준에 의해 교육훈련의 목적을 정하고 프로그램을 준비하는 것이 일반적이다. 교육훈련 실시의 목적에 따라 분류하면 다음과 같이 종류를 나눌 수 있다.

1) 기본교육

기본교육은 공무원으로서 채용되었다거나 승진과 같이 새로운 직급에서 근무하게 되었을 때에 실시하는 교육훈련이다. 즉, 구체적이고 개별적인 직무에 상관없이 특정 집단에 소속하게 되었을 때 그 집단의 일원으로서 공통으로 갖추어야 할 능력이나 필요사항을 교육훈련시키는 것이다. 그러므로 교육훈련의 내용은 그 집단에 관련된 보편적 지식이나 기술, 가치관, 태도 등으로 구성된다.

2) 전문교육

전문교육은 직무교육이라고도 할 수 있는데, 특정 분야의 직무수행에 필요한 전문분야의 교육훈련을 실시하는 것이다. 전문적 능력의 배양을 목적으로 하기 때문에 교육과정은 업무관련성이 높도록 편성하여야 하며, 직무에 따라 구체적이고 좁은 범위의 교육훈련을 실시한다.

3) 소양교육

소양교육은 지식이나 기술에 대한 교육훈련이 아니고, 조직원으로서 갖추어야 할 가치관이나 태도 등을 교육훈련시키는 것이다. 공무원에 대한 소양교육은 공무원이 갖추어야 할 일반적 가치관과 태도와 더불어 국가시책에 대한 내용도 포함된다. 흔히 정신교육이라고 불리는 교육훈련과정이 이에 해당한다.

공무원의 경우 성인으로서 이미 가치관이나 태도가 확립되어 있다고 보아야 하기 때문에 소양교육의 효과성에 대해 의문이 제기될 수 있다. 그러나 단기간에 공무원의 직무수행행태를 변화시킬 수는 없다고 할지라도 요구되는 방향에 대하여 늘 인식하게 영향을 미칠 수 있고, 이것은 공무원의 직무수행태도에 영향을 준다. 또한 새로운 시책에 대응한 교육훈련은 공무원의 의사결정이나 행동을 기본적으로 정부정책과 일치시키기 위하여 필요하다.

3. 교육훈련의 방법

교육훈련에는 다양한 방법들이 사용된다. 각 방법은 그 효과와 한계가 상이하므로 교육하고자 하는 목적에 따라 적절한 방법을 선택하여야 한다. 캠벨은 다양한 방법들을 크게 세 가지로 분류하였는데(Campbell *et al.*, 1970:235-247; Siegel and Mrytle, 1985:352-354), 교육훈련을 실시할 때 주로 의지하는 핵심기법에 초점을 두고 있다.

1) 정보제공의 방법

정보제공(informational presentation)은 교육을 실시하고자 하는 내용(정보)을 교육담당자나 교육과정 참여자가 피교육자 또는 다른 참여자에게 제공해 주는 것이다. 전통적으로 활용되던 교육훈련방법들은 대부분 이 범주에 속한다. 대표적인 것으로는 강의(lecture), 회의(conference), 토론(discussion), 통신교육(correspondance course), 조직발전활동(organizational development activities), 프로그램기반훈련(programmed instruction), 추천도서목록제공(reading lists), 감수성훈련(sensivity training)이 있다.

(1) 강 의

강의는 교육담당자가 피교육자에게 교육훈련의 내용을 말로 전달하는 방법이다. 가장 일반적으로 활용되는 전통적인 방법으로서 피교육자가 교육훈련의 내용을 잘 모르는 경우 효과적이다. 그러나 피교육자들의 이해의 정도를 파악하기 어렵고, 피교육자들이 교육과정에 참여하는 정도가 제한적이므로 흥미를 잃기 쉽다.

(2) 회 의

회의는 다수의 사람들이 모여서 사회자의 인도에 따라 특정 주제에 관하여 토의하는 방법이다. 다수의 사람들의 생각이나 아이디어를 모으는 데 효과적이며, 따라서 사고나 지식의 범위를 넓힐 수 있다. 반면에 시간이 많이 소요되고, 참여자들이 관련 주제에 관하여 사전에 지식이 없을 경우 회의가 무의미해질 수 있다. 또한 정보의 체계적 전달이 어려우며, 참여자의 수가 제한적이다.

(3) 토 론

토론은 피교육자들을 청중으로 하여 소수의 연사가 특정 주제에 관하여 발표하고 사전에 정해진 토론자와 청중 또는 토론자를 정함이 없이 청중들이 그 발표에 대하여 의견을 나누는 방법이다. 교육훈련을 위해서는 분임토론(syndicate)의 방법이 많이 쓰이는데, 일정한 수의 피교육생을 한 단위로 묶고 그들에게 일정한 주제에 대하여 토론하고 결론을 내리도록 하는 방법이다.

토론의 방법은 여러 사람의 의견을 모을 수 있고, 자신이 생각하지 못했던 부분에 대해 인식하게 된다는 점이 장점이다. 그러나 반드시 일치된 결론을 내린다는 보장이 없고, 정답을 도출할 수도 없으며, 토론의 방향에 따라 필요한 내용을 다루지 못하는 경우도 발생한다. 주로 고위관리자들에 대한 교육훈련에 활용된다.

(4) 통신교육

통신교육은 정보통신기술을 사용하여 교육담당자와 같은 공간이나 시간에 있지 않은 피교육자에게 교육훈련의 내용을 전달하는 방법이다. 과거에는 방송이 주로 사용되었으나 현재는 인터넷을 통한 교육이 보편화되어 있다.

이 방법은 피교육자가 언제나 자기가 유용한 시간에 교육훈련에 참여할 수 있다는 점과 동일한 내용의 교육훈련이 무한 반복될 수 있다는 점, 피교육자의 수에 제한을 두지 않아도 된다는 점 등이 장점이다. 반면에 교육에 대한 피교육자의 반응이나 이해의 정도를 파악하기 어렵고, 피교육자가 교육에 집중하지 않을 수 있다는 단점이 있다.

(5) 조직발전활동

조직발전은 조직을 바람직한 방향으로 변화시키고자 하는 활동인데, 특히 조직구성원의 변화에 초점을 맞춘 활동이다. 조직구성원의 지식적 변화보다 가치관이나 규범, 믿음 등의 변화에 집중한다. 조직원 개인에 대한 코칭 또는 팀빌딩 등의 방법이 사용된다.

(6) 프로그램기반훈련

프로그램기반훈련은 피훈련자가 습득해야 할 내용을 몇 개의 구성요소로 나눈 다음, 이 요소들을 학습목적으로 적절하게 연결시키며, 단계별로 이 요소들을 제시하고 피훈련자가 해당 요소의 지식을 갖췄는가를 평가하는 방법이다. 각 요소들은 교육도구, 예를 들면 교과서나 다른 도구들에 의해 피훈련자에게 제시되는데, 현재는 컴퓨터가 주로 활용된다. 그러므로 이 방법은 도구를 활용한 자가훈련(self-instruction)이라고 할 수 있다.

피훈련자들은 각 단계별로 제시된 요소들에 대해 적절한 반응을 보여주어야 하는데(예를 들면 프로그램화된 연속적인 질문에 응답하도록 한다), 이 반응은 피훈련자의 학습 정도를 파악하게 한다. 이 과정을 통하여 피훈련자가 스스로를 훈련시키도록 하는 것이다.

이 훈련법은 크게 두 가지 방법이 쓰이는데, 하나는 선형기법(linear technique)으로서 질문에 대한 응답 후 즉시 정답을 알 수 있도록 하는 것이다. 피훈련자는 응답 즉시 피드백을 받으며, 정답이나 오답의 이유가 제공된다. 동일한 사항이나 개념이 다른 방법으로 반복하여 질문됨으로써 관련 지식의 강화를 가져오게 된다. 다른 방법은 가지형기법(branching technique)인데, 대답을 선택하도록 되어 있는 몇 개의 용구(material)로 구성되어 있다. 만일 피교육자가 질문에 대하여 올바른 응답을 하면 다음 용구로 넘어간다. 그러나 잘못된 응답을 하면 약간 다른 용어와 보기를 사용해서 피훈련자가 읽었던 내용을 다시 설명하는 병렬된 가지(branch)로 넘어가게 된다. 이 방법은 잘못된 응답에 대하여 피훈련자가 다음 단계로 넘어가기 전에 자동적으로 재교육을 받을 수 있도록 한다.

(7) 추천도서목록

피훈련자가 필요한 지식이나 기술을 습득하는 데 필요한 정보를 제공하는 도서목록을 추천하여 읽도록 하는 방법이다.

(8) 감수성훈련

감수성훈련은 사전에 과제나 사회자를 정해 주지 않고 10명 내외의 이질적이거나 동질적인 피훈련자끼리 자유로운 토론을 통하여 거기서 어떤 문제의 해결방안이나 상대방에 대한 이해를 얻도록 하는 방법이다. 이러한 훈련의 목적은 대인(對人)간의 정서적인 접촉과 토의 과정에서 얻어지는 집단 내에서 자기의 위치, 대인관계의 이해 및 이를 통한 인간관계의 개선 등에 목적을 두고 있다(강성철 외, 2011:308).

2) 모의연습방법

모의연습방법(simulation methods)은 피교육자가 교육과정에 적극적으로 개입되는 방법으로서, 가상적 경험을 통하여 필요한 능력을 갖추도록 하는 방법이다. 즉,

경험을 통해 필요한 능력을 습득할 수 있으나, 직접 경험하기가 어려운 경우 가상적 상황에서 어떤 역할을 수행하도록 함으로써 간접적인 경험을 하도록 하는 것이다. 사례연구(case study), 서류함기법(in-basket exercise), 경영게임(management game), 역할연기(role plays), 모의연습(simulation) 등이 있다.

(1) 사례연구

사례연구는 피연구자에게 현실에서 일어나는 실제사례를 주고, 그 사례를 분석하여 주어진 과제에 대한 답을 도출토록 하는 것이다.

(2) 서류함기법

서류함기법은 직무수행과정에서 작용하는 여러 상황 및 도구를 제공하고 그 도구를 활용하여 주어진 문제를 해결토록 함으로써 실제상황에 대처하는 능력을 습득토록 하는 방법이다. 예를 들어 상급자의 지시, 언론보도, 조직원 간의 메모나 이메일 등 여러 자료들이 주어지는데, 이 자료들은 주어진 상황과 해결해야 할 문제의 내용을 파악하는 도구로서의 역할을 한다. 피훈련자들은 이 도구들을 활용하여 문제를 확인하고 해결방법을 모색함으로써 상황대응능력을 향상시키게 된다.

(3) 역할연기

가상적 상황을 설정한 후 피훈련자로 하여금 그 상황에서 주어진 역할을 수행하도록 하는 방법이다. 이때 역할을 수행하는 피훈련자는 연기를 하는 것인데, 주어진 시나리오에 따라 연기를 하는 것이 아니라, 본인이 직접 그 상황에서의 인물이 되어 마치 현실상황인 것처럼 자기의사에 따른 연기를 하는 것이다. 다른 피훈련자들은 청중이 되어 이 역할수행연기를 관람한다. 연기 후 교육담당자의 인도에 따라 관람한 피훈련자들은 수행된 역할에서 자신들이 파악한 바를 토론하고 비평하며, 교육담당자는 이를 종합하여 결론적인 설명과 함께 필요한 교육내용을 전달한다.

(4) 경영게임

경영게임은 어떤 기관을 경영하는 것에 관계되는 의사결정능력의 향상을 목적으로 하는 게임방식의 훈련법이다. 이 방법을 통하여 일반적인 의사결정기술(decision-making skills)이나 정보를 실제경영에서 어떻게 활용하는가를 교육한다.

이 방법은 일종의 가상훈련이지만 교육훈련에 사용되는 가상상황이 사례연구나 역할연기와 다르다. 이 방법은 각 산업부문이나 기업 또는 조직의 하부단위가 수행하는 경제적 기능(economic functioning)을 보여줄 수 있도록 구성된다. 게임은 경제 이론 또는 관련 산업의 세밀한 연구에서 도출된 각 단위의 관계 또는 규칙으로 구성된다. 이 관계는 '투입(원료, 자본, 인적자원 등)의 변화가 어떤 매개변수(임금, 가격, 연구개발비, 광고예산 등)에 따라 산출(판매량, 이익 등)에 어떤 영향을 주는가'와 같이 구성된다. 피훈련자들은 가격결정이나 광고예산 결정 등을 함으로써 게임을 진행한다. 그들의 결정의 질(quality)이 산출변수의 변화에 영향을 주게 된다.

실제 기업경영의 각종 상황을 컴퓨터로 모의실험하여 피훈련자로 하여금 의사결정을 내리게 하고, 이를 평가하여 결과를 보여준다.

(5) 모의연습

모의연습은 실제상황과 비슷한 가상적 상황을 설정하고 피훈련자로 하여금 주어진 상황에 대처하는 능력을 연습토록 하는 방법이다. 사례연구, 서류함기법, 역할연기 등은 모의연습의 한 유형이라고 할 수 있다.

3) 실무실습

실무실습(on-the-job practice)은 실제 상황에서 직접 실무를 체험하며 직무능력을 습득하고 향상시키는 방법이다. 도제제도(apprenticeship), 분임과제수행(committee assignments or junior executive boards), 실무수습(internship), 직무지시적 훈련(job instruction training), 순환보직, 감독자 지도(on-the-job coaching) 등의 방법이 있다 (Bass and Vaughn, 1966: 85-92; Campbell *et al.*, 1970: 235-247).

(1) 도제제도

도제제도는 피훈련자가 감독자 밑에서 정해진 기간 동안 일하도록 하는 것으로서, 훈련기간이 끝날 즈음에는 자동적으로 필요한 기술이나 솜씨를 가진 사람이 되도록 하는 훈련방법이다. 이 훈련방법은 잘 수행되면 강의실로부터 실무과정에서 교육관의 감독하에 실습을 하는 데까지 연계된 교육훈련의 기회를 제공할 수 있다.

그러나 체계적 교육이 안 되는 경우가 있으며, 훈련기간이 필요 이상으로 길게 설정된다든지, 훈련기간의 설정이 피훈련자의 습득속도와 관계없이 고정적으로 설정되는 것과 같은 문제도 있다.

(2) 분임과제수행

피훈련자로 하여금 분임(committee)을 구성하도록 하여 조직에서 실제로 일어나는 문제를 주고, 분임으로 하여금 해결토록 하는 방법이다. 피훈련자들에게는 과제와 관련하여 충분한 양의 정보를 수집할 것이 요구될 수 있다. 이 훈련을 통해 제시되는 대안은 조직에서 실제 활용될 수 있다.[2)]

(3) 실무수습

실무수습은 피훈련자가 어떤 부서의 책임자로부터 임시로 임무를 부여받아 수행토록 하는 방법이다. 인턴의 지위에서 피훈련자는 그 부서에서 실제로 일어나는 다양한 상황을 경험하게 된다. 수습기간이 끝난 후 감독자는 피훈련자의 성과를 평가하고, 그의 장단점을 정리하여 알려줌으로써, 피훈련자가 장래에 어떤 임무를 부여받아 수행할 때 성과향상을 기할 수 있도록 한다.

(4) 직무지시적 훈련

이 훈련방법은 제2차 세계대전 중에 개발된 방법으로서, 교육관이 수행되어야 할 작업에 대해 설명(instruction)과 시범을 보인 후 피훈련자가 답습하도록 하는 것이다. 직무에 대한 설명과정에서 피훈련자는 직무가 수행되는 과정을 순서별로 차례로 설명을 들으면서 시범을 보게 된다. 그 후 피훈련자는 스스로 그 일을 해보고, 자기가 수행한 과정에 대해 설명하도록 한다. 훈련관(instructor)은 이 과정에서 피훈련자에게 여러 가지를 질문하며, 잘못된 것을 고쳐준다. 이 훈련은 피훈련자가 만족할 만한 수준에 다다를 때까지 실시되며, 만족할 만한 수준에 도달하면 훈련관의 밀착된 감독은 수행되지 않는다. 그러나 훈련관은 그 이후에도 피훈련자의 성과가 계속 만족할만한 수준에 있는지를 수시로 점검해야 한다.

(5) 순환보직

이 방법은 피훈련자로 하여금 조직의 여러 분야에서 업무관련 지식과 경험을 습득토록 하는 것이다. 이 방법이 교육훈련으로서 효과적이기 위해서는 관리자로 하여금 어떻게 지도(coaching)할 것인가에 대해 사전에 설명(instruction)이 있어야 하고,

2) 우리나라의 공무원 교육훈련에서도 분임토의는 자주 활용되는 방법이다. 그러나 우리나라에서의 분임토의는 현실상의 문제와 관련된 토의과제가 주어지지만, 그것이 반드시 실현성을 전제하고 있지는 않다. 실현성을 전제로 하는 분임별 토의는 액션러닝(Action Learning)이란 별도의 방법을 통해 고위공무원 교육훈련과정에서 실시되고 있다.

교육담당자에게 적절한 피드백을 주도록 하며, 과업을 줄 때 그와 관련된 교육훈련의 목적이 분명히 설정되어 있어야 한다.

(6) 감독자 지도

이 방법은 상급자가 교육담당자로서의 역할을 수행하는 것으로, 학문적 교육과정에서의 개인교습과 유사하다. 교육훈련은 사전에 계획되어 체계적으로 실시될 수도 있고, 현장에서 비체계적 · 비공식적으로 실시될 수도 있다.

이 방법의 어려운 점은 관리자의 역할과 교육담당자의 역할이 양립되기 어렵다는 점이다. 피훈련자인 부하직원은 새로운 시도나 실수를 하게 되는데 교육담당자로서는 관용을 가지고 이를 허용해야 하나, 관리자로서는 그렇게 하기 어렵다. 또한 교육훈련의 실시에 대해서는 특별한 보상이 주어지지 않기 때문에 상급자는 관리자와 교육담당자로서의 역할 사이에 갈등을 일으킬 수 있다.

4) 액션러닝

액션러닝(action learning)은 GE, 삼성 등 민간기업에서 경영혁신을 위한 교육훈련방법으로 활용하던 방법으로서, 우리나라의 정부부문에는 2005년도부터 고위공직자에 대한 교육훈련방법으로 도입되어 실시되고 있다. 이 방법은 피훈련자가 각 기관에서 실제로 부딪히는 과제를 해결할 수 있는 정책대안을 찾아내도록 하는 방법이다.

피훈련자는 일정한 그룹을 형성하도록 하며, 각 그룹에는 실제로 해결해야 할 문제들이 과제로 주어진다. 피훈련자들은 토의하고 현장을 중심으로 해서 필요한 정보나 자료를 모집하고 분석하여 필요한 정책대안을 수립한다. 과제를 마친 후 각 그룹은 정부 고위관리자 앞에서 결과를 발표한다. 피훈련자그룹은 이러한 과정을 통해서 현안문제에 대하여 실제경험을 하며 통찰력을 키워 효과적인 정책수립의 능력을 갖추도록 교육받는다. 고위관리자 앞에서 발표하도록 하는 것은 평가와 함께 피훈련자들에게 경각심을 줌으로써 훈련의 효과를 높이는 방법이다.

이 방법은 위에서 설명한 분임과제수행과 유사한 것으로 이해될 수 있다. 그러나 우리나라 정부부문에서는 두 방법이 구별되는데, 분임과제수행은 피훈련자그룹에 과제가 주어지거나 또는 그룹이 자발적으로 어떤 과제를 선정하여 토의를 하고 대안을 모색하지만, 과제들은 가상적인 상황이 주어지거나, 또는 토론실 내에서의 토론에 한정된다. 반면에 액션러닝은 현재 당면하고 있는 문제들이 과제로 주어지며, 피훈련자들은 현장에도 가보고 다양한 경로를 통하여 관련되는 정보를 수집하고, 실제로 문제를 해결할 수 있는 대안을 마련해야 한다. 그러므로 액션러닝이 더 현실적이고, 문제해결적인 방법이다.

따라서 액션러닝은 모의연습과 실무훈련의 성격이 모두 있지만, 실무훈련의 성격이 더 강하다. 또한 정책대안의 수립이라는 점에서 고위직의 교육훈련에 적합한 방법이라고 할 수 있다.

4. 교육훈련 실시기관

교육훈련을 실시할 경우 교육훈련전담기관에서 실시하는 경우가 많지만, 실무현장에서 실시할 수도 있다.

1) 교육훈련기관 교육훈련

이것은 교육훈련업무를 전담하는 기관에서 교육훈련을 실시하는 방법이다. 공무원을 교육훈련시킬 경우 정부 내의 기관에서 실시하는 방법과 정부 외의 기관에서 실시하는 방법이 있다.

(1) 정부 내 교육훈련기관 교육훈련

이것은 공무원이 직무를 떠나 정부에서 설립한 교육훈련기관에서 받는 훈련이다. 교육훈련만을 전담하는 기관에서 실시한다는 점과 공무원이 직무를 떠나 교육훈련을 받는다는 점으로 인해 다음과 같은 장점이 있다.

첫째, 직무를 떠나 있으므로 교육훈련의 주제에 집중할 수 있다.

둘째, 다른 조직체의 사람들과 만남을 통해서 생산적인 인식의 전환이 가능하다.

셋째, 타 조직체에서 비슷한 직무를 담당하는 관리자들 사이에 상호 비교연구가 가능하다(Zeira, 1973:402).

넷째, 포괄적인 훈련 프로그램을 위해 필요한 기구나 장서를 구입하고 유지하는 데 드는 비용을 줄일 수 있다(Nigro and Nigro, 1986:32). 즉, 시설이나 기구를 집합적으로 준비함으로써 규모의 경제를 실현할 수 있다.

다섯째, 교육훈련을 전담하는 기관에 의해 실시되므로 그만큼 전문성을 살릴 수 있다.

그러나 다음과 같은 단점이 있다.

첫째, 여러 부처의 공무원을 동시에 대상으로 하기 때문에 조직이나 피훈련자의 구체적 수요를 충족시키기 어렵다.

둘째, 이질적인 사람들의 집합으로 인한 장애가 있을 수 있다.

셋째, 교육담당자의 경우 전문가라고 하여도 조직의 구체적 문제에 익숙하지 않은 사람이 교육을 담당하게 된다.

넷째, 조직의 훈련은 조직의 문제점에 대한 비판의식을 가지게 하므로, 조직관리에 대한 신뢰감을 잃게 한다(Zeira, 1973:404-405).

(2) 정부 외 교육훈련기관 교육훈련

공무원은 정부기관이 아닌 교육훈련기관에서도 교육훈련을 받을 수 있다. 이러한 외부기관은 대학과 같은 정규 교육기관일 수도 있고, 특정한 기능 혹은 지식 중심의 교육훈련기관일 수도 있으며, 민간기업의 교육훈련기관일 수도 있다. 또한 국내외의 기관이 모두 활용될 수도 있다.

정부 외 교육훈련기관에서의 교육훈련은 다음과 같은 장점이 있다.

첫째, 정부에 부족한 시설이나 전문인력을 활용할 수 있다.

둘째, 피훈련자들이 지리적으로 가까운 곳에서 교육훈련을 받을 수 있다.

셋째, 새로운 지식이나 기술을 습득할 가능성이 높다.

넷째, 공무원이 아닌 사람과의 의사교환을 할 기회를 가짐으로써 공무원들에게 새로운 시야와 견해를 갖게 한다. 특히, 공무원들의 시각을 다양화할 수 있다는 것은 매우 중요한 장점이다. 정부조직 외에서의 교육훈련은 공무원의 사고와 행태가 지나치게 획일화되는 위험에서 벗어나게 해 주는 역할을 한다(Zeira, 1973:403).

한편, 다음과 같은 문제점도 있다.

첫째, 정규 교육기관에서 교육훈련을 받도록 할 경우 지나치게 이론중심의 교육을 받음으로써 실용성이 떨어질 수 있다.

둘째, 직무와 직접적인 관련이 있는 교육훈련과정에 참여할 가능성이 낮다.

셋째, 조직의 필요와 개인의 필요를 조화시킨 교육훈련 프로그램을 실행하기가 매우 어렵다. 예를 들어 학위취득의 경우, 자칫 조직의 필요보다는 개인의 필요를 충족시키는 데 치중되기 쉽다(이선우 · 오성호, 2003:148-149).

2) 직장훈련

직장훈련(OJT: On the Job Training)은 피훈련자가 근무처에서 근무를 하면서 상급자 혹은 선임자로부터 지도나 훈련을 받는 것을 말한다. 공무원의 직무감독을 맡은 상급자에게는 교육훈련의 책임도 있다. 부하직원이 직무수행에 필요한 일정한 수준의 능력을 유지하도록 하는 것은 해당 공무원의 감독자의 책임이다. 직상급 감독자는 부하의 업무결과가 적정 수준 이하로 떨어졌을 때에는 지도할 책임이 있는 것이다(Fijsher, 1977:516).

직장훈련의 장점은 첫째, 직책의 성격이 고도의 기술이나 전문성·정밀성을 요구하는 경우의 훈련에 적합하며, 둘째 훈련의 내용이 이론적인 것이 아니고 실용적이며, 셋째 훈련을 받으면서도 직무를 수행할 수 있다는 것이다. 반면에 단점은 첫째, 다수인을 동시에 훈련할 수 없으며, 둘째 감독자의 많은 시간소모를 요하고, 셋째 고급공무원은 넓은 시야에서의 이해력을 필요로 하는데, 이 방법은 좁은 분야의 일을 집중적으로 하는 훈련이므로 부적합하다는 것이다(박동서, 1986:240).

그러므로 직장훈련은 주로 하급기술직에 적합한 것으로 이해되기가 쉽다. 그러나 관리직 공무원의 경우에도 직무수행에 관련된 능력이 반드시 이론적 교육에 의해 갖추어지는 것은 아니며, 현실 적응성이 있어야 한다. 핵심인력을 장차 고위직에 임명하기 위하여 미리 조직 내의 다양한 업무를 경험토록 하는 것은 많이 쓰이는 방법으로서 고위직 업무수행에 대한 직장훈련이라고 할 수 있다.

제3절 경력개발

1. 경력개발의 개념

경력 및 경력개발은 크게 두 가지로 이해할 수 있다. 일반적으로 경력이라 할 때는 한 개인이 평생 동안 가지게 된 직무경험의 이력을 말한다. 그러나 관점을 어떤 한 조직 내로 한정하면 조직 내에서 채용 후부터 퇴직 시까지 거쳐 온 보직경로를 의미한다.

따라서 경력의 개념을 넓게 이해하면, 경력개발이란 개인이 일생 동안 목표로 하는 직업관련 경로를 계획하고 체계적으로 그 과정을 거쳐가도록 하는 것을 의미한다. 개인의 일생 동안 연령대별로 어떤 경험을 쌓을 것인가가 주 내용이 될 것이다.

만약 경력의 개념을 조직 내로 한정하여 이해한다면 개인이 조직 내에서 거치게 되어 있는 보직경로를 설계하고, 이에 근거하여 인사관리를 하는 것을 의미한다. 인사행정에서의 경력개발은 이런 의미에서의 경력개발이며, 한 개인이 공무원이 되었을 경우, 앞으로 그가 경험하게 될 보직경로를 설정하고, 그에 따라 직무를 담당할 수 있도록 인사관리를 하는 것이다.

경력개발의 개념을 조직 내로 한정하여 이해한다고 하더라도 제도를 만들 경우 그 제도의 범위를 어떻게 이해하는가에 따라 그 의미를 두 가지로 나누어볼 수 있다. 넓은 의미의 경력개발제도는 조직구성원의 자기발전 욕구를 충족시켜 주면서 조직에 필요한 인재를 육성, 조직목표 달성을 이룩하고자 하는 총체적인 인사관리활동을 말한다. 이에 비하여 좁은 의미의 경력개발제도는 조직구성원 개인이 하나의 조직 내에서 거치게 되는 보직경로를 합리적으로 설정 · 관리해 주는 인사관리활동을 말한다(강성철 외, 2011:289).

경력개발제도를 넓은 의미로 이해할 때는 임용과 관련된 모든 활동이 모두 포함된다. 또한 보직경로의 설정보다는 조직 내에서 직위나 직급 간에 공무원을 어떻게 이동시킬 것인가 하는 보직임명에 초점이 있다. 반면에 좁은 의미의 경력개발제도는 구체적인 경로의 설정과 개별 공무원이 그 경로를 따라 자신의 경력을 개발시켜 나가도록 하는 데에 주안점이 있다. 이 두 개념은 구별하기가 모호하나, 경력개발제도를 논할 때는 좁은 의미의 경력개발제도를 의미하는 경우가 많으며, 주로 전문화의 요구에 부응하기 위한 목적이 있다. 그렇지만 능력발전과 관련지어서는 넓은 의미에서 경력개발제도를 인식할 필요가 있다. 또한 경력개발제도를 구축할 때 어떤 목적에서 하느냐에 따라 구체적인 내용이 달라질 수 있다고 보면 넓은 의미와 좁은 의미로 구별하는 구체적인 실익은 크지 않다고 할 것이다.[3)]

---

3) 예를 들면 전문성의 향상을 목적으로 하면 보직경로의 설정이 중요해진다. 이것은 좁은 의미의 경력개발제도의 의미와 가깝다. 반면에 공무원이 조직 내에서 어떤 과정을 거쳐 승진토록 할 것인가를 목적으로 하면 어떤 직무분야에 한정된 경로보다는 어떻게 직급이동을 시킬 것인가에 초점이 맞춰질 것이고 이는 경력개발제도를 넓은 의미로 이해하는 것에 더 가깝다. 그러나 이러한 차이는 의미의 차이보다는 주 목적의 차이라고 보는 것이 더 적절할 것이다.

2. 경력개발의 원칙

경력개발제도의 개념이나 실제 구축되고 있는 사례들의 내용을 보면 다음과 같은 내용들이 전제가 되고 있음을 알 수 있다.

첫째, 개인과 조직의 필요를 조화시킬 필요가 있다. 경력개발제도는 조직원에게 조직이 원하는 특성이나 능력을 갖출 수 있도록 하기 위한 제도이다. 조직원의 입장에서는 그 제도를 통하여 자신의 능력과 경력을 지속적으로 발전시킬 수 있다.

둘째, 장기적이다. 경력개발제도는 채용부터 퇴직까지의 전체 근무기간을 전제로 한다.[4] 그러므로 인재육성이 장기적으로 이루어져야 함을 전제로 하고 있다.

셋째, 경험이 조직원의 능력향상을 위해 유용하다는 점이다. 잘 짜여진 일련의 직무경로를 통해 개인의 능력을 향상시킬 수 있다고 보기 때문에 수업을 통한 의도적 학습활동이 아닌 경험을 통한 능력향상을 시도한다. 그러나 학습을 통한 능력발전을 도외시하는 것이 아니라 경험을 중심으로 하되, 학습을 지원수단으로 활용한다.

넷째, 조직원의 자발성이 중요하다. 대부분의 경력개발제도는 조직원으로 하여금 자신의 경력경로를 택하도록 하고 있다.[5] 이것은 경력개발제도가 조직의 필요뿐 아니라 개인의 발전도 목표로 하고 있기 때문에 자발적 참여가 더 효과적이라고 보는 것이다.

그렇기 때문에 경력개발제도를 구축할 경우 다음과 같은 원칙의 준수가 필요하다고 제시된다(강성철 외, 2011:291-292).

첫째, 적재적소의 원칙을 준수해야 한다. 경력개발은 구성원을 적재적소에 배치하는 것을 원칙으로 한다. 즉, 구성원의 적성, 지식, 경험, 능력과 조직의 목표달성에 필요한 직무가 잘 조화되도록 한다.

---

4) 우리나라에서는 소위 'ㅜ'형 경력개발제도가 논의되기도 한다. 이것은 조직원이 처음 조직에 들어온 후 일정기간 하위직급의 다양한 분야의 업무를 경험하게 하고, 그 후에는 전문분야를 택해서 전문성을 쌓게 한 후, 고위직으로 올라가게 되면 다시 여러 분야의 업무를 맡게 한다는 것이다. 이 때 아주 좁은 의미로 보면 전문분야를 택해서 근무하게 하는 기간을 경력개발의 기간이라고 할 수 있지만, 전문분야를 선택하기 위한 다양한 직무경험기간, 그리고 전문분야 이후 조직의 경영을 위한 폭넓은 분야의 직무경험도 개인의 지속적인 경력개발에 포함시켜야 적절한 경력개발이라고 할 수 있다.

5) 우리나라 정부부문에서는 경력경로의 자발적 선택이 때로는 경력개발제도의 실패의 원인이 되기도 한다. 공무원들이 승진에 유리하거나 조직의 특성상 중심이 된다고 생각되는 경력경로에 몰리거나, 아니면 아예 제한된 경력경로를 전제로 하는 경력개발제도보다 직무분야의 제한을 두지 않는 보직관리를 더 원하는 경우가 있기 때문이다.

둘째, 승진경로의 원칙을 준수해야 한다. 경력관리는 명확한 승진경로의 확립을 원칙으로 하고 있다. 이 원칙은 조직의 모든 직위를 수개의 전문분야와 공통분야로 구분하여, 특정 공무원의 경력 · 전공 · 적성 등을 종합적으로 고려하여 전문분야를 지정해야 하는 원칙을 말한다.

셋째, 인재양성의 원칙을 준수해야 한다. 경력개발은 인재를 외부에서 스카웃하는 것보다 내부에서 자체적으로 양성하는 것을 기본원칙으로 한다. 이 원칙은 조직이 경력상담(counselling), 코칭(coaching) 등의 기본 서비스를 제공하고, 정보제공, 경력개발 워크숍 개최, 리더십 강화교육 등을 실행하여 구성원의 경력개발활동을 지원해야 하는 원칙을 말한다.

넷째, 직무와 역량 중심 원칙을 준수해야 한다. 이 원칙은 직급이 아닌 직무 중심의 경력계획을 세우고, 직무에서 요구되는 필요역량의 개발에 중점을 두어야 한다는 원칙을 말한다. 역량강화를 위해서는 보직경로별 역량수요의 흐름에 맞게 교육훈련체계를 수립하고, 역량과 교육훈련이 지속적으로 연계 · 운영되도록 해야 한다.

다섯째, 개방성 및 공정경쟁 원칙을 준수해야 한다. 이 원칙은 경력개발의 기회가 모든 직원에게 공평하게 제공되어야 하고, 보직이동의 기회도 역량을 갖춘 직원들의 공정한 경쟁을 통하여 제공되어야 하는 원칙을 말한다.

여섯째, 자기 주도의 원칙을 준수해야 한다. 이 원칙은 조직구성원 스스로가 적극적인 정보수집을 통하여 경력목표와 경력개발계획을 작성하고 능동적으로 학습을 실시하는 것을 말한다. 이때 조직은 조직구성원으로 하여금 경력설계에 필요한 직무정보를 충실하게 제공해야 한다. 이를 위하여 각 기관은 경력개발 전담 조직과 인력을 지정해야 한다.

3. 경력개발제도의 운영

경력개발제도를 운영하기 위해서는 경력경로가 설정되어야 하고, 조직원에 대해서는 경력경로에 따른 보직관리가 시행되어야 한다. 이것은 직무분석을 통한 전문분야의 수립, 조직원의 자기진단과 경력목표의 설정, 경력경로의 선택과 보직부여, 필요한 역량을 강화하기 위한 프로그램의 운영 등을 요구한다. 또한 개인의 성과와 제도의 운영성과를 평가하고 보완하는 것이 필요하다. 이와 같은 경력개발제도의 운영과정은 다음과 같다(중앙인사위원회, 2006 참조).

1) 직무분석

직무분석은 각 직위별로 구체적인 직무의 본질(직무의 내용, 맥락, 직무요건 등)에 대한 정보를 수집하고 분석하는 체계적인 과정이다. 각 직위의 목표, 내용, 직무수행에 필요한 요건과 자질, 난이도, 책임도를 평가하여 전문분야의 분류 및 경력경로 설정에 필요한 정보를 확인한다.

2) 전문분야의 분류

조직구성원으로 하여금 어느 전문분야에서 경력을 쌓도록 할 것인가를 선택하도록 하기 위하여 조직 내의 부서들 또는 개별 직위들을 몇 개의 직무분야로 구분한다. 전문분야는 먼저 수평적으로 유사성을 갖는 조직 내의 활동영역에 따라 분류한다. 수직적으로는 각 분야의 상하직급상의 직위들을 배치한다.[6)]

3) 경력경로의 설계

경력경로의 설계는 개인의 경력목표를 설정하고, 이에 도달하기 위한 중간적 경력과정을 직위단위로 연결시키는 것이다. 이는 좀 더 구체적으로 조직원의 자기진단, 경력목표의 설정, 전문분야 선정, 보직경로의 설계로 나눌 수 있다. 보직경로는 경력경로가 된다.

(1) 자기진단

자기진단(self-assessment)이란 다양한 방법을 활용하여 자신이 어떠한 사람인지에 대해 종합적으로 분석하는 것으로서, 흥미와 적성, 소유한 능력, 행동특성 등을 파악한다. 이러한 정보는 조직원이 자신의 위치를 확인하고 경력목표를 선택하는 데 필요한 기본적인 판단의 기초가 된다.

---

6) 우리나라 정부에서 시도한 경력개발제도에는 전문분야를 설정할 때, 전문분야뿐 아니라 총무, 재정기획, 감사·홍보 등 전 부처 공통적인 기능으로 다양한 집행업무나 종합적인 기능을 수행하는 업무들로 이루어진 공통분야도 설정하도록 하고 있다. 전문분야는 각 부처의 고유기능을 분류한 업무영역으로서, 분야별 보직관리를 통해 업무의 계속성과 전문성 축적의 필요성이 높은 업무분야를 의미한다.

자기진단을 위해서는 일반적으로 서면인터뷰, 가치관 조사, 성격유형 검사, 직업 흥미도 조사, 경력 닻(career anchor)의 판정 등의 조사기법이 사용된다. 이러한 방법을 통해 검사한 다음, (i) 자료수집, (ii) 자료정리, (iii) 자료해석을 통하여 자신의 흥미와 적성 및 경력발전 희망의 패턴을 도출한다.

표 6-1 | 자기진단서 양식(예)

질문항목	응답내용(예시)
1. 전공분야는?(학문 분야별 또는 계열별)	행정학
2. 관심 있는 정책 · 행정 분야는?(1개 이상)	문화예술정책, 문화산업지원정책, 문화서비스 제공
3. 지금까지 거쳐 온 직무	문화정책과 정책총괄업무(1997~1999), 국립중앙도서관 서무업무(1999~2003) 등
4. 지금까지 보람과 흥미가 있었던 직무경력	문화정책과 정책총괄업무
5. 지금까지 보람과 흥미가 없었던 직무경력	국립중앙도서관 서무업무
6. 장래에 추구하고 싶은 직무경력	문화정책국 정책업무 전반, 문화산업국 정책업무 전반
7. 추구하는 경력과 나의 경험과의 연관성	문화정책분야 정책총괄업무 경험이 있어서 연관성이 높음
8. 추구하는 경력과 나의 잠재력	문화정책에 관심 · 열정이 있으며, 풍부한 지식을 갖추고 있음
9. 나의 강점과 약점	정책분석 · 입안능력은 강하나, 세부집행관리 및 인간관계 부족
10. 나의 경력의 패턴과 특징 및 가능성	행정서무업무에는 관심과 흥미가 없었고 실적도 부족하였으나, 문화정책업무를 담당하면서 직무의 보람과 가치를 느꼈음. 나의 흥미, 열정, 잠재적 능력 등에 비추어 문화정책분야에서는 업무성과를 올림과 아울러 보람을 느낄 수 있을 것으로 예상함

(2) 경력목표의 설정

경력목표의 설정은 공직의 절정기에 자신이 도달하고자 하는 최고의 직급 및 직무분야를 설정하는 것으로서, 자신의 생애목표와 경력욕구(career needs)를 인사체계 내에서 구체적으로 반영한다. 경력목표를 설정할 때에는 다음과 같은 요소를 고려해야 한다.

첫째, 조직생활의 전 생애과정에서 자신이 이루고자 하는 목적과 목표를 명확히 할 것

둘째, 경력목표 도달 시에 자신이 누릴 수 있는 보상과 혜택이 무엇인지를 생각할 것

셋째, 목표에 도달하는 데 영향을 주는 기회요인과 제약요인을 인식하고 고려할 것. 기회요인이란 자신이 목표에 도달하기 쉽게 만들어 주는 요인이며, 제약요인이란 목표도달을 어렵게 만들 수 있는 요인이다.

넷째, 최선의 경력목표가 달성되지 못할 경우에 대비하여 차선의 대안적 경력목표도 설정해 둘 것

경력목표를 설정할 때 조직에서는 직원들에게 조직의 비전, 미션 및 목표에 관한 정보를 제공해 주어 경력목표 설정 시 이를 반영하도록 해야 한다. 또한 인사담당부서에서는 중·장기 인력계획을 수립하여 직원들에게 공지함으로써 조직원이 경력목표 및 경력경로를 설정할 때 선택의 기준(barometer)을 삼을 수 있도록 한다.

(3) 전문분야 선정

조직원은 자신의 적성과 능력, 기술, 관심사항, 장래희망, 역량 등을 고려하여 전문분야를 선정한다. 이때 특정 분야에 대상인원이 과다하게 몰리는 경우와 같이 불가피한 사유가 있는 경우에는 지정권한을 소속기관의 장에게 위임할 수 있다.

(4) 보직경로의 설계

보직경로 설계란 경력목표에 도달하기 위한 중간적 경력과정을 직위단위로 연결시키는 과정이다. 동일직급에서는 수평적으로, 다른 직급 간에는 수직적으로 이동하는 경로를 보직순서대로 설정한다.

보직경로는 다음과 같은 설계원칙에 따라 설계한다.

첫째, 경력목표에 도달하는 데 필요한 수직적 이동의 계층을 먼저 나누고, 각 계층 내에서의 수평적 경로를 설정한다.

둘째, 동일계층 내에서의 직위 간에는 직무의 논리적 연관성 및 순서에 입각하여 선행보직과 후행보직을 설정한다. 이때 승진이 용이한 직위, 즉 그 직위의 다음 보직은 상위직급의 직위를 맡게 되는 직위는 가급적 후행보직으로 미루어지도록 고려한다.

셋째, 보직경로상의 각 직위의 직무수행에 요구되는 기본역량과 전문역량을 파악

하고, 자신의 역량이 충분하거나 미래에 역량개발이 가능한 직위들을 선택토록 한다.

넷째, 보직경로 설정과 함께 그 경로에 따른 자기개발계획을 수립토록 한다.

개인이 경력설계서를 제출하면 상사 및 인사담당자는 경력경로에 관하여 협의 · 상담을 거치며, 기관의 승인에 의하여 보직관리가 시행된다.

4) 보직관리

보직관리는 개인의 경력설계가 승인될 경우 이에 따라 보직을 부여하는 것을 말한다. 각 보직부여단계에서는 교육훈련과 연계하여 특정 분야의 전문가를 양성할 수 있도록 운영되어야 한다. 조직에서 특정 직위에 결원이 발생하였을 경우에는 원칙적으로 경력개발계획상의 경로에 있는 개인들을 대상으로 제한적 경쟁에 의해 대상자를 심사 · 결정한다.

5) 역량강화 프로그램의 운영

직무수행의 경험이 경력개발계획의 핵심이기는 하지만, 경험에만 의존할 경우 필요한 능력을 갖추기까지 시간이 오래 걸리고, 업무수행상의 비효율이 발생할 수 있다. 그러므로 개인과 인사부서는 각 개인의 경력경로에 부합되는 역량수요를 파악한 후, 교육훈련 프로그램과 자기학습 시스템을 통해 의도적인 역량강화 노력을 기울일 필요가 있다. 특히, 인사담당부서는 역량수요조사, 다양한 교육훈련 프로그램 정보 제공, 개인의 학습에 대한 행정적 · 재정적 지원 등을 실시해야 한다.

4. 경력개발을 통한 능력발전

일반적으로 경력개발은 전문성의 강화를 목표로 한다. 대부분의 경력개발계획은 경력경로 중의 일정부분은 반드시 특정 분야에 한정된 경력을 쌓도록 하고 있다. 경력개발제도가 개발된 배경을 보면 전문성의 강화에 중점이 있는 계획의 수립이 이해가 된다.

그러나 경력개발을 넓은 의미로 이해하면, 전문성에 한정하지 않고 조직이 필요로 하는 인재를 육성하면서 동시에 개인은 자신의 경력을 발전시키는 모든 인력관리체계를 경력개발제도 또는 경력개발계획에 포함시킬 수 있다. 우리나라와 같이 계급제 중심의 인력관리를 실시하는 국가에서 시행하는 폭넓은 보직이동의 허용이 이에 해당된다.

폭넓은 보직이동을 허용할 경우 조직에서는 많은 인력이 포함된 인력풀(pool)을 활용할 수 있다. 뿐만 아니라 다양한 직무경험을 쌓도록 함으로써 넓은 시야를 갖출 수 있도록 하고, 어떤 직무든지 담당토록 할 수 있기 때문에 장기적이고 탄력적인 인력운영이 가능해진다. 개인적 측면에서도 다양한 직무경험을 쌓기 때문에 이동할 수 있는 직위가 많아지므로 승진의 가능성도 높아진다. 또한 여러 직무에서 필요로 하는 능력을 갖출 수 있고, 폭넓은 시야를 가짐으로써 다양한 요구가 얽히는 직무도 원활하게 수행할 수 있다. 그렇기 때문에 오히려 특정 분야에 한정하지 않는 직무경험의 축적을 능력발전의 주요한 수단으로 활용할 수도 있는 것이다.[7]

전문성보다 폭넓은 직무경험을 능력발전의 수단으로 삼는 예는 인사교류에서도 찾을 수 있다. 1994년 결정된 일본 각의의 결정은 인사교류를 통하여 넓은 시야와 다른 부처와의 연계를 강화할 수 있는 능력을 갖춘 인재를 양성하는 것을 시도하고 있다. 이 때 교류대상으로는 교류경험이 적은 기관을 중심으로 한다(연세대학교 지역발전연구소, 1999:36). 즉, 업무관련성이 적거나 또는 유사성이 적은 기관으로의 교류를 통하여 다양한 경험을 쌓도록 하는 것을 능력발전의 중심으로 인식하고 있는 것이다.

이렇게 경력개발제도를 넓은 의미로 이해하고 활용할 경우 '전문성'의 강화는 어려울 수 있다. 그러나 능력발전이 '전문성'에 한정되는 것은 아니기 때문에 경력개발제도를 좁은 의미에 한정해서 이해하거나 활용할 필요는 없을 것이다. 그보다는 조직이 필요로 하는 것이 무엇이며, 어떤 목표로 경력개발제도를 구축하고 활용하는가, 그리고 공무원의 개인적 욕구와 어떻게 조화를 이룰 것인가를 판단하여 적절한 제도를 운영하는 것이 더 바람직하다고 할 수 있다.

7) 이것은 소위 'Z'형 보직관리를 하는 우리나라의 전통적 인사관리방식에서 그 예를 찾을 수 있다. 'Z'자형 보직관리에 대해서는 조석준(1992:393), 임도빈(2000) 참조.

제4절 역량기반 교육훈련

1. 역량기반 인력관리

1) 역량 개념

조직분야에 대한 전문가들은 조직의 효과성(effectiveness)을 제고하는 주요 요인의 하나로 핵심역량(core competency)이라는 개념을 개발하여 발전시켜 오고 있다. 우수한 성과를 창출하는 관리자와 그렇지 않은 관리자 간에는 핵심역량에서 차이가 있기 때문이며, 핵심역량을 갖춘 관리자를 많이 보유한 조직은 다른 조직보다 훨씬 우수한 성과를 창출한다는 논리에서 핵심역량의 중요성이 강조되어 왔다(권용수, 2001:6).

역량이란 개인과 조직의 성공적인 성과달성에 있어 핵심이 되면서(critical to key performance), 관찰, 측정 및 지도가능한 행위(observable, measurable & coachable behaviors)로 표현되는 내재적 특성"으로 정의할 수 있는데(삼일회계법인 · Hewitt Associates, 2001:4), 이러한 '역량'의 개념은 '능력'과 혼돈될 수 있다. 역량은 사전적 의미로는 능력(ability)과 별 차이가 없는 개념이지만, 인적자원관리나 인적자원개발을 다루는 사회과학 분야의 학계나 실무계에서는 그 개념을 인간행태의 중요한 특성으로 간주하고 개념의 천착과 조직화에 매달려 왔다(진재구, 2009:4). 즉, 역량은 능력과 비슷한 개념이지만 능력 자체보다는 행태상의 특성이 더 강조되는 개념인 것이다. 예를 들어 '무엇을 할 수 있다'면 그것은 능력이지만, '무엇을 잘 할 수 있는 특성을 나타낸다, 또는 필요한 특성을 어느 정도의 수준에서 갖추고 있다'면 그것은 역량인 것이다.[8)]

8) '역량'의 개념을 '능력'의 개념과 구별짓는 것과 관련하여, 직무기반 인적자원관리(job-based HRM)에서 강조되는 소위 KSAs와도 구별할 필요가 있다. KSAs(knowledge, skills, abilities)는 특정 직위의 점직자가 갖추어야 할 핵심적인 직무요건(job requirement)을 의미한다. 미국 인사관리처(OPM)는 '전통적으로 연방정부는 직원의 선발과 승진에 필요한 후보자의 자격요건(qualification)을 설정하는 데 이 KSAs를 사용해 왔는데, 이것이 역량모델의 토대가 되었다고 한다. 그러나 KSAs는 전형적으로 현재 직무수행에 필요한 것이 무엇인가에 초점을 맞추고 있다는 점에서 차이가 있으며, 역량은 KSAs에 더하여 개인의 특질, 동기, 행태까지도 포함한다는 점에서 좀 더 광범위한 개념임을 강조하고 있다(진재구, 2009:7)

이러한 역량은 다음과 같은 특징이 있다(Parry, 1996:50).

첫째, 역량은 개인이 수행하는 직무에 직접적으로 영향을 미치며 결과적으로 그 성과를 결정하게 된다.

둘째, 역량은 직무성과와 직접적으로 관련되어 있을 뿐만 아니라 측정가능해야 한다.

셋째, 역량은 교육, 훈련, 경험을 통해 개발될 수 있다.

넷째, 역량은 어떤 개인이 담당하는 직무의 종류에 따라 그 요소가 달라진다.

2) 역량중심 인력관리와 역량모델

역량에 초점을 맞추어 조직의 인력을 관리하는 것을 역량기반 인력관리라고 한다. 그러므로 역량중심 인사관리란 "조직목표 · 전략 달성에 관련된 성과를 산출하는데 필요한 핵심적인 인적 특성 · 행태를 구체적 · 경험적으로 밝혀내어, 이를 인사활동의 제반 분야에 활용하는 것"이다(신종국, 2001:64). 예를 들면 공무원을 선발하는데 있어서 공무원이 갖추어야 할 핵심역량을 구분하고, 응시자가 그러한 역량을 갖추고 있는지 또는 만족할 만한 수준의 역량을 갖추고 있는지 평가하여 선발하는 것이다. 이것은 승진심사에도 적용될 수 있고, 보직에도 활용될 수 있다. 즉, 개인이 갖추고 있는 역량의 유무 혹은 정도에 따라 인력관리를 하는 것이다.

그러므로 역량중심의 인력관리에서 핵심은 갖추고 있어야 할 역량이 무엇이며, 그 수준은 어떻게 구분되는가 하는 것을 확인하는 것이다. 이를 위해서 꼭 필요한 것이 '역량모델'이다. 역량모델은 조직이나 특정 직위에서 필요한 역량을 구체적으로 확인하여 조합해 놓은 것이다. 또한 각 역량마다 가장 낮은 단계부터 가장 우수한 단계까지 그 수준을 확인할 수 있는 행태적 특징을 구별하여 놓음으로써, 개인이 보이는 특성에 따라 갖추고 있는 역량의 수준을 확인할 수 있도록 한 것이다. 조직은 역량모델에 비추어 다양한 방법으로 개인의 역량을 평가할 수 있으며, 그 결과에 따라 인력관리를 할 수 있다. 다음 〈표 6-2〉는 2001년에 개발된 대한민국 정부의 표준역량모델이다. 명칭은 표준역량사전이라고 하였으나, 공무원들의 직무수행과 관련된 역량들을 구분하고 그들의 특징과 단계를 구분한 역량모델의 예이다.

표 6-2 | 대한민국 정부 표준역량 사전

역량군	역량항목
기초행동 역량군(7개)	조직헌신도 전문가의식(Professionalism) 공무원 윤리의식 고객/수혜자 지향(Customer-oriented) 자기통제력(Self-control) 경영마인드 적응력(Adaptability)
직무수행 역량군(4개)	정보 수집/관리 문제 인식/이해 전략적 사고 정책집행관리
관리역량군(3개)	목표/방향 제시 지도/육성 자원/조직 관리
관계형성 역량군(8개)	정치적 기지(Political Wit) 의사소통(Communication) 조정/통합력 협상력 협조성(Teamwork)
기타 특이 역량군	상기 기본역량 이외에 각 부처의 특성 등을 고려하여 별도의 역량을 추가 가능. 예) 문화관광부 - 이문화 감수성
필요 지식/기술	• 본원적 지식/기술(직위별로 다른바 개별적 추출) • 도구적 지식/기술(외국어, 정보처리, 자격증, 학위 등)

출처 : 삼일회계법인 · Hewitt Associates(2001). p.75; 조소연(2002). p.66.

3) 역량모델의 개발

역량모델을 개발하는 데는 다양한 방법들이 시도되어 왔지만, 효과적인 방법들은 공통된 특성을 가지고 있다. 그 방법들은 우수한 성과에 필요한 요소가 무엇인지를 결정하고, 우수성과자를 파악하며, 그들이 하는 일을 알아내라는 맥클레랜드(D.McClelland)의 방법을 따르고 있었다. 이것은 중요한 두 가지 원칙을 내포하고 있다. 첫째, 사람들의 역할에 대한 선입견 없이 우수한 성과자에게 초점을 맞추고, 둘째 그들이 실제로 무엇을 하는지에 주의를 기울인다(권용수, 2001:10). 루치아와 렙싱어(Lucia and Lepsinger, 1999)는 역량모델을 개발하는 과정을 정리하였는데, 주요한 절차는 다음과 같다(정재창 외, 2001).

(1) 개발방법의 결정

역량모델을 개발하기 위한 방법은 새로운 모델을 개발하는 방법과 검증된 역량모델을 기반으로 사용할 모델을 구축하는 방법이 있다. 새로운 모델을 개발하는 방법은 현직자나 업무에 정통한 사람과의 인터뷰와 같이 초기 자료수집부터 시작하는 방법이고, 검증된 역량모델을 활용하는 방법은 기존에 타당성이 검증된 역량모델을 활용하여 그 모델의 적합성 및 수정할 내용을 조사하여 사용할 모델을 만드는 것이다. 새로운 모델의 개발은 시간과 비용이 많이 들지만, 특정한 역할이나 회사에 맞는 결과를 산출할 수 있다. 반면에 기존의 모델을 활용하면 자료수집과 분석 및 타당성 검증에 걸리는 시간을 절약할 수 있으나, 특정한 직무나 직위에 맞지 않을 수도 있고, 성공에 필요한 전문적 지식이나 기술을 나타내지 못할 수도 있다.

표 6-3 | 역량모델 개발을 위한 두 가지 접근방법의 비교

새로운 역량모델의 개발	검증된 역량모델의 활용
1. 개인과 업무단위(팀)의 성과기준을 파악한다. 2. 성과기준에 도달, 초과, 미달하는 개인과 팀을 파악한다. 3. 업무 수행자와 업무에 정통한 사람과 인터뷰를 실시한다. 4. 업무 현장에서 수행자를 직접 관찰한다. 5. 임시역량모델을 개발한다. 공통의 주제나 패턴을 발견하기 위하여 자료를 분석하고 우수성과자와 보통성과자의 차이점을 찾아본다.	1. 개인과 업무단위(팀)의 성과기준을 파악한다. 2. 성과기준에 도달, 초과, 미달하는 개인과 팀을 파악한다.
6. 광범위한 조직구성원을 대상으로 설문과 포커스그룹 인터뷰를 실시하고, 역량들이 업무에 어느 정도 적절하고 중요한지를 조사한다. 7. 설문과 포커스그룹 미팅자료를 분석하고 모델을 수정한다. 8. 모델의 타당성을 검증한다. 즉, 우수성과자와 관련 있는 역량을 파악하기 위하여 다면평가 설문을 실시한다. 9. 역량모델을 완성한다.	3. (기존 모델을 활용하여) 광범위한 조직구성원을 대상으로 설문과 포커스그룹 인터뷰를 실시하고, 역량들이 업무에 어느 정도 적절하고 중요한지를 조사한다. 4. 설문과 포커스그룹 미팅자료를 분석하고 모델을 수정한다. 5. 모델의 타당성을 검증한다. 즉, 우수성과자와 관련 있는 역량을 파악하기 위하여 다면평가 설문을 실시한다. 6. 역량모델을 완성한다.

(2) 새로운 역량모델 개발절차

① 자료수집 방법의 결정

자료수집의 목적은 업무나 역할에서 우수한 성과를 보인 중요한 사건이나 일화를 알아보는 것이다. 자료의 수집은 면접방법(interview)을 통하여 이루어지는데, 면접대상자는 지역, 근속연한, 성별, 연령, 직위와 성과(기대수준 초과, 달성, 이하) 등을 적절하게 섞어서 조사대상 전체의 속성을 골고루 또 정확하게 반영하는 모집단의 대표적인 표본을 구성하는 것이 필요하다. 이들을 대상으로 면접조사를 할 때는 일대일 면접과 포커스그룹(focus groups) 미팅의 방법이 있다.

일대일 면접은 대상자 개인별로 면접조사를 실시하는 것이다. 솔직하고 상세한 정보를 얻을 수 있으며, 현장을 잘 아는 피면접자로부터 역할과 조직에 관한 상황을 제공받을 수 있다. 반면에 충분한 자료수집에 장시간이 소요되고 경비가 많이 든다.

포커스그룹 미팅은 여러 면접대상자를 동시에 같은 자리에서 조사하는 것이다. 효율적인 방법으로 많은 사람들의 인식을 동시에 수집할 수 있고 그룹토론의 역동성을 통하여 업무의 성공에 필요한 역량에 관하여 풍부하고, 때로는 기대하지 않았던 정보를 얻을 수 있다. 그러나 성공적인 토론을 이끌기 위하여 훈련된 촉진자(facilitator)가 필요하며, 피면접자들이 동료들 앞에서 솔직해지지 않을 수 있다. 집단사고(group think)에 의해 임의로 타협된 결과가 나올 수도 있으며, 추가적인 상세한 내용을 조사하기 어렵다. 대상자들을 조직화하고 일정을 조정하기에도 노력이 요구된다.

② 자료의 수집

면접조사는 사전에 작성된 질문서에 기초하여 이루어진다. 이 질문서에서는 업무의 특성과 성공 또는 실패한 사례를 통하여 업무수행에 성공적인 요소들이 무엇이며, 그 내용은 어떤 것인지, 필요한 기술이나 지식 · 행동 등 업무관련 역량을 파악할 수 있는 내용들이 포함된다.

개방형 질문을 할 경우는 피면접자가 충분하고 완전한 방법으로 답변할 수 있도록 한다. 실제 있었던 일화나 사례를 활용하여 답변토록 함으로써 현업수행자들의 역량을 파악할 수 있는 상세한 자료를 수집토록 한다. 피면접자의 답변이 추상적이거나 일반적일 경우 추가질문을 통하여 좀 더 구체적이고 정밀한 정보를 얻도록 한다. 면접자의 과업은 상황을 해결하기 위해 사용된 행동 또는 기회를 이용하기 위한 구체적인 행동들을 이해하고, 왜 그런 행동들을 했는지를 파악하는 것이다.

면접조사는 편안하고 개방적인 환경에서 실시되어야 하며, 피면접자가 적어도 90퍼센트 이상 말하도록 유도해야 한다. 면접자는 피면접자의 대답을 유도하거나 지시하는 행동을 하지 않도록 유의해야 하며, 포커스그룹 미팅에서는 미팅을 주도하는 촉진자(facilitator)는 논의가 주제를 이탈하지 않도록 하고, 모든 사람이 참가할 수 있도록 유도한다.

자료는 녹음, 복수면접자 활용(면접자와 기록자의 구분) 등의 방법으로 기록한다.

③ 현업수행자 직접관찰

인터뷰는 중요한 자료출처이지만 몇 가지 약점이 있다. 사람들이 실천한다고 말하는 것과 그들이 실제로 행하는 것은 종종 다른 경우가 많다. 왜냐하면, 사람들은 이상적으로 생각되거나 기대하는 반응에 기초하여 그들의 행동을 묘사하기 때문이다. 또한, 좋은 결과나 성공적인 경험과 관련된 행동을 유발하는 이면에 있는 요인이나 동기를 잘 인식하지 못하고 있어서 그것들을 구체적으로 기술하는 데 어려움이 있다.

그러므로 업무현장에서 현업수행자를 직접 관찰함으로써 인터뷰 중에 수집된 정보에 대하여 어느 정도 현실과 부합되는지를 검증할 수 있다. 다양한 업무현장의 행동을 포함하도록 하기 위해 인터뷰에 참가하지 않은 사람들 중에 업무성과기준의 초과, 달성, 미만의 성과수준을 고려하여 적어도 3명 이상을 관찰하는 것이 필요하다. 관찰을 많이 하면 할수록 좋으며, 관찰할 때는 전형적인 일상업무 생활에서 관찰하는 것이 중요하다. 관찰할 경우 관찰대상자가 관찰을 의식하지 않도록 거리를 두는 것이 좋다. 그러나 대화하는 것을 들을 수 있을 정도의 근접성은 필요하다. 경험에 의하면 피관찰자는 초기에는 자신들이 관찰받고 있다는 것을 대개 잘 인식하고 있으나 일상적인 활동에 몰입하면 그러한 인식이 줄어드는 경향이 있다.

④ 잠정 역량모델의 개발

수집된 자료들은 재분석된다. 이때 우수한 성과자와 보통 성과자의 행동 사이에 다른 점을 찾는다. 이 분석을 통해 '잠정적 역량모델'이라고 불리는 업무에 필요한 기술, 지식, 특성의 예비목록을 만들 수 있다. 이 모델은 추가로 자료수집을 할 때 기초로 사용되고, 모델을 보다 정교하게 만들기 위하여 광범위한 이해관계자와 현업수행자에게 회람된다.

⑤ 잠정 역량모델의 검증

잠정 역량모델은 초기의 자료수집 단계에서 참가했던 사람들보다 더 광범위한 부문의 현업수행자와 이해관계자를 대상으로 정확성과 적절성을 검사받는다. 보다 광범위한 사람들을 대상으로 모델을 검사하는 것은 두 가지 이유가 있다. 첫째, 검증을 통하여 인터뷰 중에 표현된 역량만이 아니라, 적절한 역량이 모두 파악되었는지를 확인할 수 있다. 대상자들을 광범위하게 선정하면, 모델의 적용 가능성에 있어서 지역이나 업무의 다양성이 주는 의미 있는 차이를 밝히는 데 도움이 된다. 둘째, 많은 사람들을 참여시킴으로써 최종 역량모델의 실행에 영향을 받는 사람들에게 주인의식을 구축하고 모델을 쉽게 받아들이도록 할 수 있다.

검사과정은 설문조사나 포커스그룹 미팅을 통해 수행되는데, 설문조사에서는 각 역량이 체크리스트 문항으로 전환된다. 응답자들은 그들의 효과적인 업무수행에 각 역량이 어느 정도 적절한가와 얼마나 자주 활용되는가에 대한 질문을 받는다.[9] 포커스그룹 미팅은 촉진자가 진행하는데, 참석자들은 미팅에서 자신들에게 무엇이 기대되는지를 사전에 알고, 역량모델을 논의하고 제안하기 위한 준비가 충분히 되어 있어야 한다.[10]

⑥ 잠정 역량모델의 수정/개선

모델 검증과정에서 수집된 자료에 기초하여 잠정 역량모델은 수정되거나 개선된다. 여기에는 역량의 첨가, 삭제, 수정이 모두 포함된다. 각 역량의 행동사례들도 수정되거나 증가될 수 있다.

⑦ 역량모델의 타당성 검증

모델의 타당성 검증은 그 역량들이 어느 정도 성공을 잘 예측하는지를 알려주도록 하기 위하여 반드시 필요한 과정이다. 타당성 조사는 다면평가에 의해 이루어진다. 역량목록은 다면평가용 질문으로 전환되며, 조사 초기에 파악된 각각의 3가지 성과그룹(성과기준을 초과, 도달, 미달한 사람들)에 포함된 현업수행자의 부서원, 동료,

---

9) 예를 들어 업무수행을 위해 '의사소통을 잘한다'에 있어서 '눈을 맞추고 이야기한다'는 '매우 필수적이다, 필수적이다, 필요하기는 하나 덜 필수적이다, 불필요하다' 중 어디에 해당되는가를 물을 수 있다.

10) 예를 들어 모임의 취지와 참석자에게 기대되는 것과 '역량모델이 귀하의 업무에 있어 중요한 면을 어느 정도 묘사하였습니까?', '역량은 어느 정도 분명하고 완벽합니까? 무엇을 추가하거나 바꿀 수 있습니까? 그 이유는?'과 같은 질문을 미리 제공할 수 있다.

상사, 필요하다면 외부고객에게 질문지가 배포된다.

평점점수들은 각 성과그룹의 각 개인별로 표로 만들어진다. 만일 역량과 우수성과그룹 사이에 의미 있는 상관관계가 있다면, 그 역량은 공인타당도(concurrent validity)를 가진다. 만일 역량과 우수성과그룹 간에 관련성이 낮다면, 행동이 명확하게 기술되었는지 검토해야 한다.

⑧ 모델의 완성

다면평가의 자료분석을 통하여 업무성과의 효과성과 관련이 없거나 낮은 역량들을 제거하면서 모델을 완성한다.

2. 역량기반 교육훈련

1) 역량기반 교육훈련의 개념

역량기반 교육훈련은 조직이 필요로 하는 역량요소를 설계하고 이를 근거로 조직구성원의 개인별 역량을 체계적으로 진단하여 피드백한 후, 부족한 역량을 보완하는 다양한 교육과정 및 교육지원체계를 확립함으로써, 교육훈련의 효과성을 제고하는 것에 주된 목적이 있다. 이는 조직이 필요로 하는 핵심인재의 육성을 도모하는 동시에 개인의 성장욕구를 적극적으로 충족시키는 교육훈련체계로 이해할 수 있다(권용수, 2006: 134). 즉, 역량기반 교육훈련이란 조직이 필요로 하는 역량을 개인별로 진단한 후 그 결과에 따라 요구되는 역량수준을 갖출 수 있도록 교육훈련을 실시하는 것이다.

이러한 역량기반 교육훈련이 기존의 교육훈련과 다른 점은 교육훈련의 초점을 어디에 두는가에 있다. 전통적인 교육훈련에서는 조직원이 높은 성과를 올리기 위해서 과업수행상 필요한 것이 무엇인가를 파악하고 이를 교육훈련을 통해 공급하려 한다. 그러므로 필요한 지식(knowledge), 기술(skill), 태도(attitude)를 알려주고 이를 갖추도록 하는 데 중점을 둔다. 그러나 역량기반 교육훈련에서는 높은 성과를 거두는 데 관련되는 좀 더 광범위한 변수들에 관심을 둔다. 그러므로 모범적인 또는 매우 성공적인 고성과자의 특성을 구별하고 이를 갖출 수 있도록 조직원의 동기수준을 변화시키고 개성적인 요소(personality trait)를 개발하는 것도 포함한다(Dubois and

Rothwell, 2004:129-131).

2) 역량기반 교육훈련의 유용성과 한계

역량에 기초한 교육훈련이 갖는 유용성은 다음과 같다(최무현 · 김형우, 2009:36).

첫째, 역량기반 교육훈련은 조직의 비전이나 전략과 연계된 역량모델 구축을 통해 조직성과 및 개인업무의 효과성에 가장 크게 영향을 미치는 지식, 기술, 태도에 초점을 맞춘 교육훈련을 체계적으로 진행할 수 있게 해 준다. 이러한 이유로 역량기반 교육은 성과기반 교육으로 불리기도 한다.

둘째, 전통적인 직무중심의 교육훈련체계는 피교육자에게 직무명세서에 열거된 행태나 자격을 학습할 것을 강요하였을 뿐 교육훈련의 설계과정에의 참여를 허용하지 않았다. 하지만 역량기반의 교육훈련은 역량모델을 통해 피교육자 자신의 능력을 정확히 진단하고, 고성과자와의 격차를 줄이는 방안을 구체적으로 파악한 후, 자신의 개발을 위해 주도적으로 학습하게 한다. 그런 점에서 전통적인 교육훈련이 교육자 지향 또는 관리자 지향이었다면, 역량기반 교육훈련은 학습자 또는 성과자 지향이라고 할 수 있다.

셋째, 역량기반 교육훈련은 조직의 발전과 개인의 성장을 지원하는 코칭과 피드백을 위한 정보와 지침을 제공해 준다.

넷째, 역량기반 교육훈련은 교육훈련의 효과를 용이하게 평가하도록 도와준다. 특히 각 역량의 행위지표들은 교육훈련의 내용을 명확하게 해 주고, 교육훈련 효과에 대한 평가에서 측정지표로 활용될 수 있다.

그러나 역량기반 교육훈련은 다음과 같은 한계도 있다(Dubois and Rothwell, 2004:133).

첫째, 역량모델을 구축하는 데 시간과 경비가 많이 소요된다. 그러므로 장차 교육훈련을 받을 필요가 있는 인력의 수가 적다든지, 교육훈련의 유효기간이 짧은 경우 비용-효과 측면에서 비효율적이다.

둘째, 개인에 따라서는 이러한 학습방법이 잘 맞지 않는 사람이 있다. 자기주도적 학습성이 부족한 경우가 전형적인 예이다.

그렇기 때문에 언제나 역량기반의 교육훈련이 효과적인 것은 아니다. 다음과 같은 경우에는 교육훈련에 대한 전통적인 접근, 즉 교관의 지시중심적 교육훈련이 더 적절하다.

첫째, 조직의 자원이 역량기반의 교육훈련을 실시하기에 충분하지 못하다.

둘째, 교육훈련효과의 유효기간이 제한되어 있거나 짧다.

셋째, 교육훈련의 대상인력이 적다.

넷째, 과업 자체가 조직의 성공에 미치는 전략적 효과가 미미하다.

반면에 다음과 같은 경우에는 역량기반 교육훈련을 실시하는 것이 바람직하다. 첫째, 조직이 역량기반 교육훈련의 질을 향상시킬 수 있을 만큼 충분한 자원을 보유하고 있다.

둘째, 과업이나 관련된 교육훈련의 내용이 조직의 성공에 커다란 전략적 효과를 줄 수 있다.

셋째, 역량모델의 구축에 충분한 시간을 투입할 수 있다.

넷째, 교육훈련효과의 유효기간이 길어서 역량모델 구축에 투입된 비용을 상쇄할 수 있다.

다섯째, 교육훈련을 받아야 할 대상인력이 많다.

여섯째, 의사결정자가 교육훈련의 효과를 완전히 성공적인 성과를 거두는 것보다 모범적인 정도를 달성하는 것에 초점을 맞추는 것이 더 적절하다고 생각한다 (Dubois and Rothwell, 2004:134-135).

3) 역량기반 교육훈련의 실시

역량기반 교육훈련체계가 구축되기 위해서는 일반적으로 다음과 같은 과정을 거친다(최무현 · 김영우, 2009:36).

① **요구분석** : 조직내외 환경의 분석을 통해 전략적 과제 및 방향을 도출

② **역량모델 개발** : 요구분석을 통해 수집된 자료를 기초로 조직(혹은 부서)의 고성과자들의 특성으로부터 검증된 역량모델을 개발

③ **역량진단 및 역량갭 도출** : 개발된 역량모델을 적용하여 부족한 역량갭을 도출

④ **교육훈련 교과 및 프로그램 설계** : 역량갭 분석결과와 교육수요조사를 바탕으로 도출된 핵심역량별로 구체적인 교육과정 내용과 방식을 설계

⑤ **교육훈련 프로그램 지원 및 평가체계 구축** : 교육훈련 지원체계를 구축하고 지속적인 평가를 실시한다.

참고문헌

강성철 외. 2011. 「새인사행정론: 전정7판」. 서울: 대영문화사.

권용수. 2001. 「공무원 직무수행역량 평가모델」. 한국행정연구원 연구보고서.

______. 2006. "공무원 역량기반교육훈련에 관한 고찰." 「한국인사행정학회보」 제5권 제1호. pp.129-148.

박동서. 1986. 「인사행정론: 제2전정판」. 서울: 법문사.

삼일회계법인 · Hewitt Associate Korea. 2001. 「정부역량모델 구축과 시범적용」. 서울: 삼일회계법인.

신종국. 2001. "캐나다정부의 역량중심 인사관리." 「인사행정」 6: 64-67.

연세대학교 지역발전연구소. 1999. 「공무원 인사교류의 활성화 방안」. 중앙인사위원회 정책연구보고서 99-7.

오석홍. 1983. 「인사행정론」. 서울: 박영사.

이선우 · 오성호. 2003. 「인사행정론」. 서울: 한국방송통신대학교 출판부.

임도빈. 2000. "행정조직 내 보직이동 유형에 관한 연구." 「한국정책학회보」 제9권 제3호.

정재창 · 민병모 · 김종명 역. 2001. 「알기 쉬운 역량모델」. 서울: PSI컨설팅; Lucia, Anntoinette D. and Lespsinger, Richard. 1999. *The Art and Science of Competency Models*. SF: Jossey-Bass/Pfeiffer.

조석준. 1992. 「한국행정학」. 서울: 박영사.

중앙인사위원회. 2006. 「조직경쟁력 강화와 공무원 역량제고를 위한 경력개발제도: CDP운영매뉴얼」.

진재구. 2009. "정부부문 역량기반 인적자원관리체계 수립의 전제: 쟁점과 정책적 시사점." 「한국정책과학학회보」 제13권 제1호. pp.1-23.

최무현 · 김영우. 2009. "지방공무원 역량강화에 관한 연구: 역량기반 교육훈련을 중심으로." 「지방정부연구」 제13권 제4호. pp.33-59.

Armstrong, Michael. 2010. *Armstrong's Essectial Human Resource Management Practice: A Guide to People Management*. London: Kogan Page.

Bass, Bernard M. and Vaughn, James A. 1966. *Training in Industry: The Management of Learning*. Belmont, CA: Wadsworth.

Campbell, J. P., Dunette, M. D., Lawler, E. E. and Weick, K. E. 1970. *Managerial Behavior, Performance and Effectiveness*. New York: McGraw-Hill Book Company.

Dubois, David D. and Rothwell, William J. 2004. *Competency-Based Human Resource Management*. Mountain View, CA: Davies-Black Publishing.

Eastburn, Richard A. 1987. "Management Development." in Robert L. Craig ed., *Training and Development Handbook*, 3rd ed., New York: McGraw-Hill.

Fallon, William K. ed. 1983. *AMA Management Handbook*, 2nd ed., American Management Association.

Fijsher, Delbert W. 1977. "Educational Psychology Involved In On-The-Job-Training." *Personnel Journal*, Vol.56, No.10.

Nigro, Felix A. and Nigro, Lloyd G. 1986. *The New Public Personnel Administration*, 3rd ed., Itasca, Ill: F.E. Peacock Publishers, Inc.

Parrry, S. R. 1996. "The Quest for Competencies." *Training* 1996 July: 48-56.

Siegel, Gilbert B. and Myrtle, Robert C. 1985: *Public Personnel Administration: Concepts and Practices*. Boston: Houghton Mifflin Company.

Zeira, Yoram. 1973. "Is External Management Training Effective for Organizational Change?" *Public Personnel Management*, Vol.2, No.6.

제 7 장

공직윤리

제1절 공직윤리의 의의
제2절 공직윤리의 내용
제3절 공직부패

제1절 공직윤리의 의의

1. 공직윤리의 의미

"군군신신부부자자"(君君臣臣父父子子). 논어(論語)의 안연(顔淵)편에 나오는 구절이다. 동서고금을 막론하고 이보다 더 간결하게 정리된 공직윤리론을 발견하기 어렵다. 고대 중국 제(齊)나라의 경공(景公)이 공자에게 정치의 근본에 대해 묻자 "임금이 임금다워야 하고, 신하가 신하다워야 하며, 아비가 아비다워야 하며, 자식이 자식다워야 한다."고 답한 것인데, 이를 오늘날의 의미로 재해석하면 "나라의 지도자가 지도자다워야 하고, 공무원도 공무원다워야 하며, 국민이 국민다워야" 정치가 제대로 이뤄지고 나라가 바로 서게 된다는 의미가 될 것이다. 정말이지 오늘날 나라를 엉망으로 만들고 있는 모든 문제의 근원을 따라가 보면 결국 지도자가 지도자답지 못하고, 공무원들이 공무원답지 못하고, 부모가 부모답지 못하고, 자식들이 자식답지 못하게 된 것에서 모든 것이 비롯된 것이라고 해도 과언이 아니다. 엄밀히 말하면 이 문구 중 공직윤리와 직결되는 부분은 전반부의 네 글자, '군군신신'만이라고 할 수도 있다. 하지만, 모든 윤리는 교육과 훈련에서 나오고, 그 첫 출발이 가정이라는 점, 그리고 제대로 된 부모자식 관계가 조성된 가정과 사회 속에서 결국 나라를 제대로 다스릴 수 있는 공적 지도자들이 나올 수 있는 것이라는 점을 생각할 때 후반부의 '부부자자'도 공직윤리에서 중요한 부분이 된다고 할 수 있다.

일반적으로 "사람으로서 마땅히 행하거나 지켜야 할 도리(道理),"[1] 또는 이것의 보다 간략한 표현인 "사람의 본분(本分)"을 윤리(倫理)라고 한다. 공직윤리란 이런 점에서 볼 때 "공직 및 공직자에게 마땅히 요구되는 도리와 본분"이라고 정의할 수 있다. 해당 한자의 어원적 의미로 보면 륜(倫)은 사람을 나타내는 인(亻)과 "차례를 정하다"라는 의미의 륜(侖)의 합성어로 "질서가 잡힌 인간관계"를 의미한다.[2] 따라서 윤리란 곧 "인간관계의 질서에 관한 이치"를 의미하는 것이 되고, 공직윤리는 "공직자들과 국민 간, 공직자들 간의 관계질서에 관한 이치"를 의미하는 것이 된다고 할

---

1) 국립국어원, 「표준국어대사전」(http://stdweb2.korean.go.kr/search/List_dic.jsp).

2) 민중서림(2009), 「한자대사전 : 제3판」, pp.154-155.

수 있다.

2. 공직윤리 개념의 속성

첫째, 인간윤리와 시민윤리 그 이상의 것으로서의 공직윤리. 공직자는 공직자이기 이전에 시민이고, 시민이기 이전에 인간이다. 따라서 공직자에게는 우선 인간으로서 지켜야 할 기본도리를 지켜야 할 것이 요구되고, 국가의 주권자로서 시민에게 요구되는 도리, 즉 시민윤리가 요구된다. 공직윤리는 이런 인간윤리와 시민윤리를 기본으로 하면서 공직이라는 특수직업에 요구되는 직업윤리로서의 성격을 복합적으로 지닌다.

둘째, 보편성과 특정성. 공직윤리에는 국민에 대한 봉사, 국가에 대한 충성, 정직, 근면, 성실, 청렴, 공정 등 모든 공직과 공직자에게 공통적으로 적용되는 보편적인 것들로 이루어져 있는가 하면, 공직과 공직자의 종류와 특성에 따라 그 내용과 우선순위, 강조점 등이 달리 규정되어야 하는 것들로도 구성된다. 예컨대 대통령이나 국회의원, 국무총리, 장관과 같은 정무직 공무원들의 경우에는 효율성이나 전문성보다는 민주적 대표성, 국민에 대한 책임성(responsibility)과 수용적 반응성(responsiveness) 등이 더 중요한 공직윤리로 강조되는 반면, 관료라고 불리는 일반경력직 공무원들의 경우에는 효율성과 전문성과 정치적 중립성, 공정성 등이 더 중요한 요소로 강조된다. 전술한 논어의 공직윤리론은 공직윤리의 후자적 속성에 초점이 맞춰진 대표적인 예라고 할 수 있다.

셋째, 공직윤리는 기본적으로 가치에 관한 것으로, 가치 지향(指向)과 지양(止揚)을 동시에 내포하는 개념이다. 즉, 공직윤리는 유민봉(2002:277-278)의 지적처럼 공직과 공직자에게 요구되는 바람직한 상태(선, 덕목: virtues)를 지향하고 고양시키는 것을 중심으로 규정되기도 하지만(적극적 의미의 공직윤리), 이와는 반대로 공직이나 공직자들에게서 불식시켜야 할 바람직하지 않은 상태들(악, 흠결: vices)에 대한 지양과 금지, 억제와 통제, 그리고 처벌 중심으로도 규정된다(소극적 의미의 공직윤리). 전술한 각종 이상적 가치들의 구현이 모두 전자에 해당하는 것들이라면, 부정부패의 근절과 같은 것은 후자에 해당한다. 이런 점에서 공직윤리론은 기본적으로 공직과 공직자의 존재이유와 가치에 관한 목적론(teleology)과 의무론(deontology), 존재론

(ontology)과 인식론(epistemology)으로 구성되는 가치론으로서 정치행정철학의 한 영역에 속한다고 볼 수 있다(Frederickson, 1993:9-10). 정치행정일원론 · 이원론 논쟁이라든가, 공익론이라든가, 민주주의 권력분립이론, 관료제 통제이론, 반부패이론 등이 행정윤리에 관한 논의에 이론적 근거가 되는 이유도 바로 여기에 있다.

넷째, 공직윤리는 사회심리학적 개념으로서의 '가치'가 지닌 속성을 모두 갖는다(오석홍, 2005:531-533). 즉, 다분히 주관적이며, 개인적 욕구와 지식에 기초한 경험에 대한 해석과정을 통해 개인적으로 형성 및 학습되고 일련의 개인적 경험을 통해 강화 또는 약화되기도 하며, 사회화 과정(socialization process)이라고 일컬어지는 사회적 학습과정을 통해 집단적으로, 더 나아가서는 사회 전체적으로 공유되고 전승되기도 하고 변화되기도 하는 속성을 지닌다. 이런 점에서 공직윤리는 국가 및 사회의 전통과 관습에 영향을 받는 역사제한적이고, 문화제한적이며, 사회 내지 집단 제한적이다. 공직자의 부적절한 이성관계, 부동산 투기, 군복무 회피, 뺑소니 전과, 음주운전 전과 등이 얼마나 심각한 문제가 되느냐 하는 것은 종교적 전통이 서로 다른 나라마다, 또 같은 나라라 하더라도 시기에 따라 달라지는데, 이는 공직윤리의 이런 여러 가지 면에서의 제한성을 보여주는 예라고 할 수 있다.

3. 공직윤리의 중요성

인사행정에서 공직윤리가 왜 중요한 이슈가 되는 것일까? 여러 가지 이유가 있겠지만, 가장 중요한 이유는 로(Rohr, 1986)의 지적처럼 공직자들에게는 크고 작은 다양한 재량권이 주어져 있는데, 이들이 이 재량권을 국민이 신뢰할 수 있게 행사한다는 보장이 근본적으로 없기 때문이다. 즉, 공직윤리가 중요한 이유는 이것이 본질적으로 신뢰의 문제이기 때문이다. 신뢰는 모든 인간관계 성립의 필수조건이다. 국민과 국가, 국민과 공직자들 사이의 관계에서도 마찬가지다. 민주주의 국가에서 국민과 모든 공직자들 간의 관계는 마치 의뢰인과 대리인 간의 관계와 같다. 즉, 국민들은 자신들을 위해 일해 줄 사람들을 고용하여 이들에게 그렇게 해 줄 것을 믿고 맡기는 신탁자로서의 의뢰인이다. 공직자들은 국민들의 의사를 살피고, 이 의사를 가장 잘 충족시켜 주는 최선의 행동을 결정하고 실행해야 하는 피신탁자로서의 대리인이다. 이 둘 사이의 관계를 성립시키는 가장 중요한 요소는 대리인에 대한 의뢰인의 신뢰 여부이다. 의뢰인의 신뢰를 저버리지 않는 대리인은 계속해서 그 자리를 유지할 뿐만 아니라 더 큰 보상을 받게 된다. 그러나 그런 신뢰를 배반하는 대리인은 자리를 박탈당하거나 심한 경우 구금되거나 목숨까지 잃게 된다. 이처럼 공직윤리는 기본적으로 공직과 공직자, 나아가 정부와 국가에 대한 국민의 신뢰 여부를 결정하는 중요한 문제이다.

한편, 모든 공직자들이 국민이라는 의뢰인들의 의사대로 충직하게 공직을 수행하는 것이 자연적 상태라면 공직윤리는 별로 중요하지 않은 이슈일 것이다. 이것이 중요한 이슈가 되는 이유는 공직자는 공직자이기 이전에 국민의 이익보다는 자신의 사적 이익을 우선할 수 있는 일반 사람이며, 여러 가지 현실적 제약으로 인해 공직이라는 것 자체가 그들이 그렇게 하는 것을 근본적으로 차단할 수 있게 설계될 수 없기 때문이다. 다시 말해서 공직자들을 신뢰할 수 있게 되기보다는 신뢰하기 어렵게 될 개연성이 큰 것이 현실이기 때문이다. 우선 선출직 공직자들의 경우부터 보자. 이들에 대한 국민의 신뢰 여부는 선거를 통해 표현된다. 공직경쟁 후보자들 중 국민들로부터 보다 더 많은 신뢰를 받은 사람이 공직을 맡게 되고, 일정기간 해당 공직을 수행한 다음 또 다시 선거를 통해 재신임을 받아 직을 유지하거나 그렇지 못한 경우 낙선하여 직을 유지하지 못하게 된다. 그러나 선거는 공직자들로 하여금 선공후사하며 국민의 충직한 대리자로 역할토록 하는 최소한의 장치일 뿐이지, 근본적 보장장치가 되지 못한다. 수많은 독직사건과 부패행위가 선출직 공직자들에 의해 발생하고, 그런 행위를 한 사람들이 버젓이 법망을 피해갈 뿐만 아니라 재선에 성공하는 수많은 사례들이 그 증거가 된다. 또한 선거는 선출직 공직자들에 대한 신뢰가 아니라 오히려 불신의 원천이라는 역설도 성립한다. 선거로 인해 정치체제가 공동체의 이익보다는 사회 내 특정 세력의 이익과 야합함으로써 귀중한 국가자원을 낭비하거나 국가발전의 기회를 흘려버리는 이른바 인기영합주의에 휘둘리는 현상을 말한다. 선거결과에 자신들의 정치적 생명유지 여부가 달려 있는 선출직 공직자들은 선거권자들의 요구에 민감하게 반응하기 마련이다. 그러나 이것이 지나치게 되면 요구하는 국민이 실제로 어떤 국민인지, 그 요구가 과연 얼마나 공동체를 위해 바람직한 것인지, 제시된 문제해결책이 사실에 근거한 것이고 실제로 문제를 해결하는 것인지를 분별하지 아니하고 오직 선거에서의 당리당략이나 자신의 재선 가능성을 높이는 것에만 집착하여 나라의 결정을 엉망으로 만들어버리는 경우가 민주정치체제에는 구조적으로 잉태되어 있다. 민주주의 제도발전사는 어떻게 하면 이런 불상사를 최소화할 것인가를 중심으로 전재되어 왔다고 해도 과언이 아니라고 할 정도로 이 문제는 민주주의의 본질적 문제이다.[3)]

이런 문제를 해결하기 위해 고안된 것이 바로 공직의 상당 부분이 선거를 통하지 않고 행정부의 직업공무원이나 사법부의 법관들처럼 오직 전문적 지식과 기술, 경험을 지닌 사람들에 의해 수행되도록 한 것이다.[4)] 이들에겐 국민들이 직접 선출한 사람들이 아닌 데도 불구하고 선거로 선출되는 정치적 공직자들에 버금가거나 그 이상의 막강한 권한이 주어져 있다.이런 직업공무원들이 하는 일이 국민의 대표인 국회의원들이 결정한 정책을 그 정책결정자들의 본래 의사와 한 치의 오차도 없이 충실하게 수행하는 것이라면, 이들이 실제로 그렇게 하는지만 점검하고 통제하면 이들에 대한 신뢰문제는 정치행정이원론자들의 믿음에서 보듯이 상당 부분 해결될 수 있다. 이것이 가능하기 위해서는 직업공무원들이 언제 어떤 기준에 따라 어떻게 이런 권한을 행사할 것인지가 사전에 선출직 공직자들이 정하는 법률에 의해 상세히 규정될 수 있어야만 한다. 그러나 이것은 사실상 불가능하고 상당 부분이 직업공무원들의 재량에 맡겨질 수밖에 없는 것이 현실이다. 나아가 행정부에 근무하는 이 직업공무원들은 정치행정일원론자들의 주장처럼 본질적으로 정치적이며, 가치지향적이고, 선출직 공직자들에 못지않게 정책결정에 깊이 관여하는 것이 현실이다. 이런 현실임에도 불구하고 행정부의 비선출직 공직자들이 정치적으로 부당하게 휘둘리지 않고 직무를 수행할 수 있도록 하는 것이 공동체를 위해 바람직하다는 이유로 수십 년에서 평생에 이르기까지 장기간에 걸쳐 그 직을 유지할 수 있도록 하고 있다. 이들이 선출직 공직자들보다 더 공익지향적이고 더 살신성인적이며 선공후사하는 사람들이라는 아무런 근거도 보장도 없다. 선출직 종사자들과 마찬가지로 이들도 공직자이기 이전에 사리사욕을 지닌 인간이다. 따라서 공직윤리의 중요성은 선출직에 종사하는 정치적 공직자들보다 행정부와 사법부에 종사하는 비선출직 직업공무원에게서 더욱 크다고 할 수 있다. 이하에서는 주로 행정부의 직업공무원들에게 요구되는 공직윤리 문제에 관해 논의의 초점을 맞추기로 한다.

---

3) 민주주의의 한계에 관한 대표적 논의는 Dahl(1982), Lowi(1979), Zakaria(2003) 등을 참조.

4) 행정부 및 행정공무원의 존재 가치를 이런 관점에서 논하고 있는 대표적인 예로 미국의 Blacksburg 학파를 예로 들 수 있는데, 특히 Rohr(1986), Goodsell(2004)을 참조할 것.

제2절 공직윤리의 내용

그러면 보다 구체적으로 어떤 것들이 공직윤리에 해당하는 것일까? 공직자들의 행동을 윤리적인 것과 비윤리적인 것으로 구분하는 기준은 무엇인가? 분석적으로 말해서 이에 대한 답은 크게 실체론적 관점과 과정론적 관점 등 두 가지 관점에서 검토해 볼 수 있다.

1. 실체론적 관점에서 본 공직윤리의 내용

공직윤리는 특정한 공직 또는 공직자가 갖춰야 하거나 추구해야 할 이상적 덕목(virtues)이나 의무(duties), 지양해야 할 악(vices)을 중심으로 그 내용을 규정해 볼 수 있다. 규정하는 사람들마다, 또 법령마다 중시되는 내용이 달라질 수 있다. 또한 내용을 정리하는 방식도 행정학의 각종 이론이나 주장에 담겨 있는 가치정향들을 중심으로 정리하는 이론적인 방식과 이런 규범을 문자화하고 있는 각종 법령들에서 강조되고 있는 것들을 중심으로 정리하는 실제적인 방식 등 다양하다. 여기서는 우리나라 관련 법령 및 조치들에 강조되어 있는 공직 및 공직자에 대한 요구사항들을 중심으로 공직윤리의 내용을 정리해 보도록 하자.

1) 헌법상의 공직윤리

대한민국 헌법에는 공무원 전체에 대해 일반적으로 요구되는 공직윤리와 대통령, 국회의원, 법관 등 공직자의 종류별로 구분되어 요구되는 공직윤리가 열거되어 있다. 공무원 전체에 대해 일반적으로 요구되는 공직윤리는 헌법 제7조에 천명되어 있는데, 특히 ① 국민에 대한 봉사성, ② 책임성, ③ 정치적 중립성 등 세 가지가 강조되어 있다.

헌법 제7조 ① 공무원은 **국민 전체에 대한 봉사자**이며, 국민에 대하여 **책임**을 진다.

② 공무원의 신분과 **정치적 중립성**은 법률이 정하는 바에 의하여 보

장된다.

국회의원에 대하여는 제일 먼저 청렴성을 요구하고 있으며, 이어 국가이익의 우선, 직무수행의 독립성, 지위남용의 금지 등의 직무윤리가 강조되고 있다.

헌법 제46조 ① 국회의원은 청렴의 의무가 있다.
② 국회의원은 국가이익을 우선하여 양심에 따라 직무를 행한다.
③ 국회의원은 그 지위를 남용하여 국가 · 공공단체 또는 기업체와의 계약이나그 처분에 의하여 재산상의 권리 · 이익 또는 직위를 취득하거나 타인을 위하여 그 취득을 알선할 수 없다.

대통령에 대해서는 중요 덕목으로 직무수행의 성실성이 강조되며, 이 점을 대통령으로 하여금 취임선서에서 스스로 밝히도도록 하고 있다.

제69조 대통령은 취임에 즈음하여 다음의 선서를 한다.
"나는 헌법을 준수하고 국가를 보위하며 조국의 평화적 통일과 국민의 자유와 복리의 증진 및 민족문화의 창달에 노력하여 대통령으로서의 직책을 성실히 수행할 것을 국민 앞에 엄숙히 선서합니다."

법관에 대해서는 직무수행의 독립성이 강조되어 있다.

제103조 법관은 헌법과 법률에 의하여 그 양심에 따라 독립하여 심판한다.

2) 국가공무원법상의 공직윤리

공직윤리와 관련된 헌법 규정은 국가공무원법 등 여러 법률을 통해 구체화되는데, 국가공무원법에서는 이것이 제7장 '복무'에 관한 14개의 조항에 표현되어 있다.[5] 나아가 국가공무원법에서는 공무원이 동법에서 규정한 공직윤리 관련 제반 의무사항을 위반한 경우 상응하는 처벌에 관해서도 제10장 '징계'와 제11장 '벌칙', 제12장 보칙 등 3개의 장에 총 12개 조항에 걸쳐 상세하게 규정해 놓고 있다.

국가공무원법의 제7장 복무에 관한 장을 보면 공무원에게 요구되는 윤리사항들이 의무 또는 금지 사항으로 나열되어 있는데, 크게 보면 공무원이라는 신분상 요구

5) 공직윤리에 관한 사항을 포함하여 국가공무원법에 관한 상세 해설은 김중량 · 김명식(2000)을 참조.

되는 윤리사항들과 직무수행과 관련하여 요구되는 윤리사항들로 나누어볼 수 있다. 공무원 신분을 가짐으로 인해 준수해야 할 것으로 다음의 세 가지 의무사항을 규정하고 있다.

제55조 (선서의 의무) 공무원은 취임할 때에 소속 기관장 앞에서 국회규칙, 대법원규칙, 헌법재판소규칙, 중앙선거관리위원회규칙 또는 대통령령으로 정하는 바에 따라 선서(宣誓)하여야 한다. 다만, 불가피한 사유가 있으면 취임 후에 선서하게 할 수 있다.

제62조(외국 정부로부터 영예 등을 받을 경우 대통령의 허가) 공무원이 외국 정부로부터 영예나 증여를 받을 경우에는 대통령의 허가를 받아야 한다.

제63조(품위유지의 의무) 공무원은 직무의 내외를 불문하고 그 품위가 손상되는 행위를 하여서는 아니 된다.

제55조 선서의 의무에 따라 모든 공무원들은 다음과 같이 선서하도록 되어 있는데, 이 선서에서는 공직윤리로서 준법성, 상사의 직무상 명령에 대한 복종, 직무수행의 창의성과 적극성, 비밀엄수, 정의의 실천 등의 공직윤리가 강조되고 있다.

선서[6)]

본인은 공직자로서 긍지와 보람을 가지고 국가와 국민을 위하여 신명을 바칠 것을 다짐하면서 다음과 같이 선서합니다.

1. 본인은 법령을 준수하고 상사의 직무상 명령에 복종한다.
1. 본인은 국민의 편에 서서 정직과 성실로 직무에 전념한다.
1. 본인은 창의적인 노력과 능동적인 자세로 소임을 완수한다.
1. 본인은 재직중은 물론 퇴직 후에라도 업무상 알게 된 기밀을 절대로 누설하지 아니한다.
1. 본인은 정의의 실천자로서 부정의 발본에 앞장선다.

위에서 선서한 사항에 대하여는 끝까지 국가와 국민에게 책임을 질 것을 서약합니다.

년 월 일

(직급) (성명) 인

6) 국가공무원 복무규정 및 공무원인사기록및인사사무처리규칙의 별표.

공무원이 외국 정부로부터 영예나 증여를 받을 경우에는 대통령의 허가를 받도록 하고 있는 제62조는 공직자는 오직 대한민국에 충성해야 한다는 공직윤리의 정신이 담겨 있는 조항이라고 해석할 수 있는 것이어서 공직윤리 관련 조항으로 포함된다. 제63조 품위유지의 의무 조항은 공무원들에게 공직자로서 뿐만 아니라 한 인간으로서도 모범적 삶을 살아야 한다는 것을 요구하는 것인데, 공무원과 공직에 대한 국민의 신뢰 확보를 위해 그 필요성이 인정되는 공직윤리 조항이라고 할 수 있다. 부동산투기, 위장전입, 탈세, 본인 및 자식의 군복무 회피, 축첩, 도박, 마약, 알콜중독, 음주운전, 차사고 후 뺑소니, 성희롱 등의 사회적 지탄행위를 한 사람들의 경우[7] 공직 취임 및 유지에 제한이 걸리게 되는데, 바로 이 품위유지의 의무 조항에 저촉되기 때문이다. 또한 공무원들에게 호화호텔, 호화시설을 이용한 결혼식을 금지하는 것이라든가, 호화유흥업소와 고급의상실 등의 출입을 금하는 것, 고위공직자의 부인모임을 전면해체토록 하는 등의 조치들도 모두 공무원법 제63조 품위유지의 의무 조항에 근거한 것들이라고 할 수 있다.

국가공무원법에서는 공직자들이 자신에게 맡겨진 직무를 수행함에 있어 지켜야 할 윤리적 기준들도 규정하고 있다. 여기에는 긍정적인 덕목들을 지향하는 적극적인 규정과 부정적인 것들을 금지시키는 소극적인 규정이 모두 포함되는데(유민봉, 2002: 283-284), 직무수행과 관련한 적극적인 윤리규정에는 준법성과 성실성(제56조), 상관의 직무상 명령에 대한 복종(제57조), 국민에 대한 직무수행의 봉사성과 친절성, 공정성(제59조) 등이 강조되어 있다. 직무수행에 관한 소극적인 윤리규정에는 성실한 직무수행의 소극적 표현에 해당하는 직장이탈 금지(제58조), 비밀누수 금지(제60조), 부패행위금지(제61조), 영리업무 및 겸직 금지(제64조), 정치운동의 금지(제65조), 집단행위의 금지(제66조) 등이 강조되어 있다. 금지되는 정치운동으로는 정당이나 그 밖의 정치단체의 결성에 관여하거나 가입하는 행위를 비롯하여 특정 정당이나 특정인을 지지 또는 반대하기 위해 투표를 하거나 하지 아니하도록 권유운동을 하는 것, 서명운동을 기도(企圖) · 주재(主宰)하거나 권유하는 것, 문서나 도서를 공공시설 등에 게시하거나 게시하게 하는 것, 기부금을 모집 또는 모집하게 하거나, 공공자금을 이용 또는 이용하게 하는 것, 타인에게 정당이나 그 밖의 정치단체에 가입하게 하거나 가입하지 아니하도록 권유운동을 하는 것, 다른 공무원에게 그러한 행위를 하도록

---

7) 이런 다양한 사회적 지탄행위들 중 고위공무원 임용 기준으로서 일반 국민들은 어떤 것을 얼마나 더 또는 덜 중요하다고 보는지에 관한 실증적 연구로 황성돈(2005)의 연구용역 보고서가 있음.

요구하거나, 정치적 행위에 대한 보상 또는 보복으로서 이익 또는 불이익을 약속하는 행위 등이 포함된다. 국가공무원법은 공무원의 정치운동을 범죄로 규정하고(제84조) 정치운동 금지 조항을 위반한 자에 대해 3년 이하의 징역과 3년 이하의 자격정지에 처하고 공소시효의 기간도 「형사소송법」 제249조 제1항에도 불구하고 10년으로 한다고 천명하고 있다. 또한 공무원의 집단행위에 대해서도 다른 법률에 특별히 규정된 경우 외에는 1년 이하의 징역 또는 500만원 이하의 벌금에 처하도록 하고 있다.

3) 공직자윤리법상의 공직윤리

공직자윤리법은 비윤리적 행위의 발생 가능성을 낮추기 위해 제정된 일종의 방지법으로, 이해충돌 방지, 재산 등록 및 공개, 백지신탁, 선물 신고, 퇴직 공직자 취업 제한과 같은 조치들로 이루어져 있다. 이 법이 지향하는 공직윤리의 내용은 다음과 같은 네 가지의 명제로 정리해 볼 수 있다.

첫째, 공직자는 자신이 수행하는 직무가 자신의 재산상 이해와 관련되어 공정한 직무수행이 어려운 이른바 이해충돌 상황에 놓여서는 안 된다.
둘째, 공직자는 독직 등 부당한 방법으로 재산을 증식해서는 안 된다.
셋째, 뇌물수수 등 부패행위를 해서는 안 된다.
넷째, 공직자와 민간업체 간에 부당한 협착관계가 형성되어서는 안 된다.

이 법에 규정된 다양한 공직윤리 확보 조치들의 면면을 살펴보면 다음과 같다.

(1) 이해충돌 방지

이 법(제2조의 2)에 의하면 국가 또는 지방자치단체는 공직자가 수행하는 직무가 공직자의 재산상 이해와 관련되어 공정한 직무수행이 어려운 상황이 일어나지 아니하도록 노력하여야 하며, 공직자는 자신이 수행하는 직무가 자신의 재산상 이해와 관련되어 공정한 직무수행이 어려운 상황이 일어나지 아니하도록 직무수행의 적정성을 확보하여 공익을 우선으로 성실하게 직무를 수행해야 할 의무를 지닌다. 또한 모든 공직자는 공직을 이용하여 사적 이익을 추구하거나 개인이나 기관·단체에 부정한 특혜를 주어서는 아니 되며, 재직 중 취득한 정보를 부당하게 사적으로 이용하거나 타인으로 하여금 부당하게 사용하게 하여서도 안 된다. 그리고 퇴직공직자는 재직 중인 공직자의 공정한 직무수행을 해치는 상황이 일어나지 아니하도록 노력하여야 한다.

(2) 재산 등록 및 공개

① 공직자윤리위원회

공직자윤리법에 따라 국회 · 대법원 · 헌법재판소 · 중앙선거관리위원회 · 정부 · 지방자치단체 및 특별시 · 광역시 · 특별자치시 · 도 · 특별자치도교육청 각각에 재산등록 및 공개 업무를 주관하는 공직자윤리위원회가 설치되었다. 이 위원회는 위원장과 부위원장 각 1명을 포함한 11명의 위원으로 구성되며, 위원장을 포함한 7명의 위원은 법관, 교육자, 학식과 덕망이 있는 사람 또는 시민단체(「비영리민간단체 지원법」 제2조에 따른 비영리민간단체를 의미함)에서 추천한 사람 중에서 선임된다. 다만, 시·군·구 공직자윤리위원회는 위원장과 부위원장 각 1명을 포함한 5명의 위원으로 구성하되, 위원장을 포함한 3명의 위원은 법관, 교육자, 학식과 덕망이 있는 사람 또는 시민단체에서 추천한 사람 중에서 선임된다.

② 재산 등록 의무자

동법에 따르면 다음에서 보듯이 대한민국의 거의 모든 주요 공직자들이 재산등록의 의무자가 된다.

- 대통령 · 국무총리 · 국무위원 · 국회의원 등 국가의 정무직 공무원
- 지방자치단체의 장, 지방의회의원 등 지방자치단체의 정무직 공무원
- 4급 이상의 일반직 국가공무원(고위공무원단에 속하는 일반직 공무원을 포함한다) 및 지방공무원과 이에 상당하는 보수를 받는 별정직 공무원(고위공무원단에 속하는 별정직 공무원을 포함한다)
- 대통령령으로 정하는 외무공무원과 4급 이상의 국가정보원 직원 및 대통령경호실 경호공무원
- 법관 및 검사
- 헌법재판소 헌법연구관
- 대령 이상의 장교 및 이에 상당하는 군무원
- 교육공무원 중 총장 · 부총장 · 대학원장 · 학장(대학교의 학장을 포함한다) 및 전문대학의 장과 대학에 준하는 각종 학교의 장, 특별시 · 광역시 · 특별자치시 ·

도 · 특별자치도의 교육감 · 교육장 및 교육위원

- 총경(자치총경을 포함한다) 이상의 경찰공무원과 소방정 및 지방소방정 이상의 소방공무원
- 위의 세 번째에서 일곱 번째까지와 아홉 번째 공무원으로 임명할 수 있는 직위 또는 이에 상당하는 직위에 임용된 「국가공무원법」 제26조의 5 및 「지방공무원법」 제25조의 5에 따른 임기제 공무원
- 「공공기관의 운영에 관한 법률」에 따른 공기업(이하 "공기업"이라 한다)의 장 · 부기관장 · 상임이사 및 상임감사, 한국은행의 총재 · 부총재 · 감사 및 금융통화위원회의 추천직 위원, 금융감독원의 원장 · 부원장 · 부원장보 및 감사, 농업협동조합중앙회 · 수산업협동조합중앙회의 회장 및 상임감사
- 한국은행, 공기업, 정부의 출자 · 출연 · 보조를 받는 기관 · 단체(재출자 · 재출연을 포함), 그 밖에 정부업무를 위탁받아 수행하는 기관 · 단체, 「지방공기업법」에 따른 지방공사 · 지방공단 및 지방자치단체의 출자 · 출연 · 보조를 받는 기관 · 단체(재출자 · 재출연을 포함한다), 그 밖에 지방자치단체의 업무를 위탁받아 수행하는 기관 · 단체, 임원선임 시 중앙행정기관의 장 또는 지방자치단체의 장의 승인 · 동의 · 추천 · 제청 등이 필요한 기관 · 단체나 중앙행정기관의 장 또는 지방자치단체의 장이 임원을 선임 · 임명 · 위촉하는 기관 · 단체 등 공직자윤리위원회가 지정하는 공직유관단체의 임원
- 그 밖에 국회규칙, 대법원규칙 및 대통령령으로 정하는 특정 분야의 공무원과 공직유관단체의 직원

③ 등록재산의 소유자

등록의무자들은 본인 명의의 재산(소유 명의와 관계없이 사실상 소유하는 재산, 비영리법인에 출연한 재산과 외국에 있는 재산이 모두 포함됨)은 물론이고 배우자(사실상의 혼인관계에 있는 사람을 포함)와 본인의 직계존속 · 직계비속이 소유한 재산을 등록해야 한다. 다만, 혼인한 직계비속인 여성과 외증조부모, 외조부모, 외손자녀 및 외증손자녀는 제외된다.

④ 등록대상 재산

등록의무자가 등록해야 하는 재산에는 다음에서 보듯이 사실상 거의 모든 유형의 재산이 포함된다.

– 부동산에 관한 소유권 · 지상권 및 전세권
– 광업권 · 어업권, 그 밖에 부동산에 관한 규정이 준용되는 권리
– 다음과 같은 동산 · 증권 · 채권 · 채무 및 지식재산권(知識財産權)
  • 소유자별 합계액 1천만원 이상의 현금(수표를 포함한다)
  • 소유자별 합계액 1천만원 이상의 예금
  • 소유자별 합계액 1천만원 이상의 주식 · 국채 · 공채 · 회사채 등 증권
  • 소유자별 합계액 1천만원 이상의 채권
  • 소유자별 합계액 1천만원 이상의 채무
  • 소유자별 합계액 500만원 이상의 금 및 백금(금제품 및 백금제품을 포함한다)
  • 품목당 500만원 이상의 보석류
  • 품목당 500만원 이상의 골동품 및 예술품
  • 권당 500만원 이상의 회원권
  • 소유자별 연간 1천만원 이상의 소득이 있는 지식재산권
  • 자동차 · 건설기계 · 선박 및 항공기
  • 합명회사 · 합자회사 및 유한회사의 출자지분
  • 주식매수선택권

⑤ 등록재산의 가액산정과 표시방법

이 법에 따라 등록되는 재산의 종류별 가액(價額) 산정방법 또는 표시방법은 다음과 같다. (ⅰ) 토지는 「부동산 가격공시 및 감정평가에 관한 법률」에 따른 개별공시지가(해당 토지의 개별공시지가가 없는 경우에는 같은 법 제9조에 따라 공시지가를 기준으로 산정한 금액을 말한다) 또는 실거래가격을 적용한다. (ⅱ) 주택은 「부동산 가격공시 및 감정평가에 관한 법률」 제16조 및 제17조에 따른 공시가격 또는 실거래가격으로 한다. (ⅲ) 상가 · 빌딩 · 오피스텔, 그 밖의 부동산은 대지를 「부동산 가격공시 및 감정평가에 관한 법률」에 따른 개별공시지가(해당 토지의 개별공시지가가 없는 경우에는 같은 법 제9조에 따라 공시지가를 기준으로 산정한 금액을 말한다)로 산정한 가액과 건물을 국가 또는 지방자치단체가 고시하는 공정가액 중 최고가액(취득가액이 있는 경우에는 취득가액을 함께 쓴다)으로 산정한 가액의 합계액 또는 실거래가격으로 한다. (ⅳ) 부동산에 관한 규정이 준용되는 권리는 실거래가격이나 전문가 등의 평가액 그리고 종류 · 수량 · 내용 등 명세토록 한다. (ⅴ) 현금 · 예금 · 채권 및 채무는 해당 금

액으로 하며, (vi) 국채 · 공채 · 회사채 등 유가증권은 액면가로 하고, (vii) 주식 중 「자본시장과 금융투자업에 관한 법률」에 따라 거래소허가를 받은 거래소에 상장된 주권과 「자본시장과 금융투자업에 관한 법률」 제166조에 따라 장외거래되는 주식 중 증권시장과 유사한 방법으로 거래되는 주식은 재산등록 기준일의 최종거래가격(거래가 재산등록 기준일 전에 마감된 경우에는 마감일의 최종거래가격으로 하되 다만 「자본시장과 금융투자업에 관한 법률」 제166조에 따라 장외거래되는 주식 중 증권시장과 유사한 방법으로 거래되는 주식의 경우에는 대통령령으로 정하는 거래가격)으로 하고 그 외의 주식은 액면가로 한다. (viii) 합명회사 · 합자회사 및 유한회사의 출자지분은 출자가액과 지분비율 및 최근 사업연도의 회사 연간매출액으로 한다. (ix) 금 및 백금(금제품 및 백금제품을 포함한다)은 실거래가격이나 신고일 현재의 시장가격과 종류 · 함량과 중량을 명기토록 한다. (x) 보석류는 실거래가격이나 전문가 등의 평가액으로 하고 해당 종류 · 크기 · 색상 등의 명세를 병기한다. (xi) 골동품 및 예술품은 실거래가격이나 작가 · 크기를 고려한 전문가 등의 평가액으로 하고 종류 · 크기 · 작가 및 제작연대 등 작품의 명세를 병기토록 한다. (xii) 회원권은 취득가액으로 하되, 골프회원권은 「소득세법」에 따른 기준시가 또는 실거래가격으로 한다. (xiii) 자동차 · 건설기계 · 선박 및 항공기는 실거래가격이나 감가상각 등을 고려한 전문가 등의 평가액으로 하고 종류 · 제작연도 · 제작회사 · 등록번호 등의 명세를 병기한다. (xiv) 주식매수선택권은 받을 주식의 종류 및 수량, 행사가격 · 행사기간 등 행사조건, 받을 주식의 현재시가 등을 명기토록 한다.

한편, 동법은 등록대상재산 중 비영리법인에 출연한 재산은 다른 등록대상재산과 구분하여 표시하고 그 법인에서의 등록의무자의 직위를 의무적으로 밝히는 것으로 하고 있다.

⑥ 재산 등록기관과 등록시기

공직자는 등록의무자가 된 날부터 2개월 이내에 등록의무자가 된 날 현재의 재산을 다음과 같은 해당 등록기관에 등록하여야 한다. 다만, 등록의무자가 된 날부터 2개월 이내에 등록의무를 면제받은 경우에는 제외되며, 전보(轉補) · 강임(降任) · 강등(降等) 또는 퇴직 등으로 인하여 등록의무를 면제받은 사람이 3년(퇴직한 경우에는 1년) 이내에 다시 등록의무자가 된 경우에는 전보 · 강임 · 강등 또는 퇴직 등을 한 날 이후 또는 재산변동사항 신고 이후의 변동사항을 신고함으로써 등록을 갈음할 수 있다.

- 국회의원과 그 밖의 국회 소속 공무원 → 국회사무처
- 법관과 그 밖의 법원 소속 공무원 → 법원행정처
- 헌법재판소장, 헌법재판소재판관 및 헌법재판소 소속 공무원 → 헌법재판소사무처
- 중앙선거관리위원회 및 각급 선거관리위원회 소속 공무원 → 중앙선거관리위원회사무처
- 정부의 부·처·청(대통령령으로 정하는 위원회 등의 행정기관을 포함한다. 이하 같다) 소속 공무원 → 해당 부·처·청
- 감사원 소속 공무원 → 감사원사무처
- 국가정보원 소속 공무원 → 국가정보원
- 지방자치단체 소속 공무원 → 해당 지방자치단체
- 지방의회의원과 지방의회 소속 공무원 → 지방의회
- 특별시 · 광역시 · 특별자치시 · 도 · 특별자치도교육청 소속 공무원 → 그 특별시 · 광역시 · 특별자치시 · 도 · 특별자치도교육청
- 특별시 · 광역시 · 특별자치시 · 도 · 특별자치도교육위원회의 교육위원과 그 소속 공무원 → 해당 교육위원회
- 공직유관단체의 임직원: 그 공직유관단체를 감독하는 부·처·청. 다만, 특별시 · 광역시 · 특별자치시 · 도 · 특별자치도 및 시·군·구(자치구를 말한다. 이하 같다)의 감독을 받는 공직유관단체의 임직원 → 해당 특별시 · 광역시 · 특별자치시 · 도 · 특별자치도 및 시·군·구
- 그 밖의 등록의무자, 제5호부터 제7호까지 및 제12호 본문에도 불구하고 정부의 부·처·청 소속 공무원과 감사원 · 국가정보원 소속 공무원 및 공직유관단체의 임원으로서 재산등록사항을 공개하는 공직자 → 안전행정부

등록기관이 종전의 등록기관과 다를 때에는 종전의 등록기관의 장은 전보 등으로 인하여 등록의무를 면제받은 사람이 다시 등록의무자가 된 날부터 1개월 이내에 그 사람의 재산등록에 관한 서류를 새로운 등록기관의 장에게 이관(移管)하여야 한다. 등록의무자가 전보 등으로 인하여 등록의무를 면제받지 아니하고 등록기관이 변경된 경우에도 이와 마찬가지의 절차가 적용된다. 또한 등록기관 중 재산을 등록하여야 할 등록의무자의 수가 많아 등록업무를 수행하기가 곤란한 등록기관에 대하여는

대통령령으로 정하는 바에 따라 그 소속 기관 중 일부를 등록기관으로 할 수 있다.

⑦ 변동사항 신고

등록의무자는 매년 1월 1일부터 12월 31일까지의 재산 변동사항을 다음 해 2월 말일까지 등록기관에 신고하여야 한다. 다만, 최초의 등록 후 또는 신고 후 최초의 변동사항 신고의 경우에는 등록의무자가 된 날부터 그 해 12월 31일까지의 재산 변동사항을 등록기관에 신고하여야 한다.

퇴직한 등록의무자는 퇴직 후 1개월 이내에 그 해 1월 1일(1월 1일 이후에 등록의무자가 된 경우에는 등록의무자가 된 날)부터 퇴직일까지의 재산 변동사항을 퇴직 당시의 등록기관에 신고하여야 한다. 다만, 퇴직 후 1개월 이내에 다시 등록의무자가 된 경우에는 변동사항 신고만으로 신고를 갈음할 수 있다.

12월 중에 등록의무자가 된 경우에는 등록의무자가 된 날부터 그 해 12월 31일까지의 재산 변동사항은 다음 해의 변동사항 또는 제2항에 따른 퇴직자 변동사항에 포함하여 신고할 수 있으며, 등록의무자가 1월 또는 2월 중에 퇴직한 경우에는 변동사항을 퇴직자 변동사항에 포함하여 신고할 수 있다.

⑧ 등록재산의 공개

상당수 공직자들의 재산은 등록될 뿐만 아니라 공개도 의무화되어 있는데, 등록의무자들 중 상대적으로 더 높은 지위를 지닌 공직자들의 경우가 이에 해당한다. 공직자윤리법에 의하면 공직자윤리위원회는 관할 등록의무자 중 다음에 해당하는 공직자 본인과 배우자 및 본인의 직계존속 · 직계비속의 재산에 관한 등록사항과 변동사항 신고내용을 등록기간 또는 신고기간 만료 후 1개월 이내에 관보 또는 공보에 게재하여 공개하여야 한다.

- 대통령, 국무총리, 국무위원, 국회의원, 국가정보원의 원장 및 차장 등 국가의 정무직 공무원
- 지방자치단체의 장, 지방의회의원 등 지방자치단체의 정무직 공무원
- 일반직 1급 국가공무원(「국가공무원법」 제23조에 따라 배정된 직무등급이 가장 높은 등급의 직위에 임용된 고위공무원단에 속하는 일반직 공무원을 포함한다) 및 지방공무원과 이에 상응하는 보수를 받는 별정직 공무원(고위공무원단에 속하는 별정직 공무원 포함)

- 대통령령으로 정하는 외무공무원과 국가정보원의 기획조정실장
- 고등법원 부장판사급 이상의 법관과 대검찰청 검사급 이상의 검사
- 중장 이상의 장관급 장교
- 교육공무원 중 총장 · 부총장 · 학장(대학교의 학장은 제외한다) 및 전문대학의 장과 대학에 준하는 각종 학교의 장, 특별시 · 광역시 · 특별자치시 · 도 · 특별자치도의 교육감 및 교육위원
- 치안감 이상의 경찰공무원 및 특별시 · 광역시 · 특별자치시 · 도 · 특별자치도의 지방경찰청장, 소방정감 이상의 소방공무원
- 지방 국세청장 및 3급 공무원 또는 고위공무원단에 속하는 공무원인 세관장
- 위의 세 번째부터 여섯 번째까지와 여덟 번째 및 아홉 번째에 해당하는 공무원으로 임명할 수 있는 직위 또는 이에 상당하는 직위에 임용된「국가공무원법」제26조의 5 및「지방공무원법」제25조의 5에 따른 임기제 공무원. 다만, 위의 네 번째와 다섯 번째, 여덟 번째 및 아홉 번째에 해당하는 직위가 지정된 경우에는 그 직위에 임용된「국가공무원법」제26조의 5 및「지방공무원법」제25조의 5에 따른 임기제 공무원만 해당된다.
- 공기업의 장 · 부기관장 및 상임감사, 한국은행의 총재 · 부총재 · 감사 및 금융통화위원회의 추천직 위원, 금융감독원의 원장 · 부원장 · 부원장보 및 감사, 농업협동조합중앙회 · 수산업협동조합중앙회의 회장 및 상임감사
- 그 밖에 대통령령으로 정하는 정부의 공무원 및 공직유관단체의 임원
- 이상의 직(職)에서 퇴직한 사람

한편 대통령, 국회의원, 지방자치단체의 장, 지방의회의원 선거의 후보자가 되려는 사람이 후보자등록을 할 때에는 전년도 12월 31일 현재의 등록대상 재산에 관한 신고서를 관할 선거관리위원회에 제출하고, 관할 선거관리위원회는 후보자 등록 공고 시에 후보자의 재산신고사항을 공개하여야 한다.

대법원장 · 헌법재판소장 · 국무총리 · 감사원장 · 대법관 · 국회사무총장 등 임명에 국회의 동의가 필요한 공직자의 임명동의안 또는 헌법재판소재판관 · 중앙선거관리위원회위원 등 국회에서 선출하는 공직자의 선출안을 제출할 때에는 그 공직후보자에 대하여 등록대상 재산에 관한 신고서를 국회에 제출하고, 국회의장은 지체 없이 그 공직후보자의 재산신고사항을 공개하여야 한다. 다만, 그 공직후보자가 전년

도 12월 31일 현재 또는 그 이후의 등록대상 재산에 관하여 해당 임명동의안 또는 선출안 제출 전까지 등록대상 재산을 공개한 경우에는 그러하지 아니하되, 등록대상 재산을 공개하였음을 확인할 수 있는 서류를 국회에 제출하여야 한다.

⑨ 등록사항의 심사

공직자윤리위원회는 등록의무자가 등록을 마치면, 해당 사항에 대한 심사를 실시하는데, 등록의무자가 등록재산의 일부를 과실로 빠트리거나 가액합산 등을 잘못 기재한 부분이 있다고 인정될 때에는 등록의무자에게 기간을 정하여 재산등록서류의 보완을 명할 수 있다.

공직자윤리위원회는 제1항에 따른 심사를 위하여 필요하면 등록의무자에게 자료의 제출요구 또는 서면질의를 하거나 사실확인을 위한 조사를 할 수 있다. 이 경우 공직자윤리위원회는 등록의무자에게 해명 및 소명 자료를 제출할 기회를 주어야 한다.

공직자윤리위원회에게는 소관 심사업무를 수행하는 데 필요한 자료를 수집하는 데 있어 자료제출 요구를 받은 기관은 그 요구를 거절할 수 없게 법으로 규정하는 등 막강한 권한이 주어져 있다. 예컨대 동 위원회는 국가기관, 지방자치단체, 공직유관단체, 그 밖의 공공기관의 장에게 심사를 위하여 필요한 보고나 자료제출 등을 요구할 수 있으며, 이 경우 그 기관 · 단체의 장은 다른 법률에도 불구하고 보고나 자료제출 등을 거부할 수 없다.

또한 공직자윤리위원회는 심사를 위하여 금융거래의 내용(신용정보를 포함한다. 이하 같다)에 관한 확인이 필요하다고 인정될 때에는 「금융실명거래 및 비밀보장에 관한 법률」 제4조 및 「신용정보의 이용 및 보호에 관한 법률」 제33조에도 불구하고 국회규칙, 대법원규칙, 헌법재판소규칙, 중앙선거관리위원회규칙 또는 대통령령으로 정하는 기준에 따라 인적사항을 기재한 문서 또는 정보통신망에 의하여 금융기관의 장에게 금융거래의 내용에 관한 자료제출을 요구할 수 있으며 그 금융기관에 종사하는 사람은 이를 거부하지 못하게 되어 있다.

공직자윤리위원회는 등록의무자와 그 배우자, 등록의무자의 직계존속 · 직계비속, 그 밖의 재산등록사항 관계인에게 출석을 요구하고 진술을 받을 수 있으며, 심사결과 거짓으로 등록하였거나 직무상 알게 된 비밀을 이용하여 재물 또는 재산상 이익을 취득한 상당한 혐의가 있다고 의심되는 등록의무자에 대하여는 그 증명서류를 첨부하고 기간을 정하여 법무부 장관(군인 또는 군무원의 경우에는 국방부 장관)에게 조사를 의뢰하도록 되어 있다. 이런 의뢰를 받은 법무부 장관 또는 국방부 장관은 지체 없이 검사(檢事) 또는 검찰관에게 조사를 하게 하고 그 조사결과를 공직자윤리위원회에 통보하여야 한다. 이러한 검사나 검찰관의 조사에 관하여는 형사소송에 관한 법령(「군사법원법」을 포함한다) 중 수사에 관한 규정(인신구속에 관한 규정은 제외)을 준용하게 할 정도로 매우 엄격하게 이루어지도록 하고 있다.

공직자윤리위원회는 재산등록사항 또는 변동신고사항을 공개한 후 3개월 이내에 재산공개대상 공직자 전원에 대한 심사를 완료해야 한다. 다만, 공직자윤리위원회는 필요하다고 인정되면 그 의결로써 심사기간을 3개월의 범위에서 연장할 수 있도록 되어 있다.

공직자윤리위원회는 공개대상자 및 공직선거후보자 등의 재산등록사항을 심사할 때 필요한 경우 등록한 재산의 소유자별 취득일자, 취득경위 및 소득원 등(이하 이 조에서 "재산형성과정"이라 한다)을 소명하게 할 수 있다. 재산형성과정의 소명을 요구받은 사람은 정당한 사유가 없으면 소명 및 자료제출을 거부할 수 없으며, 소명을 요구받은 사람은 소명내용에 대한 재산등록 기준일부터 과거 3년간의 증빙자료를 제출하도록 되어 있다.

공직자윤리위원회는 등록사항에 대한 심사결과 등록대상 재산을 거짓으로 기재하거나 중대한 과실로 빠트리거나 잘못 기재하거나 직무상 알게 된 비밀을 이용하여 재물 또는 재산상 이익을 취득한 사실이 인정되면 다음 중 어느 하나의 조치를 취하게 된다.

- 경고 및 시정조치
- 과태료 부과
- 일간신문 광고란을 통한 허위등록사실의 공표
- 해임 또는 징계(파면 포함) 의결 요청

공직자윤리위원회는 이상의 조치를 함에 있어 등록의무자가 다른 법령을 위반하여 부정한 방법으로 재물 또는 재산상 이익을 취득한 혐의가 있다고 인정되면 이를 법무부 장관(군인 또는 군무원의 경우에는 국방부 장관)에게 통보할 수 있고, 조세관련 법령의 경우에는 국세는 국세청장 또는 관세청장에게, 지방세는 해당 지방자치단체의 장에게 각각 통보할 수 있다.

(3) 주식의 매각 또는 백지신탁

현대 자본주의 시장에서 주식가격은 정부의 정책에 민감하게 반영한다. 따라서 공직자들의 주식소유는 상시적으로 이해충돌 상황에 처해 있게 된다. 공직자윤리법에서는 특정 공직자들의 경우 보유주식을 본인이 직접 매각하거나 또는 해당 주식의 처분에 대해 본인의 의사를 개입시킬 수 없는 제3자에게 신탁하도록 의무화하고,[8] 신탁된 재산의 경우 신고대상에서 제외시켜 줌으로써 이 문제를 해결하고 있다.

① 해당 공직자

여기에 해당하는 공직자들은 재산 등록의무자 중 공개대상자와 기획재정부 및 금융위원회 소속 공무원 중 대통령령으로 정한 사람들로서, 기획재정부의 금융정책·은행·증권·보험 등 금융에 관한 사무를 관장하는 국(본부·단·부·팀 포함) 소속 고위공무원단에 속하는 공무원 및 4급 이상 공무원 및 이에 상당하는 공무원과 금융위원회 소속 고위공무원단에 속하는 공무원과 4급 이상 공무원 및 이에 상당하는 공무원들이다.

② 대상주식 및 의무개시 시점

해당 공직자들 본인과 배우자, 직계존속·직계비속(혼인한 직계비속인 여성과 외증조부모, 외조부모, 외손자녀 및 외증손자녀는 제외) 모두가 보유한 주식이 대상이 되며, 이 주식의 총가액이 1천만원 이상 5천만원 이하의 범위에서 대통령령으로 정하는 현행 3천만원을 초과할 때 초과하게 된 날로부터 1개월 이내에 본인 직접 매각 또는 백지신탁계약의 절차를 개시하여야 한다.

③ 주식백지신탁의 절차

수탁기관은 신탁업무를 수행하는 기관으로서 「자본시장과 금융투자업에 관한 법률」에 따른 신탁업자 또는 집합투자업자여야만 하며, 공개대상자 또는 그 이해관계자가 최근 3년 이내에 임직원으로 재직한 회사는 제외된다. 수탁기관은 신탁계약이 체결된 날부터 60일 이내에 처음 신탁된 주식을 처분해야 한다. 다만, 60일 이내에 주식을 처분하기 어려운 사정이 있는 경우로서 수탁기관이 공직자윤리위원회의 승

---

8) 본인의 주식이 어디에 어떻게 처분되는지에 관해 본인의 의사가 반영될 수 없게 함으로써 제3자에게 사실상 백지위임하는 것이나 다름없게 되는 것이라는 점에서 이를 '백지신탁' (a blind trust)이라고 부르는 것임.

인을 받은 때에는 주식의 처분시한을 연장할 수 있으며, 이 경우 1회의 연장기간은 30일 이내로 하여야 한다.

주식백지신탁의 수탁기관은 매년 1월 1일(주식백지신탁계약이 체결된 해의 경우에는 계약체결일)부터 12월 31일까지 신탁재산을 관리 · 운용 · 처분한 내용을 다음 해 1월 중에 관할 공직자윤리위원회에 보고하여야 한다. 이 경우 12월 중에 주식백지신탁계약이 체결되었으면 다음 해의 관리 · 운용 · 처분에 관한 내용과 함께 보고할 수 있다.

또한 주식백지신탁의 수탁기관은 신탁재산의 가액이 대통령령으로 정하는 금액(현행 3천만원) 이하가 되면 이 사실을 관할 공직자윤리위원회에 통보하여야 하며, 공직자윤리위원회는 이를 신탁자에게 통지하여야 한다.

공개대상자 또는 그 이해관계자는 신탁재산의 관리 · 운용 · 처분에 관여해서는 안 되며, 신탁재산의 관리 · 운용 · 처분에 관해 정보의 제공을 요구할 수 없다. 또한 수탁기관과 집합투자업자 · 투자회사 · 투자매매업자 또는 투자중개업자는 일체의 정보제공 요구에 응하지 말아야 한다. 다만, 신탁업자 · 집합투자업자 · 투자회사 · 투자매매업자 또는 투자중개업자는 신탁재산을 처분한 후 그로 인하여 양도소득세 등 납세의무가 발생하는 경우 공개대상자 등 및 그 이해관계자가 이를 자진납부할 수 있도록 납세의무 이행에 필요한 정보를 해당 공개대상자 등 또는 이해관계자에게 통지할 수 있도록 하고 있다.

한편, 수탁기관이 선량한 관리자의 주의의무로써 신탁업무를 수행한 경우에는 이로 인한 일체의 손해에 대하여 책임을 지지 않아도 되도록 하고 있다.

재산등록 의무자가 주식백지신탁계약의 체결을 신고한 경우에는 그 신탁계약을 해지할 때까지 그 신탁재산은 신고대상에서 제외된다. 주식백지신탁계약이 체결되고 나면 그 신탁계약이 해지될 때까지는 공개대상자 등과 이해관계자 중 어느 누구도 새로 주식을 취득해서는 안 된다.

주식매각 또는 주식백지신탁계약을 체결한 공직자는 그 사실을 해당 재산등록기관의 장에게 신고해야 하며, 신고를 받은 등록기관의 장은 신고를 받은 날부터 1개월 이내에 그 내용을 관보나 공보에 게재하여 공개해야 한다. 다만, 기획재정부 및 금융위원회 소속 공무원의 경우에는 신고를 받은 기획재정부 장관 및 금융위원회가 소속 공무원이 신고한 주식매각 또는 주식백지신탁계약 체결사실을 지체 없이 안전행정부 장관에게 통보하여야 하고, 안전행정부 장관은 통보를 받은 날부터 1개월 이

내에 그 내용을 관보나 공보에 게재하여 공개하게 된다.

공개대상자는 본인 또는 이해관계자가 주식취득이 제한되는 기간에 상속이나 그 밖에 대통령령으로 정하는 사유로 주식을 취득하게 된 경우에는 주식백지신탁 심사위원회로부터 직무관련성이 없다는 결정을 통지받지 않는 한 취득한 날(상속의 경우에는 상속개시를 알게 된 날을 말한다)부터 1개월 이내에 그 주식을 직접 매각 또는 백지신탁을 하거나 이해관계자로 하여금 그 주식을 매각 또는 백지신탁을 하도록 하고 그 사실을 등록기관에 신고하여야 한다.

공직자윤리위원회는 수탁기관의 임직원이 공직자윤리법 또는 동법에 따른 명령이나 처분을 위반하면 그 임직원에게 시정명령 또는 징계처분 등 적절한 조치를 취하도록 금융감독원장에게 요청할 수 있다.

④ 주식백지신탁 심사위원회와 주식의 직무관련성 심사

공직자윤리법은 공개대상자 등 및 그 이해관계인이 보유하고 있는 주식의 직무관련성을 심사 · 결정하기 위하여 안전행정부에 주식백지신탁 심사위원회를 두도록 하고 있다. 이 위원회는 위원장 1명을 포함한 9명의 위원으로 구성되는데, 위원장 및 위원은 공직자윤리위원회의 위원, 법관, 교육자, 주식관련 금융전문가나 그 밖에 백지신탁에 관한 학식과 덕망이 있는 사람들 중 대통령이 임명하거나 위촉한다. 이 경우 위원 중 3명은 국회가, 3명은 대법원장이 추천하는 자를 각각 임명하거나 위촉토록 하고 있다. 위원장 및 위원의 임기는 2년이며, 1차례만 연임할 수 있게 되어 있다.

공개대상자 등은 본인 및 그 이해관계자가 보유한 주식이 직무관련성이 없다는 이유로 주식매각 의무 또는 주식백지신탁 의무를 면제받으려면 본인 및 그 이해관계자 모두가 보유한 주식의 총가액이 1천만원 이상 5천만원 이하의 범위에서 대통령령으로 정하는 금액(현행 3천만원)을 초과하게 된 날(공개대상자 등이 된 날 또는 제6조의 3 제1항 · 제2항에 따른 신고유예 사유가 소멸된 날 현재 주식의 총가액이 1천만원 이상 5천만원 이하의 범위에서 대통령령으로 정한 3천만원을 초과할 때에는 공개대상자 등이 된 날 또는 신고유예 사유가 소멸된 날)부터 1개월 이내에 주식백지신탁 심사위원회에 보유 주식의 직무관련성 유무에 관한 심사를 청구하여야 한다.

이후 주식백지신탁 심사위원회는 심사청구일부터 1개월 이내에 해당 주식의 직무관련성 유무를 심사 · 결정하고 그 결과를 청구인에게 통지하여야 한다. 다만, 주식백지신탁 심사위원회는 필요하다고 인정될 때에는 그 의결로써 심사기간을 1개월의 범위에서 연장할 수 있다.

주식의 직무관련성은 주식관련 정보에 관한 직접적 · 간접적인 접근 가능성과 영향력 행사 가능성을 기준으로 판단하는데, 구체적으로는 다음과 같은 기준이 적용된다. 즉, 공개대상자 등이 본인이나 그 이해관계자가 보유한 주식을 발행한 기업의 경영 또는 재산상 권리에 관한 상당한 정보를 입수하거나 영향을 미칠 수 있는 직무로서 다음 각 호의 어느 하나에 해당하는 직무에 종사하거나 그 직무를 지휘 · 감독하는지가 주요 고려사항이 된다.

- 관련 업종에 관한 정책 또는 법령의 입안 · 집행 등에 관련되는 직무
- 각종 수사 · 조사 · 감사 및 검사에 관련되는 직무
- 인가 · 허가 · 면허 및 특허 등에 관련되는 직무
- 조세의 조사 · 부과 및 징수에 관련되는 직무
- 법령상 지도 · 감독에 관련되는 직무
- 예산의 편성 · 심의 · 집행 또는 공사와 물품의 계약에 관련되는 직무
- 법령상 사건의 심리 또는 심판 등에 관련되는 직무
- 그 밖에 심사위원회가 직무관련성이 있는 것으로 인정하는 직무

동법은 심사위원회로 하여금 일정한 유형이나 종목의 주식을 정하여 직무관련성이 없는 것으로 고시할 수 있도록 하고 있다.

⑤ 주식의 매각요구 및 신탁의 해지

주식백지신탁의 신탁자는 관할 공직자윤리위원회의 허가를 받아 수탁기관에 신탁재산을 모두 매각할 것을 서면으로 요구할 수 있다. 또한 주식백지신탁의 신탁자는 다음 중 어느 하나에 해당하는 사유가 발생하면 수탁기관에 주식백지신탁계약의 해지를 청구할 수 있으며 두 번째 사유에 해당하는 경우에는 반드시 주식백지신탁계약의 해지를 청구하도록 하고 있다.

- 신탁주식 총액이 3천만원 이하가 되었다는 통지를 수탁기관으로부터 받은 경우
- 신탁자로부터 매각요구를 받아 수탁기관이 신탁재산을 모두 매각한 경우
- 퇴직 · 전보 등의 사유로 해당 공개대상자 등이 공개대상자 등에서 제외된 경우

주식백지신탁의 수탁기관은 주식백지신탁계약이 해지되면 해지된 날부터 1개월 이내에 해지사유 및 그 해 1월 1일(주식백지신탁이 설정된 해에 해지된 경우에는 주식백지신탁이 설정된 날)부터 해지된 날까지 신탁재산을 관리 · 운용 · 처분한 내용을 관할 공직자윤리위원회에 보고하여야 한다. 이 경우 주식백지신탁계약이 1월 중에 해지되었으면 전년도의 관리 · 운용 · 처분에 관한 내용과 함께 보고할 수 있다.

(4) 외국 정부 등으로부터 받은 선물의 신고

공직자윤리법은 공무원(지방의회의원 및 교육위원을 포함) 또는 공직유관단체의 임직원은 외국으로부터 선물을 받거나 그 직무와 관련하여 외국인(외국단체 포함)에게 선물을 받으면 지체 없이 소속 기관 · 단체의 장에게 신고하고 그 선물을 인도하는 것을 의무화하고 있다. 이들의 가족이 외국으로부터 선물을 받거나 그 공무원이나 공직유관단체 임직원의 직무와 관련하여 외국인에게 선물을 받은 경우에도 마찬가지다.

신고할 선물의 가액은 대통령령으로 정하고 있는데, 현재는 선물 수령 당시 증정한 국가 또는 외국인이 속한 국가의 시가로 미국화폐 100달러 이상이거나 국내 시가로 10만원 이상인 선물로 규정하고 있다.

신고된 선물은 신고 즉시 국고에 귀속되는데, 선물 신고를 받은 소속기관 또는 공직유관단체의 장은 신고를 받은 날부터 30일 이내에 안전행정부령으로 정하는 바에 따라 그 선물을 법 제5조 제1항에 따른 등록기관의 장에게 이관하여야 한다. 다만, 정부의 등록기관 및 부·처·청이 감독하는 공직유관단체의 장은 안전행정부 장관(군인과 군무원은 국방부 장관)에게 이관하여야 한다.

선물을 이관받은 기관의 장은 그 선물을 관리 · 유지하되, 그중 문화적 · 예술적 가치가 있어 영구보존할 필요가 있는 선물은 「공공기록물 관리에 관한 법률」 제9조에 따른 중앙기록물관리기관의 장에게 이관하고, 다른 기관에서 관리 · 유지하는 것이 더욱 효율적이라고 인정되는 선물은 그 기관의 장에게 이관하여야 한다. 국유재산으로 계속 관리 · 유지할 필요가 없다고 인정되는 선물은 외교부 장관과의 협의를 거쳐 조달청장에게 이관하여 처분하게 할 수 있다. 조달청장은 선물을 처분할 때 그 선물의 수령을 신고한 사람이 그 선물의 매수를 원하는 경우에는 그 사람에게 조달청장이 전문기관에 의뢰하여 감정한 가액으로 우선하여 매도하여야 한다.

(5) 퇴직공직자의 취업제한 및 행위제한

공직자에 대해 윤리적인 행위를 기대하는 것은 공직재임 중 뿐만 아니라 퇴직 이후까지 이어진다. 퇴직 후 특정 업체로부터 취업 등 각종 지원을 약속받거나 기대하여 공직자가 재직 중 해당 업체에게 부당한 특혜를 제공하는 등 유착관계가 조성될 수 있기 때문이다. 또한 재직 중 그렇게 하지 않더라도 퇴직 후 자신이 근무했던 정부기관에 영향력을 행사하며 특정 업체를 위해 사실상의 로비스트 역할을 할 수도 있기 때문이다. 이렇게 되는 경우, 공직윤리의 핵심요소인 정부의 공정성이 크게 훼손된다. 공직자윤리법은 이를 차단하기 위해 퇴직공직자의 취업을 제한하고 행위를 제한하고 있다.

① 대상 공직자

누가 이런 제한의 대상이 되느냐는 대통령령으로 정하도록 되어 있는데, 공직자윤리법시행령은 전술한 재산등록의무자 전원이 이에 해당하도록 규정하고 있다.

② 취업 여부 판단기준

어떤 경우를 퇴직 공직자가 취업한 것으로 간주하느냐도 중요한데, 공직자윤리법에서는 다음과 같이 규정하고 있다. 즉, 「상법」에 따른 사외이사나 고문 또는 자문위원 등 직위나 직책 여부를 불문하고 사기업체 등의 업무를 처리하거나 사기업체 등에 조언 · 자문하는 등의 지원을 하고 주기적으로 또는 기간을 정하여 그 대가로서 임금 · 봉급 등을 받는 경우에는 이를 취업한 것으로 본다.

③ 취업제한 기간 및 제한대상 사기업체

재산등록의무자는 관할 공직자윤리위원회의 승인을 받지 않는 한 퇴직 후 2년 동안은 퇴직 전 5년간 소속하였던 부서의 업무와 밀접한 관련이 있는 다음 중 어느 하나에 해당하는 사기업체 등에 취업할 수 없도록 되어 있다.

- 자본금이 10억원 이상이고 연간 외형거래액(「부가가치세가 면세되는 경우에는 그 면세되는 수입금액을 포함, 이하 동일)이 100억원 이상인 영리를 목적으로 하는 사기업체 및 제한되는 사기업체가 가입하고 있는 협회
- 연간 외형거래액이 100억원 이상인 법무법인, 회계법인, 외국법자문법률사무소
- 연간 외형거래액이 50억원 이상인 「세무사법」 제16조의 3 제1항에 따른 세무법인

- 연간 외형거래액이 일정규모 이상인 「외국법자문사법」 제2조 제4호에 따른 외국법자문법률사무소

안전행정부 장관은 매년 12월 중 이 법의 적용대상이 되는 사기업체 등(협회는 제외한다. 이하 이 조에서 같다)을 확정하여 관보에 고시해야 한다. 국세청장은 대상 사기업체 등의 확정을 위한 자료로서 전년도의 각 사기업체 등의 과세기간 또는 사업연도 종료일을 기준으로 해당되는 사기업체들의 명세서를 전산파일로 작성하여 매년 10월 31일까지 안전행정부 장관에게 통보해야 한다.

④ **직무연관성의 판단기준**

한편, 퇴직공직자가 맡았던 업무 중 어떤 업무가 관련 업체와 밀접한 관련성이 있는 업무인지를 판단하는 것이 중요한데, 공직자윤리법에서는 그 기준으로 다음과 같은 것을 제시하고 있다.

- 직접 또는 간접으로 보조금 · 장려금 · 조성금 등을 배정 · 지급하는 등 재정보조를 제공하는 업무
- 인가 · 허가 · 면허 · 특허 · 승인 등에 직접 관계되는 업무
- 생산방식 · 규격 · 경리 등에 대한 검사 · 감사에 직접 관계되는 업무
- 조세의 조사 · 부과 · 징수에 직접 관계되는 업무
- 공사 또는 물품구입의 계약 · 검사 · 검수에 직접 관계되는 업무
- 법령에 근거하여 직접 감독하는 업무
- 사기업체 등이 당사자이거나 직접적인 이해관계를 가지는 사건의 수사 및 심리 · 심판과 관계되는 업무
- 그 밖에 국회규칙, 대법원규칙, 헌법재판소규칙, 중앙선거관리위원회규칙 또는 대통령령으로 정하는 업무

취업심사 대상자가 퇴직 전 5년 동안 처리하였거나 의사결정과정에 참여한 상기 업무와 관련하여 법무법인 등이 사건을 수임(「변호사법」 제31조 제4항 각 호에 해당하는 수임을 포함)하거나 회계법인이 「공인회계사법」 제2조 각 호에 따라 업무를 수행한 경우 또는 「세무사법」 제2조 각 호에 따라 업무를 수행한 경우 그 취업심사 대상자가 소속하였던 부서의 업무는 해당 법무법인 등이나 회계법인 또는 세무법인의 업무와 업무 관련성이 있는 것으로 본다.

또한 공직자윤리위원회는 직무 관련성 여부를 판단할 때 퇴직공직자의 자유 및 권리 등 사익과 퇴직공직자의 부당한 영향력 행사 방지를 통한 공익 간의 균형을 유지하여야 하며, 업무 관련성이 있는 것으로 보는 퇴직공직자에 대하여 취업승인 여부를 심사·결정하는 경우에 해당 업무처리 등의 건수, 업무의 빈도 및 비중 등을 고려하여 해당 취업심사 대상자의 권리가 불합리하게 제한되지 않도록 하고 있다.

한편 변호사, 회계사, 세무사 등 전문 공인자격증을 가진 퇴직공직자들에겐 상당한 예외가 적용된다. 즉, 변호사는 법무법인 등에, 공인회계사는 회계법인에, 세무사는 세무법인에 각각 취업할 수 있도록 되어 있다. 국무총리, 국무위원, 행정각부의 차관, 그 밖의 중앙행정기관(대통령 소속 기관 및 국무총리 소속 기관을 포함한다)의 장의 직위에서 퇴직한 사람은 변호사, 회계사, 세무사 자격증을 가지고 있다 하더라도 관할 공직자윤리위원회로부터 취업제한 여부 확인을 받거나 취업승인을 받은 경우에 한해 취업할 수 있도록 하고 있다.

⑤ 취업제한 여부의 확인 절차

취업심사 대상자가 퇴직일부터 2년 동안 이 법에 의해 취업이 제한되는 사기업체등에 취업을 하려는 경우에는 취업개시 30일 전까지 안전행정부령으로 정하는 취업제한여부확인요청서를 작성하여 퇴직 당시 소속되었던 기관의 장을 거쳐 관할 공직자윤리위원회에 취업이 제한되는지를 확인하여 줄 것을 요청해야 한다.

취업제한여부확인요청서를 받은 소속 기관장은 확인요청 사항에 대한 의견서를 첨부하여 취업제한여부확인요청서를 받은 날부터 5일 이내에 소속 중앙행정기관 또는 지방자치단체의 장에게 취업제한여부확인요청서를 이송하고, 소속 중앙행정기관 또는 지방자치단체의 장은 다음 각 호의 사항을 조사·확인한 후 그 의견서를 첨부하여 이송받은 날부터 5일 이내에 관할 공직자윤리위원회에 취업제한여부확인요청서를 이송하여야 한다. 다만, 소속 기관장이 중앙행정기관 또는 지방자치단체의 장인 경우에는 취업심사 대상자로부터 취업제한여부확인요청서를 받은 날부터 5일 이내에 공직자윤리위원회에 이송하여야 한다.

관할 공직자윤리위원회는 이송받은 취업제한여부확인요청서를 검토하여 사기업체 등에의 취업이 제한되는지 확인을 요청한 사람, 소속 기관장 및 소속 중앙행정기관 또는 지방자치단체의 장에게 각각 통지하여야 한다. 이 경우 취업이 제한된다고 통지할 때에는 취업이 제한되는 사유와 관할 공직자윤리위원회의 승인을 받은 경우에는 취업이 가능하다는 취지를 통지하여야 한다.

⑥ **우선취업**

취업제한 여부의 확인을 요청한 취업심사 대상자는 다음 중 어느 하나에 해당하는 경우에는 소속기관장을 거쳐 관할 공직자윤리위원회에 우선취업을 신청할 수 있다.

- 소속 중앙행정기관 또는 지방자치단체의 장이 취업 개시 20일 전까지 관할 공직자윤리위원회에 취업제한여부확인요청서를 이송하지 않는 경우
- 취업개시 일정이 앞당겨진 경우
- 이 외의 사유로 우선취업이 필요한 경우

우선취업의 신청을 받은 관할 공직자윤리위원회는 취업개시 일자의 변경이 곤란한 경우 등 불가피한 사유가 있다고 판단되는 경우에는 취업제한 여부를 확인하기 전에 우선취업하게 할 수 있다. 이 경우 우선취업 여부를 결정한 관할 공직자윤리위원회는 지체 없이 우선취업을 신청한 사람, 소속 중앙행정기관 또는 지방자치단체의 장에게 그 사실을 통지한다.

⑦ **취업승인 절차**

취업승인을 신청하려는 퇴직공직자는 소속 기관장에게 취업개시 30일 전까지 안전행정부령으로 정하는 바에 따라 취업승인신청서를 제출하여야 한다. 취업승인신청서를 받은 소속 기관장은 취업승인 신청에 대한 의견서를 첨부하여 취업승인신청서를 받은 날부터 5일 이내에 소속 중앙행정기관 또는 지방자치단체의 장에게 그 취업승인신청서를 이송하고, 소속 중앙행정기관 또는 지방자치단체의 장은 의견서를 취업승인신청서에 첨부하여 이송받은 날부터 5일 이내에 관할 공직자윤리위원회에 이송하여야 한다. 다만, 소속 기관장이 중앙행정기관 또는 지방자치단체의 장인 경우에는 취업심사 대상자로부터 승인신청서를 받은 날부터 5일 이내에 관할 공직자윤리위원회에 이송토록 하고 있다.

관할 공직자윤리위원회는 해당 사안에 대해 취업승인을 할 때에는 상기한 의견서, 취업승인 신청인의 퇴직 전 근무현황, 취업 후 영향력 행사 가능성 등을 고려하여 다음 중 어느 하나에 해당하는 특별한 사유가 인정되는 경우에 한해 취업을 승인하게 된다.

- 국가안보상의 이유나 국가의 대외경쟁력 강화와 공공의 이익을 위하여 취업이 필요한 경우
- 직제와 정원의 개정 · 폐지, 예산의 감소 등에 따라 직위가 없어지거나 정원이 초과되어 본인의 의사와 관계없이 면직된 경우
- 국가나 지방자치단체가 출자하거나 재출자하는 사기업체 등의 경영개선을 위하여 필요한 경우
- 「국가기술자격법」에 따른 기술분야의 자격증 소지자(「자격기본법」에 따라 국가가 공인한 민간자격증 소지자를 포함한다)로서 해당 산업분야의 발전과 과학기술진흥에 특히 기여할 수 있다고 판단되는 경우
- 법원의 결정 또는 법령의 규정에 따라 해당 사기업체 등의 관리인이나 임직원으로 선임되는 경우
- 채용계약에 따라 일정기간 전문지식 · 기술이 요구되는 직위에 채용되었다가 퇴직 후 임용 전에 종사하였던 분야에 재취업하는 경우
- 해당 퇴직자가 직접 담당하였던 업무와 취업하려는 사기업체 등 간에 밀접한 관련성이 없고, 취업 후 영향력 행사 가능성이 적은 경우

이상의 경우들 중 세 번째 경우에는 관할 공직자윤리위원회는 특별한 사유가 없는 한 승인을 하도록 되어 있으며, 여섯 번째의 경우도 채용계약 시 소속기관장이 전문성 · 특수성을 갖춘 인력의 원활한 채용을 위하여 관할 공직자윤리위원회와 사전 협의한 후 채용한 사람이었다면 관할 공직자윤리위원회는 특별한 사유가 없는 한 퇴직 후 재취업을 승인해 주도록 되어 있다.

⑧ 퇴직공직자의 업무취급 및 행위 제한

모든 공무원 또는 공직유관단체 임직원은 다른 법률에 특별한 규정이 있는 경우를 제외하고는 재직 중에 직접 처리한 업무를 퇴직 후에 취급할 수 없도록 되어 있다. 재산등록의무자 중 공개대상자는 다른 법률에 특별한 규정이 있는 경우를 제외하고는 퇴직 전 1년부터 퇴직할 때까지 근무한 기관이 취업한 사기업체 등에 대하여 처리하는 업무를 퇴직한 날부터 1년 동안 취급할 수 없다. 그러나 국가안보상의 이유나 공공의 이익을 위한 목적 등 해당 업무를 취급하는 것이 필요하고 그 취급이 해당 업무의 공정한 처리에 영향을 미치지 아니한다고 인정되는 경우로서 관할 공직자윤리위원회의 승인을 받은 경우에는 해당 업무를 취급할 수 있도록 하고 있다.

퇴직 후 일정한 업무취급을 제한받는 공무원 또는 공직유관단체의 임직원은 다른 법률에 특별한 규정이 있는 경우를 제외하고는 퇴직 후 1년간 퇴직공직자가 관여한 사건·사무 등 업무활동내역 등을 기재한 업무내역서를 작성하여 소속 사기업체 등의 장의 확인을 거쳐 관할 공직자윤리위원회에 제출하여야 한다. 관할 공직자윤리위원회는 제출받은 업무내역서를 검토하여 위반 여부를 확인하여야 한다.

또한 퇴직한 모든 공무원과 공직유관단체의 임직원은 본인 또는 제3자의 이익을 위하여 퇴직 전 소속 기관의 임직원에게 법령을 위반하게 하거나 지위 또는 권한을 남용하게 하는 등 공정한 직무수행을 저해하는 부정한 청탁 또는 알선을 하여서는 안 되도록 제한된다. 공무원과 공직유관단체 임직원이 부정한 청탁 또는 알선을 받은 때에는 이를 소속 기관의 장에게 신고하는 것이 의무화되어 있으며, 이러 신고를 받은 소속 기관의 장은 신고된 사항에 대하여 수사의 필요성이 있다고 인정하는 경우 수사기관에 통보해야 한다. 이 경우 소속 기관의 장은 신고된 사항과 수사기관에 통보한 사실을 관할 공직자윤리위원회에 통보해야 한다. 신고자의 신분은 신고자의 동의 없이 공개할 수 없도록 되어 있다. 그리고 거짓신고가 아닌 한, 신고한 공무원과 공직유관단체 임직원은 신고로 인하여 소속 기관으로부터 징계조치 등 어떠한 신분상 불이익이나 근무조건의 차별을 받지 않도록 되어 있다.

또한 재직 중인 취업심사 대상자는 퇴직 전 5년 동안 처리한 업무로서 이 법의 적용대상이 되는 전술된 업무와 관련한 사기업체 등을 상대로 하여 재직 중 본인의 취업을 위한 청탁행위를 하지 못하도록 되어 있다. 또한 국가기관, 지방자치단체 또는 공직유관단체의 장은 해당 기관의 취업심사 대상자를 퇴직 전 5년 동안 처리한 업무로서 동법에 의해 제한대상이 되는 전술된 업무와 관련된 사기업체 등으로의 취업을 알선하는 행위를 하지 못하도록 되어 있다.

⑨ 취업 여부 확인방법

국가기관, 지방자치단체 또는 공직유관단체의 장은 취업심사 대상자가 퇴직한 경우에는 그 퇴직 후 2년 동안 관련 사기업체 등에의 취업 여부를 직접 확인하거나 「국민건강보험법」 제13조에 따른 국민건강보험공단에 조회하는 등의 방법으로 확인하고, 매년 1회 이상 그 점검결과를 관할 공직자윤리위원회에 보고하도록 되어 있다. 관할 공직자윤리위원회는 취업제한, 업무취급의 제한 및 행위제한 등과 관련하여 관련 사기업체 등의 장에게 해당 자료 제출을 요구할 수 있으며, 사기업체 등의 장은 정당한 사유가 없으면 자료를 제공하여야 한다. 또한 관할 공직자윤리위원회는 다른 법률에 따라 취업심사 대상자의 업무활동내역 등이 보고된 경우 이를 관리하는 기관에 그 활동내역을 요구할 수 있으며, 해당 기관은 이에 협조하여야 한다.

⑩ 취업자의 해임요구

관할 공직자윤리위원회는 이상의 사항을 위반하여 취업한 사람이 있는 때에는 국가기관의 장(국회는 국회사무총장, 법원은 법원행정처장, 헌법재판소는 헌법재판소사무처장, 중앙선거관리위원회는 중앙선거관리위원회사무총장), 지방자치단체의 장에게 해당인에 대한 취업해제조치를 하도록 요청하여야 하며, 요청을 받은 국가기관의 장 또는 지방자치단체의 장은 해당인이 취업하고 있는 사기업체 등의 장에게 해당인의 해임을 요구해야 한다.

이러한 해임요구를 받은 사기업체 등의 장은 지체 없이 이에 응해야 하며, 이 경우 사기업체 등의 장은 그 결과를 국가기관의 장 또는 지방자치단체의 장에게 통보하고, 국가기관의 장 또는 지방자치단체의 장은 관할 공직자윤리위원회에 통보해야 한다. 이런 해임요구에 대하여 행정소송을 제기한 경우에는 그 소송이 제기된 때부터 법원의 판결이 확정될 때까지 해당인의 취업제한 기간의 진행은 정지된다. 다만, 해당 소송을 통하여 해임요구 처분이 취소되거나 해임요구 처분의 효력이 없는 것으로 확인된 경우에는 그렇지 않다.

⑪ 위반 시 징계 및 벌칙

공직자윤리법은 공직윤리에 관한 단순히 선언적인 법이 아니다. 다음에서 보듯이 위반 시 적용되는 징계와 벌칙이 구체화되어 있기 때문이다. 즉, 공직자윤리위원회는 공무원 또는 공직유관단체의 임직원이 다음 중 어느 하나에 해당하면 이를 사유로 해임 또는 징계의결을 요구할 수 있다.

- 재산등록 의무자가 재산등록을 하지 아니한 경우
- 변동사항 신고 또는 주식거래내역 신고를 하지 아니하거나 소명자료의 첨부 등을 하지 아니한 경우
- 공직자윤리위원회의 소명요구에 대하여 거짓으로 소명하거나 거짓자료를 제출한 경우
- 정당한 사유 없이 소명 또는 자료제출을 하지 아니한 경우

- 허가 없이 등록사항을 열람 · 복사하거나 이를 하게 한 경우
- 허위등록 등 불성실하게 재산등록을 한 경우
- 공직자윤리위원회 등의 등록사항 심사에 응하지 아니한 경우
- 재산등록사항을 이 법에서 정한 목적 외의 용도로 이용한 경우
- 재산등록사항을 다른 사람에게 누설한 경우
- 부당하게 주식을 취득하거나 보유사항을 신고하지 아니한 경우
- 백지신탁 후 신탁재산의 관리 · 운용 · 처분에 관한 정보의 제공을 요구한 경우
- 백지신탁 후 재산의 관리 · 운용 · 처분에 관여한 경우
- 부당하게 주식백지신탁계약을 해지한 경우
- 외국에서 받은 선물 또는 외국인에게 받은 선물을 신고 또는 인도하지 아니한 경우
- 공무원과 공직유관단체 임직원이 퇴직 후 취업과 관련하여 부정한 청탁 또는 알선을 받은 사실을 소속 기관의 장에게 신고하지 아니한 경우
- 퇴직을 앞둔 공직자가 퇴직 후 취업을 위한 청탁행위를 한 경우

한편 국가기관, 지방자치단체 또는 공직유관단체의 장이 해당 기관의 취업심사대상자를 제한대상이 되는 사기업체 등에 취업을 알선하는 경우에 대해서는 비교적 관용적이다. 즉, 이 경우 관할 공직자윤리위원회는 해당 기관장에 대한 파면이나 해임이 아니라 시정권고 정도만 조치할 수 있도록 해 놓고 있다.

상기 위반사항들 중 다음의 몇 가지 경우에는 중대범죄로 규정되어 징역 또는 벌금형 중 어느 하나 또는 두 가지 모두에 처해지도록 하고 있다.

- **재산등록 거부의 죄** : 등록의무자가 정당한 사유 없이 재산등록을 거부하면 1년 이하의 징역 또는 1천만원 이하의 벌금에 처한다. 공직선거후보자 등이 정당한 사유 없이 등록대상 재산에 관한 신고서를 제출하지 아니하면 6개월 이하의 징역 또는 500만원 이하의 벌금에 처한다.
- **주식백지신탁 거부의 죄** : 공개대상자 등이 정당한 사유 없이 자신이 보유하는 주식을 매각 또는 백지신탁하지 아니하면 1년 이하의 징역 또는 1천만원 이하의 벌금에 처한다.
- **거짓자료 제출 등의 죄** : 공직자윤리위원회 및 공직자윤리위원회로부터 재산등록사항에 관한 권한을 위임받은 등록기관의 장 또는 주식백지신탁 심사위원

회로부터 보고나 자료제출 등을 요구받은 각 기관 · 단체 · 업체의 장이 거짓보고나 거짓자료를 제출하거나 정당한 사유 없이 보고 또는 자료제출을 거부하면 1년 이하의 징역 또는 1천만원 이하의 벌금에 처한다.

- 출석거부의 죄 : 공직자윤리위원회로부터 출석요구를 받은 사람이 정당한 사유 없이 출석요구에 응하지 아니하면 6개월 이하의 징역 또는 500만원 이하의 벌금에 처한다.
- 무허가 열람 · 복사의 죄 : 허가 없이 재산등록사항을 열람 · 복사하거나 이를 하게 한 경우에는 1년 이하의 징역 또는 1천만원 이하의 벌금에 처한다.
- 비밀누설의 죄 : 재산등록업무에 종사하거나 종사하였던 사람 또는 직무상 재산등록사항을 알게 된 사람이 공개된 재산등록사항 외의 재산등록사항을 정당한 사유 없이 누설하면 1년 이하의 징역 또는 1천만원 이하의 벌금에 처한다. 금융거래의 내용에 관한 자료를 제공받은 사람이 그 자료를 타인에게 제공 또는 누설하거나 그 목적 외의 용도로 이용하면 3년 이하의 징역 또는 2천만원 이하의 벌금에 처한다.
- 주식백지신탁 관여금지 위반의 죄 : 공개대상자 또는 그 이해관계자가 신탁재산의 관리 · 운용 · 처분에 관한 정보제공을 요구하거나, 신탁업자 · 집합투자업자 · 투자회사 · 투자매매업자 또는 투자중개업자의 임직원이 정보제공 요구에 응하면 각각 1년 이하의 징역 또는 1천만원 이하의 벌금에 처한다. 공개대상자 또는 그 이해관계자가 신탁재산의 관리 · 운용 · 처분에 관여하면 1년 이하의 징역 또는 1천만원 이하의 벌금에 처한다.
- 취업제한, 업무취급 제한 및 행위제한 위반의 죄 : 다음 중 어느 하나에 해당하는 자는 1년 이하의 징역 또는 1천만원 이하의 벌금에 처한다.
  - 퇴직 후 취업이 금지된 사기업체 등에 취업한 사람
  - 재직 중 본인이 직접 처리한 업무를 퇴직 후 취급한 사람
  - 퇴직 전 소속 기관의 임직원을 상대로 부정한 청탁 또는 알선 행위를 한 사람
- 과태료 : 퇴직 전 1년부터 퇴직한 때까지 근무한 기관의 업무를 취급한 사람에게는 5천만원 이하의 과태료가 부과되며, 다음 중 어느 하나에 해당하는 사람에게는 2천만원 이하의 과태료가 부과된다.
  - 공직자윤리위원회가 과태료 부과대상으로 결정한 사람
  - 공직자윤리위원회의 소명요구에 거짓으로 소명하거나 거짓자료를 제출한 사람

- 재산형성과정의 소명을 요구받은 사람이 정당한 사유 없이 소명 또는 자료제출을 하지 아니한 사람
- 공직자윤리위원회로부터 취업제한, 업무취급의 제한 및 행위제한 등과 관련하여 자료제출 요구를 받고 이에 대해 정당한 사유 없이 거부하거나 거짓 자료를 제출한 사기업체 등의 장

다음의 어느 하나에 해당하는 사람에게는 1천만원 이하의 과태료가 부과된다.

- 취업제한 여부의 확인을 요청하지 아니하고 취업이 제한되는 사기업체 등에 취업한 사람
- 업무내역서를 제출하지 아니하거나 거짓으로 제출한 사람
- 해임요구를 거부한 사기업체 등의 장

관할 공직자윤리위원회는 이상의 과태료 부과 처분이 이루어지고 나면 해당 대상자에 대해서는 그 위반사실을 「비송사건절차법」에 따른 과태료 재판 관할 법원에 의무적으로 통보하게 되어 있다.

4) 선언적 강령상의 공직윤리

공직자가 지켜야 할 모든 윤리사항이 법적 구속력을 지니는 형태로 제시되는 것은 아니다. 각종 헌장이나 강령 등의 형태로 선언되어 법 제정의 개념적 기초를 제공하고 공무원의 자발적 자기규제를 유도하기도 한다. 우리나라에는 대표적인 것으로 공무원윤리헌장(1980년 12월 29일 대통령훈령 제44호)과 공무원윤리헌장실천강령(1982년 11월 1일 국무총리훈령 제180호) 등이 있다.

공무원윤리헌장

우리는 영광스러운 대한민국의 공무원이다.
오늘도 민족중흥의 최일선에 서서 겨레와 함께 일하며 산다.
이 생명은 오직 나라를 위하여 있고, 이 몸은 영원히 겨레 위해 봉사한다.
충성과 성실은 삶의 보람이요, 공명과 정대는 우리의 길이다.
이에 우리는 국민 앞에 다하여야 할 숭고한 사명을 민족의 양심으로 다지며, 우리가 나가야 할 바 지표를 밝힌다.

우리는 민족사적 정통성 앞에 온 신명을 바침으로써 통일 새 시대를 창조하는 역사의 주체가 된다.
우리는 겨레의 엄숙한 소명 앞에 솔선 헌신함으로써 조국의 번영을 이룩하는 민족의 선봉이 된다.
우리는 창의적 노력으로 최대의 능력을 발휘함으로써 민주한국을 건설하는 국가의 역군이 된다.
우리는 불의를 물리치고 언제나 바른 길만을 걸음으로써 정의사회를 구현하는 국민의 귀감이 된다.
우리는 공익 우선의 정신으로 국리민복을 추구함으로써 복지국가를 실현하는 겨레의 기수가 된다.

공무원의 신조

1. 국 가 에 는 헌 신 과 충 성 을
1. 국 민 에 겐 정 직 과 봉 사 를
1. 직 무 에 는 창 의 와 책 임 을
1. 직 장 에 선 경 애 와 신 의 를
1. 생 활 에 는 청 렴 과 질 서 를

공무원윤리헌장실천강령

국가에는 헌신과 충성을

1. 애국선열의 위국충정을 귀감으로 삼고 신명을 바쳐 국가안보에 앞장선다.(국가안보)
2. 새역사 창조의 기수로서 민주복지국가 발전에 이바지한다.(민주복지)
3. 확고한 민족주체의식을 가지고 사대주의 사상을 단호히 물리친다.(주체의식)
4. 조상이 물려준 전통문화를 드높이고 이를 창조적으로 발전시켜 나간다.(문화창달)
5. 우리민족의 영원한 보금자리인 국토를 아름답게 가꾸고 보존한다.(국토보존)
6. 우리의 말과 우리의 글을 사랑하고 갈고 닦아 나간다.(국어사랑)

국민에겐 정직과 봉사를

1. 법령과 양심에 따라 공명정대하게 업무를 처리하여 국민의 신임을 얻는다.(공정한 업무처리)
2. 모든 업무는 나와 관청의 편의보다는 국민편의 위주로 처리한다.(국민편의 행정)
3. 공익우선의 정신으로 특정개인이나 단체에 대한 차별적 특혜를 거부한다.(부당한 특혜 배격)
4. 실속없는 전시행정이나 지속성없는 졸속행정의 폐습을 지양한다.(내실행정 추구)
5. 공개행정을 실천하여 국민의 참여와 협조를 얻도록 노력한다.(공개행정 구현)
6. 민원인을 대할 때에는 내집의 손님처럼 친절과 예절을 다한다.(친절봉사행정)

직무에는 창의와 책임을

1. 전문지식과 기술을 부단히 연마하여 부여받은 업무를 창의적으로 개선시켜 나간다.(창의적 직무수행)
2. 모든 업무는 신중히 검토하고 지체없이 처리하며, 그릇된 제도나 정책을 과감히 시정한다.(발전지향적 자세)

3. 맡은 바 직무는 어떠한 압력과 유혹에도 굴하지 않고 소신있게 처리한다.(소신있는 업무처리)
4. 업무처리는 분명히 하고, 그 결과에 대하여는 스스로가 책임을 진다.(책임행정)
5. 기관간의 업무협조를 원활히 하여 전체적인 행정목적 달성에 적극 기여한다.(업무협조)
6. 근무시간중에는 직무에만 전념하고 사사로운 일로 시간을 낭비하지 아니한다.(직무전념)

직장에선 경애와 신의를

1. 내직장을 내집같이 여겨 명랑하고 화목한 근무환경을 조성한다.(명랑한 분위기)
2. 상사의 명령에 복종하되, 부당한 지시는 소신껏 건의하여 바로 잡도록 노력한다.(상사에 대한 태도)
3. 부하의 인격을 존중하여 올바른 건의는 진지하게 받아들이고 잘한 일은 칭찬으로 격려한다.(부하에 대한 태도)
4. 독선과 아집을 버리고 이해와 겸손으로 동료간의 융화를 도모한다.(동료에 대한 태도)
5. 언행의 일치와 약속의 이행으로 서로 믿을 수 있는 공직풍토를 조성한다.(신뢰풍토)
6. 직장내의 파벌조성을 삼가하며 남을 비방하거나 모함하지 아니한다.(파벌의식 타파)

생활에는 청렴과 질서를

1. 조상이 남긴 청백리정신을 계승하여 공직사회의 기강확립에 앞장선다.(청렴정신)
2. 직권을 이용하여 이권에 개입하지 않고 사사로운 정에 끌리는 정실을 물리친다.(이권불개입)
3. 허례허식을 삼가하고 근검절약의 실천으로 분수에 맞는 생활을 한다.(근검절약)
4. 준법정신을 생활화하고 공중도덕을 준수하여 사회질서 확립에 앞장선다.(준법정신)
5. 화목한 가정생활과 올바른 자녀교육을 위하여 노력한다.(가정생활)
6. 이웃과는 항상 웃으며 인사하고 상부상조하는 미풍양속을 솔선 실천한다.(이웃생활)

2. 과정론적 관점에서 본 공직윤리의 내용

이상에서 살펴본 실체적 개념으로서의 공직윤리는 선공후사, 자유, 평등, 정의, 민주성, 효율성, 공정성, 정치적 중립, 청렴 등 공직 및 공직자를 통해 구현코자 하는 이상들을 중심으로 그 내용이 정리된다. 공직윤리의 내용을 이처럼 실체적으로 규정하려고 할 때, 어떤 이상을 포함 또는 배제해야 하느냐, 또는 어떤 이상이 더 또는 덜 중요하냐가 사람마다 다 다를 수 있다. 이로 인해 실제 현실에서 공직윤리를 설정하고자 할 때 합의도출이 사실상 불가능하거나 합의에 이른다 해도 선언적 수준에 불과하거나 실효를 거두기 어려운 내용들로 공직윤리에 관한 규정들이 채워지게 되는 경우가 적지 않게 발생한다. 이런 문제로 인해 대안적으로 나온 것이 바로 공직윤리를 어떤 특정한 이상적 가치가 아니라 절차와 과정의 특성에 초점을 맞춰 규정하는 것이다. 여기엔 두 가지의 접근방식이 있다. 하나는 미국의 정치역학을 이해하는 주된 관점 중 하나인 다원주의적 접근방식이다. 즉, 민주적 절차와 방법으로 합의된 것이면, 그 내용이 어떤 것이냐와는 무관하게 그것이 바로 공익이며, 그렇게 합의된 바를 공직자가 충실히 이행하는 것이 바로 공직윤리의 핵심이라고 보는 것이다. 이런 것의 대표적인 예가 바로 행정절차법, 국회선진화법, 청문회제도 등이다. 이러한 다원주의에서 민주적 절차와 방법의 핵심은 결정구조의 비독점성, 즉 공정한 경쟁의 보장이다. 또 다른 방식은 하버마스(Habermas, 1981)의 비판이론적 접근방식이다. 공직자의 직무수행이 다음과 같은 특정한 의사소통 절차와 방법상의 조건들을 갖춘 경우에 한해 그의 직무수행을 윤리적이라고 보는 것이다.

- 공직자가 공론의 과정을 거쳐 공직을 수행할 것
- 공론의 장은 거기에 참여코자 하는 모든 사람들에게 열려 있을 것
- 공론의 장에서 공직자는 이성, 오직 이성만을 상대에 대한 설득의 기제로 사용해야 하며, 비이성적인 것(예컨대, 나이, 근무기간, 직급수준, 신분, 소득, 교육수준 등)은 어떠한 경우에도 설득의 기제로 사용되어서는 안 됨
- 상대가 이해할 수 있는 용어와 방식으로 모든 주장과 자료가 표현될 것
- 주장의 내용과 사용된 모든 소재들이 모두 사실일 것
- 주장을 펴는 공직자가 그런 주장을 펼 수 있는 자격을 갖춘 사람임을 공론의 장에 참여한 사람들이 인정할 수 있을 것
- 주장을 펴는 공직자가 상대를 속일 의도가 전혀 없는 것임을 듣는 공론에 참여한 다른 사람들이 인정할 수 있을 것

제3절 공직부패[9)]

1. 공직부패의 의미

무엇을 부정부패로 볼 것이냐는, 부정부패에 관한 연구는 물론이고 부정부패를 통제하고자 하는 실제적 활동에 중요한 영향을 미친다. 그 이유는 바로 부정부패에 대한 특정한 개념 정의는 곧 부정부패에 관한 연구와 통제활동의 대상을 확정시켜 주고, 나아가 연구 및 통제활동의 방법에까지 영향을 미치기 때문이다. 하지만 부정부패의 양상이 워낙 다양하기 때문에 이를 포괄하는 일반적인 개념 정의를 내리기가 쉽지 않다.

부정부패라는 현상은 이해의 방법론을 기준으로 하면 서술적 이해와 인과적 이해의 두 가지로, 이해의 주된 관심대상을 기준으로 하면 부정부패 행위의 구성요건에 초점을 맞춘 이해와 부정부패의 발생원인에 초점을 맞춘 이해, 그리고 부정부패가 초래하는 결과에 초점을 맞춘 이해의 세 가지 유형으로 분류해 볼 수 있다. 부정부패에 관한 서술적 이해에서는 부정부패라는 현상을 구성하는 요소 또는 요건을 선별해 내고 각 요소 및 요건의 내용과 요소 및 요건 간의 관계를 서술함으로써 부정부패의 의미를 이해하는 것이 핵심과제가 된다. 부정부패에 관한 인과적 이해에는 부정부패를 야기시키는 원인규명을 중심으로 한 이해와 부정부패가 개인과 사회에 미치는 영향에 초점이 맞춰져 있는 이해, 이 두 가지 유형의 이해가 포함된다.

1) 부정부패행위를 구성하는 요건에 초점을 맞춘 이해

정치인을 비롯한 고위 공직자들이 부패혐의로 고소, 고발되고 나서 검찰이 이들을 풀어줄 때마다 곁들여지는 것이 바로 부정부패 행위의 요건이 갖춰져 있질 않기 때문이라는 이야기이다. 어떤 한 행위가 부정부패한 행위로 간주되기 위해서는 과연 어떤 요건이 갖춰져야 하나? 부정부패에 대한 서술적인 이해는 바로 이런 질문에 초점이 맞춰져 있다.

---

9) 이 절은 이 절의 필자인 황성돈(1999)의 연구에서 발췌.

이 질문에 대한 답은 부정부패에 관한 다양한 개념 정의들로부터 얻어질 수 있다.[10] 부정부패에 대한 개념 정의들 중 가장 흔히 접할 수 있는 것이 바로 서술적 이해이다. 베일리(Bayley, 1989:935)는 부정부패를 사적 이득(personal gain)의 획득을 위한 권한의 오용(misuse of authority)으로 정의하였다. 벤슨 등(Benson *et al.*, 1978:xiii)은 이보다 좀 더 구체적인 정의를 제시하고 있는데, 이들은 부정부패를 사적 또는 정치적 이득의 획득을 위한 정부권한의 모든 불법적 또는 비윤리적 사용으로 정의하였다. 피터스와 웰치(Peters and Welch, 1978:976)는 부정부패 행위는 관련 공직자(the public official involved), 이 공직자에 의해 제공되는 특혜(favor), 이 공직자가 얻게 되는 대가(payoff), 대가의 제공자(doner of the payoff) 및 특혜의 수혜자(recipient of the favor)가 존재함으로써 성립된다는 주장을 폈다. 이들의 개념 정의에 의하면 부정부패는 의도, 특히 사적 내지는 정치적 이득의 획득이라는 특정 목적과 권한, 특히 정부의 권한이라는 특정 객체, 그리고 오용, 특히 불법적 또는 비윤리적인 오용이라는 특정 행위 등의 세 가지 요소로 구성된 현상으로 이해된다.

부정부패 현상에 대한 이와 같은 서술적 이해들을 종합해 볼 때, 부패행위의 구성요건을 규명하는 데에는 대체로 다음과 같은 논점들이 부각된다고 하겠다.

첫째, 부정부패 행위의 당사자들에 대한 규명이다. 누구를 부정부패 행위의 당사자로 볼 것인지를 규명하는 일은 그리 간단한 일이 아니다. 자신의 직무활동을 통해 남에게 배타적 이익을 제공할 수 있는 권한을 가진 사람과 이들이 필요로 하는 각종 유·무형의 재화를 제공할 수 있는 능력을 소유하고 있는 사람들은 일단 부정부패의 당사자가 될 수 있는 가능성을 지니고 있다고 보아야 한다. 한편, 대가를 제공한 사람과 그 급부로 특혜제공 행위를 한 사람 모두를 부정부패 행위자로 볼 것인가 아니면 대가에 대한 급부로 특혜제공 행위를 한 사람만을 부정부패 행위자로 볼 것인지는 현실적으로 대단히 복잡한 문제를 야기시킨다. 우리나라의 형법과 많은 나라들의 경우에서 양자 모두를 부패행위 가담자로 규정하는 쌍벌죄를 적용하고 있다. 윤리적으로는 이렇게 하는 것이 타당하다. 그러나 현실적으로는 그렇지 않다. 왜냐하면 이렇게 할 경우, 당사자들 사이에 은밀히 이루어지게 마련인 부정부패의 당사자들 어느 누구도 부정부패 행위를 수사 당국에 고발하기 어렵게 되어 궁극적으로는 부정부패를 적발해 내기가 어려워지기 때문이다. 더구나 부정부패가 구조화, 관

10) 부정부패의 개념정의에 관한 다양한 소개는 디아이오리오와 캐링턴(DeIorio and Carrington, 1998)을 참조.

행화되어 있는 경우 금품 및 향응 제공자까지 부정부패의 당사자로 처벌하는 것은 무리일 수 있다. 왜냐하면 그의 금품 및 향응 제공 행위는 그런 구조하에서 생존을 위한 최소한의 불가피한 선택일 수 있기 때문이다. 그렇다고 금품 및 향응을 받고 대가성의 직무행위를 한 사람만 처벌하게 되면 남에게 배타적 이익을 줄 수 있는 권한을 지닌 정부 내외의 모든 사람들에 대한 각종 부정부패 유인행위를 조장하는 결과를 낳게 된다. 다른 추가적인 조치 없이, 이들에게만 부패행위의 책임을 묻는다고 하는 것은 이들을 대단히 위험한 업무환경 속에 방치하는 것이며, 이로 인해 우수한 사람들이 그런 일을 회피하게 되거나 아니면 상당한 수의 우수한 사람들을 잃게 되는 부작용이 예상된다.

둘째, 이런 당사자들 간의 관계가 특혜와 대가를 매개로 한 거래행위 관계로 존재하여야 한다. 이를 달리 표현하면 직무와 관련된 대가성이 존재해야 한다. 공직자나 일반 민간회사의 직원이 다른 사람으로부터 금전이나 향응, 기타 이득을 받았다 하더라도 그들의 특정 행위가 이를 대가로 하여 이루어진 것이 아니라면 부정부패 행위로 간주할 수 없다고 보는 것이 부정부패에 관한 법리적 통념이다. 한편, 부정부패의 성립요건을 고려함에 있어, 그런 대가와 특혜가 실제로 거래되며 이루어진 행위이냐 아니면 그런 대가와 특혜가 당사자 간에 예상된 상태로 이루어진 행위이냐를 구별해야 할까? 윤리적으로는 두 가지 경우 모두 부정부패 행위를 구성하는 요건으로 보는 것이 마땅하다. 그러나 후자의 경우까지를 부정부패 행위의 요건으로 규정하는 경우, 실제 행정현장에서는 행정의 소극화 현상이 야기되어 선의의 많은 국민들이 불편을 겪게 되는 사태가 발생할 우려가 있다.

셋째, 권한의 오용, 즉 잘못된 사용이 존재해야 한다. 특정인 또는 집단에게 배타적 이익이 주어지고 그 대가로 특정인이 이득을 수수했다 해도 이 거래행위가 법에 정한 기준과 절차에 합당하게 이루어진 것이라면 법리적으로는 이를 부정부패 행위로 규정하기는 어렵다. 왜냐하면 허가와 같은 배타적 이익이 수반되는 혜택을 합법적으로 받은 자가 자발적으로 해당 공무원에게 어떤 이득을 제공하는 경우 이를 종교단체에서 이루어지는 선의의 헌금과 구별하기가 논리적으로 불가능하기 때문이다. 그러면 어떤 권한의 행사를 잘못된 것으로 규정해야 하는가? 이는 일차적으로 법에 의해 판단되는 사항이다. 즉, 법에 정한 각종 기준과 절차에 합당한 것이 아님에도 그런 거래행위가 이루어진 것일 때 비로소 그 거래행위는 부정부패 행위가 된다. 학자에 따라서는 이러한 잘못의 여부는 비단 합법성 여부 그 이상의 기준, 예컨대 사회적 통념이나 윤리적 규범으로부터의 일탈된 정도로 판단되어야 함을 시사하는 개념 정의를 제시하는 경우도 있다. 그러나 사회적 통념을 적용하는 경우 사회의 누구, 어떤 집단의 통념을 적용할 것이냐에 대한 객관적인 합의가 있을 수 없기 때문에 부정부패 행위를 규정하는 데 사회적 통념을 적용하는 것에는 현실적으로 한계가 따른다.

2) 부정부패가 초래하는 결과에 초점을 맞춘 이해

부정부패의 본질을 이해하는 방식 중 또 다른 하나는 부정부패가 개인과 조직, 나아가 사회 전체에 어떤 영향을 미치는, 내지는 어떤 결과를 가져오는 현상인가에 초점을 맞춰 이해하는 방식이다. 부정부패를 이런 관점에서 이해하고 있는 기존의 논의들은 부정부패를 독약(toxic)으로 보느냐 아니면 청량제(tonic)로 보느냐의 두 유형의 견해가 엇갈리고 있다(Carino, 1986). 전자는 부정부패를 사회에 대해 부정적인 영향을 미치는 현상으로 보는 견해이며, 후자는 경우에 따라서는 오히려 사회 전체적으로 긍정적인 효과를 가져다줄 수도 있는 현상이라고 이해하는 견해이다.

부정부패를 사회에 부정적인 결과를 초래하는 현상으로 이해하는 견해들은 정부와 국가에 관한 고전적인 연구들에서 흔히 발견된다. 마키아벨리는 부정부패를 정의하기를 그것에 의해 시민의 진정한 가치가 폄하되고 궁극적으로는 파괴되어 버리는 과정이라고 하였다(Freidrich, 1986:18; DeIorio and Carrington, 1998:545). 토크빌(Tocqueville, 1982)은 이른바 잭슨식 민주주의(Jacksonian Democracy)의 도래와 함께 엽관제가 풍미했던 1930년대 초엽의 미국 정치체제를 두고 부정부패가 한 부분으로 잠재되어 있는 체제로 평하면서 부정부패는 미국 민주사회 자체가 지니고 있는 위험스러운 부분이면서 동시에 미국 민주사회를 위협하는 위험요소라는 주장을 폈다(DeIorio and Carrington, 1998:545). 하이덴하이머(Heidenheimer, 1970)는 부정부패에 관한 기존의 개념 정의들 중에는 부정부패란 궁극적으로 일반 국민들의 공동이익에 손상을 입히게 되는 행위라는 점을 강조하는 개념 정의들이 다수 존재하고 있음을 발견하고, 이를 공익중심적 이해방식(public-interest-centered approach)이라고 분류하였다. 이런 이해의 틀 속에서는 부정부패는 기본적으로 부도덕한 것이기 때문에, 그로 인한 어떠한 긍정적인 효과도 상정되지 않는다. 그리고 긍정적 효과가 설령 있다 해도 그것을 근거로 해서 부정부패를 바람직한 것으로 받아들이지는 않는다.

부정부패의 효과를 이처럼 기본적으로 규범적 관점에서 이해하는 것과는 달리, 카리노(Carino, 1986)는 도덕적 판단을 배제한 상태에서 부정부패가 현실에 야기시키는 부정적인 효과들을 검토 · 제시하는 실증적 관점을 피력하고 있다. 그녀는 아시아 7개국을 대상으로 한 실증적 연구들에서 발견된 부정부패의 부정적인 효과들을 제시하였다. 이에 따르면, 부정부패는 부정부패를 행한 개인에게는 경제적 부를 가져다주며 신분상승의 기회를 갖게 하지만, 발각되는 경우 유형 · 무형의 큰 비용을 물어야 하는 부담을 갖게 한다. 또한 부정부패 행위를 한 사람과 경쟁적 관계에 있으면서 부정부패에 가담하지 않은 다른 개인들에게도 상대적 불공평성으로 인한 유형 · 무형의 비용을 부담케 한다. 조직에 대해 부정부패는 조직의 공식적인 권한-복종 구조를 왜곡시키는 결과를 초래하며, 부패하지 않은 유능한 인재들이 조직을 떠나게 만듦으로써 조직의 인적 역량의 질적 수준을 약화시키고, 수입과 지출 면에서 조직의 물적 자원이 비효율적으로 운영되게 만들어 결국 능률성 면과 효과성 면 모두에 있어 조직의 성능을 저하시킨다. 사회적으로 부정부패는 정부의 세입 감소, 해외 자본에의 의존도 상승, 법규 해석의 모호성 증대 및 법규의 형식화, 그리고 이로 인한 정부정책의 왜곡 및 혼선을 초래함으로써 사회 전체에 존재하는 유형 · 무형의 모든 자원이 비효율적으로 생산, 사용되도록 만든다. 부정부패의 효과에 관한 이러한 부정적인 이해는 1960년대를 풍미했던 국가발전론자들 사이에 광범위하게 공유되었다. 이들 사이에 부정부패는 저개발국가나 개발도상국가들의 정치 · 경제 · 사회 · 문화가 지닌 두드러진 특징 중 하나로 지목되었고, 이 나라들이 서구에 비해 발전하지 못한 중요한 이유 중의 하나가 바로 이 부정부패 때문인 것으로 이해되었다.

그러나 1960년대 말에서 1970년대 초, 국가비교론자들 사이에 서구와는 전혀 다른 정치 · 경제 · 사회 · 문화적 여건하에 있는 나라의 현상을 서구적 잣대를 적용하여 해석한 오류적 결과라는 인식이 확산되면서 이 나라들에 있어 부정부패 현상에 대한 수정된 해석들이 등장하게 된다. 이런 해석들의 핵심논점들은 다음과 같이 요약된다. 첫째, 국가 간 비교가 사회과학으로서 성립하려면 가치중립적이어야 한다. 따라서 부정부패 현상을 발견했다고 해서 이를 도덕적인 관점에서 좋은 것과 나쁜 것으로 해석해 내는 것은 정당치 못하다. 발견된 부정부패 현상은 도덕의 영역으로부터 분리시켜 그것이 특정 사회에서 어떤 과정을 통해 어떤 기능과 역할을 수행하는지를 분석하고 해석하는 데 연구의 초점이 맞춰져야 한다. 둘째, 저개발국가나 개발도상국가들은 사회의 안정적인 유지 · 발전에 필요한 서구적 정치 · 경제 · 사회적 장치들이 미비되어 있거나 있더라도 취약하다. 이런 상태에서 부정부패는 바로 이런 장치들을 대체하여 사회가 안정적으로 발전토록 하는 데 효과적인 역할을 한다. 이 나라들에 있어 부정부패는 새로운 엘리트의 충원 또는 배제를 안정적으로 이루어지게 하며(Huntington, 1970), 근대화 과정으로부터 형성된 다양한 이익들이 효과적으로 표출되고 충족될 수 있도록 하여 궁극적으로는 폭력과 혁명의 출현 가능성을 낮춰 주며(Scott, 1967, 1970; Marican, 1971), 정부 내에 있는 집권당이든 정부 밖에 있는 야당과 기업인들 모두의 입장에서 볼 때, 관료집단의 막강한 권력을 순화시켜 이들에게 영향력을 발휘할 수 있게 해 준다(Abueva, 1970). 셋째, 부정부패는 저개발국가나 발전도상국가들의 경제발전에 기여한다. 부정부패는 정부주도 경제체제하에서도 시장 메커니즘이 작동할 수 있게 해 주는 역할을 한다(Tilman, 1968). 또한 이런 체제하에서 부정부패는 경제에 가장 큰 영향을 미치는 경제주체인 정부의 행동에 대한 예측 가능성을 높여주는 효과를 가져온다. 이로 인해 장기적으로는 이 나라들에 있어 부정부패는 핵심집단 밖에 있던 새로운 창조적 기업가들의 시장진입을 가능케 해 주고, 이들의 투자에 안전성을 제공해 주며, 경쟁과 능률이 경제체제에 장착되도록 해 준다(Left, 1970). 또한 부정부패로 교환된 부가 투자시장에 투입되는 경우, 부정부패는 이 나라들에서 자본형성을 위한 중요한 원천으로 기능할 수도 있다(Nye, 1970).

부정부패의 긍정적 효과를 주장하는 이런 수정주의적 관점이 과연 합당한 것일까? 부정부패의 효과를 도덕적 판단을 배제하고 현실에 나타난 것 그대로 분석함으로써 부정부패 문제를 도덕적 논의의 영역에서 과학적 탐구의 영역으로 끌어들인 것은 학문적인 면에서 수정주의자들이 크게 기여한 바다. 그러나 두 번째와 세 번째의 논점에는 다음과 같은 문제점들이 내포되어 있다. 첫째, 부정부패가 저개발 내지 개발도상 국가들에게 안정적 발전의 기회를 제공한다는 수정주의자들의 주장은 논리적인 면에서나 실증적인 면에서 모두 하자가 있다. 1960년대에는 비슷한 부정부패 수준에 비슷한 경제수준에 있다가 그 후 부정부패를 일소하고 제대로 된 정치 · 경제 · 사회적 장치들을 체제에 장착시키고 이를 꾸준히 가동시켜 온 나라(예컨대, 싱가포르, 대만, 홍콩)의 오늘날 경제사정과 부정부패를 지속시켜 온 나라(예컨대, 인도네시아)의 오늘날 상황을 비교해 보면 이 점이 자명해진다. 이 나라 사례들은 부정부패는 안정적 발전을 기하게 해 주는 것이 아니라 발전의 속도를 더디게 하고 더 나아가서는 폭동과 혁명의 가능성을 낮추는 것이 아니라 오히려 그 가능성을 더 높여준다는 점을 실증적으로 보여주고 있다. 둘째, 수정주의자들의 주장으로부터는 저개발 국가나 개발도상국가들의 국민들은 부정부패와 더불어 살라는 것 그 이상이 시사되지 않는다. 이것은 이 나라 사람들의 도덕적 잠재력을 무시하는 대단한 모욕이며 서구 연구자들의 문화적 오만함이다. 수정주의자들은 그들이 수정하고자 했던 바, 즉 발전론 분야 초기 연구들에서 발견되는 저개발 내지 개발도상 국가에 대한 문화적 편견과 오만함을 실제로는 수정하지 못하고 있는 것이다. 이것은 또한 수정주의자의 연구들이 실용적 효용성을 결여하고 있음을 나타내 준다. 즉, 이 연구들로부터는 부정부패를 통제하는 데 필요한 정책적 · 제도적 수단들을 시사받을 수 없다.

부정부패가 야기하는 결과에 초점을 맞춘 것이면서도 부정부패를 통제하는 데 실용적인 시사점을 주고 있는 이해는 로위(Lowi, 1981)에 의해 제시되었다. 그는 부정부패가 초래하는 결과의 심각성을 기준으로 큰 부패(Big Corruption; 로위는 이를 줄여서 'Big C'로 표기)와 작은 부패(Little Corruption; 로위는 이를 줄여서 'Little C'로 표기)로 나누어 부정부패의 본질을 이해하는 방식을 제시하였다. 그는 큰 부패를 헌법의 변질 및 와전, 붕괴를 초래하는 부패로서 그럴 필요까지는 없지만 그에 대해 광범위한 두려움이 제기되는 부패로, 작은 부패는 개인의 도덕성 결핍이 반영된 또는 개인에게 도덕성 결핍을 초래하는 사적인 행위양식으로 정의하였다.

2. 부정부패의 발생원인에 초점을 맞춘 이해

부정부패의 본질에 대한 세 가지 이해방식의 유형 중에서 부정부패를 통제하는 방안을 강구하는 데 가장 직접적인 시사를 제공하는 것이 바로 왜 부정부패가 발생하는가?에 초점을 맞춘 이해방식이다. 모든 부정부패는 궁극적으로 개인의 행위로 환원된다. 부정부패는 전술하였듯이 기본적으로 개인 간의 거래행위이기 때문이다. 이렇게 볼 때 부정부패가 발생하는 원인의 존재영역은 개인으로서의 인간 본성과 그가 처한 상황적 특성, 그리고 상황에 대한 특정 개인의 이해, 이 세 가지로 요약된다. 이를 토대로 부정부패의 발생원인에 초점을 맞춘 부정부패 본질에 대한 논의를 정리하면 다음과 같다.

먼저 부정부패는 인간욕구의 미충족에 의해 야기되는 현상으로 이해해 볼 수 있다. 충족되지 않은 인간의 모든 욕구가 부정부패 행위의 필요조건적 원인일 수 있다. 매슬로우(Maslow, 1954)가 이야기하는 생리적 욕구, 안전에 대한 욕구, 소속감에 대한 욕구, 남에게 인정을 받고자 하는 욕구, 심지어 자기실현의 욕구까지도 다른 조건이 동일하다면, 그것의 충족을 느끼고 있는 사람보다는 그렇지 않은 사람이 부정부패 행위를 할 개연성이 높다. 이런 관점에서 보면, 예컨대 낮은 보수로 인해 발생하는 소위 생계형 부정부패는 기본적으로 먹고 사는 일과 관련된 것이라는 점에서 생리적 욕구가 미충족된 데에서 비롯된 것이라고 할 수 있다. 또는 자신이 속해 있다고 생각하는 준거집단의 생활수준을 유지하기 위해(예컨대, 남들 다하는 자식 과외도 시켜야 하고, 남들 사는 평수 정도의 아파트에도 살아야 하는 식) 저질러진 부정부패라면 같은 경제적 욕구에 의해 유발된 것이라 하더라도 이 경우는 소속감에 대한 욕구불만의 발로라고 할 수 있다. 법조비리와 같은 비교적 고소득 전문가집단에서 발생하는 부정부패와 정치권에서 발생하는 언필칭 권력형 부정부패는 생리적 욕구보다는 남에게 인정을 받고자 하는 욕구 내지 자기실현 욕구가 지나침으로 인해 야기된 일탈행동으로 이해해 볼 수 있다. 그러나 필요조건적 원인이라는 말이 의미하듯이, 특정 욕구의 미충족 상태가 존재한다고 해서 반드시 그 사람이 부정부패 행위를 한다고 볼 수는 없다. 오히려 그런 욕구가 부정부패와 같은 바람직스럽지 못한 행동으로 이어지는 것을 억제해 주는 또 다른 본성이 취약함으로 인해 부정부패 행위가 발생하는 것으로도 이해해 볼 수 있다. 이렇게 볼 때, 부정부패의 원인은 욕구의 미충족이 아니라 개인의 낮은 도덕성일 수 있다.

한편, 부정부패는 사람이 지닌 본성이 아니라 사람을 둘러싼 외부적 상황이 부정부패의 기회를 제공함으로 인해 발생하는 현상으로도 이해해 볼 수 있다. 물 자체가 썩은 것이 아니라 물통이 썩어서 물이 썩게 된다거나 사과가 본래 썩은 것이 아니라 사과통이 썩어서 멀쩡한 사과가 썩게 된다는 식의 이해인 것이다. 부정부패의 원인에 관한 그동안의 연구들에 있어 가장 많은 관심이 집중된 것도 바로 이 외부적 상황조건이었다. 사람들을 부정부패로 유혹하는 외부적 상황에 관한 기존 연구들은 크게 조직의 수준과 사회 전체 수준, 이 두 가지의 분석수준에서 이루어졌다.

먼저 조직수준에서 가장 많이 거론되는 것이 조직이 구성원에게 주는 보상의 비현실성 또는 부적합성이다. 비현실적인 보수란 사회적 평균 생계비에 못 미치는 낮은 보수를 의미하며, 부적합한 보수란 준거집단의 생활수준에 상응하는 생활을 영위하기에 곤란한 수준의 보수, 즉 상대적 빈곤감을 유발시키는 수준의 보수를 의미한다. 즉, 공식적 보수가 낮은 집단의 경우에는 그 보수수준이 기본생계를 유지하기에 비현실적이기 때문에 부정부패를 유발하게 되는 것이고, 공식적 보수수준이 높은 집단에서 발견되는 부정부패는 바로 보수의 부적합성, 즉 자신이 속해 있다고 생각하는 준거집단의 생활수준을 영위하기에는 비교적으로 낮은 보수가 그들에게 주어지기 때문에 발생하게 된다는 것이다. 둘째, 조직의 구성원들에게 주어지는 재량권, 특히 남에게 배타적 이익을 제공할 잠재력을 지닌 재량권도 개인에게 부정부패의 기회를 제공하는 중요한 원인이 될 수 있다. 이것은 기본적으로 업무처리 기준과 절차의 불명확성으로부터 야기되는 문제이다. 반대로 기준이 구체적이고 결재의 단계가 많아 개개인에 주어진 재량권이 지나치게 축소되어도 부정부패가 야기될 수 있다. 민원인 입장에서의 배타적 이익 크기를 지나치게 크게 만드는 결과를 초래하기 때문이다. 셋째, 적절한 조직관리 기술의 부재도 부정부패의 원인일 수 있다. 특히 조직구성원들의 업무수행과정을 모니터링하고 업적을 평가하는 체계가 미비되는 경우, 조직구성원들은 자신의 직무에 충실해야 할 동기가 유발되지 않음으로 인해 부정부패에 연루될 개연성이 높아지게 된다. 넷째, 업무수행에 필요한 기본적인 시설과 운영경비에 대한 지원이 빈약한 경우, 조직의 구성원은 자신의 조직으로부터 이익을 받고 있는 외부업자를 대상으로 한 부정부패 행위를 할 개연성이 높아진다. 다섯째, 부정부패는 조직의 폐쇄성으로부터 야기되는 현상으로도 이해될 수 있다. 조직내부적으로는 직무분할이 개인 간, 부서 간에 이루어지는 경우, 조직외부적으로는 조직외부인에 대한 정보공개 장치가 제대로 마련되어 있지 않을 경우 그 조직에 속한 개인들은 부정부패 행위를 할 개연성이 높아진다. 여섯째, 부정부패 행위를 통제하는 장치가 조직 내·외부적으로 취약한 경우에도 그 조직에 속한 개인들은 부정부패 행위를 할 개연성이 높다. 취약성에는 사정 당국의 직무수행능력 부족(인적 · 물적자원과 기술의 부족 포함), 법규의 미비, 발각 시 부여될 처벌강도의 부적절성 및 처벌의 낮은 실제 적용률 등이 모두 포함된다. 조직수준에서의 마지막 원인으로 부적절한 리더십을 들 수 있다. 조직의 리더는 조직의 다른 구성원들에게 역할모형이 된다. 또한 다른 구성원들의 조직 내 이익과 비용의 크기를 결정하는 권한을 가지고 있다. 따라서 그가 부정부패를 조장하거나 방치하는 생각과 행동을 보이게 되면 그 조직의 구성원들은 상당히 높은 부정부패 행위의 개연성을 갖게 된다.

사회 전체적 수준에서 보면, 부정부패는 기본적으로 사회 내에 존재하는 희소자원을 배분하는 장치의 결함에서 발생하는 현상으로 이해해 볼 수 있다. 로우즈-에커먼(Rose-Ackerman, 1978)은 사회의 희소한 자원이 완전경쟁의 상태에서 배분된다면 부정부패란 발생할 수 없는 것인데, 현실적으로는 그러한 자원에 대한 배분결정이 다수결이라는 비경쟁적 원칙이 지배하는 정치적 방법으로 이루어지기 때문에 부정부패가 발생하게 된다고 보았다. 사회 전체적 수준에서 부각되는 부정부패의 또 다른 원인으로 자주 지적되는 것으로서 부정부패를 용인하는 사고방식, 관습, 풍토, 문화의 팽배 정도가 있다. 이는 그 사회가 지닌 역사적 경험, 지배적인 종교관, 인간관계를 지배하는 규칙 등과 깊은 연관을 맺고 있다. 이외에 정치지도자를 비롯한 사회 각 부문 지도자들의 반부패 의지 결여라든가(김영종, 1992; 윤태범, 1992; 황성돈, 1992, 1994), 시민의 주권의식 부족(cf. Almond and Verba, 1965), 건전한 시민단체의 비활성화(cf. Giddens, 1998) 등도 사회 전체를 분석수준으로 한 논의에서 개인에게 부정부패의 기회를 제공하는 상황적 원인으로 지적해 볼 수 있다.

미시적 입장에서 볼 때, 즉 개인의 행위에 분석의 초점을 맞출 때, 지금까지 지적한 부정부패의 원인들은 어디까지나 필요조건적인 성격을 지니고 있다. 다시 말해서, 그 원인이 제공되었다고 해서 반드시 특정 개인이 부정부패 행위를 실제로 하는 것은 아니다. 필요충분 조건적인 부정부패의 원인은 다음과 같은 수식으로 나타낼 수 있다. 여기서, $E(G)$는 특정 개인이 부정부패 행위로부터 얻게 될 것으로 기대하는 이익의 주관적 크기를 의미하며, $E(C)$는 부정부패 행위로 인해 개인이 치러야 할 것으로 기대하는 비용의 주관적 크기를 의미한다. 이 식은 사람이 부정부패 행위를 하게 되는 필요충분적인 이유는, 그 사람이 부정부패 행위로부터 얻게 될 것으로 기대하는 이익이 그러한 행위로 인해 치러야 할 것으로 기대하는 비용보다 더 크다고 주관적으로 판단하기 때문이라는 것을 나타내 준다.

$$E(G) > E(C), \qquad \text{또는 } E(G) - E(C) > 0$$

이익의 주관적 크기는 다음의 정의식에서 보듯이 부정부패 행위를 통해 얻게 될 것으로 그가 생각하는 이익의 가치 크기(Vg)에 그 이익의 실제 발생 가능성에 대해 행위자가 부여하는 확률(Prg)을 곱한 값으로 정의된다.

$$E(G) = Prg \cdot Vg$$

부정부패로 인해 행위자가 치러야 할 것으로 기대하는 비용의 크기 $E(C)$는 이익의 경우와는 다소 달리, 다음의 정의식에서 보듯이 부정부패 행위에 대한 두 가지 유형의 처벌에 대해 행위자가 주관적으로 부여하는 가치 크기의 합으로 정의된다.

처음 것은 발각되는 경우 부정부패 행위자에 대해 외부적으로 강제되는 처벌에 대해 행위자가 느끼는 기댓값 [$E(Pep)$]의 크기, 즉 해당 부정부패 행위에 대해 실제 법규에 정해져 있는 처벌에 대해 행위자가 느끼는 비용적 가치의 크기(Vep)에 발각 후 실제 그 처벌이 적용될 확률(Pre)과 발각될 확률(Prd)을 곱한 값의 크기이며, 또 다른 하나는 발각 여부에 관계없이 부정부패 행위 이후 자신에 대해 내적으로 스스로 내리는 처벌(Vip), 즉 부정부패 행위를 함으로 인해 행위자가 잃게 된다고 생각하는 것들, 예컨대 사람으로서의 도리, 자긍심과 자부심, 도덕성 등 스스로의 양심에 대해 주관적으로 부여하는 가치의 크기이다.

$$E(C) = E(Pep) + Vip$$
$$E(Pep) = Prd \cdot Pre \cdot Vep$$

이상의 개념 정의식을 종합하면, 전술한 미시수준에서의 필요충분 조건적인 부정부패의 발생원인은 다음과 같이 보다 구체적으로 수식화된다.

$$Prg \cdot Vg > Prd \cdot Pre \cdot Vep + Vip, \text{ 또는}$$
$$Prg \cdot Vg - (Prd \cdot Pre \cdot Vep + Vip) > 0, \text{ 또는}$$
$$Prg \cdot Vg - Prd \cdot Pre \cdot Vep > Vip$$

이 수식은 이상에서 검토한 부정부패의 원인에 관한 논의들을 다음과 같이 종합해 준다. 첫째, 부정부패는 개인이 속한 조직과 사회가 그 자체의 허술함(전술한 조직 및 사회 전체 수준에서의 부정부패 원인들)으로 인해 개인에게 부정부패의 기회를 제공하게 됨으로써 발생한다. 둘째, 그런 기회가 개인에게 주어졌다고 해서 그가 반드시 부정부패 행위를 하는 것은 아니다. 그 기회에 대한 개인의 인식과 해석의 결과로써 부정부패는 발생한다. 특히 부정부패의 기회에 대한 개인의 인식과 해석의 결과, 부정부패 행위를 통해 얻게 될 것으로 기대하는 이익이 부정부패 행위로 인해 부담하게 될 것으로 기대되는 비용보다 크다고 개인이 판단하는 경우 부정부패는 필요조건적으로 발생하게 된다. 또는 위의 마지막 수식에 나타나 있듯이, 부정부패로 인한 기대이익과 부정부패가 발각되는 경우 외부적으로 강제되는 처벌로 인해 치르게 되는 비용 간의 차이의 가치크기가 부정부패 행위에 대해 스스로 내리는 처벌로 인해 개인이 부담하게 되는 비용의 가치크기보다 클 경우에도 부정부패는 필요조건적으로 발생하게 된다. 셋째, 부정부패의 기회에 대한 인식과 해석은 각 개인이 지닌 조건과 조직 및 사회가 지닌 조건에 의해 결정된다. 인간의 기본적 욕구와 본성적 특성, 부정부패 행위를 통해 달성코자 하는 목적에 대해 느끼는 절실성의 정도와 같은 개인적 조건들은 특히 부정부패로부터 얻게 되는 이익(*Vg*)과 치러야 할 비용(*Vep*, *Vip*)의 크기에 관한 개인의 인식과 해석에 영향을 미친다. 전술한 조직과 사회의 각종 허술함들은 특히 부정부패와 관련된 각종 이익과 가치의 발생 확률(*Prg* , *Prd*, *Pre*)에 관한 개인의 인식과 해석에 영향을 미친다.

3. 공직부패의 통제원리

부정부패의 본질에 관한 이상에서의 논의는 부정부패를 효과적으로 통제해 주는 단일한 방법은 있을 수 없다는 것을 시사해 준다. 부정부패의 소지를 없애는 사전적인 통제방법과 부정부패한 사람을 발각해서 처벌에까지 이르게 하는 사후적인 통제방법 모두가 동시에 강구되어야 한다. 또한 부정부패의 원인에 초점을 맞춘 부정부패 본질에 관한 이상에서의 논의는 사전적인 통제방법이든 사후적인 통제방법이든 그 핵심은 특정 상황에서 부정부패를 할 것인지 아닌지를 결정하고자 하는 사람들의 인식 및 해석에 효과적으로 영향을 주는 것이어야 한다는 점을 시사해 준다. 즉, 부정부패에 대한 각종 통제방법들은 사람들이 부정부패 행위에 관계된 이익과 처벌의 크기(*Vg*, *Vep*, *Vip*)를 얼마로 보며, 그러한 이익과 처벌이 실제 일어날 확률의 크기(*Prg*, *Prd*, *Pre*)를 얼마로 보게 될지에 영향을 미칠 수 있는 것이어야 한다.

그동안 세계 여러 나라에서 부정부패를 통제하는 다양한 방법들이 고안되고 시행되어 왔다. 부정부패 통제방안들이 부정부패 발생의 필요조건식을 구성하는 상기한 요소들 중 어느 것에 얼마큼 영향을 주느냐는 부정부패 통제방안별로 다르다. 이하에서 부정부패 통제방법들을 부정부패 발생의 필요조건식을 구성하는 요소별로 정리해 보면 다음과 같다.

1) 부정부패행위에 수반하는 이익(*Vg*)은 줄이고 자발적 처벌비용(*Vip*)은 크게 하는 방법

건전한 직업교육이라든가 인성교육, 도덕교육, 삶의 가치에 대한 교육, 종교 활동 등은 부정부패 행위를 하는 경우 자신에게 내리는 처벌, 즉 내부적 비용(*Vip*)의 크기는 증대시키고 부정부패 행위에 수반하는 이익에 대해 개인이 부여하는 가치(*Vg*)의 크기는 저하시키는 데 유효한 방법이라고 할 수 있다. 이 방법의 유효성은 홍콩의 염정공서가 학교에서 사용하는 각종 도덕교육 교재 개발을 총괄 기획하고, 직업관 교육훈련 프로그램을 운영하며, 캠핑 · 등산대회 · 운동회 · 학예회 등 청소년들을 대상으로 소위 반부패세대 캠페인을 벌여 상당한 성과를 거둔 것에서 확인된다(황성돈, 1992).

2) 부정부패와 관련된 이익의 발생확률(*Prg*)을 낮추는 방법

공무원 재량행위의 절차와 기준을 구체화한다든가, 아예 재량권 자체를 없애 버리는 규제개혁 작업은 해당 규제가 있었던 공공영역에서의(*Vip*) 부정부패와 관련된 이익의 발생확률(*Prg*)을 효과적으로 낮추는 방안일 수 있다. 그리고 퇴직 후 매출액 일정규모 이상의 유사직종 기업에 일정기간 공직자의 취업을 제한하는 제도 역시 대상기업의 규모제한 기준과 제한기간만 적절하다면 동일한 유형의 효과가 기대되는 방안이다. 이외에도 인사제도 개혁, 예산 · 회계 · 조달제도 개혁, 근무방식 개선, 업무처리 절차 개선 등 정부조직이 보다 성과 지향적이고 능률적이며 민주적으로 운영되도록 하는 모든 행정개혁방안도 부정부패 통제와 관련하여 이런 유형의 효과를 가져다줄 수 있는 방법이다. 부정부패의 근본적 원인이 사회체제의 비경쟁적 운영원리에 있다고 보는 경우에는, 정치 · 경제 · 교육 · 언론 · 종교 · 문화 등 사회 각 부문에서의 기본 운영원리와 제반 절차들에 내재되어 있는 독점성, 불공정성의 요소들을 제거해 내는 개혁들도 사람들로 하여금 부정부패와 관련된 이익의 발생확률을 낮게 인식케 하는 효과를 가져다줄 수 있다는 점에서 부정부패를 통제하는 중요한 방법이 된다.

3) 부정부패 행위에 따른 외부적 비용(*Vep*)을 키우는 방법

사람들로 하여금 부정부패 행위에 따른 외부적 비용(*Vep*)을 크게 해석하게 하는 데 유효한 대표적인 방법으로는 부정부패 행위자의 재산몰수제도를 꼽을 수 있다. 실제로 이 방법의 유효성은 싱가포르에서 입증된 바 있다(황성돈, 1992). 부정부패한 사람에 대해 재취업을 제한한다든가 전문직의 경우 자격을 박탈하는 등의 처벌방법 역시 해당 개인들로 하여금 이 외부적 비용을 크게 인식케 하는 효과를 가져올 수 있다.

4) 부정부패 행위의 발각확률(*Prd*)을 높이는 방법

내부고발자 보호제도라든가 정보공개법, 공직자 재산등록 및 공개 제도, 행정에의 시민참여제도 등은 사람들로 하여금 부정부패 행위가 발각될 확률(*Prd*)을 높게 인식케 하는 데 매우 유효한 방법이다. 금융실명제도나 정책실명제도 역시 이런 유형의 효과를 가져오는 통제방법에서 빼놓을 수 없는 대단히 중요한 것들이다.

5) 실제로 처벌될 확률(*Pre*)을 높이는 방법

실제로 부정부패한 사람이 발각되더라도 풀려난다거나 법에 정한 처벌보다 약한 처벌을 받게 되는 일이 빈번하게 일어나게 되면, 사람들은 만일 자신이 부정부패한 행동을 하게 되는 경우 발각되더라도 자신도 그렇게 될 것이라는 기대를 하게 된다. 그리하여 법에 아무리 엄한 처벌규정이 있다 하더라도, 그 규정은 부정부패를 통제하는 큰 효과를 갖지 못하게 된다.

4. 공직부패 통제를 위한 고려사항

부정부패는 과연 완전히 추방될 수 있는 것일까? 규범적으로는 그래야 마땅하나, 현실적으로는 그렇지 못하다. 부정부패를 통제하는 데에는 다른 모든 정부와 인간의 일들이 그러하듯이 비용이 들기 마련인데, 부정부패의 완벽한 통제에는 엄청난 정부예산이 들기 때문이다. 또한 그렇게 하는 것은 정치적으로나 사회적으로 수용되기 어려울 수 있기 때문이다. 왜냐하면, 부정부패의 원인이 기존 사회체제에 내재되어 있는 것이라면, 부정부패의 완전한 해결은 곧 기존의 사회체제, 특히 이익과 자원, 기회의 분배를 담당하는 체제의 근본적 개편을 의미하는 것이어서 이에 대한 사회구성원의 합의도출이 사실상 불가능해지기 때문이다. 이런 사실은 부정부패 통제와 관련하여 다음과 같은 사항을 고려하도록 한다. 첫째, 부정부패 통제방안에 관한 논의의 초점은 부정부패의 완전박멸이 아니라 보다 비용효과적인 방안의 탐색과 선택으로 모아져야 한다. 그리고 비용효과적인 부정부패 통제의 불가피성은 부정부패 통제가 본질적으로는 전략적 행위여야 함을 의미한다. 전략적이어야 한다는 말은 부정부패 통제자의 입장에서 볼 때, 부정부패 통제활동은 이에 동원가능한 자원이 한정적이라는 전제로부터 출발한다. 그리고 앞에서 검토된 여러 가지 부정부패 통제 방안들 중에서 그 집행 과정과 결과 모두에 있어 최소의 비용과 최대의 효과가 기대되는 방안을 선택하여 여기에 부정부패 통제자에게 주어진 한정된 자원을 집중적으로 배분해야 한다는 것을 의미한다. 이와 동시에, 부정부패를 전략적으로 통제한다는 것은 통제하고자 하는 부정부패 행위를 지배하는 핵심원리에 대한 깊이 있는 이해는 물론이고 부정부패 통제활동을 제약 또는 지원하는 제반 정치 · 경제 · 사회 · 문화적 여건에 대한 고려가 방안선택의 핵심기준이 되어야 한다는 것을 의미한다. 이하에서 부정부패 통제를 위한 고려사항을 제시함에 있어, 이 전략성에 논의의 초점을 맞추고자 한다. 즉, 앞서 논의된 다양한 부정부패 통제방법들을 취사선택하고 또한 선택된 방법들을 추진함에 있어 고려해야 할 핵심적인 사항들 중, 특히 어떤 부정부패를 통제할 것인가와 어떤 통제방법에 주력할 것인가에 초점을 맞춰 논의를 전개하고자 한다.

1) 어떤 부정부패를 통제할 것인가?

부정부패 통제에 드는 비용과 효과를 고려할 때, 부정부패 통제자가 가장 먼저 해야 할 일은 바로 통제할 부정부패를 선정하는 작업이다. 부정부패의 특성에 따라 그것에 대한 통제 용이성이 다르고 통제되었을 때 사회적으로 주는 이익의 크기도 다르기 때문이다. 앞에서 소개된 바 있듯이 부정부패 유형을 큰 부패(Big C)와 작은 부패(Little C)로 나누고 있는 로위(Lowi, 1981)의 시각에서 본다면, 큰 부패 즉 헌법까지 위태롭게 할 정도로 심각한 부패들, 예컨대 권력형 부정부패에 해당하는 것들이 주된 통제대상으로 선정되어야 할 것이다. 큰 부패로 인해 야기되는 사회적 비용이 워낙 크기 때문에 이를 통제하게 되면 사회적으로 얻게 되는 이익이 그만큼 큰 것이 되기 때문이다.

그러나 부정부패 통제에 들어가는 비용을 고려하는 경우, 이러한 통제대상 선정은 바람직한 것이 아닐 수 있다. 그런 유형의 부패를 통제하는 데에 들어가는 비용이 효과에 비해 더 클 수 있기 때문이다. 정치발전의 정도가 취약한 나라들의 경우, 부정부패 통제의 용이성과 효과성(실제로 통제할 수 있는 가능성)은 기본적으로 부패 통제 대상자의 권력 정도(정치발전의 정도가 취약한 나라의 경우에는)에 크게 영향을 받는다. 그리고 일반적으로는 해당 부정부패에 대한 사회구성원들의 용인 강도에 의해 결정된다. 하이덴하이머(Heidenheimer, 1989)의 부정부패 색깔론은 이런 점들을 고려한 통제대상 선택과 관련하여 흥미로운 시사점을 제공해 준다. 그는 부정부패에 대한 사회구성원의 용인도에 따라 검정 부패, 하얀 부패, 회색 부패 세 가지 유형으로 구분한다. 검정 부패란 사회 내 엘리트 집단과 일반 대중들 대부분이 그 부정부패를 혐오하고 그 부정부패 행위자는 원리원칙대로 처벌되어야 한다는 데 의견이 일치되어 있는 부정부패를 의미한다. 하얀 부패는 엘리트 집단과 일반 대중들 대부분이 그 부정부패를 행한 자에 대한 처벌을 강력하게 원하지는 않는 부정부패를 의미한다. 그리고 회색 부패란 사회 내 구성원 중 일부, 대개의 경우 엘리트들 사이에 그 부정부패 행위자의 처벌을 원하는 사람도 있고 원하지 않는 사람도 있으나, 사회 내 대부분의 사람들은 그에 관해 모호한 의견을 가지고 있는 부정부패를 의미한다. 다수결의 원칙이 지배하는 민주주의 정치체제하에서, 부정부패에 대한 사회구성원의 용인도는 사정기관에 대한 명령권자인 대통령이나 정치인의 입장에서 볼 때 부정부패 통제에 드는 비용의 크기를 역으로 결정하는 요인이 된다. 사회구성원의 용인도가 높은 부정부패에 대해 대통령이나 정치인이 통제하려 하는 경우 이들에 대한 사회구성원의 지지도는 하락할 것이고, 설령 추진한다 해도 성공할 확률이 작아지기 때문이다. 이런 점에서 볼 때, 통제비용이 가장 적게 들고 동시에 실제적 통제 가능성도 높은 것은 검정 부패이고, 상대적으로 가장 비용이 많이 들면서 실제적 통제 가능성이 낮은 것은 하얀 부패가 될 것이다. 회색 부패의 경우에는 그 중간에 해당된다고 볼 수 있다.

2) 어떤 통제방법에 주력할 것인가?

부정부패를 통제하는 방법에는 부정부패 원인의 소재에 따라 개인에게 초점을 맞추는 방법과 개인에게 부정부패의 소지 내지 기회를 제공하는 조직과 사회체제의 불합리한 부분을 개선하는 방법이 있을 수 있다. 달리 표현하면, 썩은 사과와 썩은 물을 솎아 내는 방법과, 썩은 사과통과 썩은 물통을 수리하는 방법 두 가지가 있을 수 있다. 이 두 방법 중 어느 것이 더 바람직한 것인가는 일률적으로 선을 그을 수가 없다. 왜냐하면, 개인에게 초점을 맞춘 통제방법은 입안과 추진이 용이한 반면 사회 전체적 부패수준을 낮추는 데 있어서는 효과를 보기가 어렵고, 조직이나 체제에 초점을 맞춘 방법들은 그런 효과는 크지만, 이를 입안하고 추진하는 데 드는 비용이 많이 들어 어렵기 때문이다. 예컨대, 로우즈-에커먼(Rose-Ackerman, 1978)의 입장을 받아들인다면, 개인적 차원에서 발생하는 부정부패보다는 여타 부패의 근원이 되는 불완전 경쟁방식으로 사회 내 주요 자원과 기회를 배분하는 정치체제(예컨대, 선거제도, 정당제도, 심지어 입법 · 사법 · 행정 3권 간의 권력배분 구조까지)의 작동방식을 근본적으로 뜯어 고치는 방법에 주력해야 할 것이다. 그러나 설령 이것이 부정부패의 근본원인을 수리하는 일이긴 해도, 그렇게 하는 것은 사회구성원들의 부정부패와는 무관한 기존의 이익구도를 재편하는 것이 되어 찬반양론이 갈릴 수밖에 없게 된다. 그리하여 이들을 설득하는 일은 고스란히 부패통제의 비용을 배가시키는 쪽으로 작용하게 된다.

우리나라의 경우에 있어 그동안 부정부패 통제방법의 주류는 부정부패한 개인을 잡아내는 데, 즉 수사에 초점이 맞춰져 왔다. 부정부패 추방을 제1의 국정과제로 내건 김영삼 대통령 시절에 정치개혁, 행정개혁, 금융실명제, 언론개혁 등 체제에 초점을 맞춘 통제방법이 시도되었었으나 실효를 거두기엔 5년이란 임기가 너무 짧았다. 썩은 사과통은 수리하지 않고 썩은 사과만 골라내고 새 사과를 그 통에 넣어 보았자 애꿎은 새 사과만 썩게 할 뿐이다. 사정작업이 그동안 수시로 있었음에도 불구하고 여전히 부정부패가 기승을 부리는 이유는 바로 이런 전략상의 오류 때문이다. 일반적으로는 앞서 지적하였듯이 체제수리를 통한 부정부패 통제에는 개인에 초점을 맞추는 것보다 비용이 많이 든다. 그러나 우리나라의 경우에는 상황이 다르다. 어차피 우리의 정치 · 경제 · 사회체제는 부정부패 문제를 떠나서라도 이제는 근본적으로 바뀔 때가 되었다. 따라서 이런 체제개혁에 드는 비용은 부정부패 통제의 비용으로 계상하지 않아도 되는 것이다.

전술하였듯이 미시적인 차원에서 볼 때 부정부패를 통제하는 방법은 부정부패로 인한 기대이익과 기대비용 간의 차이를 줄이는 것에 초점이 맞춰진다. 이 분야 경제학자들은 기대이익을 줄이는 방법보다는 기대비용을 높이는 방법 쪽에 더 큰 관심을 보이는데, 이들은 부정부패범을 실제로 잡아내서 법정에서 재판을 받게 하고 실형을 살게 하는 방법보다는 부정부패로부터 얻을 수 있는 이익을 훨씬 상회하는 벌금을 예외 없이 물리도록 하는 방법이 더 비용효과적이라는 주장을 편다. 전자의 방법을 시행하는 데에는 너무 많은 행정관리 비용이 든다고 보기 때문이다. 부정부패 통제방법을 비용효과적으로 이해하는 이런 시각은 우리나라 상황에 시사하는 바가 매우 큰 지적이다. 적어도 우리나라에서는 아직까지 사정기관들이 취한 각종 부정부패 척결사업들을 비용효과적인 측면에서 평가한 연구를 발견하기 어렵다. 또한 사정기관에 대한 국회나 정부 예산당국의 예산 심사 및 배정이 이런 맥락에서 이루어진 적도 별로 없었다. 단지 부정부패를 적발해 내기만 하면, 이 기관들은 국민들로부터 좋은 평가를 받아 왔다. 이런 조건하에서는 역설적이게도 사정기관의 입장에서 보면, 부정부패를 적발하는 것보다는 부정부패를 방치해 두는 것이 더 합리적인 선택일 수 있다. 왜냐하면 마치 물고기를 너무 많이 잡아내다 보면 나중에는 점점 더 물고기를 잡아내기 어렵게 되는 것과 마찬가지로 그렇게 하는 것이 차후에 적발의 가능성을 높여 계속 그 기관에 대한 좋은 평가를 유지할 수 있기 때문이다. 이런 점에서 볼 때, 기존의 부정부패 통제기관 및 이 기관이 행하고 있는 각종 사정 프로그램에 대한 비용효과 중심의 평가제도화, 바로 이것이 부정부패 통제의 제1 정책 과제라고 하겠다.

이런 평가를 제도화함에 있어, 감사를 비롯한 각종 부정부패 통제활동이 야기하는 각종 부작용, 예컨대 감사로 인한 행정의 비능률과 비효과성이 초래하는 기회비용도 사정기관을 운영하는 데 들어가는 비용과 함께 비용으로 잡혀야 한다. 그리고 해당 부정부패를 통제함으로 인해 얻게 되는 이익도 구체적으로 적시되어야 한다. 이런 평가방식은 사정기관 전체에 대한 평가는 물론이고, 사정기관이 행하고 있는 모든 감사 제도와 방식 하나하나에 대해 개별적으로 이루어져야 하며, 나아가 감사관 개인의 업적을 평가하는 데에도 중심적인 평가방법이 되어야 한다. 이런 점을 고려할 때, 사정기관의 장을 주로 법조인 중에서 임명해 온 관행은 시정되어야 할 것으로 보인다. 어떤 행위가 과연 부정부패에 해당하는 구성요건을 갖춘 것이냐를 가려내는 것이 중시된 관행으로 이해된다. 그러나 사정활동이 과연 어느 정도나 비용효과적인가를 중시한다면 오히려 법리적 사고보다는 경영적 사고가 강한 쇄신적인 인사가 사정기관의 장으로 임명되는 것이 바람직하다고 생각된다. 법조인 중에서 그런 인사가 있다면 더할 나위 없이 바람직할 것이다. 그리고 법리에 강한 인사들은 수사 파트나 법적 판단을 내리는 파트에 충원토록 하는 것이 바람직하다고 생각된다.

끝으로 부정부패 통제에 성공을 거둔 홍콩의 사례에서 보듯이(황성돈, 1992, 1994), 부정부패 통제가 효과적이기 위해서는 수사와 예방의 혼합전략이 필수적이다. 수사는 앞서 지적하였듯이 부정부패 행위를 한 사람을 사후적으로 잘 검거해서 처벌에까지 이르게 하는 것이다. 예방은 크게 두 가지 활동으로 구성되는데, 하나는 부정부패의 소지를 제공하는 불합리한 각종 제도를 개선하는 작업이고, 다른 하나는 정부 내외의 사람들의 의식을 바꾸는 작업이다. 사람들의 의식을 바꾸는 방법에는 각종 매체를 활용한 교육과 사정기관의 활동을 알리는 홍보가 포함된다. 우리나라의 경우에는 수사와 예방 중에서 그동안 수사에 모든 것이 집중되어 왔고 예방 쪽은 활동이 거의 미미했다. 이제는 홍콩 염정공서의 성공사례를 포함한 다양한 부정부패 예방방법에도 진지하게 관심을 보여야 하며, 이에 더하여 부정부패 통제기관에 배정된 자원이 보다 많이 배정되어야 할 것이다.

참고문헌

김영종. 1992. 「부패학」. 서울: 숭실대학교 출판부.

김용옥. 2000. 「도올논어」. 서울: 통나무.

김중량 · 김명식. 2000. 「공무원법」. 서울: 박영사.

오석홍. 2005. 「인사행정 : 제5판」. 서울: 박영사.

유민봉. 2002. 「한국인사행정론」. 서울: 박영사.

윤태범. 1992. "한국 관료부패의 유형과 구조의 변화에 관한 연구." 서울대학교 행정대학원 박사학위논문.

황성돈. 1994. 「정부사정체계 효율화 방안」. 서울: 한국행정연구원.

______. 1994. "부정부패, 어떻게 할 것인가?" 「법조춘추」 142, pp.16-47.

______. 1999. "부정부패의 본질과 정책과제." 「한국행정연구」 제7권 제4호, pp.5-33.

______. 2005. 「고위공직자 등의 인사검증체계 개선방안 연구: 도덕성 위주의 임용적격 판단기준을 중심으로」. 서울: 대통령비서실, 한국외국어대학교 사회과학연구소.

Abueva, Jose V. 1970. "The Corruption of Nepotism, Spoils and Graft to Political Development." in Heidenheimer, Arnold J. ed., *Political Corruption: Readings in Comparative Corruption*. Englewood Cliffs, NJ: Prentice Hall. pp.534-539.

Almond, Gabriel A. and Verba, Sidney. 1965. *The Civic Culture*. Boston, MA: Little, Brown.

Bayley, David. 1989. "The Effects of Corruption in a Developing Nation." in Heidenheimer, A. J., Johnson, M. and LeVine, V. eds., *Political Corruption: A Handbook*. New Brunswick, NJ: Transaction. pp.935-952.

Benson, George C. S. et al. 1978. *Political Corruption in America*. Lexington, MA: D. C. Heath.

Carino, Ledivina V. 1986. "Tonic or Toxic: The Effects of Graft and Corruption." in

Carino, Ledvina V. ed., *Bureaucratic Corruption in Asia: Causes, Consequences and Controls*. Quezpn City, Philippines: JMC Press. pp.163-194.

_____ **and Rahman, A. T. Rafique.** 1986. "Negative Bureaucratic Behavior and Development: An Introduction to a Seven-Nation Research Project." in Carino, Ledivina V. ed., *Bureaucratic Corruption in Asia: Causes, Consequences and Controls*. Quezpn City, Philippines: JMC Press. pp.1-13.

Dahl, Robert A. 1982. *Dilemmas of Pluralist Democracy: Autonomy vs. Control*. New Haven, NJ: Yale University Press.

DeIorio, Joseph and Carrington, Keith. 1998. "Corruption." in Shafritz, Jay M. eds., *International Encyclopedia of Public Policy and Administration*. Boulder, CO: West View Press. pp.545-549.

Frederickson, H. George(ed.). 1993. *Ethics and Public Administration*. Armonk, NY: M. E. Sharpe.

Giddens, Anthony. 1998. *The Third Way: The Renewal of Social Democracy*. Oxford, UK: Polity Press.

Goodsell, Charles T. 2004. *The Case for Bureaucracy: A Public Administration* Polemic. 4th ed., Washington, D.C.: CQ Press.

Habermas, Jürgen. 1981. *Communication and the Evolution of Society*. translated by Thomas McCarthy. Boston, MA: Beacon Press.

Heidenheimer, Arnold J.(ed.). 1970. *Political Corruption: Readings in Comparative Corruption*. Englewood Cliffs, NJ: Prentice Hall.

Huntington, Samuel P. 1970. "Modernization and Corruption." in Heidenheimer, Arnold J. ed., *Political Corruption: Readings in Comparative Corruption*. Englewood Cliffs, NJ: Prentice Hall. pp.492-500.

Left, Nathaniel. 1970. "Economic Development Through Bureaucratic Corruption." in Heidenheimer, Arnold J. ed., *Political Corruption: Readings in Comparative Corruption*. Englewood Cliffs, NJ: Prentice Hall. pp.510-520.

Lowi, Theodore J. 1979. *The End of Liberalism: The Second Republic of the United States*. 2nd ed., New York, NY: W. W. Norton.

_____. 1981. "The Intelligent Person's Guide to Political Corruption." *Public Affairs Series* 81. Bulletin 82:2.

Marican, Mansoor. 1971. "Corruption and Violence." *Philippine Journal of Pulbic Administration*. 15. pp.21-30.

Maslow, Abraham H. 1954. *Motivation and Personality*. New York, NY: Harper and Brothers.

Nye, Joseph S. 1970. "Corruption and Political Development: A Cost-Benefit Analysis." in Heidenheimer, Arnold J. ed., *Political Corruption: Readings in Comparative Corruption*. Englewood Cliffs, NJ: Prentice Hall. pp.564-578.

Peters, John G. and Welch, Susan. 1978. "Political Corruption: A Search for Definitions and a Theory." *American Political Science Review* 72:3. pp.974-984.

Rohr, John A. 1998. Public Service, *Ethics, and Constitutional Practice*. Lawrence, KS: University Press of Kansas.

______. (1986). *To Run a Constitution: The Legitimacy of the Administrative State*. Lawrence, KS: University Press of Kansas.

Rose-Ackerman, Susan. 1978. *Corruption: A Study of Political Economy*. New York, NY: Academic Press.

Scott, James C. 1967. "An Essay on the Political Functions of Corruption." *Asian Studies* 5. pp.504-511.

______. 1970. "Corruption, Machine Politics and Political Change." in Heidenheimer, Arnold J. ed., *Political Corruption: Readings in Comparative Corruption*. Englewood Cliffs, NJ: Prentice Hall. pp.549-563.

Tilman, Robert O. 1968. "Emergence of Black Market Bureaucracy: Administration, Development and Corruption in the New States." *Public Administration Reveiw* 28. pp.437-444.

Zakaria, Fareed. 2003. *The Future of Freedom: Illiberal Democracy at Home and Abroad*. W. W. Norton.

제 **8** 장

공무원의 기본권 제한과 복무규율

제1절 공무원의 정치적 중립
제2절 공무원 노동조합
제3절 충 성

공무원은 국민의 일원이자 개별 국민을 대신하여 공적 업무를 수행하는 대표자이기도 하다. 그러므로 각 공무원은 국민의 한 사람으로서 가지는 권리와 의무가 있는 동시에 공무원으로서 가지는 특별한 권리와 의무가 있다. 그런데 공무원이 가지는 개인으로서의 권리 및 의무와 공무원으로서 가지는 권리 및 의무가 상충되는 것과 같은 경우가 있다.

노무현 대통령 탄핵

2004년 3월 12일 국회는 총선에서 특정 정당 후보를 지지해 달라는 노무현 대통령의 발언이 공무원의 정치적 중립의무를 위반한 것이라 하여 한나라당의 주도로 대통령 탄핵소추를 의결하였다. 이에 대해 5월 14일 헌법재판소는 탄핵심판에서 "대통령이 법률을 위반한 것은 사실이나, 탄핵할 만큼의 중대한 잘못을 저지르지는 않았다."는 것을 이유로 탄핵기각 판결을 내렸다.

영혼 없는 공무원

참여정부와 새 정부의 상반된 정책기조 사이에서 정부부처 공무원들이 '샌드위치 신세'가 되고 있다. 애매하거나 민감한 사안은 정책방향을 잡지 못한 채 우왕좌왕하고 있는 것. 여기에 정부 조직개편까지 앞두고 있어 공무원들은 눈치만 보고 있다. 대표적인 정책이 연기금 주식투자 확대 문제. 재정경제부는 지난 23일 긴급 금융정책협의회를 열고 주식시장 급락에 따른 대응책으로 연기금 주식투자를 의욕적으로 발표했지만 바로 다음날 슬그머니 발을 뺐다. 한나라당 이한구 정책위 의장이 "연기금 동원은 매우 위험한 발상"이라고 지적했기 때문이다. 재경부 관계자는 "연기금을 동원해 주식시장을 부양한다는 얘기를 한 적이 없다. 어디까지나 연기금이 알아서 판단하고 책임에 따라 주식투자를 하는 것"이라고 말했다. 그러면서도 "우리는 영혼이 없는 사람들이라서…"라고 여운을 남겼다…(중략)…산업자원부는 국가균형특별법(균특법) 개정안 통과 노력을 사실상 중단했다. 균특법은 전국 기초 지방자치단체를 발전단계별로 4그룹으로 나눠 지원 · 규제를 차등화하는 내용으로 참여정부가 의욕적으로 추진한 2단계 국가균형발전계획의 핵심법이다. 한 경제부처 관계자는 31일 "현 정부와 새 정부가 워낙 정책틀이 다른 데다 장차관은 물론 조직 자체가 물갈이되는 민감한 시기라 조심스러울 수밖에 없다."고 말했다.

〈국민일보〉 2008.2.1.

공무원노조 파업 불법

단체행동권 등 노동3권 보장을 요구하고 있는 전국공무원노동조합(전공노 · 법외노조)이 15일 오전 9시부터 무기한 총파업에 돌입한다. 이에 따라 소속 공무원이 파업에 참여할 것으로 예상되는 60여 개 지방자치단체에서는 민원행정 처리에 일부 차질이 예상된다. 전공노는 13일 전 조합원에게 "14일 상경해 파업거점을 확보하고 위원장의 복귀명령이 있을 때까지 절대 현장으로 복귀하지 말라."는 파업지침을 내렸다.…(중략)…이에 앞서 정부는 이날 오후 법무부

행정자치부 노동부 장관이 참석한 가운데 관계장관대책회의를 연 뒤 "불법 집단행동에 가담한 공무원은 전원 파면 또는 해임 등 중징계와 형사처벌을 하고 징계로 결원이 생길 경우 곧바로 충원해 파업 참가자의 복직을 원천적으로 막겠다."고 밝혔다. 행자부는 15일부터 무단결근하는 공무원은 파업 참가자로 간주해 즉시 징계조치를 취하고 집단으로 연가나 단합대회 등을 신청하는 경우도 불법 집단행위로 처벌하라는 지침을 지자체에 시달했다. 또 경찰은 불법 단체행동을 한 공무원을 전원 연행할 예정이며 특히 체포영장이 발부된 지도부는 반드시 검거할 방침이라고 밝혔다. 〈동아일보〉 2004.11.15.

신원조회와 국가관 심사

1980~81년 국가행정고등고시(행시)에서 시위 전력이 있는 응시자들이 신군부의 시위전력자 탈락 방침' 때문에 면접과정에서 무더기로 불합격됐다는 의혹이 사실로 확인됐다. 진실·화해를위한과거사정리위원회(안병욱 위원장. 이하 진실위)는 "제24~25회 행시 면접탈락 사건'을 조사한 결과 당시 총무처가 행시 면접과정에서 시위 전력이 있는 응시생들을 불합격시킨 사실을 확인했다."고 10일 밝혔다. 이 같은 결과는 진실위가 당시 행정고시 합격자 명단, 면접 불합격자 징계내역 등의 자료조사와 신청인을 비롯해 당시 총무처 관계자, 면접위원 등에 대한 진술조사 끝에 밝혀졌다…(중략)…진실위에 따르면 1980년 총무처는 공무원을 뽑을 때 행정고시에 있어서 '국가관에 대한 기준을 명확히 해라', '시국데모를 한 사람들은 배제하라'는 장관 지시에 따라 면접시험에서 시위 관련자들을 탈락시키기로 방침을 정했다…(중략)…진실위는 "당시 총무처 고시1과장이 조사과정에서 '시위 전력자를 탈락시키라'는 장관의 지시에 따라 안기부에 신원조회를 요청해 명단을 작성했으며 시위 전력이 있는 면접생에 대해서는 이름에 빨간 줄을 그어놓았다고 진술했다."고 전했…(중략)… "총무처 장관의 진정인들에 대한 불합격 처분은 진정인들이 국가공무원으로 임용될 수 있는 기회를 박탈하는, 직업선택의 자유 및 공무담임권을 침해하는 중대한 인권침해 행위"라고 결정했다. 〈연합뉴스〉 2008.12.10.

제1절 공무원의 정치적 중립

대한민국 헌법에는 모든 국민에게 양심의 자유(제19조)와 선거권(제24조), 공무담임권(제25조)이 있음을 규정하고 있다. 이는 기본적으로 참정권이 국민들의 기본권임을 인정하는 것이다. 반면에 국가공무원법 제65조(지방공무원법 제57조)에서는 공무원의 정치운동을 금지하고 있으며, 제68조(지방공무원법 제60조)에서는 공무원의 신분보장을 규정하고 있다. 이 법조문들은 공무원의 정치적 중립과 관련된 논의에서 주장의 근거로 작용한다.

1. 정치적 중립의 의미

공무원의 정치적 중립(political neutrality) 규범은 19세기 말 실적주의 인사행정이 대두되면서 중요성을 띠게 된 가치규범이다. 정치적 중립성은 당파적 중립성을 의미한다. 다시 말하면 공무원이 정쟁에 개입하거나, 공공봉사자(public servants)에게 요구되는 합리성과 능률성 그리고 공정성의 가치를 저버리고 부당하게 당파적 특수이익과 결탁해서는 아니 된다는 규범적 요구를 말한다(강성철 외, 2011:511).

이러한 정치적 중립은 공무원과 정치세력 사이에 상호 간에 영향력이 미치지 않도록 하는 양 방향에서의 중립의 의미가 있다. 공무원의 정치적 중립은 첫째, 정권교체로 인한 신분의 동요 없이 공무를 수행함으로써 특정의 정치세력이 행정에 개입하는 것을 막아야 한다는 소극적 의미와 둘째, 공무원의 선거운동을 포함한 정치활동을 금지함으로써 행정이 정치에 개입하는 것을 막고 행정전횡의 가능성을 막는 적극적 의미가 포함된 것(한견우, 2011:59)이다. 이러한 공무원의 정치적 중립은 소위 '불간섭, 불가담의 중립'이다.[1] 즉, 정치로부터의 공무원 또는 행정에 대한 간섭과 정치집단 간의 정상적 경쟁에 부당하게 영향을 주는 공무원으로부터의 정치에 대한 가담이 모두 부정되는 것이다.

그러나 공무원의 정치적 중립에 대해서 정치와 행정 사이의 상호 영향력을 차단하는 것보다 공무원이 어떤 사항에 대하여 그것을 결정함에 있어 사실에 적합한 조치, 즉 합목적성에 따른 조치와 같은 것을 의미한다는 견해도 있다. 이러한 조치는 이익의 대립이 있을 경우에 그것을 정당하게 인정하여 적극적 · 중립적으로 조정하는 의미가 있다. 이러한 이해에는 '불간섭, 불가담의 중립'에서와 같이 공무원이 정치집단 간의 쟁점에 대하여 소극적으로 아무 것도 하지 말아야 하는 것이 아니라, 관용[2]과 토론의 자세를 통하여 민주주의적 가치를 스스로 탐지할 수 있어야 한다는 요구가 들어 있다(이계수, 2005: 317-318; 안주열, 2009:413-414).

---

1) 우리 헌법학계에서는 공무원의 정치적 중립을 "집권당의 영향으로부터의 독립과 정당에 대한 불간섭 · 불가담을 의미하는 소극적 중립"을 뜻하는 것으로 이해하는 것이 일반적이다(안주열, 2009:414).
2) 여기서의 관용이란 다른 신념체계를 존중하고 입헌민주체제를 받아들이는 가치관들을 인정하는 것을 말한다.

이와 같이 공무원의 정치적 중립의 의미가 단순할 것 같으면서도 쉽게 결론 내리기 어려운 것은 현실세계에서의 공무원의 활동과 관련이 있다. 정치와 행정을 분리하여 인식하는 이원론에 의하면 정치는 의사결정을 하며, 공무원은 본인의 신념과 관계없이 정치권에서 이루어진 결정에 전문성에 입각하여 봉사하여야 한다. 반면에 정치는 그와 같이 중립적으로 행동하는 공무원의 활동에 영향을 줄 수 있는 압력을 행사해서는 안 된다는 것이다. 그러나 현실에서는 공무원은 국가의 주요 정책결정에 적극적으로 참여한다. 오히려 공무원이 가지고 있는 전문적 능력으로 인하여 의사결정에의 참여가 요구된다고 보아야 할 것이다. 그리고 공무원의 판단이나 행위는 정치세력 간의 균형에 심각한 영향을 줄 수 있다. 그러므로 각 정치집단은 공무원집단이 자신들의 견해를 지지하는 사람들로 구성되기를 원하며 그를 위하여 실질적으로 노력한다. 그렇기 때문에 '실적주의'와 '정실주의'가 인사행정의 기본원리로 동시에 작용하면서 상호 충돌 내지 조화를 이루고 있는 것이다.

여기에다가 민주국가의 공민(公民)으로서의 공무원의 지위를 감안하면 '불간섭, 불가담의 중립'을 글자 그대로 이해하기가 더욱 어려워진다. 즉, 개인의 기본적 권리로서의 참정권과 공무원으로서의 정치적 중립 의무 사이에 갈등이 발생하는 것이다. 이 문제는 후술하는 바와 같이 공무원에 대한 정치적 중립 의무 부과의 한계로 설명되는데, 그렇기 때문에 각 국가에서는 그들의 정치발전 단계에 따라 공무원의 정치적 중립 의무의 구체적 내용을 제도화하고 있으며, 그 내용은 각각 차이가 난다. 그러므로 공무원의 정치적 중립의 의미는 '불간섭, 불가담의 중립'을 기초로 하면서 그 필요성과 한계를 인식하고, 국가와 시대의 상황에 적절하게 이해할 필요가 있다.

2. 정치적 중립의 필요성과 한계

정치와 공무원 또는 행정 사이에 상호 영향을 주는 것을 금지하는 것은 민주주의를 국가운영의 기본원리로 인정하고 있기 때문이다. 이것을 전제로 할 때 공무원의 정치적 중립은 다음과 같은 이유에서 필요하다(한견우, 2011:62-65).

첫째, 행정의 계속성과 안정성의 유지를 위해서이다. 민주국가에서 공무원은 정권을 위한 사용인이 아니라 국민 전체의 봉사자로서 공익을 옹호하고 증진시키는 임무를 수행하기 때문에 정권교체 시에도 행정의 계속성과 안정성을 유지할 수 있다.

둘째, 행정의 전문성과 능률성을 확보하기 위해서이다. 공무원의 정치활동을 인정하게 되면, 공무원 본연의 임무에 충실할 수 없는 여건이 조성되어 행정의 전문성을 저해하게 되고, 정치적 이념에 따른 공무원 간의 반목이 야기됨으로써 행정의 효율성을 저해하게 된다. 따라서 공무원의 정치적 중립은 직무수행의 전문성과 능률성을 확보하는 데 기여하게 된다.

셋째, 행정의 공평성과 공익성을 높이기 위해서이다. 공무원의 정치적 자유를 인정하게 되면 공무원들이 자신의 정치적 색깔을 나타낼 수 있게 되고, 이러한 정치적 색깔이 정부와 여당으로 향하게 되면 공무원의 공무수행이나 공권력의 행사에 있어서 공정성이 흔들리지 않을 수 없을 것이다. 그리고 국민은 정치적 이해관계에 따라 좌우되는 공무원으로부터 더 이상 공정하고 객관적인 서비스를 받지 못하게 된다.

넷째, 행정의 신뢰성을 확보하기 위해서이다. 공무원이 정치적 판단으로 권한을 행사하는 경우에 행정에 차질을 초래하여 궁극적으로 국민의 신뢰를 저버리게 된다. 또한 공무원의 정보력이 악용됨으로써 행정의 차질을 초래할 수 있다.[3)]

다섯째, 민주적 기본질서를 확립하기 위해서이다. 공무원의 정치적 중립은 공무원이 정권의 앞잡이가 되어 민주적 기본질서를 저해할 수 있는 점을 방지할 수 있다. 따라서 공무원의 정치적 중립은 공무원집단이 안정된 중립적 세력으로 기능함으로써 정치체제 내의 세력균형을 도모할 수 있게 한다. 개발도상국의 경우를 보면, 공무원의 정치적 개입을 막지 못함으로써 민주적 정치과정의 기초가 약화되어 정부관료제의 전단(專斷)을 초래하게 된다. 우리나라 선거법이 공무원의 정치적 중립규정을 둔 배경 역시 해방 직후 이어진 정치과열이 결국 민주적 기본질서를 훼손하였다는 점을 체험하였기 때문이다.

여섯째, 실적제도의 확립 및 신분보장을 위해서이다. 과거 공무원제도가 법에 의해 정착되지 못하였을 때 공무원의 임면은 이에 대한 권한을 가진 자의 정치적 이해에 따라 좌우되었다. 그래서 공무원은 국민을 위해 직무를 수행하는 것이 아니라 자신을 임명한 사람을 위해 활동하게 되었고, 부패와 비능률 등의 폐해가 발생하였

---

3) 여기서 정치적 판단이란 가능한 한 합리적이고 객관적인 근거에 의해서 결정을 하는 것이 아니고, 개인의 이해에 더 큰 비중을 두고 결정을 내리는 것이라고 할 수 있다. 이러한 정치적 판단의 경우에 공무원이 가지고 있는 정보는 특정 이해관계에 유리한 또는 불리한 측면만 공개되거나 결정근거로 활용될 수 있다.

다. 이러한 엽관제의 폐해를 막기 위해 등장한 것이 실적주의이다. 실적주의는 공무원이 집권세력에 의해 논공행상의 대상이 되는 것을 막고 정권교체에 상관없이 본연의 임무에 충실할 수 있게 하는 제도적 장치이다. 그러므로 실적주의와 공무원의 신분보장이 확립되기 위해서는 정치가 공무원에게 미치는 영향력을 제도적으로 차단할 필요가 있다.

그러나 이상과 같은 필요성에도 불구하고, 민주주의의 기본원리와 현대국가 운영의 특징에 비추어 보았을 때 공무원의 정치적 중립은 다음과 같은 비판을 받는다(강성철 외, 2011:514-515).

첫째, 공무원들에 대하여 헌법적 기본권 가운데 하나인 참정권을 제한한다는 것이 불공평할 뿐만 아니라 민주정치의 원리에도 모순된다는 것이다. 공무원의 정치적 중립을 요구하는 것은 직무집행에 있어서 국민 전체가 아니라 특정 집단의 이해관계를 대변하는 것을 방지하기 위한 취지이므로, 이러한 목적을 넘어서서 정당이나 정치단체 결성에 관여하거나 가입하는 것 자체를 못하게 공무원의 정치적 기본권을 제한하는 것은 비례의 원칙[4]에 어긋난다(한견우, 2011:66).

둘째, 공무원의 정치참여 제한은 공무원집단의 이익이 경시되는 결과를 초래할 수 있다.

셋째, 정당정치의 발전과 정당인의 자질 향상을 위하여 공무원의 정당가입이 바람직하다.

넷째, 공무원의 정치참여 제한은 참여적 관료제(participatory bureaucracy)의 발전을 저해한다. 참여적 관료제는 중·하급 공무원들의 정책형성 참여기회 및 대내외적 의사표현 기회를 넓혀주는 정부관료제를 말한다.

다섯째, 공무원에 대한 정치적 중립의 엄격한 요구는 또한 공무원들의 이념적 무관심을 초래하고, 정부관료제가 국민의 요구에 민감하게 대응하지 못하는 폐쇄집단이 되게 할 우려가 있다.

여섯째, 정치와 행정은 유기적 관련성이 있다(한견우, 2011:65). 공무원의 정치적

---

4) 비례의 원칙이란 행정작용에 있어서 목적실현을 위한 수단과 당해 목적과의 사이에 합리적인 비례관계가 유지되어야 한다는 원칙이며, 공익상 필요와 권리 · 자유침해 사이에 적정한 비례가 유지되어야 한다는 원칙을 말한다. 과잉금지의 원칙이라고도 한다. 헌법 제37조에는 "① 국민의 자유와 권리는 헌법에 열거되지 아니한 이유로 경시되지 아니한다. ② 국민의 모든 자유와 권리는 국가안전보장 · 질서유지 또는 공공복리를 위하여 필요한 경우에 한하여 법률로써 제한할 수 있으며, 제한하는 경우에도 자유와 권리의 본질적인 내용을 침해할 수 없다."고 하여 비례의 원칙을 규정하고 있다.

중립은 정치·행정 이원론의 시각이 강하다. 그러나 현실적으로 공무원은 그들의 전문적 능력을 활용하여 정치적 결정에 영향을 주고 있다. 현대국가에서는 정치와 행정이 유기적으로 협력하여야 정책의 효율성이 확보될 수 있다.

3. 정치적 중립을 위한 제도

공무원의 정치적 중립 의무는 국가공무원법 제65조(정치운동의 금지)에 규정되어 있다(동일한 내용이 지방공무원법 제57조에도 규정되어 있다). 이 법에 의하면 공무원은 정당원이 될 수 없으며, 선거에서 특정 정당이나 특정인을 위한 선거운동도 할 수 없다.[5)]

반면에 정치로부터의 중립을 위해서는 국가공무원법 제68조에 신분을 보장하는 내용을 규정함으로써 부당한 영향력이 가해지는 것으로부터 공무원을 보호하고 있다.[6)]

외국의 경우는 국가마다 다양한 제도를 운영하고 있다. 이는 다음 〈표 8-1〉과 같이 요약할 수 있다.

---

5) 국가공무원법 제65조(정치운동의 금지) ① 공무원은 정당이나 그 밖의 정치단체의 결성에 관여하거나 이에 가입할 수 없다. ② 공무원은 선거에서 특정 정당 또는 특정인을 지지 또는 반대하기 위한 다음의 행위를 하여서는 아니 된다. 1. 투표를 하거나 하지 아니하도록 권유운동을 하는 것 2. 서명운동을 기도(企圖)·주재(主宰)하거나 권유하는 것 3. 문서나 도서를 공공시설 등에 게시하거나 게시하게 하는 것 4. 기부금을 모집 또는 모집하게 하거나, 공공자금을 이용 또는 이용하게 하는 것 5. 타인에게 정당이나 그 밖의 정치단체에 가입하게 하거나 가입하지 아니하도록 권유운동을 하는 것 ③ 공무원은 다른 공무원에게 제1항과 제2항에 위배되는 행위를 하도록 요구하거나, 정치적 행위에 대한 보상 또는 보복으로서 이익 또는 불이익을 약속하여서는 아니 된다.

6) 국가공무원법 제68조(의사에 반한 신분 조치) 공무원은 형의 선고, 징계처분 또는 이 법에서 정하는 사유에 따르지 아니하고는 본인의 의사에 반하여 휴직·강임 또는 면직을 당하지 아니한다. 다만, 1급 공무원과 제23조에 따라 배정된 직무등급이 가장 높은 등급의 직위에 임용된 고위공무원단에 속하는 공무원은 그러하지 아니하다.

표 8-1 | 서구와 일본 공무원의 정치적 자유

	중앙(연방)정부	주(지방)정부	비고
일본	- 중앙정부 공무원: 정치활동 제한 - 교육공무원: 중앙과 지방 공히 일괄적으로 제한 (인사원규칙 14-7(정치적 행위)의 운용방침에 의하여 단순한 정책의 주장, 반대를 위한 집단적 서명운동은 허용)	- 지방공무원: 자신의 근무지(도도부현)가 아닌 지역에서는 선거운동, 정치자금 모금, 서명운동 가능함	국가공무원법 (제102조) 지방공무원법 (제36조) 교육공무원특례법 (제18조)
미국	- 연방공무원과 콜롬비아주 공무원의 정당활동과 선거운동 허용 - 단, 노조의 정치자금 모금 및 기부, 정당후보로서의 공직출마, 업무관련자 대상 선거운동, 직장 내/업무시간 중 또는 제복 등 공무원 신분 파악가능한 징표 지닌 채 정당활동과 선거운동 금지 - 선관위, 연방수사국 · 중앙정보부 · 국가안전위원회 등 국가안보 · 범죄수사 담당 공무원, 인사위원회, 행정심판관 등은 예외 - 교육공무원의 정치적 자유는 일반공무원보다 허용범위가 넓음	- 대부분 연방공무원의 경우와 동일 - 다만, 공직후보로 출마하기 위한 조건이 주에 따라 다름 캘리포니아 등 24개 주는 정당 후보든 무소속 후보든 상관없으나, 다른 주들의 경우 공무원 신분으로서 정당공천/무소속 상관없이 공직후보로 출마하는 것을 금지하거나(출마하기 위해 사퇴 또는 휴직해야 하거나) 무소속 후보 출마는 허용하는 주가 있음 - 선거자금 기부나 선거운동을 허용하는 주와 하지 않는 주	* 연방공무원 – 선거부패방지개혁법(Hatch Act Reform Amendments of 1993) * 주정부와 지방정부 공무원 –연방선거운동법(Federal Election Campaign Act, 1974)
독일	- 일반공무원의 경우 정당활동과 정치자금 기부는 금지하나 공직후보 출마는 허용 - 교육공무원의 경우 정당활동, 선거운동 등이 폭넓게 허용		연방공무원법 (제53조)
영국	직무의 성격과 권한의 범위, 책임 정도에 따라 정치적 자유의 허용 정도가 다름. 다만, 공직출마 시 사직해야 함 - 상급공무원: 정당가입만 허용됨 - 중급공무원: 국회의원후보 제외 모든 정치활동 허용(허가 요함) - 현업공무원을 포함한 하급공무원: 모든 정치활동 허용 - 교육공무원: 정당활동, 공직후보 출마, 선거운동 등 거의 모든 정치활동 허용		Civil Service Code(June 2006)
캐나다	- 정치자금 모금 및 기부 허용(1967) - 정치집회 참여 허용(1967) - 정당활동 및 선거운동 허용(2003)		Public Service Employment Act (1967, 2003)

호주	- 정치적 의견(정부정책에 대한 평가 포함) 발표 허용 - 국회의원(연방, 주) 출마 시 휴직 또는 사퇴, 지방의회 후보 사퇴 불필요 - 선거운동, 정치자금 모금, 서명운동 허용, 단 공공건물 사용 불가 - 버튼 등 패착물, 제한적 허용(직접 시민 접촉하는 공무원은 금지)	Public Service Act(1999)
뉴질랜드	- 정치적 의견 발표 허용 - 국회의원 후보 출마 시 휴직	Electoral Act 1993, section 52
프랑스	- 공무 중 또는 근무지를 제외한 모든 시간과 장소에서는 개인으로서 정부정책에 대한 의견의 표현을 제외한 모든 정치적 자유(정당가입, 정치자금 기부, 공직후보 출마, 선거운동) 인정 - 교육공무원의 정당가입과 그 밖의 정치활동 허용	Talk with Prof. Pierre Chabal

출처: 한견우(2011), "공무원의 정치적 중립과 정치활동의 제한," p.68.

4. 정치적 중립의 확보

공무원의 정치적 중립이 확보되기 위한 요건으로 다음과 같은 사항이 제시된다(김명기, 1994:307; 강성철 외, 2011:516).

첫째, 정치발전과 평화적 정권교체의 전통이 정착되어야 한다. 민주적 정치과정이 정상적으로 작동될 수 있도록 정치발전이 이루어지고 평화적 정권교체의 여건이 마련되지 않으면, 공무원의 정치적 중립은 아무런 의미를 갖지 못한다.

둘째, 공무원을 외부의 정치적 간섭으로부터 보호하기 위하여 공무원의 신분보장이 강화되어야 한다. 공무원의 신분보장이 강화되지 않을 경우, 공무원은 정치적 상관의 당파적 정치활동 압력으로부터 벗어날 수 없을 것이다.

셋째, 정치인들의 민주적 정치윤리가 확립되어야 한다.

넷째, 정치적 중립에 대한 공무원들의 행동규범이 확고하게 정립되어야 한다.

다섯째, 국민의 정치의식이 제고됨으로써 시민적 권리가 올바로 행사되어야 한다.

그러나 이와 같은 원칙적인 요건에도 불구하고 현실에서는 공무원의 정치적 중립의 실질적 내용과 공무원이 보여야 할 행태에 대해서 지속적인 논쟁이 있어 왔다. 특히 우리나라에서는 평화적 정권교체가 이루어지면서 오히려 정치적 중립과 관련된 문제가 더 치열하게 제기되고 있다. 박천오 교수는 이를 집권정부에 대한 공무원의 정치적 대응을 강조하는 정치적 중립의 의무[7]와 비당파적 객관성에 근거한 공무원의 전문가적 · 독자적 판단을 부각시키는 정치적 중립의무[8] 간의 상충과 양립의 문제라고 설명하고 있다(West, 2005:147; 박천오, 2011:28). 그리고 이 문제를 해결하기 위해서는 정치적 통제와 전문직업적 독립성이 상호균형 속에서 공존하는 것이 바람직하며, 정무직 공직자들과 공무원들 양측에서 서로를 국정관리의 건전한 공동 참여자로 인정하면서 업무수행에 있어 상호보완성과 상호의존성을 받아들이려는 의식이 요구된다고 하였다. 이는 정무직 공직자들의 입장에서는 정책과정에서 이른바 행정의 중립성을 존중하는 것이 된다. 행정의 중립성은 ① 정무직 공직자가 공무원에게 전문지식과 판단을 투입할 수 있는 기회를 부여하지 않은 채 정책과 프로그램을 일방적으로 부과하지 않아야 한다는 비부과(non-imposition)의 원칙, ② 정무직 상관 자신이 선호하는 정책결과를 옹호하려는 목적으로 공무원이 제공하는 정보를 선별적으로 선택하지 않아야 한다는 비조작(non-manipulation)의 원칙 ③ 특정 세력이나 이해관계자들에게 유리하도록 행정기준을 왜곡하지 않아야 한다는 비정실(non-favoritism)의 원칙 등을 포괄하는 의미이다. 정무직 공직자들은 흔히 이런 행정의 중립성을 간과한다.

공무원들의 입장에서 본다면 정무직 상급자들과의 상호보완성을 받아들인다는 것은 한편으로는 직무수행에 있어 정무직 상관의 정치적 우월성(political supremacy)을 존중하고 그의 정치적 통제에 순응하면서도, 다른 한편으로는 스스로 객관적이고도 공익실현적인 입장에서 정책과정에 임할 수 있는 독립성을 어느 정도 유지하는 것을 뜻한다. 이는 공무원이 정무직 상관의 정치적 판단을 수용하면서도 가능한 범위 내에서 자신의 전문직업적 판단과 기준을 업무에 적용하는 것을 의미한다(박천오, 2011: 44-45).

공무원이 스스로 독립성을 유지할 수 있도록 하기 위해서는 인사에 있어서 공무

---

7) 정치적 중립이란 공무원은 자신의 정치적 철학이나 의견과 무관하게 집권정부의 정책실현에 충실해야 한다는 의미로서, 공무원은 정단 간의 정권교체와 무관하게 그리고 특정 정당에 대한 편견 없이, 어떤 정권하에서도 똑같은 열정으로 업무를 수행해야 한다는 의미이다. 이는 공무원의 정치적 대응(political responsiveness) 내지 정치적 충성을 강조하는 의미라고 할 수 있다(박천오, 2011:28).

8) 정치적 중립이란 공무원이 오랜 행정경험을 쌓은 전문가로서 정치적 고려를 떠난 독립적이고도 객관적 · 전문직업적 판단에 입각하여 정책과 행정 문제에 접근해야 한다는 의미이다. 이는 공무원이 공적 신뢰(public trust)를 받는 공익 수호자로서, 정책과정에서 필요하다면 권력에 대한 진실을 말하고 그에 상응하는 행동을 보여야 할 의무라고 할 수 있다(박천오, 2011:27).

원의 자율성이 확보되도록 하여야 한다는 연구도 있다(오성호, 2011:18-20). 한국과 일본의 공무원제도를 비교하면, 양국이 비슷한 제도를 운영하고 있음에도 불구하고 일본의 공무원들은 정무직 상관에 대하여 강한 정책적 독립성을 가지고 있다. 이는 사무차관을 정점으로 하여 인사 자율성을 확보하고 있는 관행이 주요 원인이라고 할 수 있는데, 이러한 진단에 근거하여 볼 때 우리나라의 경우에도 인사 및 보직에 있어서 공무원집단의 자율적 의사가 대폭 반영될 수 있는 체제를 갖출 필요가 있다는 것이다.[9)]

공무원의 정치적 중립의 의미와 그 확립의 문제는 쉽게 해결될 수 있는 것이 아니며, 시대와 국가에 따라 다양해질 수밖에 없다. 그러므로 이것은 지속적으로 인사행정이 연구해야 할 중요한 과제가 될 것이다.

제2절 공무원 노동조합

1. 공무원 노동조합의 의의

근로자들에게 인정되는 노동3권(단결권, 단체교섭권, 단체행동권)은 생존권적인 기본적 인권으로 인정되며 우리나라도 헌법 제33조에서 이를 보장하고 있다. 그러나 일반 근로자와는 달리 공무원에게는 이러한 권리를 인정하는 것부터 논란의 대상이 된다. 각 나라마다 다양한 제도를 운영하고 있으며, 우리나라는 법률에 정한 자를 제외하고는 노동조합을 결성할 수 없도록 금지하였었는데, 2006년 1월부터 시행된 「공무원의 노동조합 설립 및 운영 등에 관한 법률」에 의해 노동조합을 설립할 수 있게 되었으며, 단체교섭과 단체협약체결도 할 수 있게 되었다. 그러나 단체행동권은 인정되지 않고 있다.

이렇게 근로자의 인간다운 생활을 보장하기 위하여 인정되는 노동기본권이 공무

9) 일본 공무원 인사에 큰 영향을 미치는 '평판'과 유사한 효과를 볼 수 있는 '다면평가'의 비중 강화, 내부인력의 차관임명 강화 및 차관임명의 판단근거에 대한 임용권자의 명시적 표명 등이 시도해 볼 수 있는 대안으로 제시되었다(오성호, 2011).

원에게 적용하는 데에 제약을 받는 것은 공무원이라는 신분의 특수성 때문이다. 무엇보다 '정부'가 민간기업과는 다른 특성을 가지고 있으며, 공무원이라는 신분은 '공익의 추구'라는 기본전제를 무시할 수 없다. 이러한 것들은 공무원 노동조합의 필요성과 제약에 대한 논리적 근거가 된다.

1) 정부의 특수성

첫째, 정부는 사기업과 달리 국민 전체를 대표한다. 이것은 크게 두 가지 의미가 있다. 하나는 정부는 사회 각 집단의 이익이 부딪치는 상황에서 사회 전체를 대표하는 중립적 역할을 해야 한다는 것이다. 그렇기 때문에 어느 한 집단의 이익을 대표하는 입장에 설 수 없다. 예를 들면 공무원도 정부가 대표하는 국민의 일부이다. 즉, 정부가 사용자로서 노동조합의 교섭상대방이 되었을 때, 그 정부가 대표하는 국민 중에는 공무원도 포함되며, 정부는 그들의 이익도 보호하고 추구해야 할 책임이 있다. 그러므로 정부는 세금을 내는 국민들을 대신하여 공무원 노동조합의 과도한 요구를 억제해야 하는 역할과 국민인 공무원이 보다 안락한 생활을 할 수 있도록 제도를 구축하고 운영해야 하는 역할을 동시에 수행해야 한다. 이것은 기업의 소유주 또는 자본가의 입장만을 대변하면 되는 사기업의 사용자와 근본적으로 다른 점이다.

다른 하나는 고용주가 누구인가가 불분명하다는 점이다. 논리적으로는 국민 전체가 고용주이며, 선거를 통하여 대표권을 인정받은 임용권자가 고용주로 인정받을 수 있을 것이다. 그러나 정부의 운영은 임용권자와 행정부에 의해서만 이루어지는 것은 아니며, 입법부의 통제를 받는다. 근로조건의 결정에 중요한 법률과 예산은 행정부가 독자적으로 결정할 수 없다. 또한 실질적인 운영권은 각 기관장에게 있지만, 임용이나 근로조건을 정할 수 있는 기관장의 권한은 매우 제한적이거나 권한이 없는 경우도 있다.

둘째, 정부의 활동은 기본적으로 정치적이다. 그렇기 때문에 공무원의 근로조건을 결정하는 데 있어서도 민간부문에서 보다 인력의 수급이나 생산성의 반영과 같은 경제적 측면에 대한 고려가 덜 영향을 미치게 되며, 정책적 고려나 정치적 판단은 더 영향을 미치게 된다.

2) 공무원 노동조합에 대한 찬성과 반대의 논리

일반적으로 공무원도 노동조합을 결성할 수 있어야 한다는 주장의 근거는 다음과 같다(이선우 · 오성호, 2009:195-197).

첫째, 집단적 의사표현의 수단이 된다. 공식적 언로(言路)를 통해서 개인적으로 표출할 수 없는 의견을 단체의 이름으로 제시할 수 있다. 개인보다는 공식적인 조직이 의사를 표현하는 것이 더 효과가 있을 것이다. 현재의 우리나라 공무원 노동조합은 단결권과 단체교섭권을 가지고 있어서 어느 정도 관리층과의 힘의 불균형은 해소되었으나 행동권을 가지고 있지 않기 때문에 노동조합의 존재를 과시하기에는 한계가 있다.

둘째, 참여에 의한 동기부여가 강화된다. 개인이 의견을 개진하는 것보다 노동조합을 통하여 의견을 전달하는 것에 관리자들이 받아들이고 귀를 기울이는 정도가 다르다.

셋째, 행정의 민주화에 기여한다. 공무원 노동조합은 노사협상이나 관리층과의 의사교환과정에서 노조원들의 의견을 전달하고, 관리층은 그 의견을 반영한 결과를 노조를 통하거나 조직 내 소식지를 통하여 알려주기 때문에 노조에 가입한 조직원들은 참여의식을 느끼게 되고, 나아가 동기가 부여된다. 관리자의 일방적인 정책 결정과 집행이 아닌 노동조합과 함께 가는 행정행위는 행정의 민주화에 기여할 수밖에 없다. 즉, 정책결정과정과 인사운영에 있어서 관리층의 독단적 조직운영을 견제할 수 있는 대안집단으로 공무원 노동조합은 인식되고 있기 때문에 공무원 노동조합의 존재는 행정조직의 민주화에 기여하는 바가 크다.

넷째, 실적제를 강화한다. 공무원 노동조합에 찬성하는 입장에서는 공무원 노동조합의 도입으로 인해 실적평가를 객관적이고 공정하게 할 것이라고 가정한다. 노동조합이 정점에서 관리자가 실무자를 평가할 때 사심 없이 하도록 감시 · 감독할 수 있다는 것이다. 즉, 노동조합이 견제와 균형을 이루는 역할을 한다고 믿는다. 같은 맥락으로 공무원 노동조합의 속성으로 관리층의 고유한 권한인 인사권에 간여하고자 할 것이다. 원칙에 어긋난 인사운영이 발생할 경우, 노동조합은 문제를 제기할 것이고, 정당한 시정요구를 관리층에서 수용하지 않으면, 조직운영에 장애가 발생할 수 있기 때문에 공직사회의 실적주의를 정착시키는 데 기여할 수도 있다.

다섯째, 직업윤리 확립 및 부패방지에 도움이 된다. 공무원 노동조합을 통해 공무원의 전문성은 물론이고, 그것을 바탕으로 한 직업윤리를 강화할 수 있다. 공무원 노동조합을 만들 때 내세운 가장 중요한 기치 중 하나가 바로 이 윤리문제인 부패방지이다. 즉, 공무원 노동조합을 설립하게 된 주요한 근거 중의 하나가 바로 공직윤리의 제고와 공직부패추방이다. 공무원 노동조합이 존재하는 가치는 국민을 위해 질 높은 서비스를 제공하는 데 있기 때문에, 주인이자 고객인 국민을 위한 최대한의 서비스를 창출하기 위해서는 스스로 정화되지 않으면 안 된다는 믿음이다.

여섯째, 환경이 변화하였다. 과거 산업화 시대, 주종관계가 엄격한 시대, 국가발전을 위해 공무원이 행정의 효율성을 통해 매진해 나가야 한다는 관점에서, 지금은 민주적인 시대, 거버넌스적인 시대, 호혜적으로 상생의 입장에서 행정을 참여적으로 이끌어나가야 한다는 시대로 변했다. 뿐만 아니라 외국에서도 우리나라의 지위가 높아짐에 따라 국제기구 또는 국제 NGO들이 국내 노동시장의 민주화를 요구하는 데 대응할 필요가 있다. 이것이 공무원 노동조합을 설립하게 된 배경이다.

반면에 공무원 노동조합에 반대하는 논리도 있다. 이를 정리하면 다음과 같다(이선우 · 오성호, 2009:197-198).

첫째, 공익에 배치된다. 아무리 노동3권 중 2권만을 허용한다 하더라도, 일단 노조가 결성되면 불법태업이나 파업을 막을 수 없기 때문에, 국민의 이익을 볼모로 행해질 공무원 노동조합의 행태들은 공익에 배치될 수밖에 없다.

둘째, 실적제를 저해한다. 즉, 오히려 실적제를 저해할 것이라는 주장도 있다. 노동조합의 특성상, 노조비를 많이 내고 노조에 대한 공헌도가 높은 사람들을 보호하고자 할 것인데, 이들의 대부분이 오랫동안 근무하여 경력이 많은 사람들이다. 당연히 노조는 이들을 우선적으로 보호할 것이고, 그러다 보면 자연스럽게 연공서열 중심으로 보호할 수밖에 없을 것이다. 그렇기 때문에 오히려 실적주의를 해치는 결과를 가져올 것이라는 주장이다.

셋째, 행정능률을 저해한다. 공무원 노조에 행동권을 제외한 단체교섭권을 주고 있는데, 불법적으로 국민을 볼모로 잡아서 파업을 하여 행정의 효율성을 떨어뜨릴 우려가 있다.

넷째, 인사운영에 개입한다. 인사운영은 관리자의 고유권한으로 협상의 대상이 아니다. 그러나 노동조합의 속성상 관리층의 고유한 권한인 인사권에 간여하려는 의지를 가질 것이고, 이 과정에서 조직의 인사운영과 조직관리에 적극적으로 개입함으로써 행정의 능률성을 저해하게 될 것이다.

2. 노동조합의 결성과 운영

1) 노동3권

근로자에게 노동조합을 결성하도록 하는 것은 그들의 생존권을 보장하기 위해서이며, 그를 위한 핵심적 수단이 노동3권의 보장이다. 그러나 공무원 노동조합의 경우에는 이를 인정하는 데 제약이 있으며, 각 나라마다 허용하는 정도가 다르다(표 8-2 참고).

표 8-2 | 각 나라별 노동3권의 허용범위

국가	분류	단결권	단체교섭권	단체행동권
일본	일반공무원	○	○[2]	×
	경찰	×	×	×
	현업기관	○	○	×
독일	일반직 노무자, 직원	○	○	○
	일반직 관리	○	○[2]	×
	경찰	○	○[2]	×
프랑스	일반 공무원	○	○	○
	경찰	○	○	×
영국	일반 공무원	○	○	×[3]
	경찰	○[1]	○	×[4]
미국	연방 공무원	○	○	×
	주 · 지방 공무원	각 주 · 지방정부마다 다양한 규정 존재		

주 : 1) 단일단체에만 가입 가능
2) 협의권만 인정
3) 징계대상
4) 형사벌의 대상

출처 : 서원석, 「ILO 회원국의 공무원 단체활동 비교연구」, KIPA연구보고 94-03.

우리나라는 헌법 제33조 제2항에서 공무원은 법률이 정하는 자에 한하여 노동3권을 갖도록 허용하고 있다. 그리고 「공무원의 노동조합 설립 및 운영 등에 관한 법률」에서는 단결권과 단체교섭권만을 인정하고 있으며, 단체행동권은 허용하지 않고 있다(제8조 및 제11조).

2) 한국 공무원 노동조합

(1) 노동3권

위에서 언급한 바와 같이 우리나라의 공무원은 단결권과 단체교섭권은 인정되고 있으나 단체행동권은 인정되지 않고 있다. 이외에 우리나라의 공무원 노동조합은 정치활동을 할 수 없다.

(2) 노동조합의 특성 및 가입대상

첫째, 공무원 노동조합은 임용권자별로 구성할 수 있다. 그러므로 중앙정부의 경우에는 각 부처는 별도로 노동조합을 결성할 수 없고, 각 기관을 망라하는 노동조합을 결성하여야 한다. 지방자치단체의 경우에는 각 자치단체별로 노동조합을 결성할 수 있다.

둘째, 노동조합을 설립할 수 있는 하나의 노동조합에서는 복수노조가 가능하다.

셋째, 가입대상은 6급 이하의 공무원이다. 그러나 다음에 해당하는 공무원은 노동조합에 가입할 수 없다(제6조).

1. 다른 공무원에 대하여 지휘 · 감독권을 행사하거나 다른 공무원의 업무를 총괄하는 업무에 종사하는 공무원
2. 인사 · 보수에 관한 업무를 수행하는 공무원 등 노동조합과의 관계에서 행정기관의 입장에서 업무를 수행하는 공무원
3. 교정 · 수사 또는 그 밖에 이와 유사한 업무에 종사하는 공무원
4. 업무의 주된 내용이 노동관계의 조정 · 감독 등 노동조합의 조합원 지위를 가지고 수행하기에 적절하지 아니하다고 인정되는 업무에 종사하는 공무원

3. 환경요인에 따른 제도변화의 사례 : 미국

대부분의 국가에서 공무원 노동조합이 처음부터 순조롭게 허용된 것은 아니다. 오히려 불법의 시대를 거쳐 합법화되고 점차 노동기본권의 허용범위가 넓어지는 과정을 겪는다. 이 과정에서 항상 노조의 권한이나 활동폭이 확대된 것은 아니며, 제

한의 방향으로 나가기도 하였다. 이러한 변화들은 모두 사회환경의 변화에 영향을 받는다. 공무원노동조합제도가 환경요인에 영향을 받으면서 변화하는 내용을 미국의 사례를 통하여 살펴보고자 한다(이선우 · 오성호, 2009:200-201).

미국의 노동조합 합법화 작업은 1912년 노동2권을 보장하는 Lloyd-Lafollette Act가 만들어진 시기를 기점으로 본격화된다. 그 후, 미국 경제가 공황에서 벗어나 산업경제가 호황을 맞이하면서 'Big Business'에 대한 국민적 반감과 저항에 부딪히게 되고, 정치권에서도 이에 호응하여 1936년 Wagner Act(일명 National Labor Relations Act)를 상원에서 통과시킴으로써 친노동조합법이 만들어지게 된다.

그러나 전국노동조합격인 CIO(Congress of Industrial Organization)의 탄생과 AFL(American Federation of Labor)과의 선명경쟁은 wild-cat strike로 이름지어질 정도의 지나친 노조운동을 유발했고, 결국은 노동운동과 노조에 대한 국민여론이 악화되었다. 이는 1945년 대통령선거에서 Wagner Act를 근본적으로 보호하는 공약을 내세운 듀이(Dewey)를 'Big Government'의 이름 아래 노동조합의 힘을 제한하겠다는 공약을 내세운 트루먼(Truman)이 물리치고 승리하게 하는 원인을 제공하였다. 이에 따라, 1947년 Taft-Hartley Act가 만들어지고 이는 노동조합의 힘을 상당히 제한하는 기본틀이 되었다. 그 이후 여러 번의 법개정을 통하여 노동조합의 활동범위와 협상영역, 그리고 shop제도 등을 노동조합에 불리하게 만들었다.

그중에서 가장 노조에 불리한 조항은 노조원이 아니거나 노조비를 내지 않더라도 노조와 관리층 간의 협상결과에 제한(또는 혜택)받도록 함으로써 직원들이 굳이 노조에 가입하거나 노조비를 내지 않더라도 노사협상 결과에 따른 임금상승이나 기타의 혜택을 받을 수 있게 한 것이다. 이 때부터, 노조원 수는 격감하기 시작하였다. 바로 이 시점에서 1962년 케네디 행정부는 대통령령(EO 10988)을 통하여 공무원 노조를 인정하게 된다. 이어 1969년 대통령령(EO 11491)으로 공무원 노조의 권한과 협상폭을 확대하였다.

그러나 공무원들이 사영역의 노동조합처럼 단체행동권을 가지거나 경제적 문제에 대한 협상을 진행할 권한을 가진 것은 아니었다. 이 때문에 1970년 전국 우정노동조합은 업무여건과 보수인상을 위한 힘을 갖기 위해 노동3권을 요구하는 대규모 시위를 뉴욕에서 가지면서 파업을 하게 된다. 이 때, 미국 경제와 사회가 이들의 파업으로 상당한 피해를 입게 되었으나, 파업진압과정에서 인명피해가 발생하고 그 많은 인력을 대체할 수 있는 방법을 찾지 못하게 됨으로써 1970년 Postal Reorganization Act를 통하여 우정사업을 정부기업으로 독립시키고 그 노동조합은 사기업과 동일한 권한을 가질 수 있도록 허용하였다.

그런 후, 1978년 카터가 대통령으로 행정부를 장악하면서 Civil Service Reform Act에 Title V Chapter 71에 근거하여 National Labor Relations Board를 Federal Labor Relation Authority로 전환하여 공무원 노조의 활동을 더욱 제한하였다. 특히, 협상의 범위를 '할 수 없는 것', '해야 하는 것', '할 수 있는 것'으로 구분하여 협상의 폭도 제한했다.

4. 공무원 노동조합의 발전을 위한 조건

우리나라는 2006년부터 공무원 노동조합이 제도화되었으나 아직까지 안정화되었다고 보기 어렵다. 공무원 노동조합이 공무원들을 대표하여 그들의 근로조건을 향상시키고 앞에서 설명한 노조의 필요성을 충족시킬 수 있는 조직체로 발전하기 위해서는 다음과 같은 조건들이 충족될 필요가 있다.

첫째, 사회 전반적으로 신뢰와 협력의 문화가 정착되어야 한다. 한국의 노동운동은 다른 나라와 마찬가지로 대립과 저항으로부터 시작되었다. 여기에다가 정치환경이 계층 간 갈등과 대립을 격화시키는 방향으로 흘러왔으며, 노동조합의 활동에 이념의 문제까지 덧붙여져 노조 자체에 대한 사회적 시각이 양분되는 경향도 있다. 그러므로 이러한 갈등의 사회분위기를 반전시키지 않고는 공무원 노동조합이 정상적으로 발전하는 데 매우 어려움을 겪을 것이다.

둘째, 당분간은 노조의 활동범위를 좁힐 필요가 있다. 노동조합의 기본의의는 근로자의 근로조건 향상에 있으나, 그 범위를 확정짓기는 매우 어렵다. 그러므로 민간에서도 노동조합이 제기하는 문제가 근로조건에 관한 문제인가 경영권에 관한 문제인가가 애매할 때가 많다. 마찬가지로 공무원 노동조합이 제기하는 문제가 정치적인 것인지, 근로조건에 관한 것인지, 정책결정에 관한 것인지가 불분명한 경우가 많다. 그런데 그 성격이 불분명한 모든 문제를 다 노조활동의 대상으로 한다면 갈등이 심화된 환경에서는 노조 자체가 갈등과 비판의 대상이 될 수 있다. 그러므로 공무원 노동조합이 우리나라의 모범적 노조사례로 발전하기 위해서는 우선은 가급적 갈등이나 비판을 유발할 수 있는 문제는 활동대상에서 제외하는 것이 바람직할 것이다.

대부분의 사회구성원에게 인정받을 수 있는 문제에 집중한다면 차츰 그 대상범위를 넓힐 수 있는 기회가 주어질 것이다

셋째, 협상의 전문화가 필요하다. 전문적인 조정 및 협상가를 육성하여 이를 공무원 노동조합 더 나아가서 일반 노동조합에서도 적극 활용할 필요가 있다. 또한 가급적 노동조합에서도 협상의 원리와 과정 및 방법에 대해서 교육함으로써 건전한 협상문화를 조성하여야 할 것이다.

제3절 충 성

1. 공무원 충성의 의미

유럽에서 집권화된 절대군주국가가 탄생하면서 국가경영을 전문적으로 수행하는 직업인이 생겼는데, 이를 오늘날의 직업공무원들의 효시로 본다. 이들은 전문지식을 갖추고 국왕을 보좌하였으며, 국왕에 충성하였다.

그러나 현대 민주국가의 공무원은 전문성을 갖추고 국가경영에 참여하는 것을 직업으로 삼는다는 점에서는 절대군주국가의 관료들과 같지만 충성의 대상이 다르다. 현대 민주국가에서의 공무원은 통치권자 또는 국가 수반에게 충성하는 것이 아니라 국민에 대하여 충성하는 것이며, 국가 · 사회 전체를 규율하는 헌법의 기본질서와 국가이념을 지키는 데 헌신하여야 한다. 즉, 공무원의 충성은 특정인 또는 특정 집단에 대한 충성이 아니라, 국가 공동체에 대한 충성인 것이다. 다만, 이런 추상적 존재의 권한을 사용하도록 위임받은 구체적 존재가 국가 수반이기 때문에 공무원의 충성은 국가 수반에 대한 충성으로 현실화된다. 그렇기 때문에 대통령과 같이 통치권을 가진 개인에게 충성하는 것이 곧 국가에 충성하는 것으로 혼동되는 경우가 있다. 그러나 이는 매우 조심하고 경계해야 할 사항이며, 공무원의 충성의 대상이 무엇인가는 그것이 비록 매우 추상적이라고 하더라도 이론적으로 분명히 확인되어야 한다.

2. 충성과 기본권

헌법의 기본질서를 지키기 위해서는 국가에 대한 충성심이 높은 인재를 공무원으로 임용하여야 한다. 그리고 이를 위하여 공무원이 되려고 하는 자 또는 현재 정부업무에 종사하고 있는 공무원들에 대해서도 '충성심사'가 실시된다. 이의 대표적인 예로 우리나라에서 공무원이 되기 위해서 반드시 거쳐야 할 절차에 '신원조회'가 있다. 이것은 공무원이 되려고 하는 사람의 개인적 배경을 봄으로써 그가 공직에 적합한 인물인지를 판단하려는 것인데, 과거에는 이념적 판단의 근거로도 활용하였다. 즉, 신원조회를 통하여 불충성의 가능성이 있는 자를 배제하려고 하였던 것이다.[10)]

이 예에서도 나타났듯이 '충성의 확인'은 '사상의 자유'라고 하는 개인의 기본적 권리와 충돌될 가능성이 있다. 민주국가에서 국민 개개인은 자유롭게 생각하고 말할 자유와 권리를 부여받고 있다. 그리고 이것은 당연히 보호받아야 할 권리이다. 그런데 충성심사는 개인이 가져야 할 사상의 방향을 미리 정하고, 이를 강요하는 면이 있다. 그러므로 공무원에 대한 충성의 강조나 충성심사는 자유로운 공민으로서의 공무원의 기본권의 보호와 충돌될 수 있는 것이다.

그러나 국가공동체의 유지와 운영을 기본적 임무로 하는 공무원에게 그에 반하는 사상을 무제한 허용할 수는 없다. 그러므로 공무원의 충성과 기본권 사이에서의 갈등은 사회환경을 충분히 반영한 법규의 제·개정과 조화로운 운영을 통해 해결하여야 할 것이다.

10) 우리나라의 신원조회제도는 공식적인 절차이기는 하나 비공개적으로 이루어지고, 본인에게 진술할 기회를 주지 않는다. 불리한 처분을 받을 경우에도 재심을 청구할 기회가 주어지지 않아 무고한 사람의 인권이 침해될 우려가 있다(강성철 외, 2011:510).

참고문헌

강성철 외. 2011. 「새 인사행정론: 전정7판」. 서울: 대영문화사.

김명기. 1994. 「인사행정론: 제2판」. 서울: 한국방송통신대학교출판부.

박천오. 2011. "공무원의 정치적 중립: 의미와 인식." 「행정논총」 제49권 제4호, pp. 25-50.

안주열. 2009. "공무원의 정치적 중립성에 관한 헌법적 고찰." 「한국자치행정학보」 제23권 제2호, pp. 404-425.

오성호. 2011. "직업관료를 위한 변론: 한일 비교를 통한 중립성 요구에 대한 대응방안 모색." 「현대사회와 행정」 제21권 제3호, pp. 267-287.

이계수. 2005. "공무원의 정치운동금지의무에 대한 비판적 고찰." 「민주법학」 제29호, pp. 311-336.

이선우 · 오성호. 2009. 「인적자원관리론」. 서울: 한국방송통신대학교출판부.

한견우. 2011. "공무원의 정치적 중립성과 정치활동의 제한." 「연세 공공거버넌스와 법」 제2권 제1호, pp. 55-118.

West, William F. 2005. "Bureaucratic Posture: On the Need for a Composite Theory of Bureaucratic Behavior." *Public Adiministration Review*, Vol. 64, No. 6. pp. 669-680.

찾아보기

ㄱ

가점평정 207
가중 체크리스트법(weight check-list) 199
가지형기법(branching technique) 252
가치관 184
감독자 지도 256
감독자평가 192
감사기능 73
감수성훈련 252
강등 169
강의 250
강임 168
강제가입의 원칙 230
강제선택식 체크리스트법(forced choice check-list) 199
강제퇴직 169
개방형 87
개방형 임용제도 45
개방형 직위 91
개방형 직위제도 90
개별 직무급(individual job rate) 215
객관성(objectivity) 152
거래적(가시적) 보상 225
거짓자료 제출 등의 죄 313
결격사유 144
결정적 사건 기법 105
겸임 171
경력(career) 246
경력개발 246, 259~260
경력개발(career development)제도 247, 260
경력경로 262~263
경력경쟁채용(특별채용) 157
경력기회 50
경력목표 264
경력직 공무원 88
경력평정 207
경영게임 253
계급정년제도 170
계급제 40, 92
계급제의 특성 93
고위공무원단 37, 42
고위공무원단제도 89
고정급적 연봉제 222
공개경쟁채용 157
공공(communal) 보상 225
공모직위제도 45, 90
공무원 노동조합 352
공무원연금 231
공무원윤리헌장 315

공무원윤리헌장실천강령 315
공무원의 정치적 중립(political neutrality) 규범 344
공무원직장협의회 45
공민권법 37
공적연금 230
공적연금제도 230
공정성 122, 179, 290
공직분류 84
공직설명회 145
공직윤리 281
공직윤리 개념의 속성 283
공직윤리의 과정론적 관점 317
공직윤리의 내용 287
공직윤리의 실체론적 관점 287
공직윤리의 의미 281
공직윤리의 중요성 284
공직의 생애성 86~87
공직자윤리법상의 공직윤리 291
공직자윤리위원회 292, 299~300
공직적격성검사 149
공직채용박람회 145
과업관리 29
과태료 314
관계적(비가시적) 보상 225
관대화(leniency) 202
교육훈련 245, 248
교육훈련기관 257
구성타당성 151
국가공무원법 288
국가공무원법상의 공직윤리 288
권한의 오용 321
근무성적평가 203
근무성적평가위원회 204
근무성적평가제 204
근속승진 165
금지되는 정치운동 290
급여개시시기 235
기금제 236
기본교육 249
기본급 218
기술(skill) 148
기술재고분석 131
기여제 237
기준소득금액 235
기준직위 104
기준타당성(criterion validity) 151

ㄴ

내부충원 159~160
내용타당성 151
노스코트-트레빌리안 보고서 39
능력(ability) 147, 161
능력급 216
능력발전 244

ㄷ

다면평가 193
다면평가제도 180, 193, 203, 206
단수추천 155
단일 직무급(single rate) 215
대통령 취임선서 288
대표관료제 37, 56
대표성 122
덩어리추천 155
델파이기법 127
도구의 오류 203
도약특성분석법 104

도제제도 254
도표법(graphic scale) 196
독립성 288
동료평가 193
동일보수(equal pay for equal work)의 원칙 215
등급 99
등록대상 재산 293
등록재산의 가액산정과 표시방법 294
등록재산의 공개 297
등록재산의 소유자 293

ㅁ

마코프분석 127
면접시험 153
명예퇴직 169~170
모의연습 254
모의연습방법(simulation methods) 252
모집 133
목표관리제(MBO) 185
무허가 열람 · 복사의 죄 314
무형자산 24

ㅂ

발표(presentation) 154
배수추천 155
배치 121
범위 직무급(range rate) 215
별정직 공무원 89
보수 212
보수가(報酬價, pay rates) 219
보수계획(pay plan) 218
보수관리 213
보수균등법 96
보수수준 213~214
보수체계 214
보직 121
보직경로 265
보직관리 266
복무 288
복수직급제도 164
복직 171
봉사성 290
부가급(수당) 218, 223
부정부패 319
부정부패로 실제로 처벌될 확률 332
부정부패의 긍정적 효과 324
부정부패의 발각확률 332
부정부패의 발생원인 325
부정부패의 외부적 비용 331
부정부패의 이익의 발생확률 331
부정부패의 자발적 처벌비용 330
부정부패의 통제방법 334
부정부패의 통제원리 330
부정부패의 필요충분 조건 328
부정적 환류 181
부패의 의미 319
부하평가(부하직원의 평가) 193
분권화 67, 69
분류법 111
분배공정성 179
분임과제수행 255~256
브라운로우위원회 36
비기금제 236
비기여제 237
비례의 원칙 347
비밀누설의 죄 314
비밀누수 금지 290

비부과(non-imposition)의 원칙 351
비정실(non-favoritism)의 원칙 351
비조작(non-manipulation)의 원칙 351

ㅅ

4년 임기법 35
사례연구 253
사실기록법 200
사회보험 227
사회적 대표성 52
사회적 연대의 원칙 229
상호작용공정성 179
서기계급 92, 94
서기보계급 94
서류전형 152
서류함기법 253
서열법 111
선물 305
선발 146
선발기준 147
선서의 의무 289
선언적 강령상의 공직윤리 315
선임제 50, 58
선형기법(linear technique) 252
성과 162
성과계약제 205
성과급 217
성과급적 연봉제 222
성과급제도 45
성과연봉제 220, 222
성과평가 176, 247
성실성 288, 290
소극적 대표관료제 57
소득대체율 235
소득재분배의 원칙 228
소비성 인력 29
소양교육 249
소청심사위원회 66, 71
수요예측 127
수지상응의 원리(equivalent principle) 228
수평이동 166
순환보직 255
순환제 35
승진 159
승진의 기준 160
시보 156
시보제도 156
시스템다이나믹스 129
시험승진 163
신뢰성(reliability) 152
신분보장 86, 88
실기시험 155
실무실습(on-the-job practice) 254~255
실용성(practicability) 152, 181~182
실적 50, 182
실적제 51~52, 88
실적제보호위원회 66, 71, 83
실적주의 51~52
실적평가방법(measuring results) 185
심사승진 163

ㅇ

액션러닝(action learning) 256
AC(assessment center) 154
역량(competency) 91, 148, 161, 268
역량기반 교육훈련 275
역량모델 269

역량사전 161
역량중심 인사관리 269
역량평가 91, 177
역선택(adverse selection) 230
역할연기 253
연공(seniority) 214
연공급 214
연금급여 234
연령무제한 138
연방노동위원회 66, 83
연봉제 220
연쇄효과(halo effect) 199, 201
엽관제 35, 54
엽관주의 35, 55
영리업무 및 겸직 금지 290
요소비교법 114
우선취업 309
위원회형 80
위험분산의 원리(pooling of risks principle) 227
유지(maintenance)의 개념 21, 25
윤리 281
의뢰인과 대리인 간의 관계 284
이해충돌 방지 291
인기영합주의 285
인력계획 120, 123~124
인사개혁법 37, 96
인사관리처 37, 66, 82
인사교류 168
인사담당기구 64
인사부서 64
인사원 65, 81, 83
인사위원회 65, 81
인성(personality) 149
인적자본 20~21
인적자원 20~21
일대일 면접 272
일반직 공무원 88
일반화(stereotyping)의 오류 202
임기제 공무원 89
임명 120
임용 120
임용추천 155
임의퇴직 169

ㅈ

자기진단(self-assessment) 263
자기평가 192
자발적 퇴직 169
자산적 인력 29
잠정적 역량모델 273~274
재량권 284
재산등록 거부의 죄 313
재산등록기관 295
재산 등록 및 공개 292
재산등록사항의 심사 299
재산등록시기 295
재산등록 의무자 292
재산변동사항 신고 297
잭슨, 앤드류 35
적극고용정책(Affirmative Action) 37, 57
적극적 대표관료제 57
적극적 모집 134
적극적 평등정책 52
전·출입 168
전략적 인력관리 28, 74
전문가평가 195

전문교육 249
전보 167
전직 167
절차공정성 179
점수법 112
정급 102
정년 170
정무직 공무원 89
정실주의 38, 50, 55
정직 171
정치운동의 금지 290
정치적 책임성 54
제퍼슨, 토머스 35
조직발전활동 251
조직환경적 오류 203
주식백지신탁 거부의 죄 313
주식백지신탁 관여금지 위반의 죄 314
주식백지신탁 심사위원회 303
주식백지신탁의 절차 301
주식의 매각 301
주식의 매각요구 및 신탁의 해지 304
주식의 백지신탁 301
주식의 직무관련성 303
준법성 290
준사법기능 71
준입법기능 71
중앙인사기관 64, 79
중앙인사위원회 45
중요사건기록법(critical incident method) 200
중요사건평가법(critical-incident method) 189
직군 99
직권면직 170
직급 99
직급명세서 101
직능급 216
직렬 99
직류 99
직무구성명세법 107
직무구조 215
직무급 215
직무기술서 103
직무등급제 100
직무분석 98, 101~102, 263
직무분석조사 107
직무성과계약제 203
직무성과급적 연봉제 223
직무수행 186
직무연관성의 판단기준 307
직무요소방법 105
직무조사 101, 108
직무지시적 훈련 255
직무평가(job evaluation) 101, 110, 215~216
직업공무원 46
직업정보네트워크 107
직위 93, 99
직위관리 29
직위분류법 97
직위분류제 92~93
직위분류제의 특성 94
직위분석설문법 106
직위해제 171
직장이탈 금지 290
직장훈련(OJT : On the Job Training) 259
집권화 67

집단행위의 금지 290
집중화(central tendency) 202
집행계급 92, 94
집행기능 72

ㅊ

참여성 180
참여적 관료제(participatory bureaucracy) 347
채용 121, 132
청렴도 184
청렴성 288
체크리스트법(check-list) 199
총량보상(total reward) 224~225
총무성 83
총무처 82
출석거부의 죄 314
충성도 162
취업승인 절차 309
취업 여부 판단 306
취업 여부 확인방법 311
취업자의 해임요구 312
취업제한 기간 및 제한대상 사기업체 306
취업제한 여부의 확인 절차 308
취업제한, 업무취급 제한 및 행위제한 위반의 죄 314
친절성 290

ㅋ

큰 부패, 작은 부패 325

ㅌ

타당성(validity) 121, 151, 179
탄력적 분류체계 96
토론 250
통신교육 251
퇴직 121, 169
퇴직공직자의 업무취급 및 행위제한 310
퇴직공직자의 취업제한 및 행위제한 306
퇴직준비프로그램 169
특성평가방법(rating attributes) 186
특수경력직 공무원 88
특정직 공무원 88

ㅍ

파견 167
펜들턴법 35
평가오류 201
평가척도표(graphic rating scale) 186
평등고용 50
평등고용정책 37
평등고용제 52
포커스그룹 미팅 272
표준역량사전 269
풀턴(Fulton)보고서 40, 65, 94
품위유지의 의무 289
프로그램기반훈련 251
피고용인 관리 29
필기시험 153

ㅎ

할거주의 68
할당제 50, 143
합의제형 기구 80
핵심역량(core competency) 268
핵심인력 60
행정계급 92, 94

행정자치부 45
행태 183
행태관찰척도법(BOS : behavioral observation scales) 190
행태기준평정척도법(BARS : behaviorally anchored rating scales) 189
행태평가방법(rating behaviors) 189
헌법상의 공직윤리 287
호봉제(號俸制) 220, 223
확정급여(defined benefit) 234
확정기여(defined contribution) 234
확정기여방식 234
환류 181
회귀분석 128
회의 250
후광효과(halo effect) 201
휴직 171

〔저자약력〕

오성호(吳成浩)

◆ 연세대학교 행정학과를 졸업한 후 동 대학원에서 석사 및 박사학위를 취득하였으며, 1994년부터 상명대학교 행정학과 교수로 재직하고 있다. 주요 관심분야는 정부의 인사개혁, 공무원 능력발전, 조직의 인적자원 측정 및 평가, 갈등관리 등이다. 주요 저서로는 『인적자원관리론』(공저, 2009), 『협상조정론』(2010), 『지방정부와 인사자치』(1998) 등이 있고, 연구 논문으로는 "개혁의 성공조건으로서 '공무원의 개인적 시각에 입각한 판단'의 필요성: 서울시 성과포인트제 사례를 중심으로" 『한국인사행정학회보』(2012), "직업관료를 위한 변론: 한일 비교를 통한 중립성 요구에 대한 대응방안 모색" 『현대사회와 행정』(2011), "인적자원측정의 필요성과 방법에 대한 고찰" 『한국인사행정학회보』(2006), "지방공무원의 성과급제 실시에 따른 문제점과 개선방안" 『한국행정연구』(2004) 등이 있다.

◆ E-mail : oh@smu.ac.kr

황성돈(黃聖敦)

◆ 한국외국어대학교 행정학과(학사), 서울대학교 행정대학원(석사)을 졸업한 후 도미하여 University of Minnesota의 험프리 행정대학원에서 정책학 석사학위와 일반대학원에서 정치학 박사학위를 취득하였다. 1991년 귀국하여 한국행정연구원 1기로 입사하여 수석연구원으로서 연구기획부장 등을 역임한 후 1995년에 대통령 정책3비서관으로 발탁되어 정부혁신 업무를 담당하다가 1996년부터는 사회정책비서관으로서 보건복지분야 규제정책에 관해 대통령을 보좌하였다. 1997년부터 한국외국어대학교 교수로 자리를 옮겨 지금까지 동 대학교에서 인사행정론, 관료제론, 행정개혁론, 조직론, 행정이론, 행정학방법론, 행정학개론을 강의해 오고 있다. 주요 저서로는 *Bureaucracy vs. Democracy in the Minds of Bureaucrats*(1999, 미국에서 출판), 『전자정부의 이해』(공저, 2002), 『행정개혁과 국가경쟁력』(공저, 2003), 『좋은 정부란 무엇인가?』(공저, 2012) 등이 있고, 논문으로는 "한국인사행정의 부활" 『사회과학논집』17-1(1999), "부정부패의 본질과 정책과제" 『한국행정연구』7-4(1999), "Electronic Government in South Korea: Conceptual Problems," in *Government Information Quarterly* 16:3(공저, 1999), "External Limits and Internal Determinants of State Public Policy: A Critique of Economic Determinism," *Western Political Quarterly* 44(공저, 1991) 등이 있다.

◆ E-mail : sdhwang@hufs.ac.kr

이선우(李先雨)

◆ 1996년 시라큐스 대학교에서 박사학위(Human Resource Management and High Performance Management)를 취득하고, 현재 한국방송통신대학교 행정학 교수로 재직 중이다. 연구분야는 인사행정, 갈등관리 등으로, 주요 연구로는 "고령화 시대에 대비한 공무원정년제도의 유연화에 대한 임금피크제의 영향분석" 『한국행정학보』(2005), "공무원 정년제도 유연화 모형의 실효성에 관한 연구" 『한국인사행정학회보』(2008), "공직자 재산등록 및 공개제도에 대한 공직사회 이해관계 집단 간 인식의 차이" 『한국부패학회보』(2010), "정부 임금피크제 도입에 관한 연구" 『한국인사행정학회보』(2013) 등이 있다.

◆ E-mail : bunte@knou.ac.kr

서원석(徐源錫)

◆ 연세대학교 행정학과, 연세대학교 대학원 행정학과에서 학사와 석사 및 박사학위를 취득한 후, 1992년부터 한국행정연구원에 재직하면서 인사행정, 공공노사관계, 행정개혁, 행정통계 등의 연구에 주력해 왔다. 주요 연구 보고서로는 "국가시험관리제도의 발전방안"(2012), "한국 연령차별금지정책의 발전방안"(2011), "정부인수위원회 역할과 기능에 관한 연구"(공저, 2012), "동기부여와 사기와의 관계에 관한 시론적인 연구"『한국인사행정학회보』(공저, 2013), "공무원연금제도 개편에 관한 국민과 공무원의 인식차이에 관한 연구"『한국인사행정학회보』(공저, 2010), "공무원 노사관계 안정화를 위한 실증적 연구"『한국행정논집』(공저, 2009), "공무원 노사관계의 분쟁처리 제도에 관한 실증적 연구: 관련자의 인식을 중심으로"『정부학연구』(공저, 2007) 등이 있다.

◆ E-mail : swonseok@kipa.re.kr

김영우(金映宇)

◆ 서울대학교 불어불문학과를 졸업한 후 파리제2대학교에서 행정학 석사 및 법학 박사(행정학 전공)학위를 취득했으며, 2002년부터 서울시립대학교 정경대학 행정학과 교수로 재직하고 있다. 주요 관심 분야는 인사행정, 행정개혁 등이다. 주요 논문으로는 "한국 공직분류체계에 대한 평가와 개선방안"『한국행정연구』(2005), "유럽통합이 계급제 국가의 인사행정에 미친 영향"『한국인사행정학회보』(2010), "지방공무원 역량강화에 관한 연구"『지방정부연구』(2010) 등이 있다.

◆ E-mail : kywoo@uos.ac.kr

인사행정론

2014년 8월 10일 제1판 1쇄 인쇄
2014년 8월 16일 제1판 1쇄 발행

저 자 오 성 호 외
발행인 강 희 일 · 박 은 자

저자와의 협의에 의해 인지첨부를 생략합니다

발행처 다 산 출 판 사
서울특별시 마포구 용강동 494의 85
등 록 1979. 6. 5. 제 3-86호(윤)
전 화 717-3661~2, 718-1751~2
F A X 716-9945

정가 25,000원 파본은 바꾸어 드립니다.

http://www.dasanbooks.co.kr
ISBN 978-89-7110-461-3 93350